BIMに取り組む人のための

Autodesk
Revit
実践テクニック

JN246243

本書をご購入・ご利用になる前に必ずお読みください

● 本書の内容は、執筆時点（2025年3月）の情報に基づいて制作されています。これ以降に製品、サービス、その他の情報の内容が変更されている可能性があります。また、ソフトウェアに関する記述も執筆時点の最新バージョンを基にしています。これ以降にソフトウェアがバージョンアップされ、本書の内容と異なる場合があります。

● 本書は、「Autodesk Revit」（以下、Revit）または「Autodesk Revit LT」（以下、Revit LT）バージョン2023/2024/2025の解説書です。本書の利用に当たっては、該当バージョンのRevit(LT)がパソコンにインストールされている必要があります。

● 「Revit(LT)体験版」（P.011参照）や、Autodeskファミリおよび「Japanese_RUG」ファミリ（P.9参照）については、オートデスク社のWebサイトからダウンロードしてください。当社ならびに著作権者、データの提供者（開発元・販売元）は、これら体験版、追加コンテンツについてのご質問は一切受け付けておりません。

● 本書はWindows 10/11がインストールされたパソコンで、Revit 2025を使用して解説しています（Revit 2023/2024でも検証済み）。ご使用のOSやアプリケーションのバージョンによって、画面や操作方法が本書と異なる場合がございますので予めご了承ください。

● 本書は、パソコンやWindows、RevitやAutodesk AutoCADの基本操作ができる方を対象としています。

● 本書の利用に当たっては、インターネットから教材データをダウンロードする必要があります（P.006参照）。そのためインターネット接続環境が必須となります。

● 教材データを使用するには、Revit(LT)2023/2024/2025が動作する環境が必要です。Revit(LT)2022以前のバージョンでは使用できません。またRevit(LT)2024以降のバージョンで教材データを開く際には、ファイルをアップグレードする必要があります（P.008参照）。

● 本書に記載された内容をはじめ、インターネットからダウンロードした教材データ、プログラムなどを利用したことによるいかなる損害に対しても、データ提供者（開発元・販売元等）、著作権者、ならびに株式会社エクスナレッジでは、一切の責任を負いかねます。個人の責任においてご使用ください。

● 本書に直接関係のない「このようなことがしたい」「このようなときはどうすればよいか」など特定の操作方法や問題解決方法、パソコンやWindowsの基本的な使い方、ご使用の環境固有の設定や特定の機器向けの設定などのお問合せは受け付けておりません。本書の説明内容に関するご質問に限り、P.214の「質問シート」に記載されている方法で受け付けております。

以上の注意事項をご承諾いただいたうえで、本書をご利用ください。ご承諾いただけずお問合せをいただいても、株式会社エクスナレッジおよび著作権者はご対応いたしかねます。予めご了承ください。

● Autodesk、Autodeskロゴ、Revit、Revit LT、AutoCAD、AutoCAD LTは、米国Autodesk,Incの米国およびその他の国における商標または登録商標です。
● 本書中に登場する会社名や商品名は一般に各社の商標または登録商標です。本書では®およびTMマークは省略させていただいております。

カバー・本文デザイン	kinds art associates
カバーイラスト	板垣可奈子
編集協力	中川清（EDITEX）／中嶋孝徳
印刷	株式会社ルナテック

はじめに

BIMの活用が建設業界に広がり、設計業務においても3Dモデルを中心とした取り組みが一般的になってきました。前書『はじめてのAutodesk Revit & Revit LT』では、Revitの基本操作を中心に解説しましたが、BIMの活用はさらに深化しています。

本書では、Revitを使ったBIM業務の実践的なテクニックを紹介します。各段階で直面する課題に対して、Revitの高度な機能を活用してどのように解決していくか、効率的にBIMプロセスを進めていく方法を解説します。たとえば、基本設計では「意匠検討」の段階で、構造壁と意匠壁の違いを理解し、柱や壁の仕上げ設定を適切に行うことで、後の実施設計がスムーズに進められます。

さらに、実施設計の工程で、上下の重ね壁や横目地・縦目地の壁の作成方法、パラメータの設定方法など、Revitの高度な機能を活用することで、図面の整合性を保ちつつ、効率的な設計が可能になります。

加えて、Revitのビジュアル表現力を活かし、3Dモデルを使ってプレゼンテーションを行うことで、施主や関係者との意思疎通を図ることができます。
また、BIMモデルの活用範囲は設計・施工にとどまらず、維持管理や施設運営への活用など、BIMの可能性はさらに広がっています。

BIMの活用は建設業界の標準となりつつありますが、その奥深さは尽きることがありません。本書を通して、Revitを使ったBIM業務の実践的なノウハウを習得し、さらなるBIMの可能性を探っていただければと思います。

2025年4月

小林 美砂子　中川 まゆ

目 次

1／モデリング

教材データのダウンロード

本書を使用するにあたって、まず解説で使用する教材データをインターネットからダウンロードする必要があります。

■ 教材データのダウンロード方法

●Webブラウザ（Microsoft Edge、Google Chorome 、FireFox）を起動し、以下のURLのWebページにアクセスしてください。

https://www.xknowledge.co.jp/support/9784767832203

●図のような本書の「サポート＆ダウンロード」ページが表示されたら、記載されている注意事項を必ずお読みになり、ご了承いただいたうえで、教材データをダウンロードしてください。

●教材データはZIP形式で圧縮されています。ダウンロード後は解凍して、デスクトップなどわかりやすい場所に移動してご使用ください。

●教材データを使用するには、Revit（LT）2023/2024/2025が動作する環境が必要です。

●学習用ファイルはRevit 2023で作成されています。バージョン2024/2025でも使用できますが、その場合はファイルをアップグレードする必要があります。P.008の「学習用ファイルのアップグレードと注意点」をご確認のうえ、ご使用ください。

●教材データに含まれるファイルやプログラムなどを利用したことによるいかなる損害に対しても、データ提供者（開発元・販売元等）、著作権者、ならびに株式会社エクスナレッジでは、一切の責任を負いかねます。

●動作条件を満たしていても、ご使用のコンピュータの環境によっては動作しない場合や、インストールできない場合があります。予めご了承ください。

■ 教材データのフォルダ構成と内容について

●ダウンロードした教材データの圧縮ファイル（revit_technique.zip）を解凍すると、「revit_technique」フォルダが現れます。その中には、各項目（method）番号ごとに分類された「01」〜「41」フォルダが含まれています。

さらに各フォルダの中には、解説に用いられているRVT（*.rvt）ファイルやRFA（*.rfa）ファイルなどの学習用ファイルほか、見本用として操作が完了した状態の完成ファイルなどが収録されています。

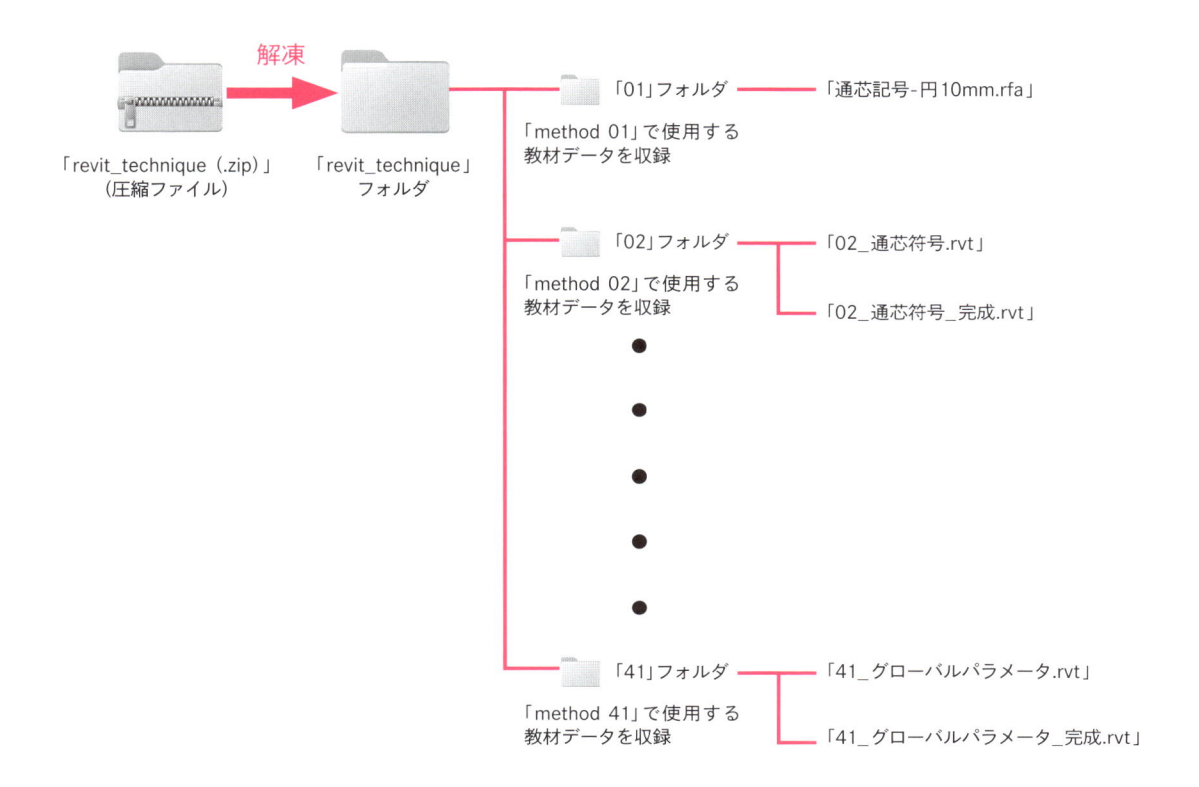

●ご自身が学習する項目（method）の番号のフォルダから、紙面に記載されている目的の学習用ファイルなどを見つけてご使用ください。

●学習用ファイルは Revit 2023で作成されています。バージョン2024/2025でも使用できますが、その場合は「モデルのアップグレード」が必要となります（次ページ参照）。

●紙面ではRevit 2025で解説していますが、本書はRevit 2023/2024/2025で検証済みです。そのため、バージョン2023/2024でもほぼ同様の操作を行えますが、必ずしも動作を保証するものではありません。また、メニュー名、オプション名、機能の詳細などはバージョンによって異なる場合があります。予めご了承ください。

学習用ファイルのアップグレードと注意点

前ページでダウンロードした教材データに含まれるRVT（*.rvt）ファイルやRFA（*.rfa）ファイルなどの学習用ファイルは 、Revit 2023で作成されていますが、バージョン2024/2025でも開くことはできます。ただし、バージョン2024以降では、学習用ファイルを開く際に図のようなダイアログボックスが表示されて「モデルのアップグレード」が実行されます。アップグレードが完了したら、ファイルを新規保存、あるいは上書き保存することで、次回からアップグレードしなくても通常通りファイルを開くことができます。

なお、上記の「モデルのアップグレード」を実行した際、パソコンがフリーズ（動作停止）する場合があります。そのような場合は、オートデスクのWebページ（https://www.autodesk.com/jp/）にアクセスして検索窓に「Revit　下位バージョン　アップグレード　フリーズ」と入力（図）して検索し、検索結果の中から該当する解決方法のページを参照してください。

オートデスクのWebページの上部にある検索窓に「Revit」「下位バージョン」
「アップグレード」「フリーズ」の語句を入力して検索する。

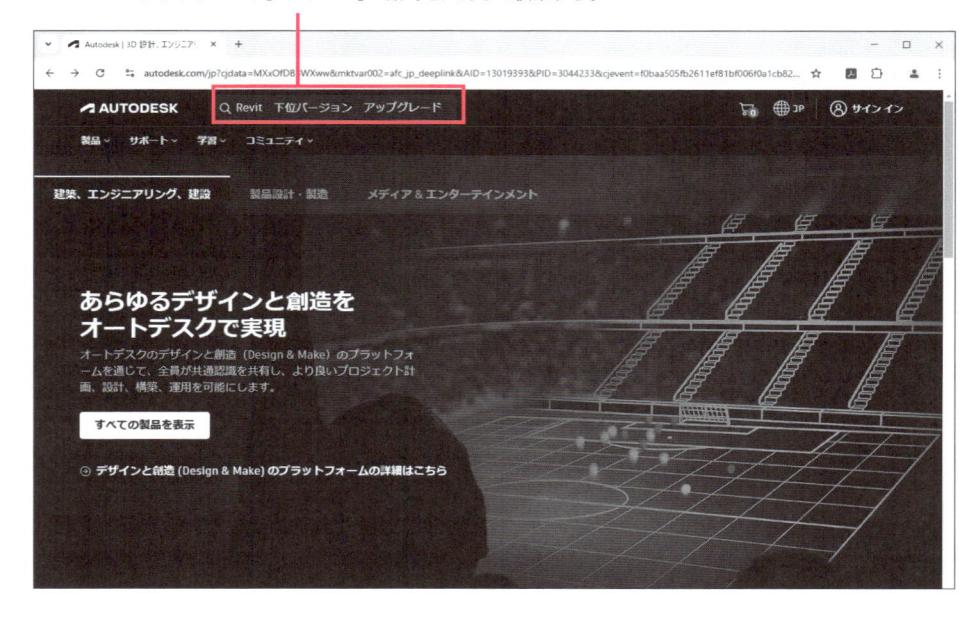

Autodeskファミリ／「Japanese_RUG」ファミリのダウンロード

本書の解説記事では、教材データのほかに、オートデスクが提供する標準ライブラリのファミリ（Autodeskファミリ）や、「Revit User Group」が提供する「RUGライブラリ」のファミリを利用することが多々あります。

そのため、Autodeskファミリ／「Japanese_RUG」ファミリをダウンロードしていない方は、本書をご使用になるにあたって、まず

●method no.30　ファミリをダウンロードする❷
　ロードコマンドでAutodeskファミリを活用する...............P.135

●method no.31　ファミリをダウンロードする❸
　「Japanese_RUG」ファミリをダウンロードする...............P.137

のページをお読みになり、手順に沿って操作を行って、各ライブラリ（ファミリ等）をダウンロードしてから本書をご使用ください。

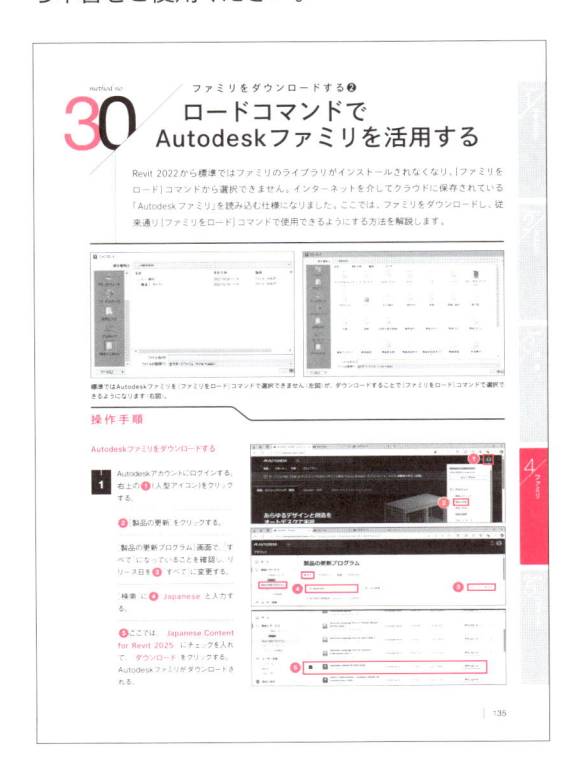

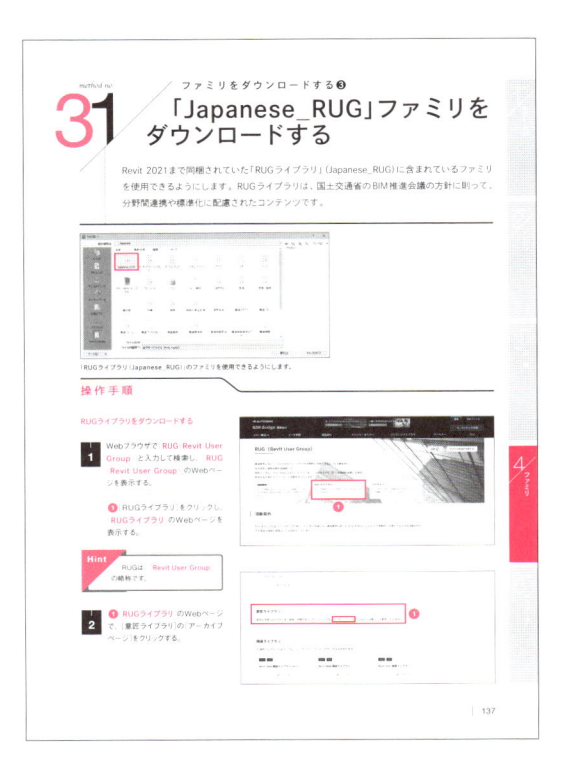

本書について

■ 本書の使用環境

本書は、Windows 10/11でRevit 2025を使用した環境で執筆しています。そのため紙面にて掲載している操作画面はRevit 2025となりますが、動作検証はRevit 2023/2024/2025で行っています。

■ 本書の読み方と表記

本書はページ右側のインデックスで、テーマ（「モデリング」「プレゼン」「図面」「ファミリ」「パラメータ」）ごとに分類されています。

また本書では、Revitの操作手順を簡潔にわかりやすく説明するために、次のような表記ルールを使用しています。本文を読む前にご確認ください。なお、本書では特に断りがない限り、RevitおよびRevit LTを総称して「Revit」と表記しています。

画面各部の名称

画面に表示されるリボン、タブ、パネル、ボタン、コマンド、ダイアログなどの名称はすべて［　　］で囲んで表記します【例1】。

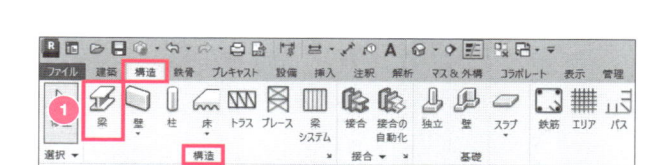

【例1】Revit ホーム画面で、［プロジェクト］の ❶［新規作成］をクリックする。

リボン内のコマンドを指示するときは、そのコマンドが配置されているタブやパネルの名称を矢印（➡）でつないで表記します【例2】。

【例2】［構造］タブ ➡［構造］➡ ❶［梁］をクリックする。

キーボード操作

キーボードから入力する数値や文字は、「　　」で囲んで表記します。数値は原則的に半角文字で入力します【例3】。

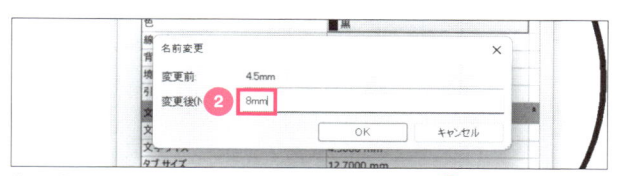

【例3】［タイププロパティ］ダイアログボックスで、❷［変換後］の［文字サイズ］に「8mm」と入力し、［OK］をクリックする。

マウス操作

本書では、主にマウスを使用して作業を行います。マウス操作については、表に示す表記を使用します。

操作	説明
クリック	マウスの左ボタンをカチッと1回押してすぐに放す
ダブルクリック	マウスの左ボタンをカチカチッと2回続けてクリックする
右クリック	マウスの右ボタンをカチッと1回押してすぐに放す
ドラッグ	マウスのボタンを押し下げたままマウスを移動し、移動先でボタンを放す

Revitについて

Revitは、米オートデスク社が提供している設計および設計図書作成のためのBIMツールです。オートデスク社のオンラインストアまたはオートデスク認定販売パートナーから購入できます。

■ 本書の使用環境

Revit 2025 ／ Revit LT 2025をインストールして実行するには、次のような環境が必要です。

OS	Microsoft Windows 10 または Windows 11
CPU	Intel i-Series、Xeon、AMD Ryzen、Ryzen Threadripper PRO 2.5 GHz 以上
RAM	16GB 以上
ディスク空き容量	30GB 以上
グラフィックス	基本的なグラフィックス：24 bit color 対応ディスプレイアダプタ 高度なグラフィックス：Shader Model 5 搭載の DirectX 11 対応グラフィックスカードおよび 4GB 以上のビデオメモリ
ディスプレイ	最小：1,280 × 1,024（True Color） 最大：4K モニター

■ Revit製品体験版について

オートデスク社のWebページから、インストール後30日間無料で試用できる製品体験版をダウンロード可能です。試用期間中は、製品版と同等の機能を利用できます。なお、製品体験版はオートデスク社のサポートの対象外です。

※ Revit 2025 製品体験版の動作環境は、上記製品の動作環境に準じます。

※当社ならびに著作権者、データの提供者（開発元・販売元）は、製品体験版および追加コンテンツに関するご質問については一切受け付けておりません。あらかじめご了承ください。

Revit 2025製品体験版のダウンロード

オートデスク社のWebサイトのトップページ（http://www.autodesk.co.jp/）のメニューから［製品］−［体験版の開始］（左図）を選択し、Revit（またはRevit LT）の［無償体験版のダウンロード］（右図）を選択して進み、Autodeskアカウントでサインインしてダウンロードします。

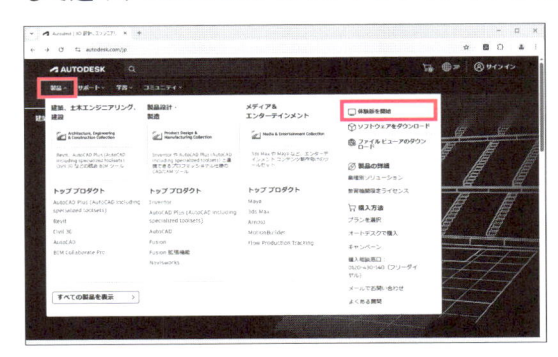 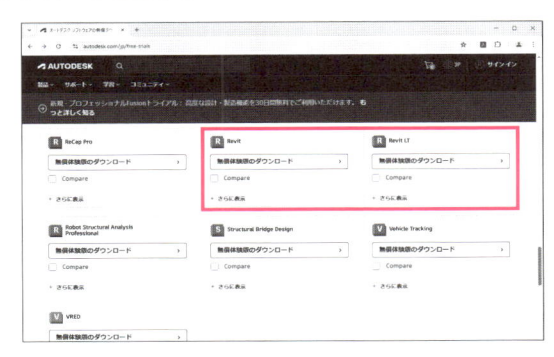

01

お気に入りの通芯に変更する❶

符号の大きさを変更する

テンプレートにロードされている通芯符号の大きさが図面の縮尺と合わないときに、通芯符号の大きさを変更する方法を紹介します。

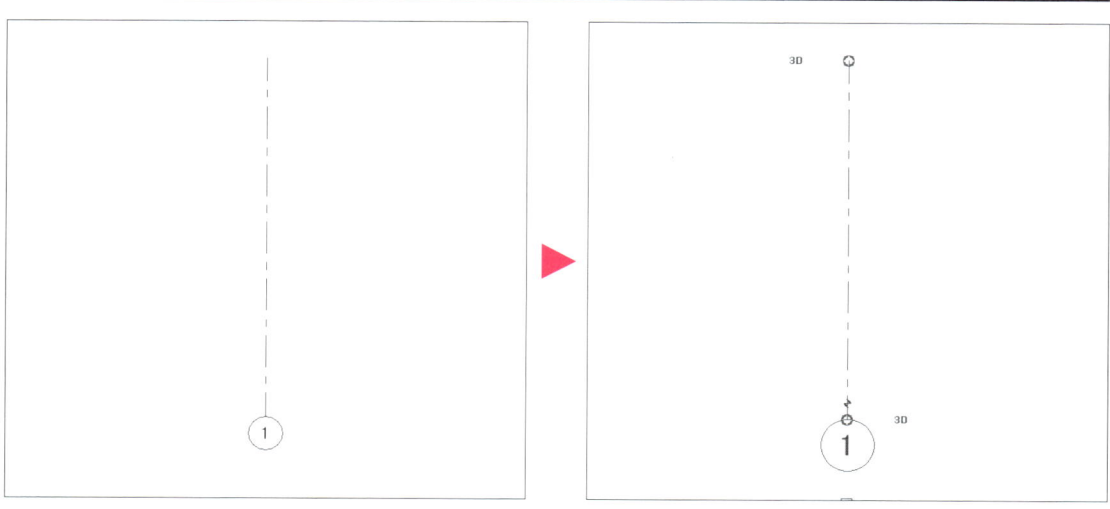

図面の縮尺に合わせた符号の大きさのファミリを作成し、置き換えることで簡単に変更できます。

操作手順

1 Revitホーム画面で、[プロジェクト]の❶[新規作成]をクリックする。

[プロジェクトの新規作成]ダイアログボックスで、❷[建築テンプレート]を選択して[OK]をクリックする。

2 ❶[建築]タブ➡[基準面]➡[通芯]をクリックする。

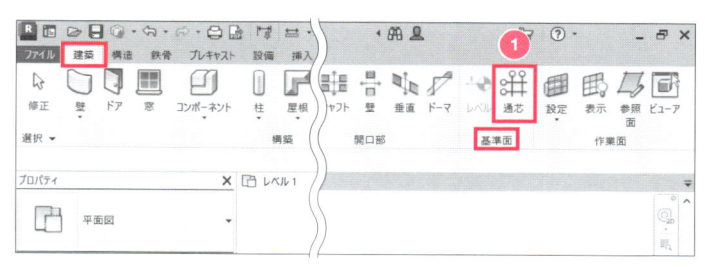

3 ① 上から下に垂直に通芯を作成する。

コマンドを終了する。

Hint 以降、コマンドの終了方法を記載していない場合は、リボンの[修正]をクリックして終了してください。

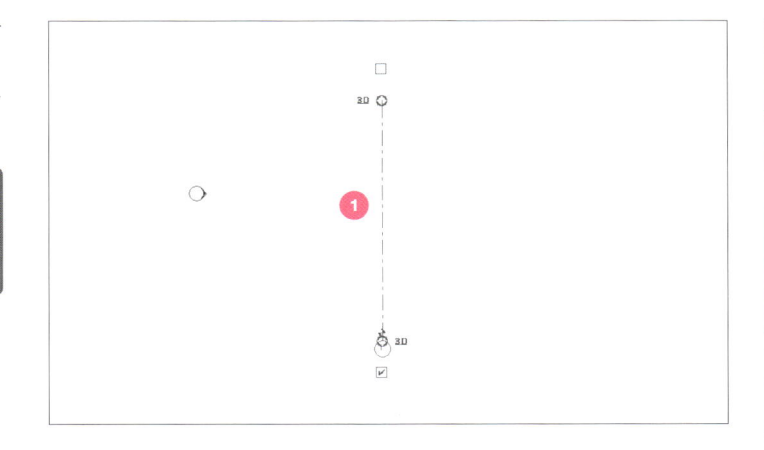

4 作成した通芯を選択する。①[タイプセレクタ]でタイプが[通芯記号6.5 mm]であることを確認し、②[タイプ編集]をクリックする。

[タイププロパティ]ダイアログボックスで、③[記号]が[通芯記号－円]になっていることを確認し、ダイアログボックスを閉じる。

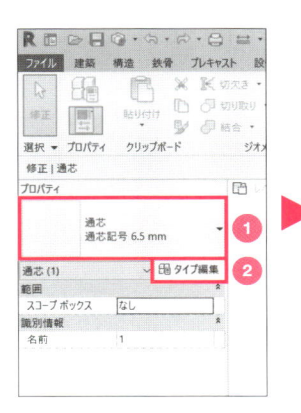
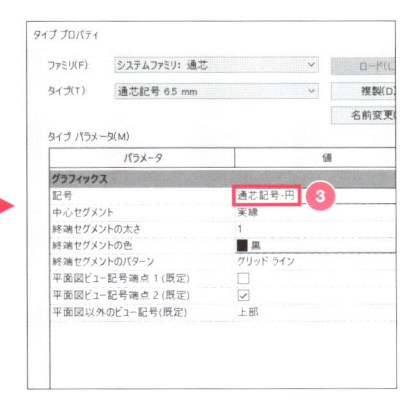

5 [プロジェクトブラウザ]で、[ファミリ]の[注釈記号]を展開する。①[通芯記号－円]上で右クリックし、メニューの②[編集]を選択する。

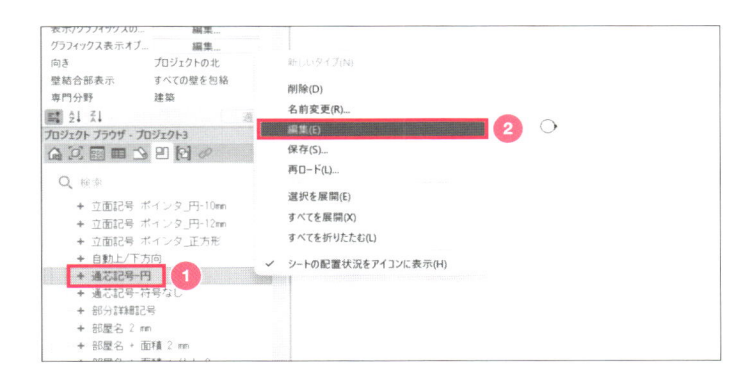

6 [通芯記号－円]ファミリが開く。[作成]タブ➡[プロパティ]➡①[ファミリタイプ]をクリックする。

[ファミリタイプ]ダイアログボックスで、[その他]の②[半径]に「10」と入力し、[OK]をクリックする。

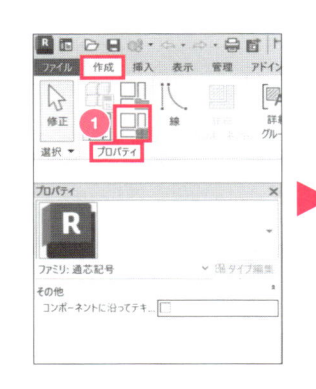
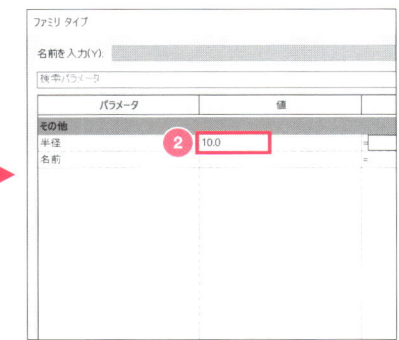

7 通芯符号の円が大きくなる。

①タグラベルを選択する。[プロパティパレット]で、②[タイプ編集]をクリックする。

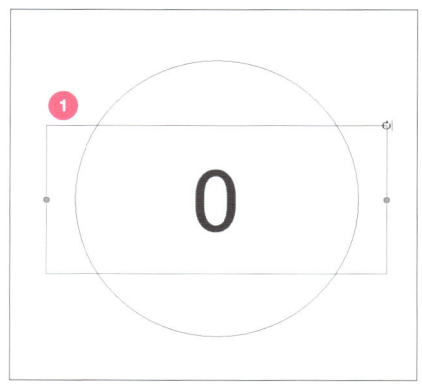
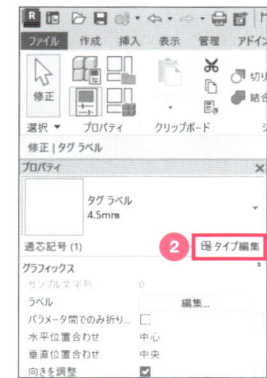

8 [タイププロパティ]ダイアログボックスで、①[名前変更]をクリックする。

[名前変更]ダイアログボックスで、名前を②[8mm]に変更し、[OK]をクリックする。

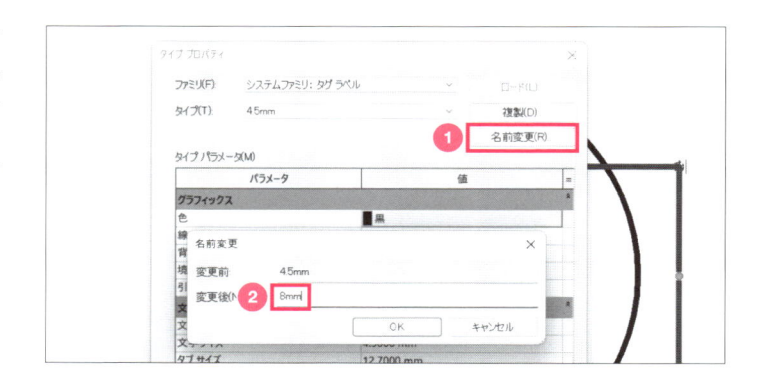

9 [タイププロパティ]ダイアログボックスで、[文字サイズ]に①[8]と入力し、[OK]をクリックする。

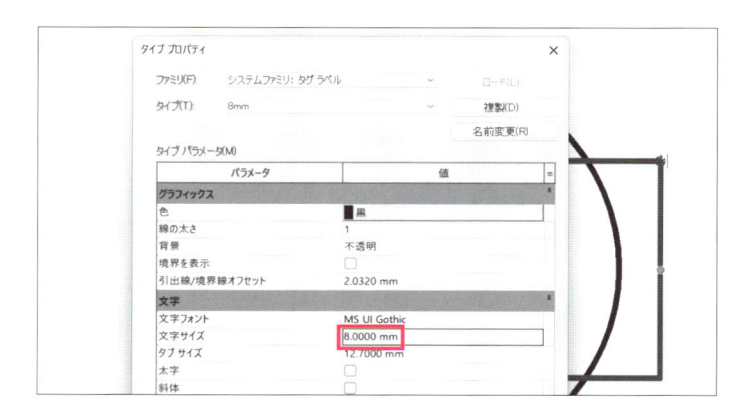

10 [ファイル]タブ➡[名前を付けて保存]➡[ファミリ]をクリックする。

[名前を付けて保存]ダイアログボックスで、[ファイル名]に[通芯記号ー円10mm]と入力し、[保存]をクリックする。

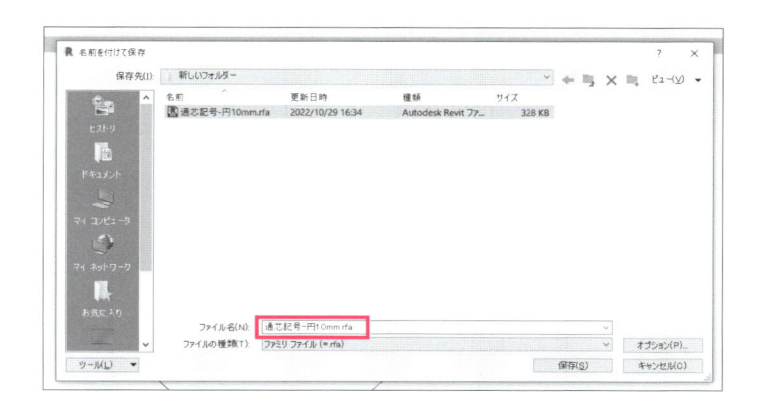

11 リボンの[ファミリエディタ]➡[プロジェクトにロード]をクリックし、**10**で保存した「**通芯記号ー円10mm.rfa**」を現在のプロジェクトにロードする。

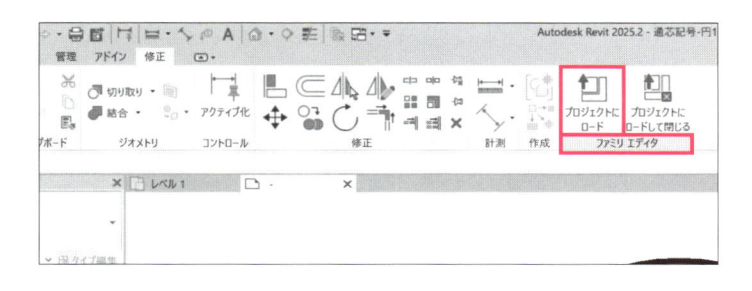

12 **1** **3**で作成した通芯を選択する。[プロパティパレット]で、**2**[タイプ編集]をクリックする。

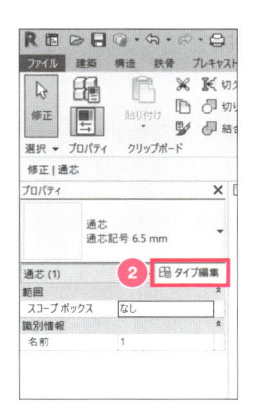

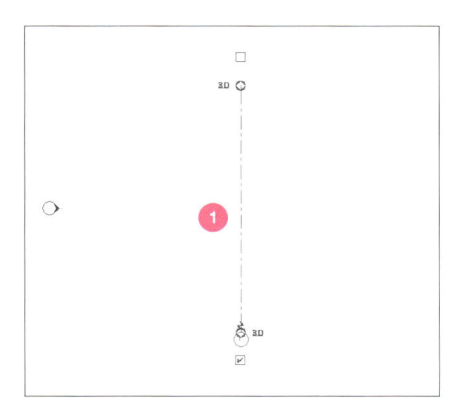

13 [タイププロパティ]ダイアログボックスで、[記号]の[通芯記号ー円10mm]を選択し、[OK]をクリックする。

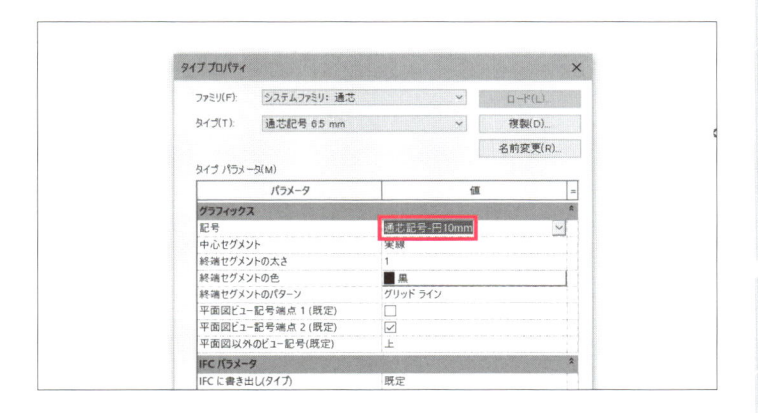

14 通芯符号のサイズが変更される。

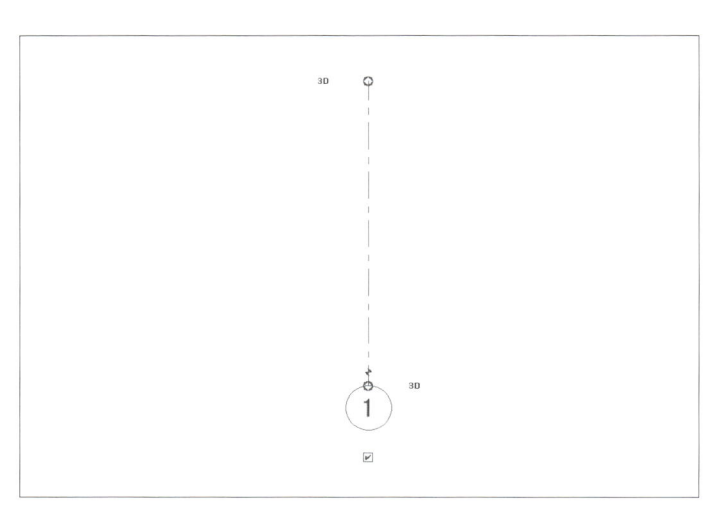

02

お気に入りの通芯に変更する❷

通芯符号の位置を
すべてのビューで一括変更する

通芯符号の表示位置は「通芯記号を表示」チェックボックスのオン／オフで変更できますが、すべてのビューには反映されません。通芯符号の表示位置を変更するためのタイプを作成することで、すべてのビューで一括変更する方法を紹介します

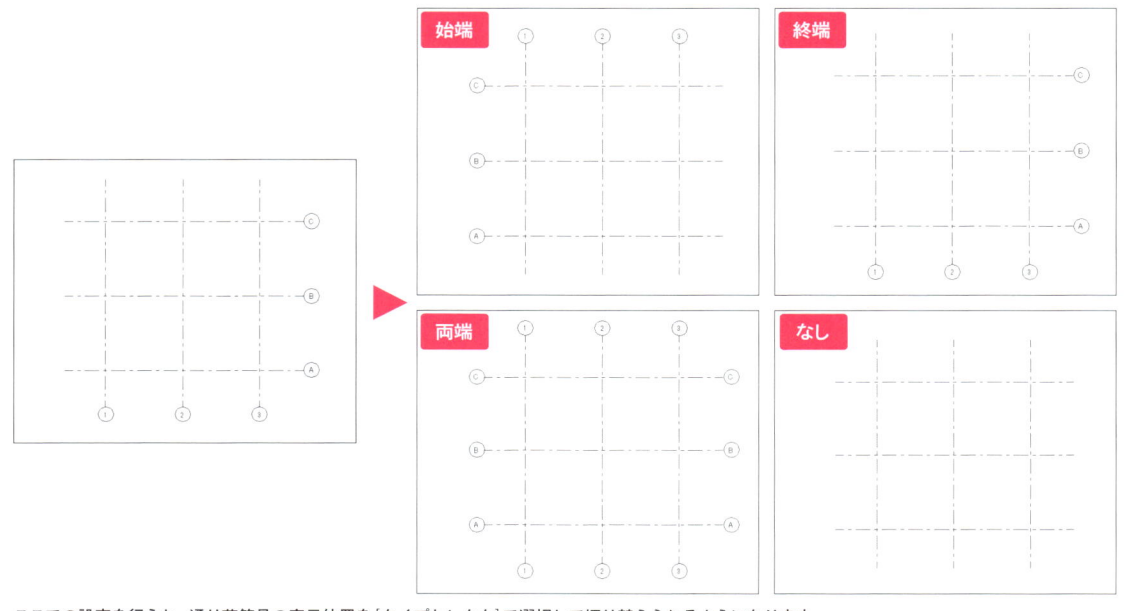

ここでの設定を行うと、通り芯符号の表示位置を［タイプセレクタ］で選択して切り替えられるようになります。

操作手順

本書の学習用ファイルを使って解説します。「02_通芯符号.rvt」を開いてからはじめてください。
※ 学習用ファイルの入手方法は、P.006を参照してください。

 1
通芯をすべて選択し、［プロパティパレット］で、❶［タイプ編集］をクリックする。

［タイププロパティ］ダイアログボックスで、❷［平面図ビュー記号端点2（既定）］にチェックが入っていることを確認する。

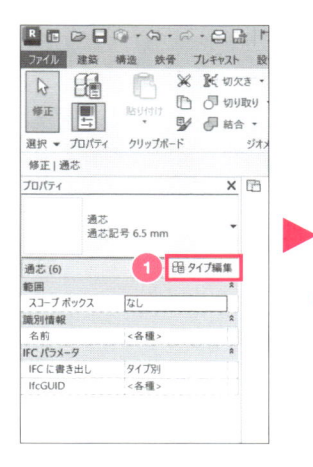
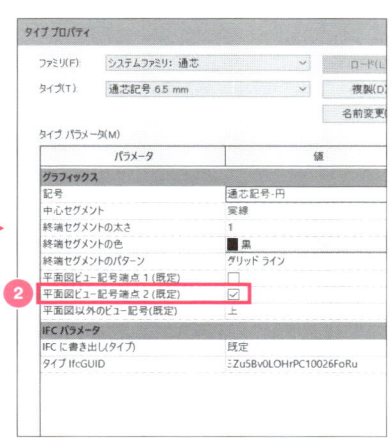

2 ［タイププロパティ］ダイアログボックスで、❶［名前変更］をクリックする。

［名前変更］ダイアログボックスで、❷「通芯記号 6.5 mm 終端」と入力し、［OK］をクリックする。

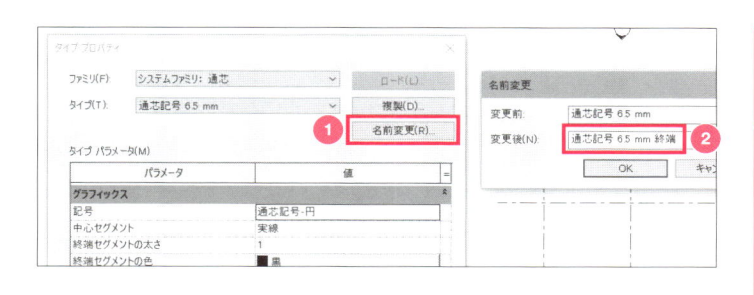

3 ［タイププロパティ］ダイアログボックスで、❶［複製］をクリックする。

［名前］ダイアログボックスで、名前に❷「通芯記号 6.5 mm 始端」と入力し、［OK］をクリックする。

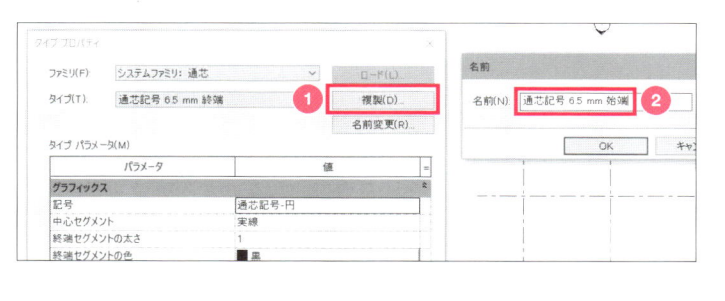

4 ［タイププロパティ］ダイアログボックスで、❶［平面図ビュー記号端点1（既定）］にチェックを入れる。

❷［平面図ビュー記号端点2（既定）］のチェックを外して❸［適用］をクリックする。

5 **3**〜**4**を繰り返して「通芯記号6.5 mm 両端」「通芯記号なし」を作成する。**4**のチェックの有無は、記号の表示に合わせて変更する（Hint参照）。

［OK］をクリックして［タイププロパティ］ダイアログボックスを閉じる。

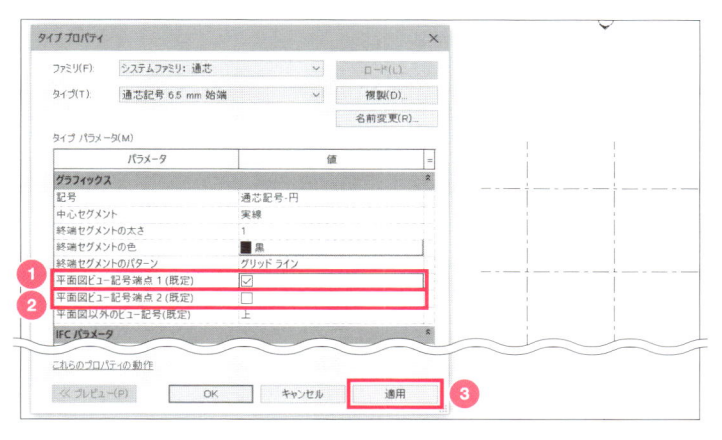

Hint
［タイププロパティ］ダイアログボックスの［平面図ビュー記号端点 1（既定）］は始端側、［平面図ビュー記号端点 2（既定）］は終端側のことです。それぞれチェックを入れると通芯記号（符号）が表示されます。［平面図以外のビュー記号（既定）］は、立面図、断面図の符号位置を設定します。

6 作図領域で通芯を選択し、［タイプセレクタ］からタイプ（ここでは「通芯記号6.5 mm 始端」）を選択すると、通芯符号の位置が変更される。

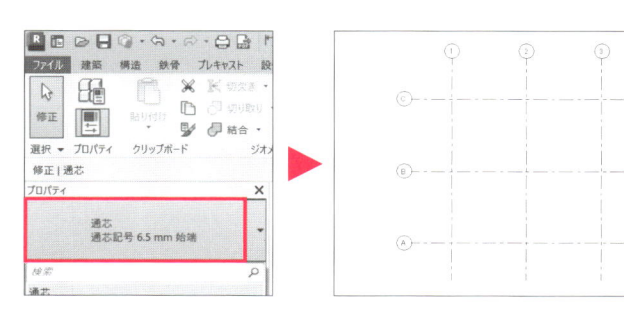

03

基礎ファミリと柱ファミリのふるまい❶

構造基礎カテゴリで埋め込み形の基礎を作成する

埋め込み形の基礎の作成で「構造基礎カテゴリ」のファミリを使うと、構造柱の下部に基礎が埋め込まれず柱下端に移動してしまいます。これを「構造基礎カテゴリ」のファミリまま埋め込み形の基礎に修正する方法を、「RC柱をRC基礎に 200㎜ 埋め込ませた柱脚」を例に紹介します。なお、「一般モデルカテゴリ」のファミリで埋め込み形の基礎にする方法は、P.022で紹介します。

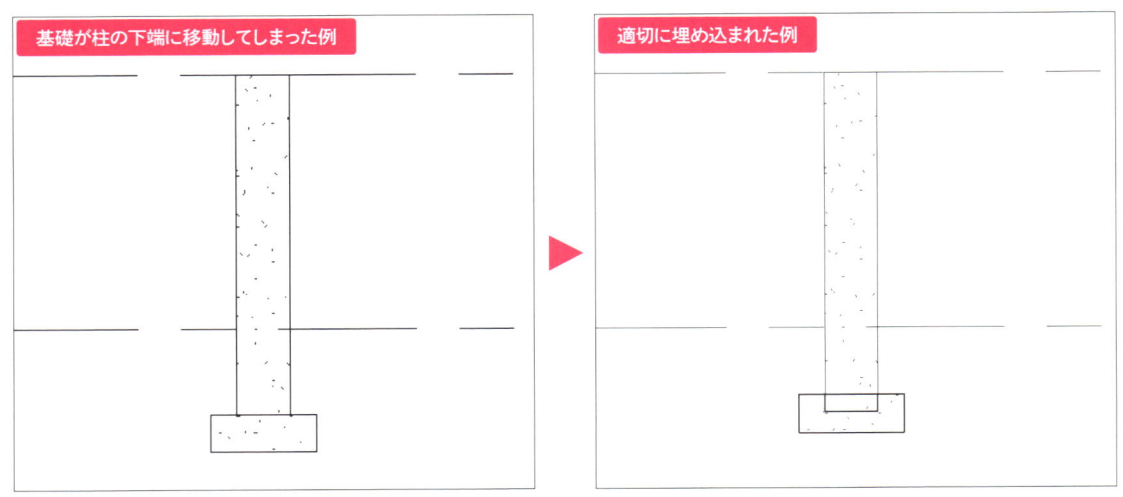

基礎が柱の下端に移動してしまった例 ▶ **適切に埋め込まれた例**

特にRCの場合は包絡処理と見間違いやすく、高さが変更されてしまっていることに気付かないことがあります。構造基礎カテゴリのファミリを使った埋め込み形の基礎を作成したとき、ここで紹介する方法で柱を基礎に埋め込むことができます。

操作手順

1

Revitホーム画面で、[プロジェクト]の ❶ [新規作成]をクリックする。

- - - - - - - - - - - - - - - - -

[プロジェクトの新規作成]ダイアログボックスで、❷ [構造テンプレート]を選択し、[OK]をクリックする。

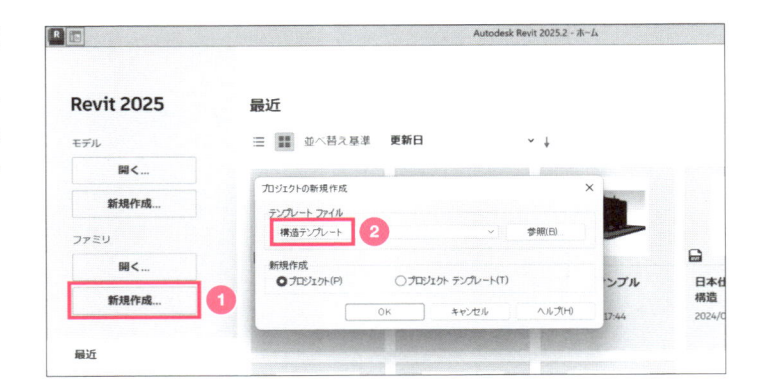

2

[プロジェクトブラウザ]で、❶[構造伏図（構造平面図）]を展開し、［レベル1]ビューを開く。

....

[構造]タブ➡[構造]➡❷[柱]をクリックする。

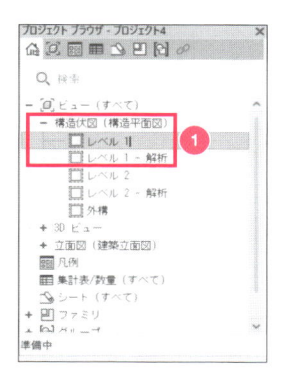
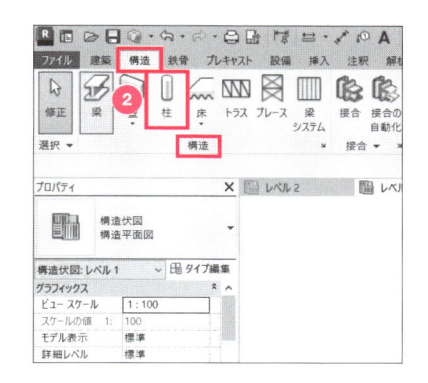

3

❶[タイプセレクタ]から[コンクリート－長方形－柱]の[600×750mm]を選択する。

....

オプションバーで、❷[上方向][レベル2]に変更する。

....

❸適当な位置でクリックして柱を配置する。

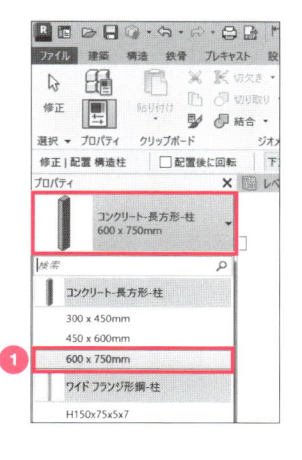
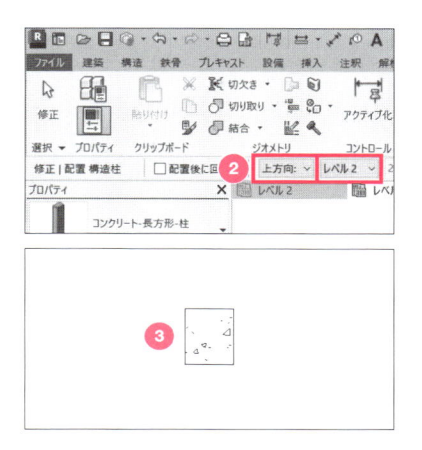

4

[プロジェクトブラウザ]で、❶[立面図]を展開し、［南］ビューを開く。

....

作図領域で柱を選択する。［プロパティパレット]の❷[基準レベルオフセット]に[－1000]と入力し、❸[適用]をクリックする。

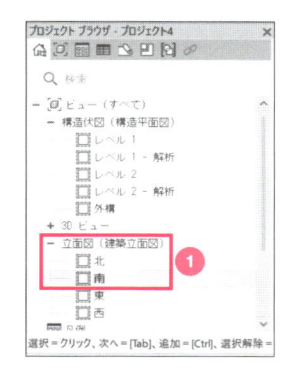
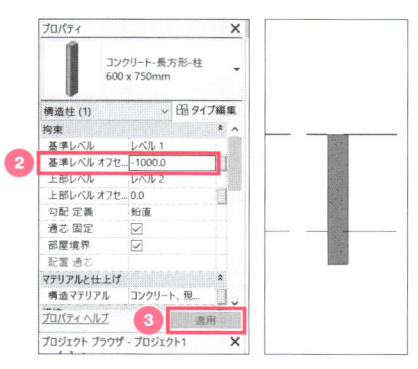

5

❶[レベル1]タブを選択し、［構造]タブ➡[基礎]➡❷[独立]をクリックする。

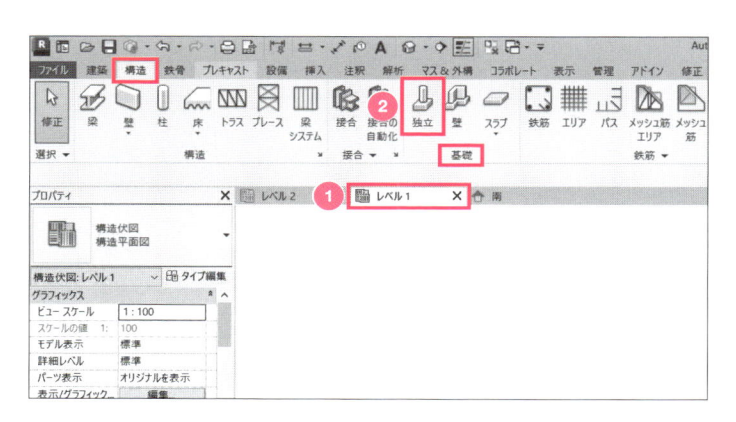

6

① ［タイプセレクタ］から［M＿基礎－長方形］の［1800×1200×450mm］を選択する。

［プロパティパレット］で、② ［基準レベルオフセット］に「－800」と入力し、［適用］をクリックする。

③ 柱の中心に基礎を配置する。

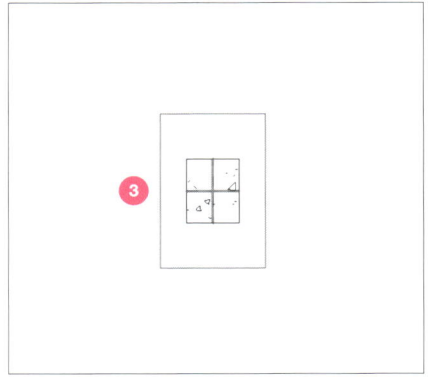

7

基礎がオレンジ色になり、① 「アタッチされた構造基礎は柱の下部に移されます」という警告が表示される。

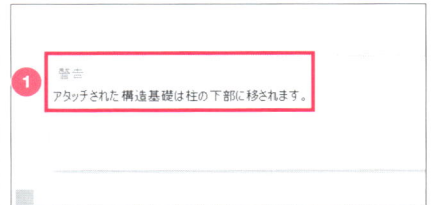

8

コマンドを終了する。

① ［南］タブのビューに切り替える。

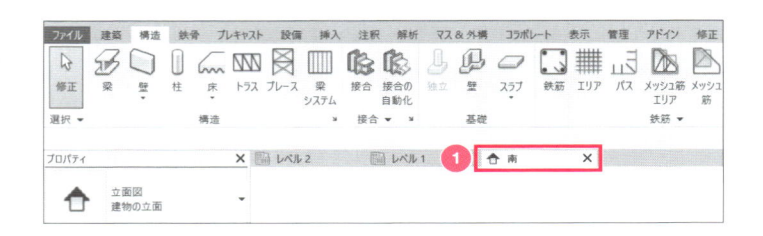

9

⑥で配置した基礎を選択し、［プロパティパレット］で、① ［基準レベルオフセット］が柱下端の「－1000」になってしまっていることを確認する。

ビューコントロールバーの［表示スタイル］を［ワイヤーフレーム］に変更する。② 基礎が柱下部に自動的に移動して埋め込まれていないことを確認する。

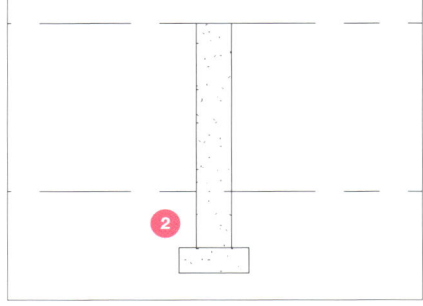

10

作図領域で基礎を選択し、［プロパティパレット］の［基準レベルオフセット］に① 「－800」と入力する。

② 「アタッチされた構造基礎は柱の下部に移されます」という警告が表示される。［OK］をクリックし、位置が移動できないことを確認する。

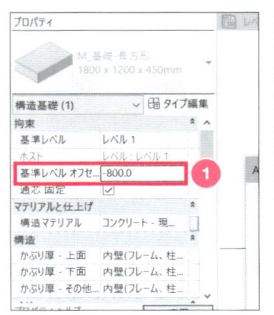
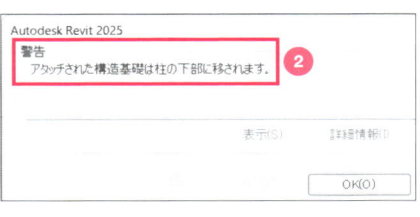

11 ❸で配置した柱を選択し、[プロパティパレット]で、❶[基準レベルオフセット]に「-800」と入力する。

❷「**アタッチされた構造基礎は柱の下部に移されます**」という警告が表示される。

[OK]をクリックすると、❸柱の下端が移動し、それに伴い基礎も移動する。

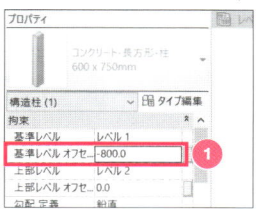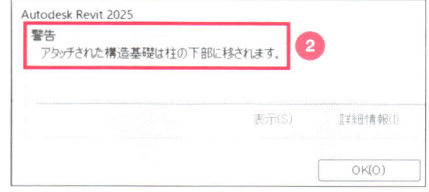

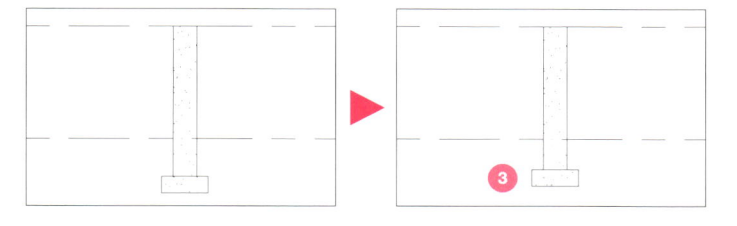

12 柱を選択し、[修正|構造柱]タブ➡[柱の修正]➡❶[アタッチ 上／下端]をクリックする。

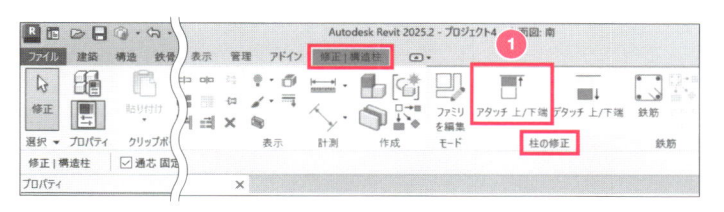

13 オプションバーの❶[柱をアタッチ]で[下部]を選択し、❷[アタッチ スタイル]で[ターゲットを切断]を選択する。

❸[アタッチ位置合わせ]で[最大の交接]を選択し、❹[アタッチからのオフセット]に「−200」と入力する。

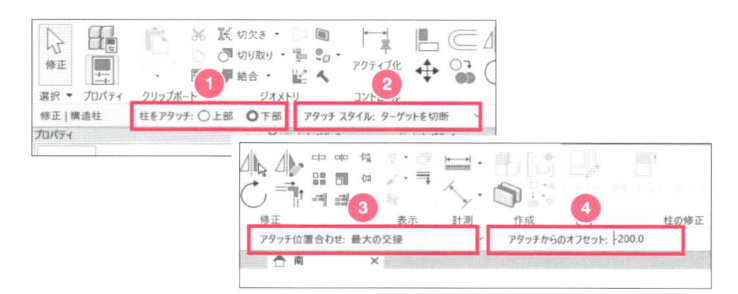

14 ❶基礎をクリックすると、❷「**柱とターゲットはどちらもコンクリートです。ジオメトリが結合されました**」という警告が表示される。

❸基礎に200㎜埋め込まれた柱脚が作成される。

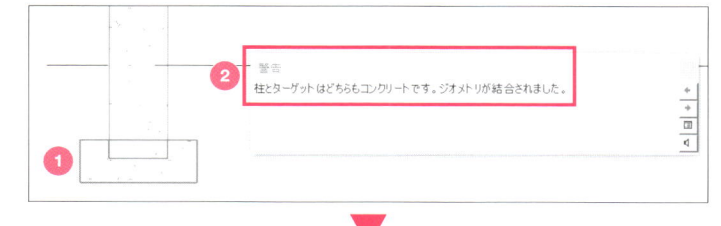

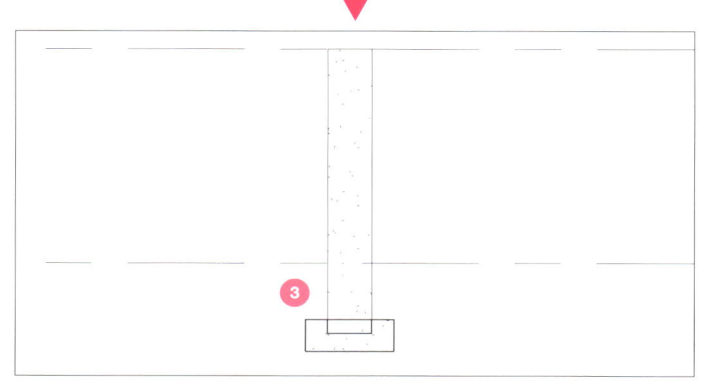

Hint 柱を基礎にアタッチさせるのは各基礎ごとになります。そのため同じ設定が複数ある場合は、1つ作成してコピーすることをお勧めします。

04

基礎ファミリと柱ファミリのふるまい❷

一般モデルカテゴリで埋め込み形の基礎を作成する

埋め込み形の基礎の作成で「構造基礎カテゴリ」のファミリを使うと、構造柱の下部に基礎が埋め込まれず柱下端に移動してしまいます。そこで「一般モデルカテゴリ」のファミリで埋め込み形の基礎に修正する方法を、「RC柱をRC基礎に200mm埋め込ませた柱脚」を例に紹介します。なお、「構造基礎カテゴリ」のファミリで埋め込み形の基礎にする方法は、P.018で紹介します。

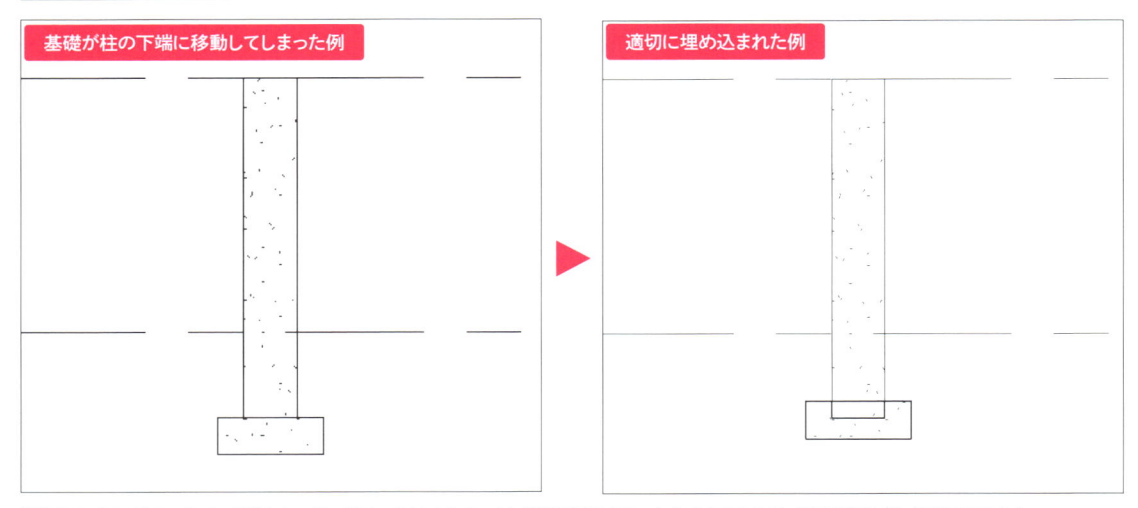

基礎が柱の下端に移動してしまった例　▶　適切に埋め込まれた例

構造カテゴリではないため、基礎として拾い出すことはできず、また鉄筋を配置することもできませんが、図面表現は特に問題ありません。

操作手順

1 Revitホーム画面で、[プロジェクト]の❶[新規作成]をクリックする。

[プロジェクトの新規作成]ダイアログボックスで、❷[構造テンプレート]を選択し、[OK]をクリックする。

2
［プロジェクトブラウザ］で、❶［構造伏図（構造平面図）］を展開し、［レベル1］ビューを開く。

［構造］タブ➡［構造］➡❷［柱］をクリックする。

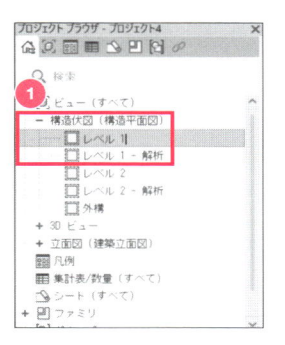
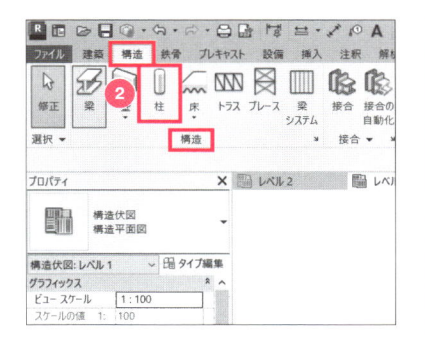

3
❶［タイプセレクタ］から［コンクリートー長方形ー柱］の［600×750mm］を選択する。

オプションバーで、❷［上方向］［レベル2］に変更する。

❸適当な位置でクリックして柱を配置する。

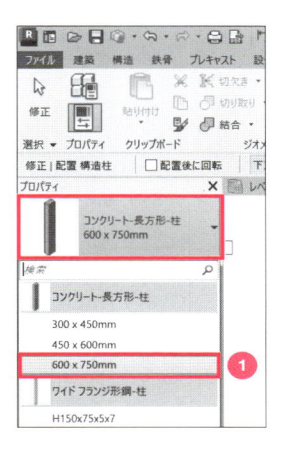
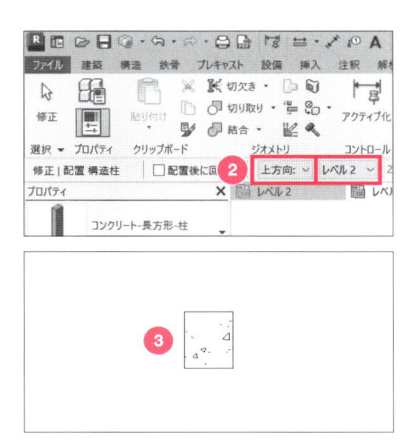

4
［プロジェクトブラウザ］で、❶［立面図］を展開し、［南］ビューを開く。

作図領域で柱を選択し、［プロパティパレット］の❷［基準レベルオフセット］に「－1000」と入力し、❸［適用］をクリックする。

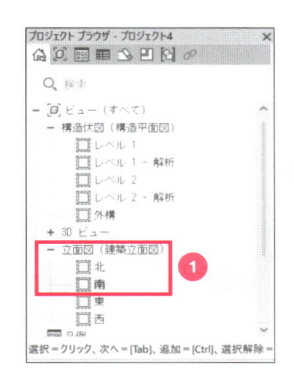
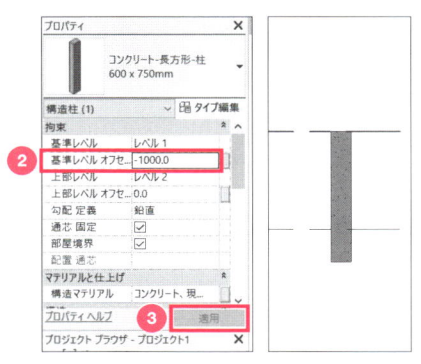

5
❶［レベル1］タブを選択する。

［プロジェクトブラウザ］で、［ファミリ］の［構造基礎］を展開する。❷［M＿＿基礎ー長方形］を右クリックし、メニューの❸［編集］を選択する。

Hint
　ロードしたファミリは［プロジェクトブラウザ］の［ファミリ］にすべて表示されます。

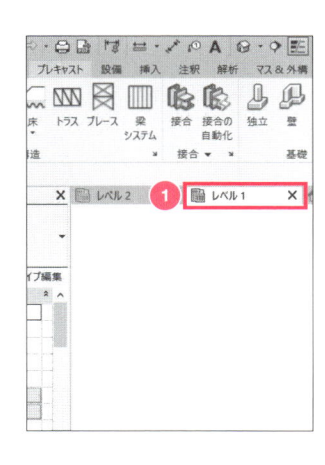
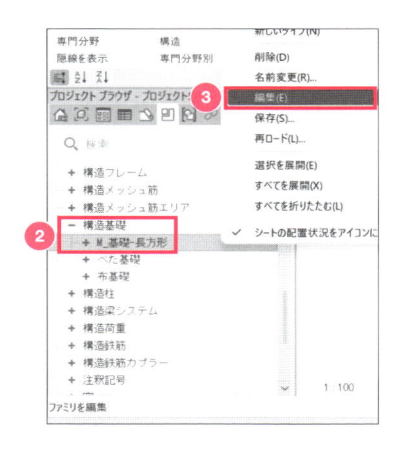

1／モデリング

6

[M__基礎－長方形]ファミリの ① [3D]ビューが開く。

[作成]タブ➡[プロパティ]➡② [ファミリ カテゴリとパラメータ]をクリックする。

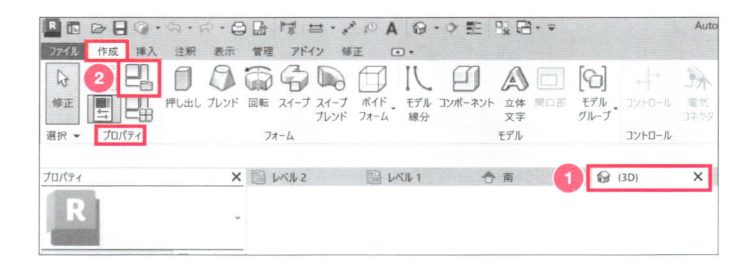

7

[ファミリ カテゴリとパラメータ]ダイアログボックスで、「一般モデル」を選択して[OK]をクリックする。

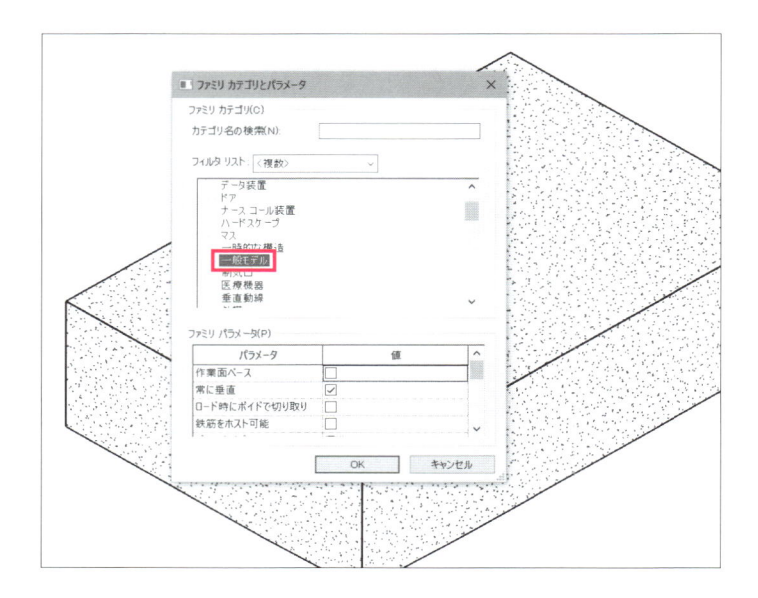

8

[ファイル]タブ➡[名前を付けて保存]➡①[ファミリ]で別名で保存する。ここでは②「基礎（一般モデル）」という名称で保存している。

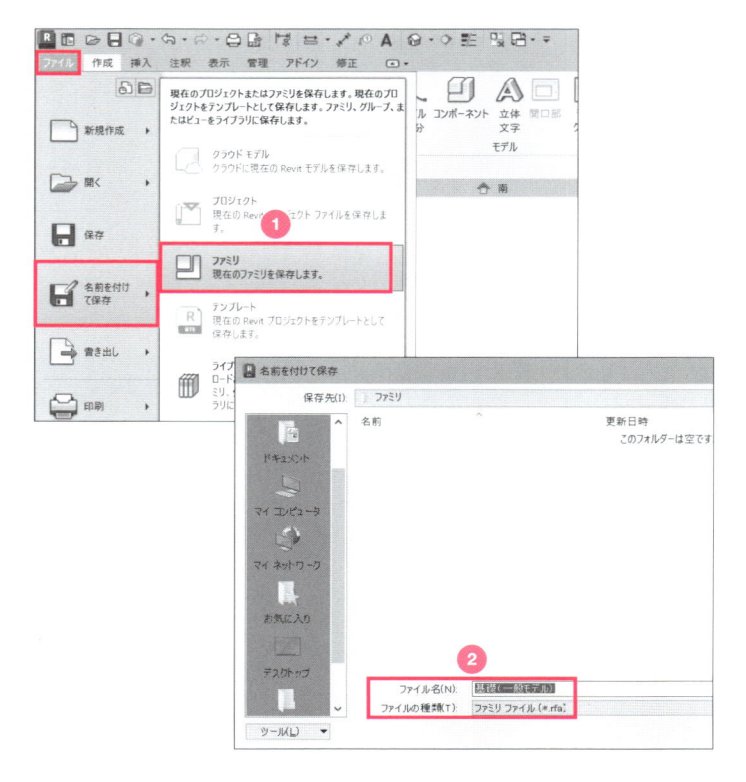

9　リボンの［ファミリエディタ］➡［プロジェクトにロード］をクリックする。

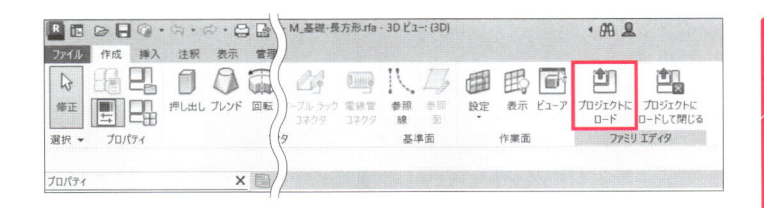

10
①［レベル1］タブのビューに切り替える。

②［タイプセレクタ］から［基礎（一般モデル）］の［1800×1200×450mm］を選択する。

［プロパティパレット］で、③［基準レベルからの高さ］に「－800」と入力し、［適用］をクリックする。

④柱の中心に基礎を配置する。

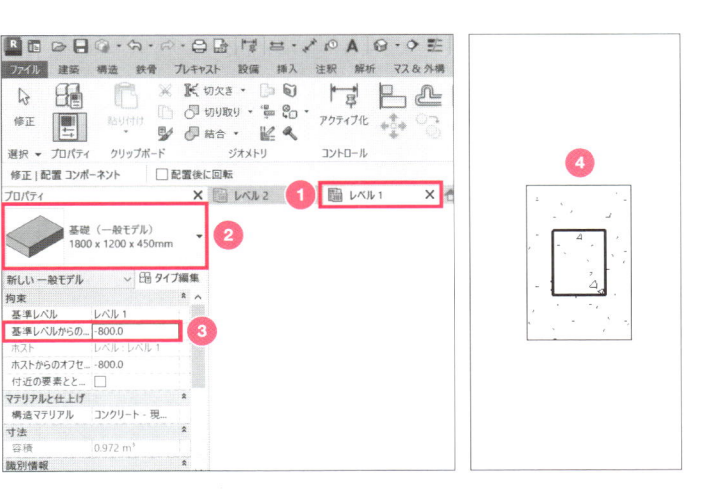

11　コマンドを終了する。

①［南］タブのビューに切り替える。

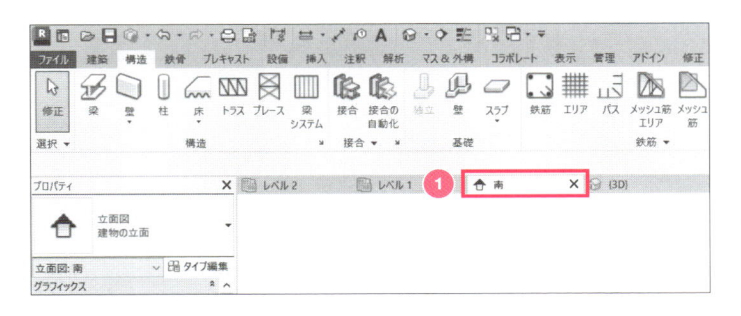

12　**10**で配置した基礎を選択し、［プロパティパレット］の①［基準レベルからの高さ］が「－800」になっていることを確認する。

②基礎に柱が埋め込まれていることも確認する。

Hint　この方法は、図面表現としては問題ありませんが、構造カテゴリではないため、基礎として拾い出せません。また、鉄筋を配置できません。

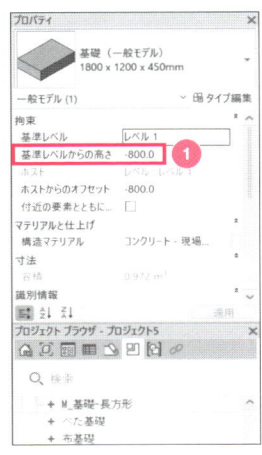
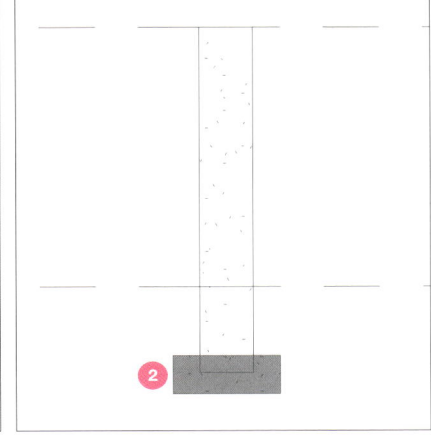

05

［壁］・［柱］コマンドの構造と意匠の違い❶
構造壁（柱）と意匠壁（柱）の基本的な違いを知る

リボンの［構造］タブと［建築］タブにある［壁］コマンドには、［壁 構造］、［壁 意匠］のコマンドが含まれています。ここでは［壁 構造］コマンドで作成した「構造壁」と、［壁 意匠］コマンドで作成した「意匠壁」の違いを解説します。併せて構造柱と意匠柱の違いも解説します。

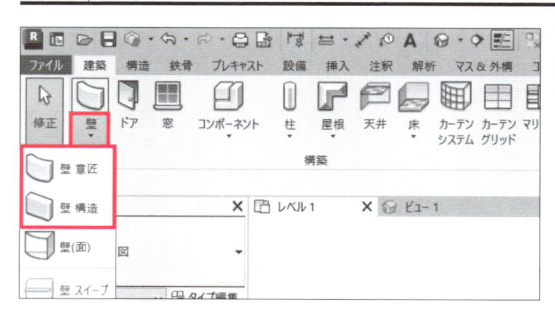

［壁 構造］コマンドで作成した壁を「構造壁」、同様に［壁 意匠］コマンドで作成した壁を「意匠壁」と呼びます。［構造］と［意匠］が付くコマンドは他に［柱］［床］があります。

操作手順

構造壁と意匠壁の違い

壁の作成方法に違いはないですが、作成した壁のプロパティに違いがあります。構造壁と意匠壁は、プロパティで切り替えられます。

1 Revitホーム画面で、［プロジェクト］の❶［新規作成］をクリックする。

────────

［プロジェクトの新規作成］ダイアログボックスで、❷［建築テンプレート］を選択して［OK］をクリックする。

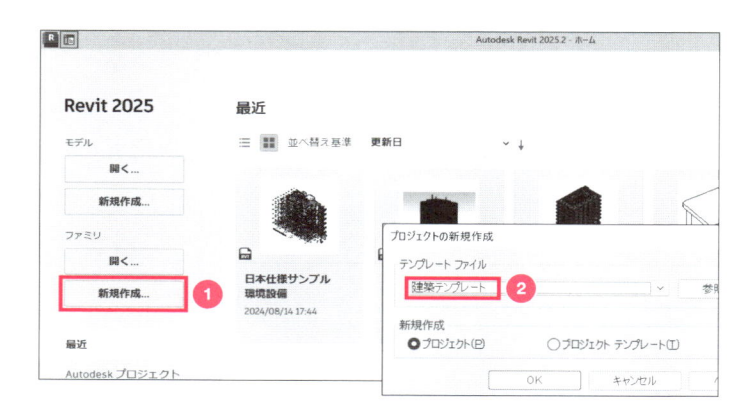

2 ［プロジェクトブラウザ］で、❶［ビュー（レベル順）］の［平面図］を展開し、［レベル1］ビューが選択されていることを確認する。

────────

［建築］タブ➡［構築］➡❷［壁 意匠］をクリックする。

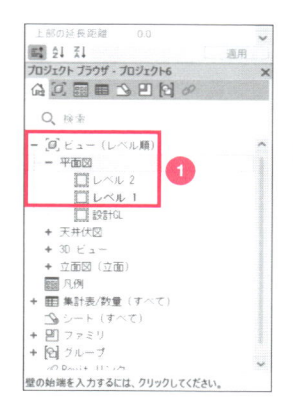
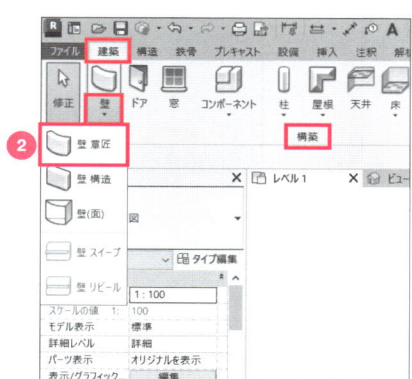

 Hint

［建築］タブの［壁］コマンドの初期値は［壁 意匠］です。

3

① [タイプセレクタ]で、[標準壁]の[標準-150 mm]が選択されていることを確認する。

オプションバーで、② [上方向][レベル2]に設定されていることを確認する。

③ 適当な位置に壁を作成する。

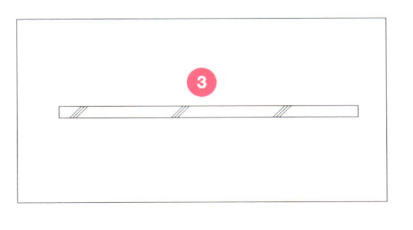
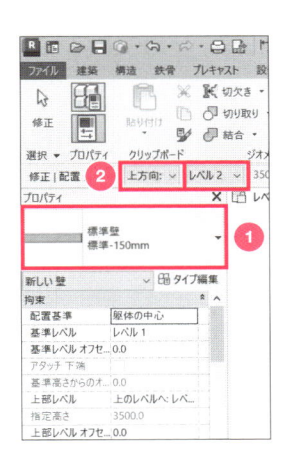
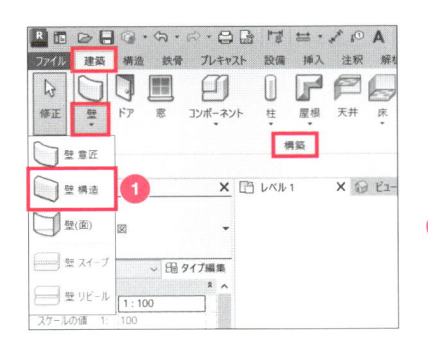

4

[建築]タブ➡[構築]➡① [壁 構造]をクリックする。

② [タイプセレクタ]で、[標準壁]の[標準-150 mm]が選択されていることを確認する。

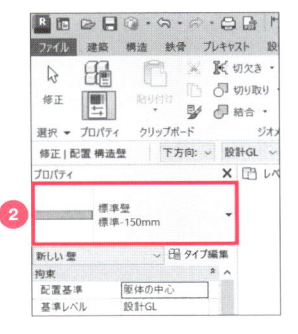

5

オプションバーで、① [下方向][設計GL]に設定されていることを確認する。

オプションバーで、② を[上方向]に変更する。

オプションバーで、③ を[レベル2]に変更する。

④ 適当な位置に壁を作成する。

コマンドを終了する。

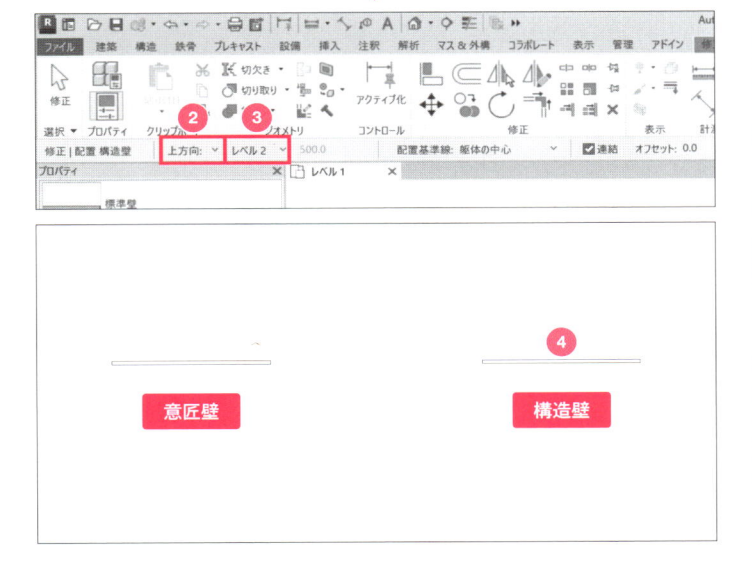

Hint

初期設定では[構造壁]は① が[下方向]に設定されているので注意しましょう。オプションバーの設定を変更すると壁の設定が変更される旨の警告メッセージが表示されますが、無視してかまいません。

6
■1■5で作成した構造壁をクリック
し、[プロパティパレット]で、[構造]
グループに ②[かぶり厚]があること
を確認する（かぶり厚が入力できる）。

さらに[修正|壁]タブに ③鉄筋関連
のコマンドがあることを確認する。

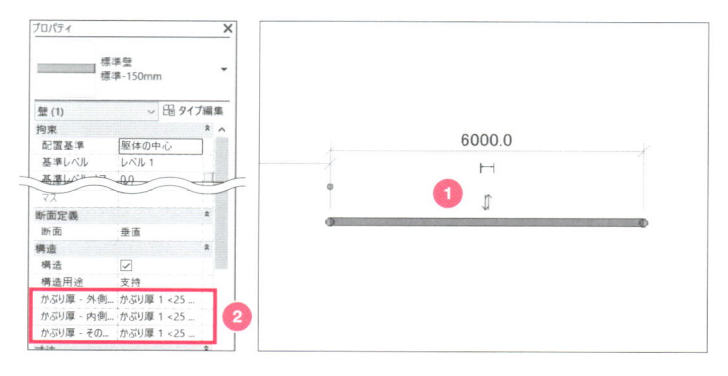

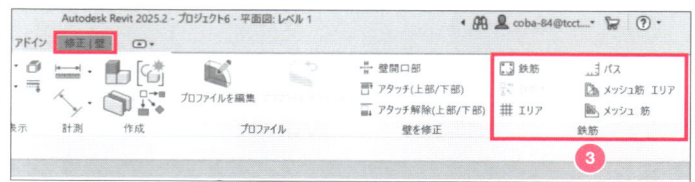

7
■1■3で作成した意匠壁をクリック
し、[プロパティパレット]で、[構造]
グループに ②[かぶり厚]がないこと
を確認する。

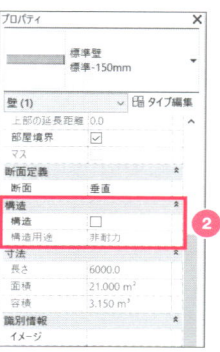

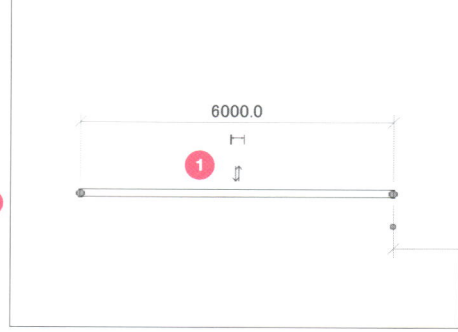

8
意匠壁を選択し、[プロパティパレッ
ト]の[構造]グループにある ①[構
造]にチェックを入れると、構造壁に
変更できる。

構造壁を選択し、[プロパティパレッ
ト]の[構造]グループにある ②[構
造]のチェックを外すと、意匠壁に変
更できる。

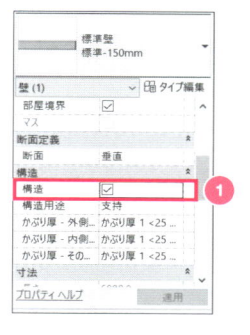
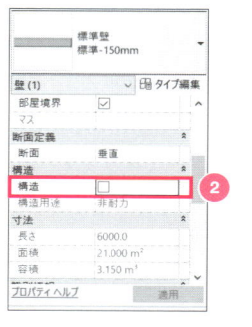

構造柱と意匠柱の違い

柱の作成方法に違いはないですが、作成し
た柱のプロパティに違いがあります。
構造柱と意匠柱はプロパティでは切り替え
られません。

1
[建築]タブ➡[構築]➡ ①[柱 構
造]をクリックする。

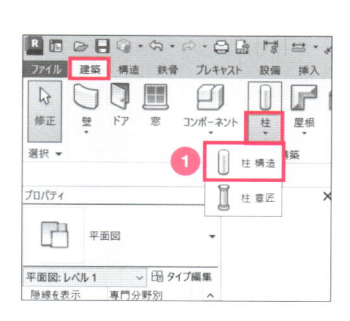

Hint
[建築]タブの[柱]コマ
ンドの初期値は[柱 構造]
です。

2
① [タイプセレクタ]で、[RC柱－角]の[500×500]が選択されていることを確認する。

オプションバーで、② [下方向]、[設計GL]に設定されていることを確認する。

オプションバーで、③ を[上方向]に変更する。④ は自動的に[レベル2]に変更される。

⑤ 適当な位置でクリックして柱を配置する。

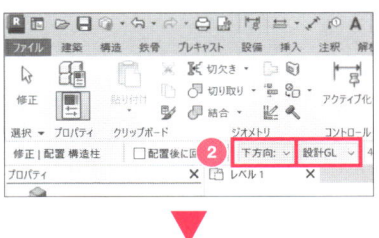

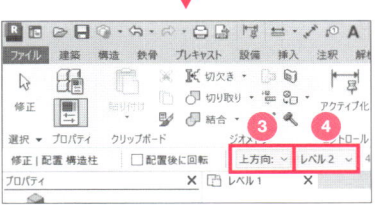

Hint
初期設定では[構造柱]は② が[下方向]に設定されているので注意しましょう。

3
[建築]タブ➡[構築]➡① [柱 意匠]をクリックする。

② [タイプセレクタ]で、[角柱]の[600×600 mm]が選択されていることを確認する。

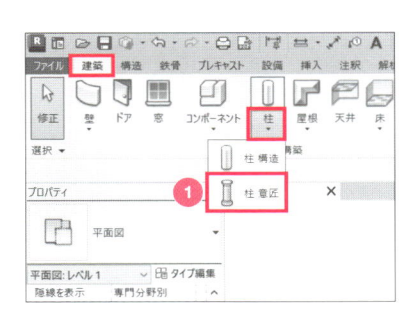

4
オプションバーで、① [上方向][レベル2]に設定されていることを確認する。

② 適当な位置でクリックして柱を配置し、コマンドを終了する。

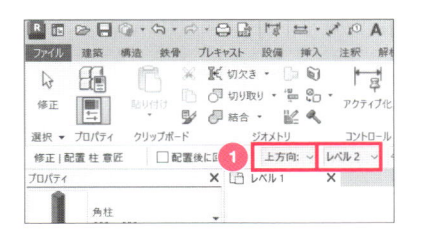

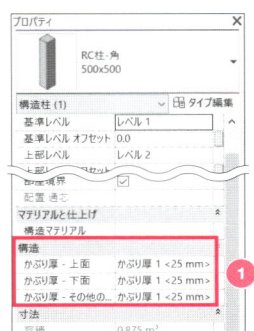

5
②で配置した構造柱をクリックし、[プロパティパレット]で、[構造]グループに① [かぶり厚]があることを確認する（かぶり厚が入力できる）。

さらに[修正|構造柱]タブに② 鉄筋関連のコマンドがあることを確認する。

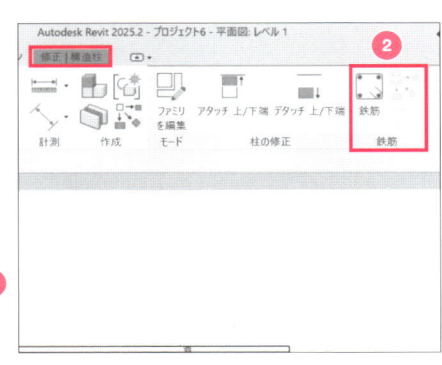

6

[プロパティパレット]の❶[タイプ編集]をクリックする。

[タイププロパティ]ダイアログボックスで、❷[タイプパラメータ]を確認し、[OK]をクリックする。

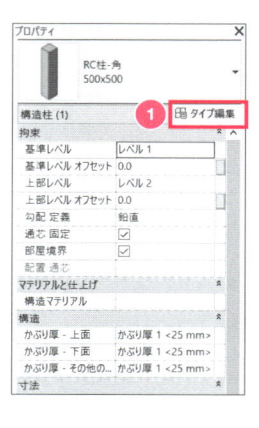

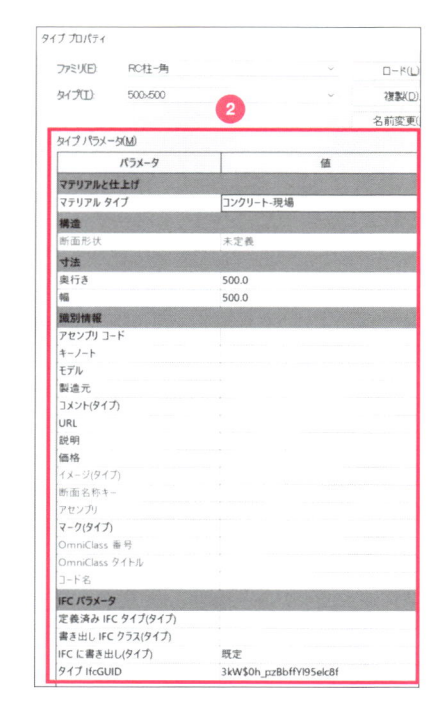

7

❹で配置した意匠柱をクリックし、[プロパティパレット]で、❶[かぶり厚]がない([構造]グループがない)ことを確認する。

[プロパティパレット]の❷[タイプ編集]をクリックする。

[タイププロパティ]ダイアログボックスで、[タイプパラメータ]を確認する。❸構造柱にはない[グラフィックス]グループがあり、[簡易 ハッチカラー][簡易 ハッチ パターン]がある。

確認したら[OK]をクリックする。

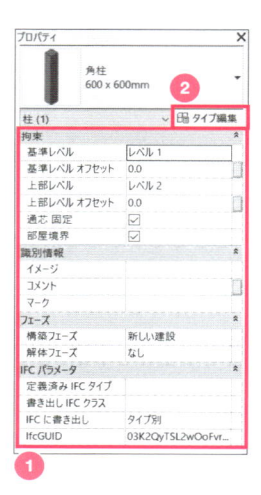

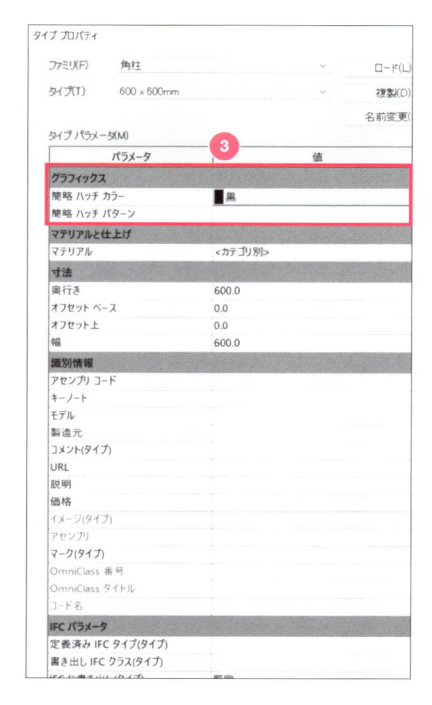

Hint

　[プロパティパレット]や[タイププロパティ]ダイアログボックスには、構造柱から意匠柱、または意匠柱から構造柱に変更する項目はありません。

構造柱から意匠柱には変更できませんが、意匠柱は［ファミリカテゴリ］を変更することで構造柱に変更できます。

8 ④で配置した意匠柱をクリックし、［修正｜柱］タブ➡［モード］➡ ❶ ［ファミリを編集］をクリックする。

意匠柱のファミリが開く。［作成］タブ➡［プロパティ］➡ ❷ ［ファミリ カテゴリとパラメータ］をクリックする。

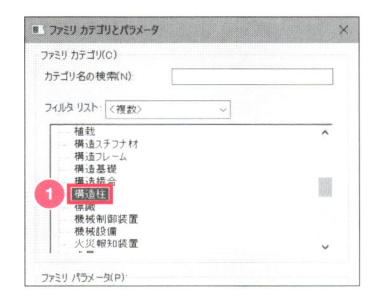
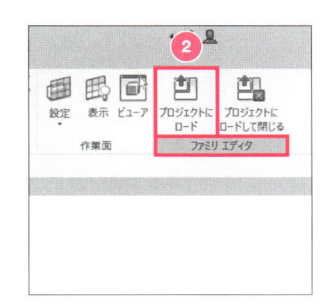

9 ［ファミリカテゴリとパラメータ］ダイアログボックスで、❶ ［構造柱］を選択して［OK］をクリックする。

リボンの［ファミリエディタ］➡ ❷ ［プロジェクトにロード］をクリックする。

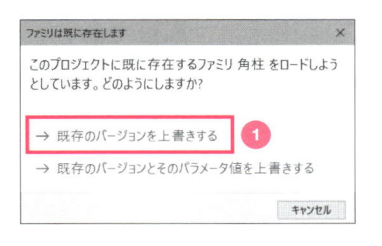
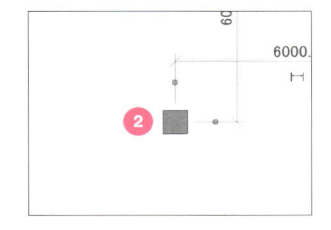

10 ［ファミリは既に存在します］ダイアログボックスで、❶ ［既存のバージョンを上書きする］をクリックする。

再度、❷ 意匠柱だった柱を選択して［プロパティパレット］を確認すると、❸ 構造柱に変更されていることがわかる。

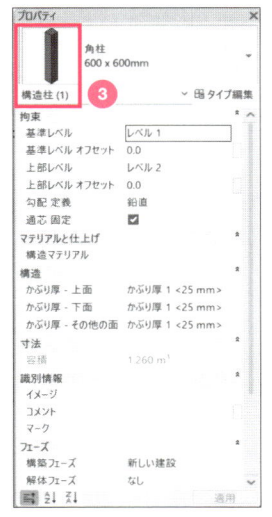

06

[壁]・[柱] コマンドの構造と意匠の違い❷

構造柱・意匠柱と 壁仕上げの関係を知る

通常は「構造柱と構造壁」「意匠柱と意匠壁」の組み合わせで作成しますが、諸事情により「構造柱と意匠壁」「意匠柱と構造壁」となってしまう場合があります。この場合、壁仕上げが意図しない表現になることがあります。

ここでは、柱と壁の構造と意匠それぞれの組み合わせでどのように違いが生じるか、について解説します。

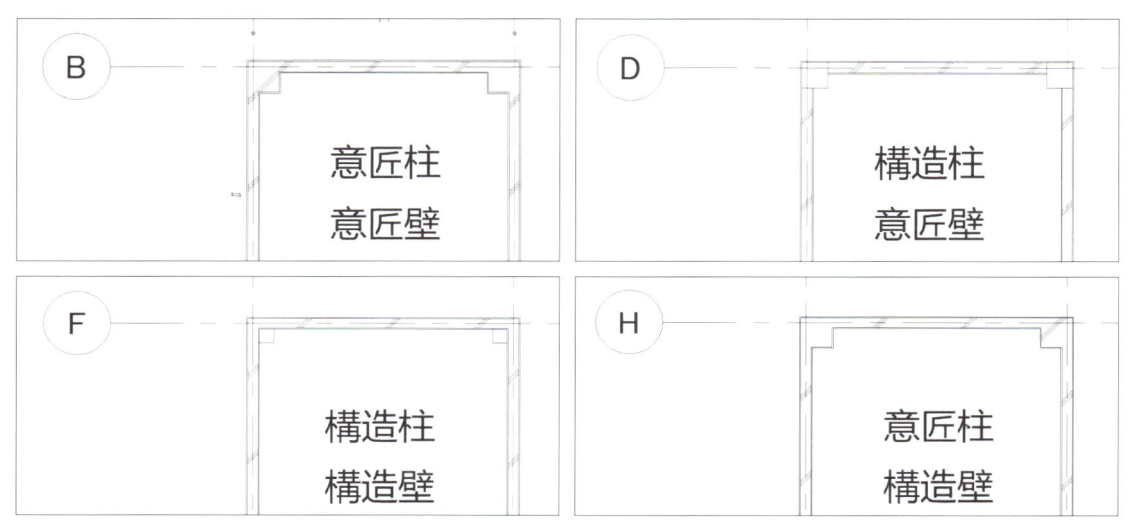

柱と壁の構造と意匠それぞれの組み合わせによって、仕上げと包絡処理に違いが生じます。また、壁作成時の配置基準や、入力方法を考慮して作成しないと、修正に手間がかかります。

操作手順

本書の学習用ファイルを使って、構造の柱と壁、意匠の柱と壁の組み合わせの違いを確認します。「06_構造壁・柱と意匠壁・柱.rvt」を開いてからはじめてください。

ここでは壁仕上げ「外部仕上 25mm」「内部仕上 25mm」を例にします。

1 ビューコントロールバーの❶[詳細レベル]が[詳細]になっていることを確認する。

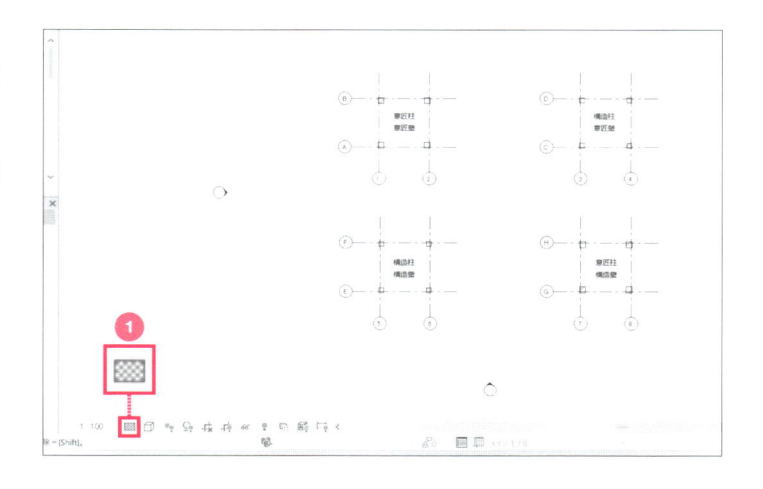

意匠柱・意匠壁の組み合わせ

画面左上の意匠柱・意匠壁の組み合わせで作業します。

1 意匠柱・意匠壁の組み合わせの ① 左上の柱を選択し、② [タイプセレクタ]が[角柱 600×600mm]となっていることを確認する。

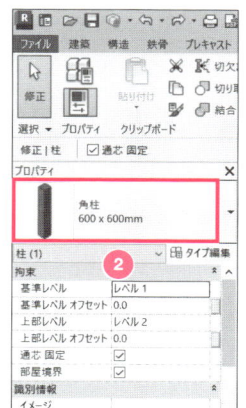
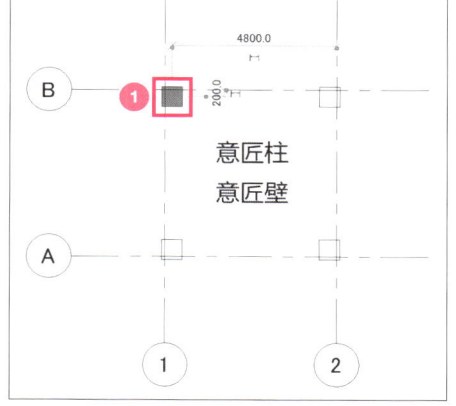

2 ① [タイプセレクタ]で、[角柱 650×650mm]に変更し、柱の選択を解除する。

Hint
意匠柱のサイズは壁の仕上分追加しておきます。

3 [修正]タブ ➡ [クリップボード] ➡ ① [タイププロパティを一致させる]をクリックする。

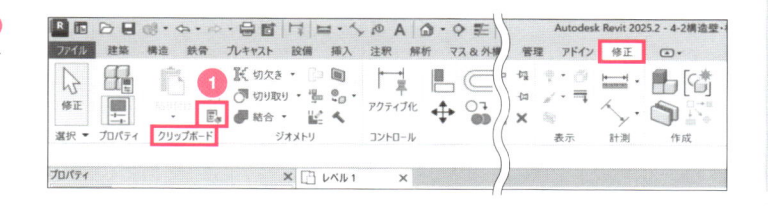

4 ① 変更した左上の柱をクリックする。

② 残り3カ所の柱をクリックする。

すべての柱のタイプが[角柱 650×650mm]に変更される

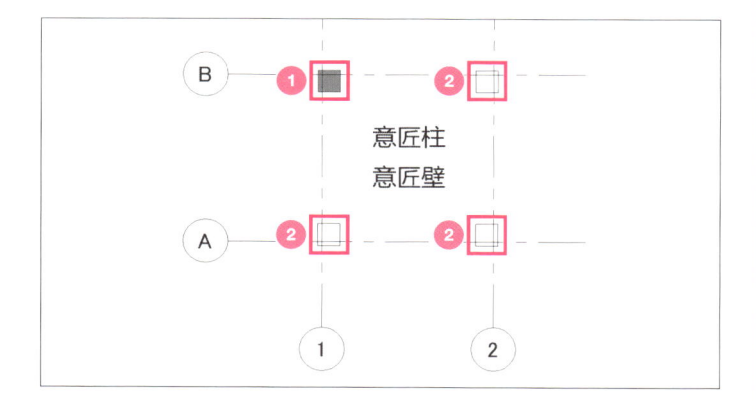

5 [建築]タブ ➡ [構築] ➡ ① [壁 意匠]をクリックする。

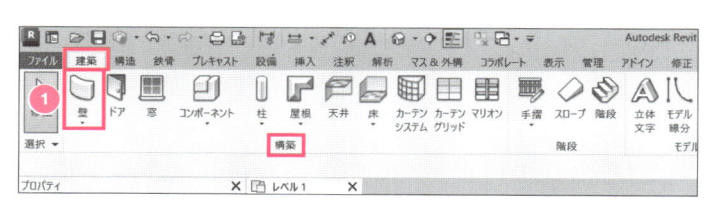

6 ❶[タイプセレクタ]で、[標準壁]の[躯体200＋外部仕上25＋内部仕上25]を選択する。

オプションバーで、❷[上方向]、❸[レベル2]、❹[配置基準線]を[躯体の中心]に設定し、❺[連結]にチェックを入れる。

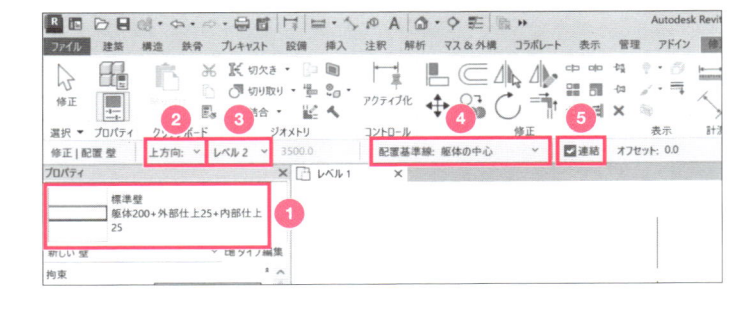

7 ❶通芯の交点をクリックし、時計回りに壁を作成する。

意匠柱にも自動的に内外の仕上げが設定されることを確認する

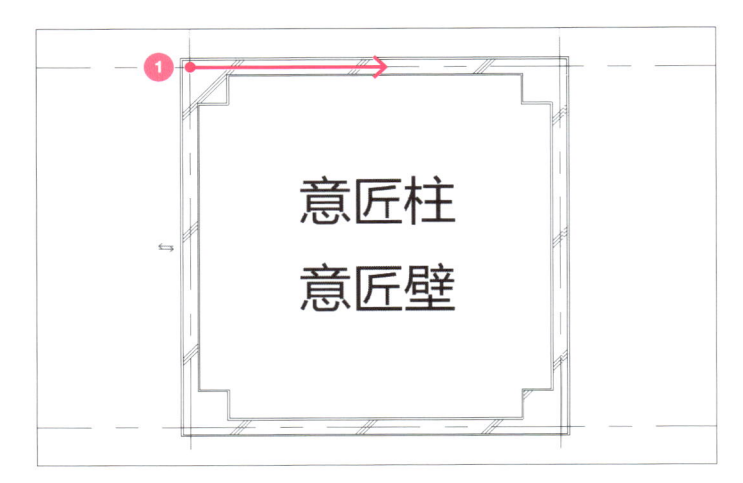

8 [3D]ビューに切り替え、ビューコントロールバーの[表示スタイル]を❶[ベタ塗り]に変更して、仕上げを確認する。

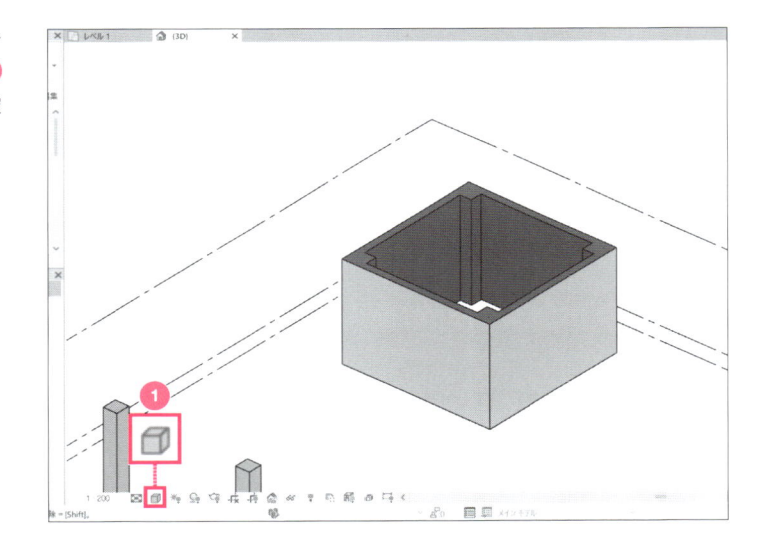

構造柱・意匠壁の組み合わせ

画面右上の構造柱・意匠壁の組み合わせで作業します。

1 [レベル1]ビューに切り替え、[建築]タブ➡[構築]➡❶[壁 意匠]をクリックする。

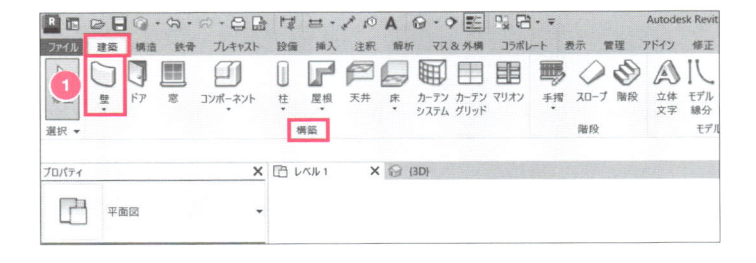

2

[タイプセレクタ]とオプションバーが前ページ**6**と同じ設定になっていることを確認し、**1**通芯の交点をクリックして時計回りに壁を作成する。

構造柱の外側の仕上げは自動的に設定されるが、内側の仕上げが設定されないこと、柱と壁の包絡はされないことを確認する。

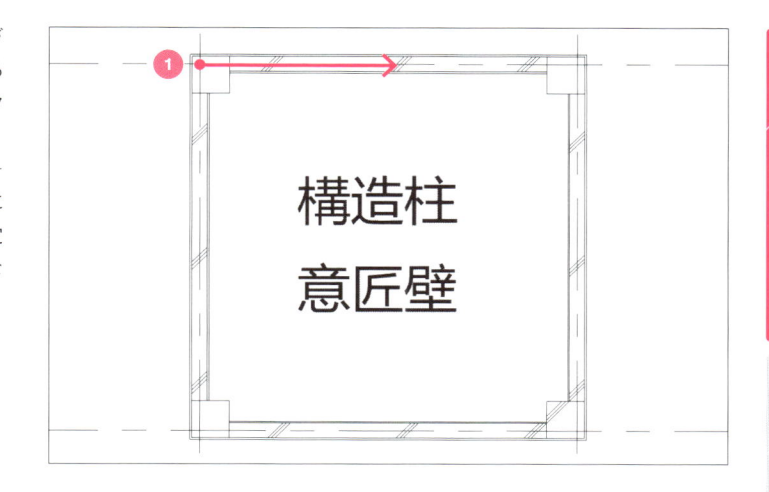

3

[3D]ビューに切り替え、仕上げを確認する。

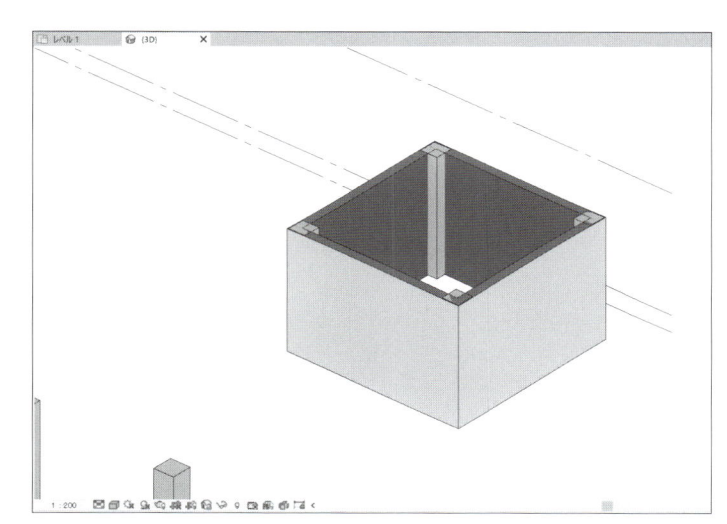

構造柱・構造壁の組み合わせ

画面左下の構造柱・構造壁の組み合わせで作業します。

1

1[レベル1]ビューに切り替え、[構造]タブ➡[構造]➡**2**[壁 構造]をクリックする。

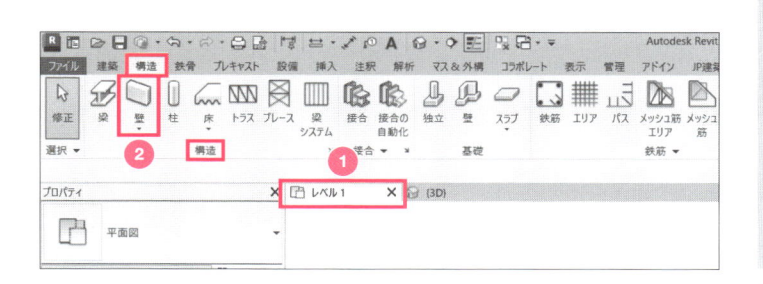

2

1[タイプセレクタ]で、[標準壁]の[躯体200＋外部仕上25＋内部仕上25]を選択する。

オプションバーで、**2**[上方向]、**3**[レベル2]、**4**[配置基準線]を[躯体の中心]に設定し、**5**[連結]にチェックを入れる。

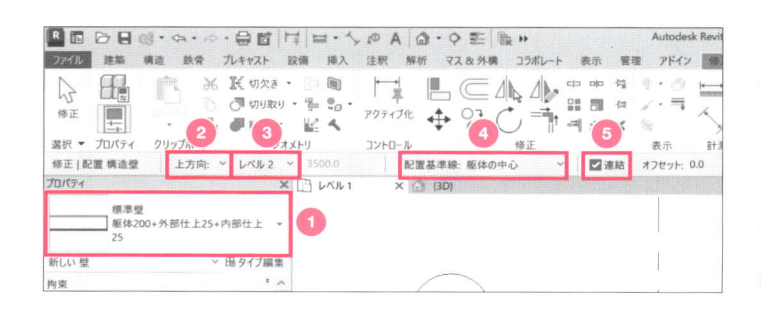

3 ❶通芯の交点をクリックして時計回りに壁を作成する。

構造柱の外側の仕上げは自動的に設定されるが、内側の仕上げが構造柱に食い込むように設定されること、柱と壁の包絡はされずに壁が食い込むことを確認する。

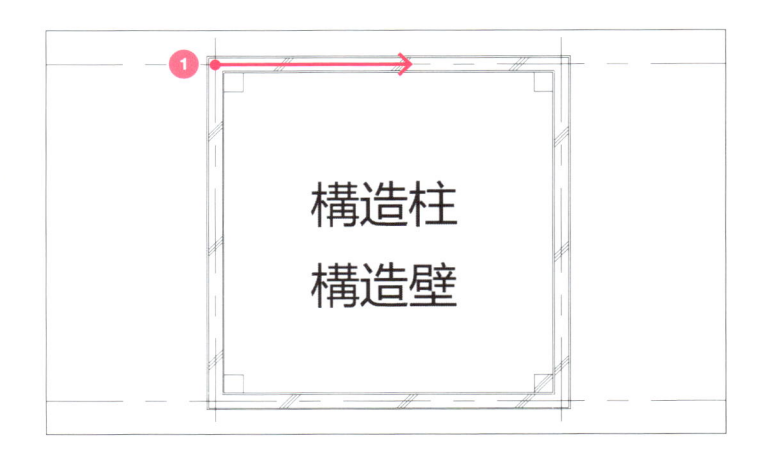

4 ビューコントロールバーの❶［詳細レベル］を［簡略］に変更する。

仕上げの表現はなくなるが、柱と壁の包絡はされる。

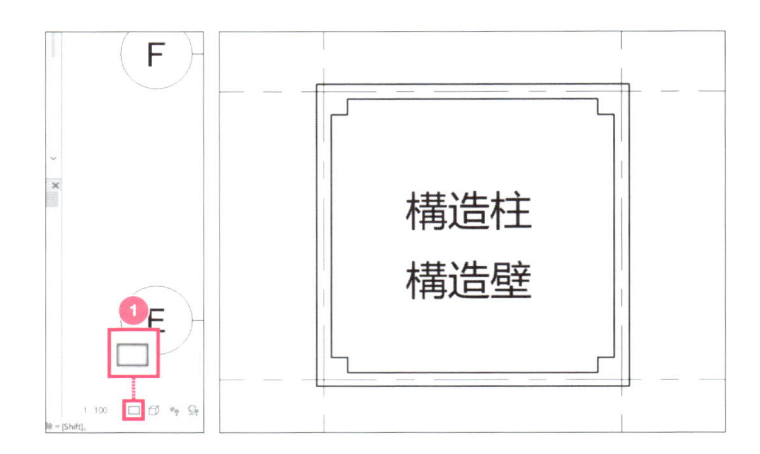

5 ［3D］ビューに切り替え、仕上げを確認する。

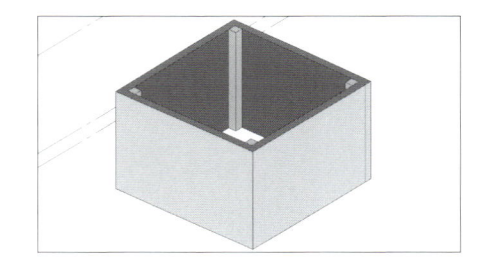

意匠柱・構造壁の組み合わせ

画面右下の意匠柱・構造壁の組み合わせで作業します。

1 ［レベル1］ビューに切り替え、ビューコントロールバーの❶［詳細レベル］を［詳細］に戻す。

P.033の**2**〜**4**を参考に、❷4カ所の柱を［角柱 650×650㎜］に変更する。

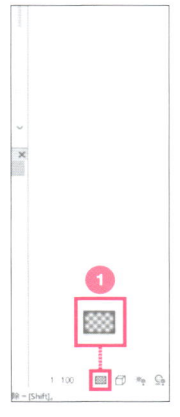
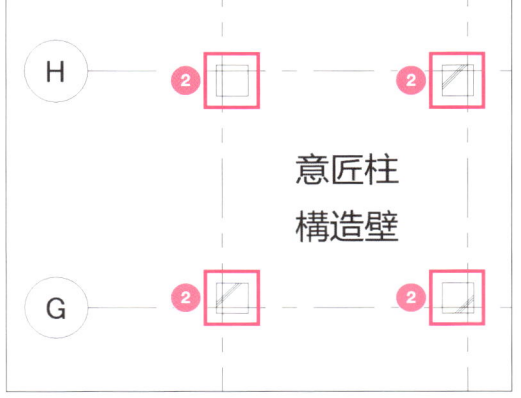

2 ①[レベル1]ビューに切り替え、[構造]タブ➡[構造]➡②[壁 構造]をクリックする。

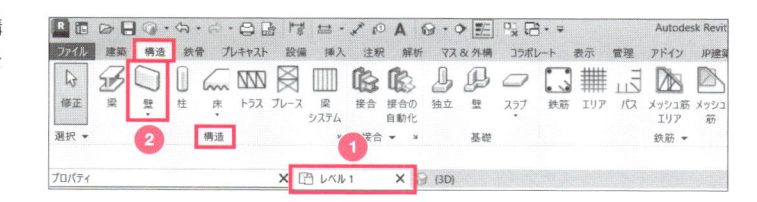

3 ①[タイプセレクタ]で、[標準壁]の［躯体200＋外部仕上25＋内部仕上25］を選択する。

オプションバーで、②[上方向]、③[レベル2]、④[配置基準線]を［躯体の中心］に設定し、⑤[連結]にチェックを入れる。

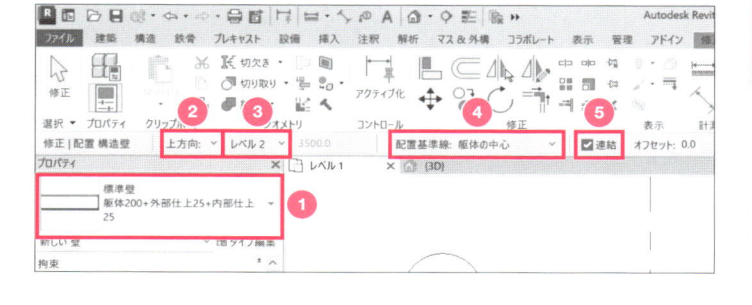

4 ①通芯の交点をクリックして時計回りに壁を作成する。

意匠柱に自動的に内外の仕上げが設定され、包絡もされることを確認する。

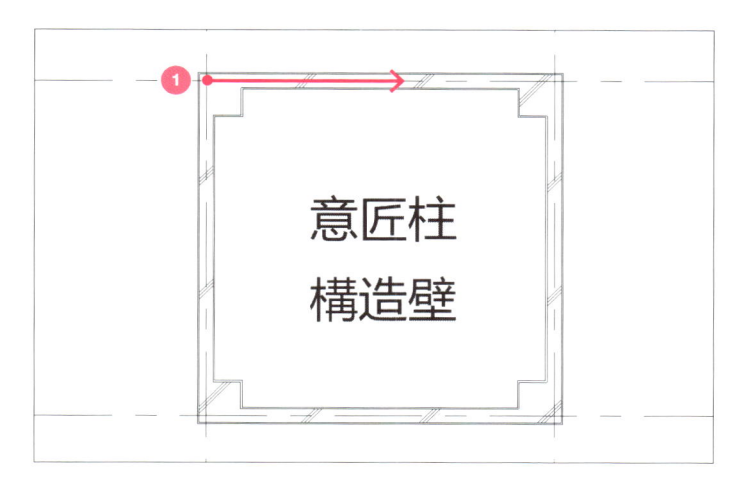

5 ［3D］ビューに切り替え、仕上げを確認する。

Hint　意匠柱の場合、構造壁でも意匠壁でも仕上げが設定されていれば、自動的に仕上げが配置されます。ただし、意匠柱のマテリアルは「カテゴリ別」に設定しておく必要があります。

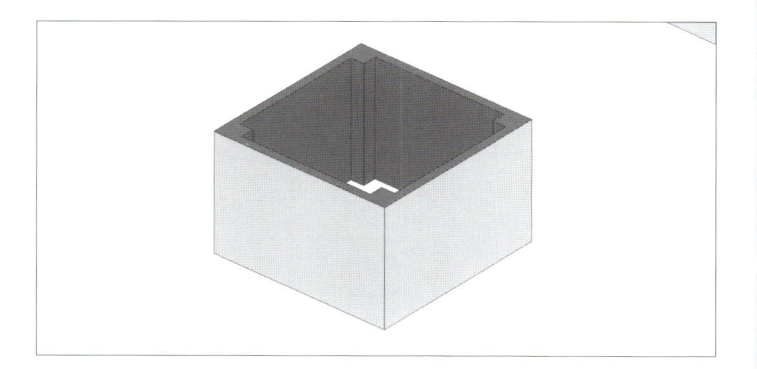

Hint　構造壁を作成するときは、柱面から柱面までとします。また高さは、梁下までとします。

Hint　意匠柱にマテリアルを設定した場合、2Dビューは壁仕上げのマテリアルが優先、［3D］ビューでは意匠柱に設定したマテリアルが優先されます。

method no.

07

傾斜柱を作成する❶
端部位置固定の
梁勝ちと柱勝ち

傾斜柱を作成したいときは、[柱 構造] コマンドを使うとよいでしょう。

作成方法は「端部位置を固定する方法」と「角度を固定する方法」の2種類の設定があります。

それぞれ梁勝ちと柱勝ちの場合で作業手順が異なります。

ここでは「端部位置を固定する方法」で梁勝ちと柱勝ちの場合をそれぞれ解説します。

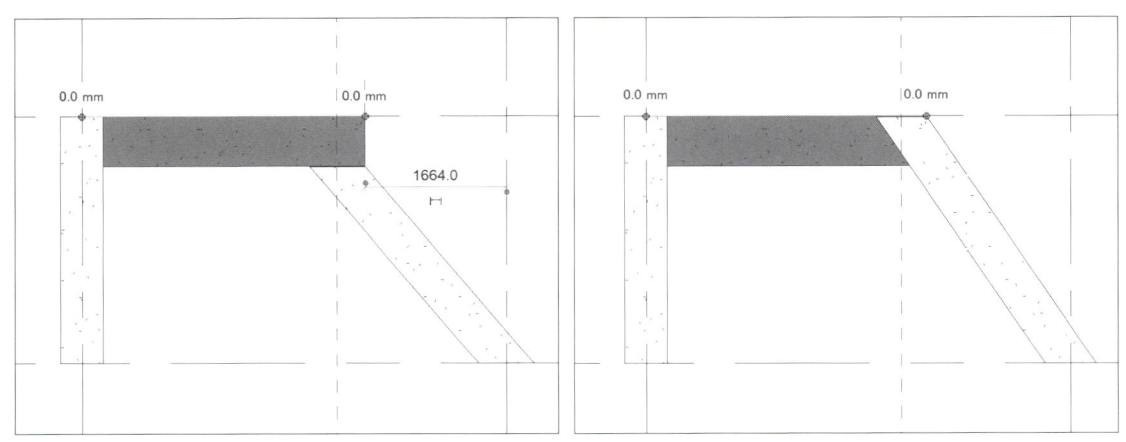

梁勝ち（左図）と柱勝ち（右図）。 RC500×500㎜の構造柱で、1FLから2FLの高さ、梁の端部までとして作成しています。

操作手順

傾斜柱を作成する

本書の学習用ファイルを使って解説します。
「07_傾斜柱.rvt」を開いてからはじめてください。

[構造] タブ➡[構造]➡❶[柱] をクリックする。

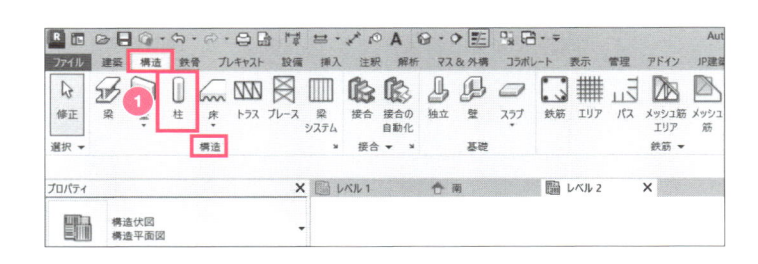

[修正 | 配置 構造柱] タブ➡[配置]➡❷[傾斜柱] をクリックする。

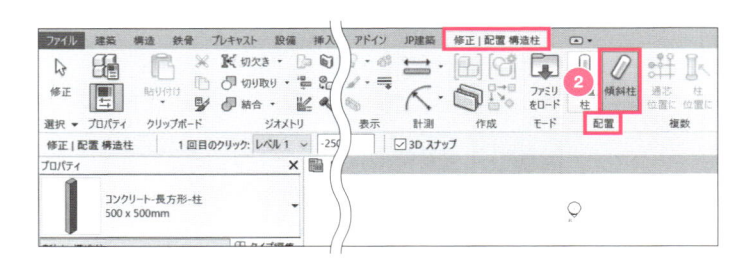

2

① [タイプセレクタ] で、[コンクリート－長方形－柱 500×500mm] に設定されていることを確認する。

オプションバーで、② [2回目のクリック] を [レベル2]、[高さ] を「0」に設定する。③ [1回目のクリック] を [レベル1]、[高さ] を「0」に設定する。

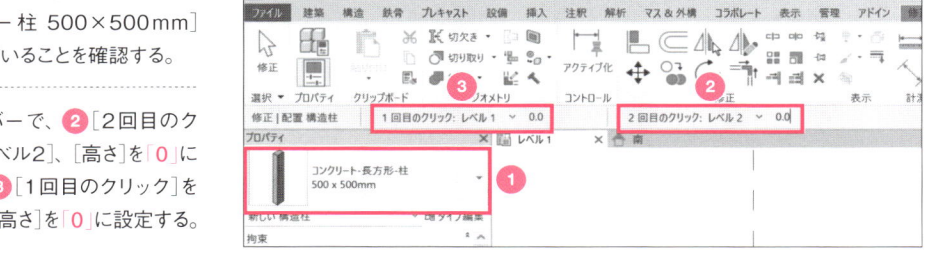

3

① 通芯A2の交点から参照面まで傾斜柱を作成する。

コマンドを終了する。

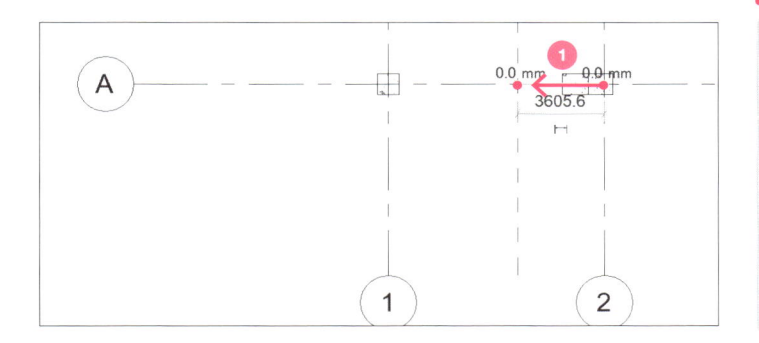

4

[プロジェクトブラウザ] で、① [立面図] を展開し、[南] ビューを開く。

② 傾斜柱を選択する。

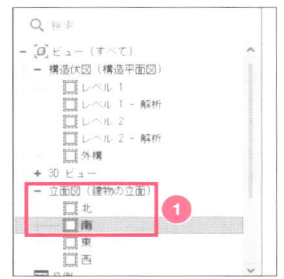
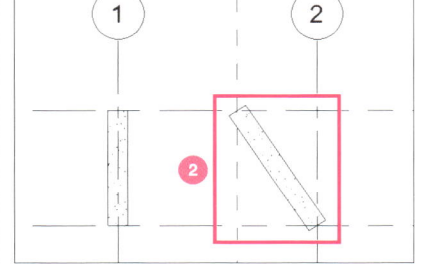

5

[プロパティパレット] の [構成] グループの ① [下端カットスタイル] と ② [上端カットスタイル] を [水平] に変更し、[適用] をクリックする。

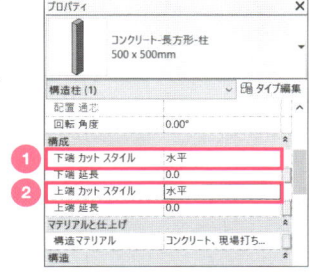
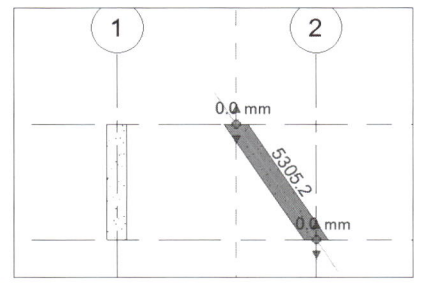

梁を作成する

1

[プロジェクトブラウザ] で、① [構造伏図（構造平面図）] を展開し、[レベル2] ビューを開く。

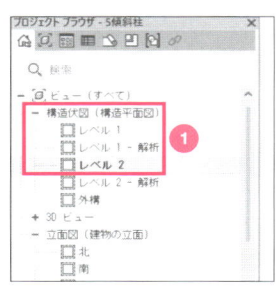
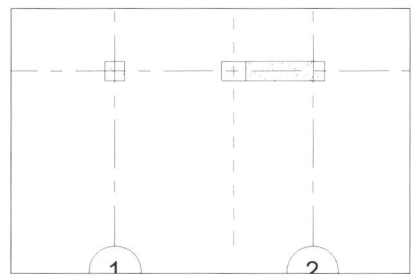

2　[構造]タブ➡[構造]➡**①**[梁]をクリックする。

②[タイプセレクタ]で、[コンクリート − 長方形梁　300×600mm]が選択されていることを確認する。

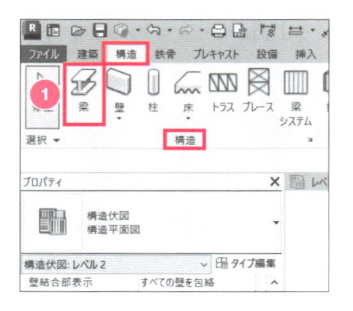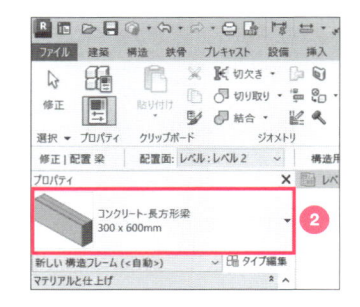

3　**①**通芯A1の交点から参照面まで梁を作成する。

コマンドを終了する。

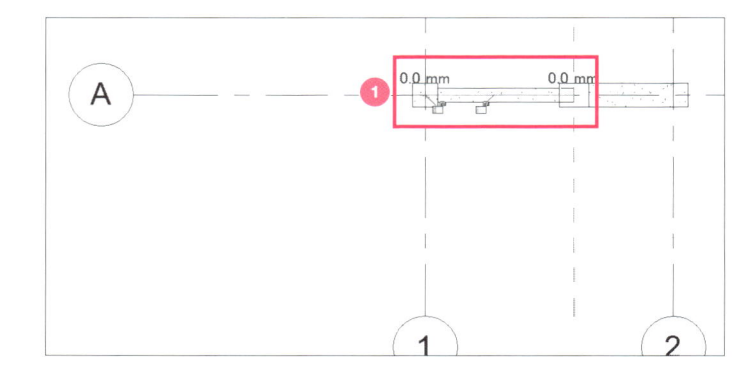

4　**①**[立面図]の[南]ビューを開く。

②傾斜柱を選択する。

[プロパティパレット]の[拘束]グループの**③**[勾配 定義]が[勾配端部]になっていることを確認する。

ここまでの操作は、[勾配 端部]設定、[勾配 角度]設定、梁勝ち、柱勝ちいずれも共通です。ここまでのデータを保存することをお勧めします。

[勾配 端部]設定の梁勝ち表現にする
P.038〜の『傾斜柱を作成する』とP.039〜の『梁を作成する』が終わった状態からはじめます。

1　**①**梁を選択する。

②傾斜柱側の端点コントロールを右クリックし、メニューの**③**[結合を禁止]を選択する。

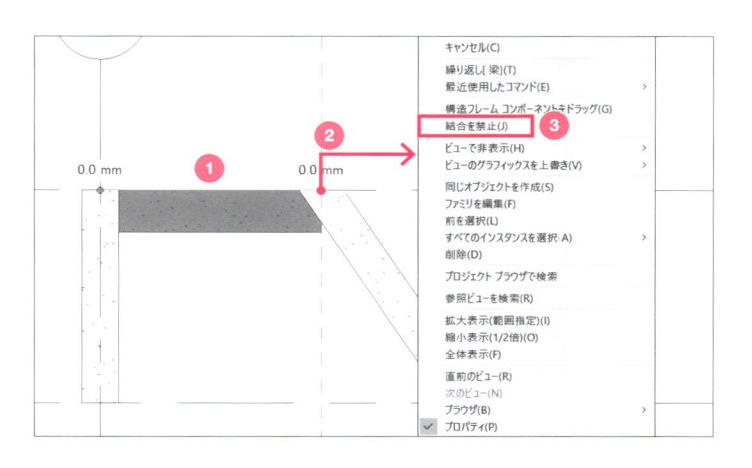

2 傾斜柱が梁下に移動する。

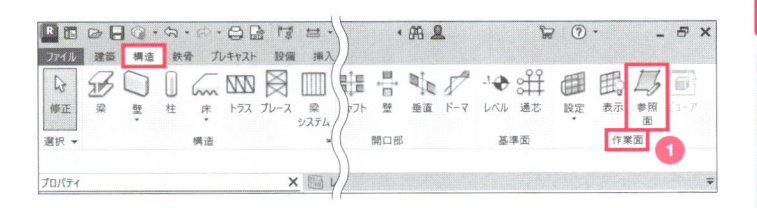

3 ［構造］タブ➡［作業面］➡①［参照面］をクリックする。

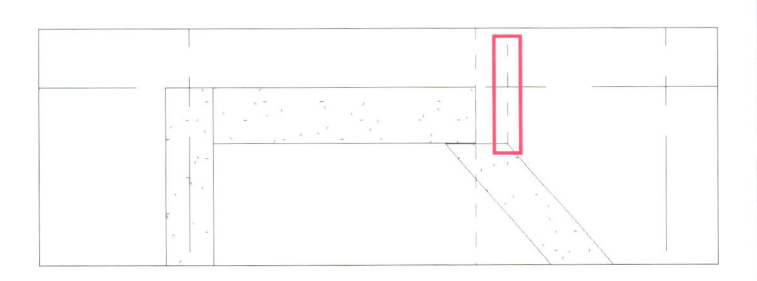

4 図のように、梁の端部となる位置に参照面を作成する。

コマンドを終了する。

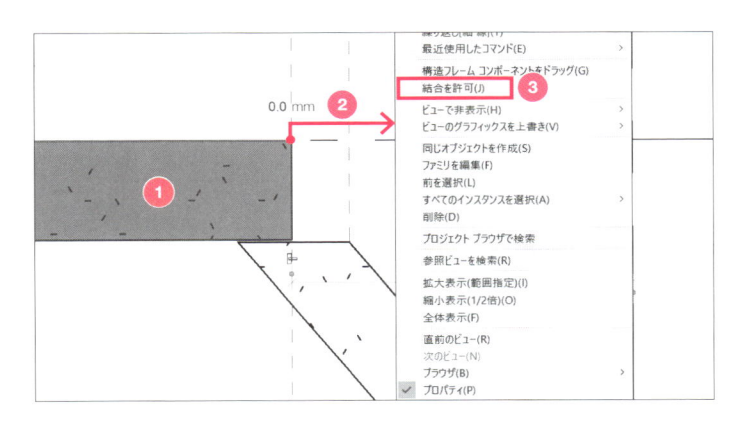

5 ①梁を選択する。

②選択している梁の傾斜柱側の端点コントロールを右クリックし、メニューの③［結合を許可］を選択する。

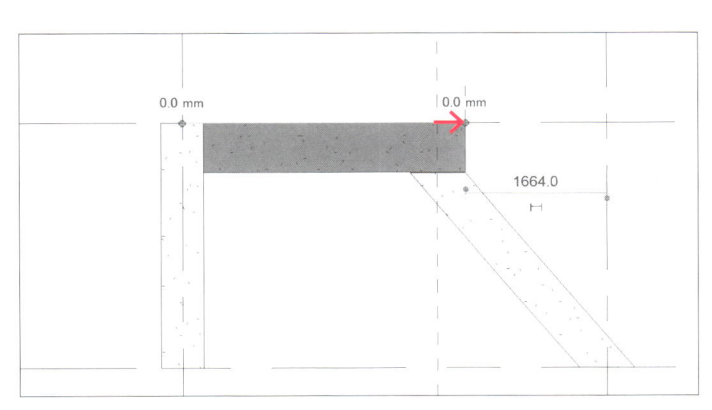

6 選択している梁の傾斜柱側の端点コントロールを参照面までドラッグする。

［勾配 端部］設定の梁勝ち表現になりました。

Hint

傾斜柱上部の柱芯の位置（❶）が
変更になった場合、傾斜柱上部の端
点コントロール（❷）をドラッグし、変更位
置に移動します。

次に、梁の傾斜柱側の端部にある端点コン
トロール（❸）をドラッグし、変更された柱芯
に合わせます

その後、P.040の『［勾配 端部］設定の梁
勝ち表現にする』の❶～❻までの操作を
繰り返します。

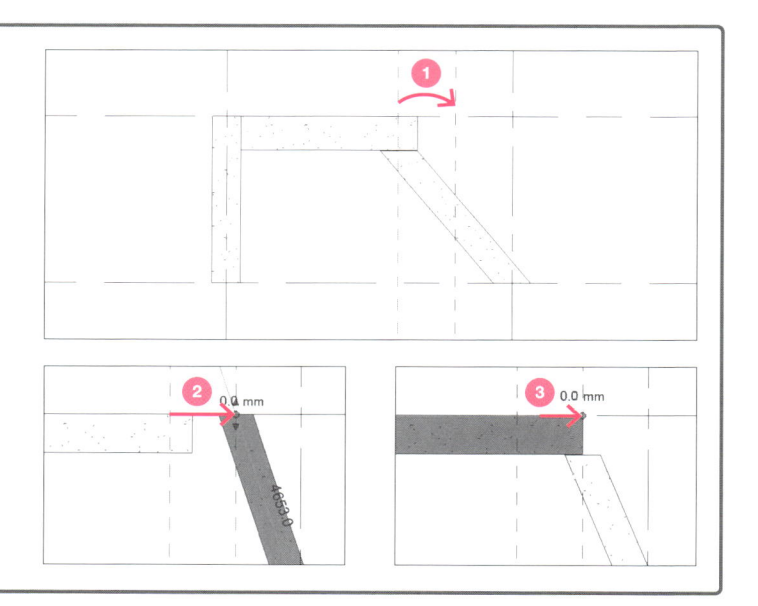

［勾配 端部］設定の柱勝ち表現にする

P.038～の『傾斜柱を作成する』とP.039～
の『梁を作成する』が終わった状態からはじめ
ます。

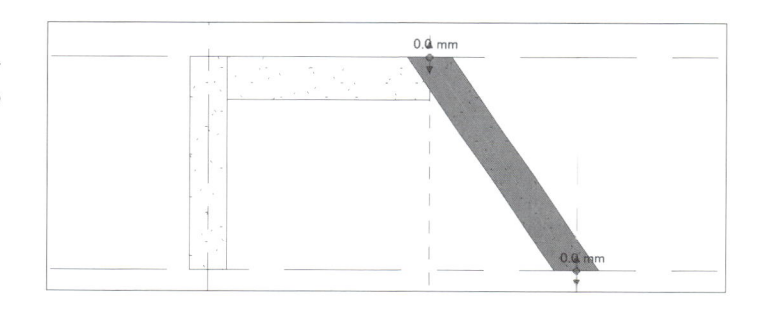

1

❶ 梁を選択する。

❷ 傾斜柱側の端点コントロールを
右クリックし、メニューの❸［結合を
禁止］を選択する。

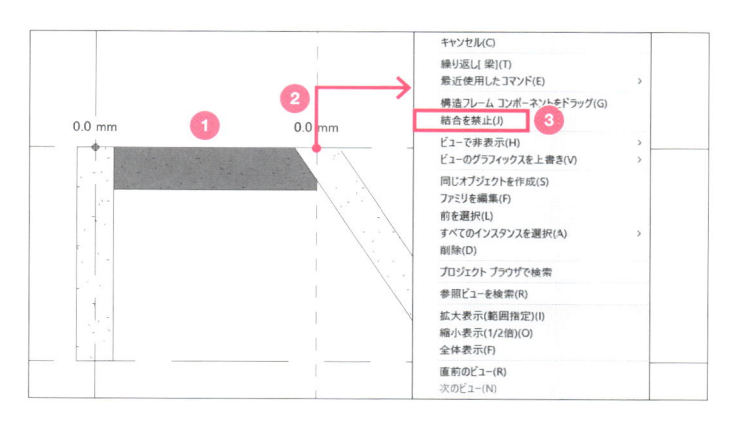

2

傾斜柱が梁下に移動する。

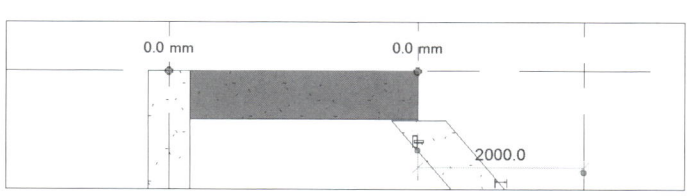

3

傾斜柱を選択する。

［プロパティパレット］の［構成］グ
ループの**①**［上部ジオメトリ位置合
わせ］を［配置基準線］に変更し、［適
用］をクリックする。

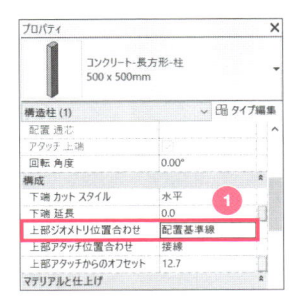
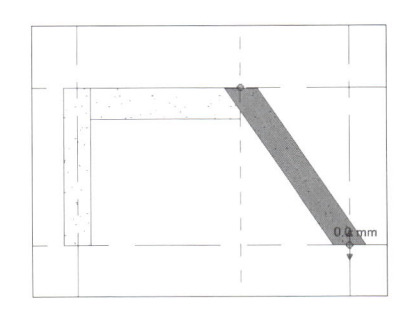

4

①梁を選択する。

-----

②傾斜柱側の端点コントロールを
右クリックし、メニューの**③**［結合を
許可］を選択する。

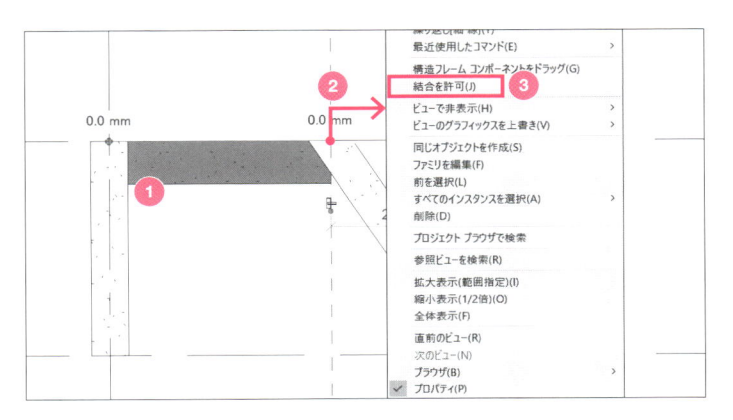

5

梁を選択し、傾斜柱側の端点コン
トロールを傾斜柱の右上角までドラッ
グする。

［勾配 端部］設定の柱勝ち表現になりまし
た。

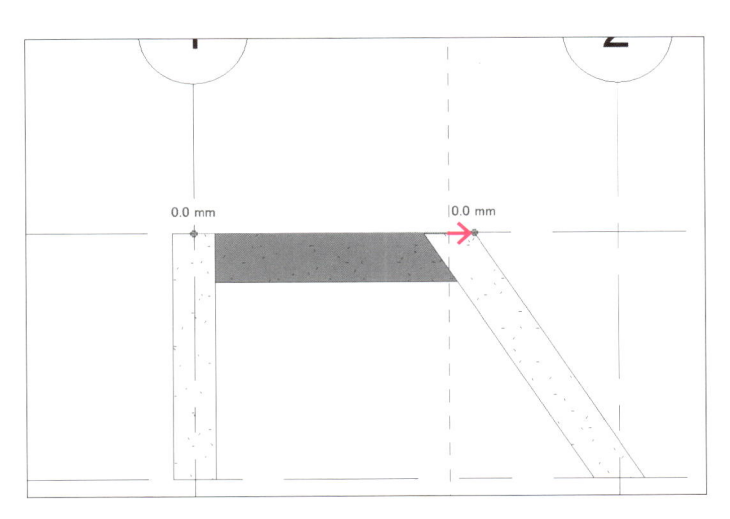

08

傾斜柱を作成する ❷

勾配角度固定の
梁勝ちと柱勝ち

［柱 構造］コマンドを使って傾斜柱を作成します。ここでは「勾配角度を固定する方法」で、梁勝ちと柱勝ちの場合の作業手順をそれぞれ解説します。

なお、「端部位置を固定する方法」で梁勝ちと柱勝ちの場合は、P.038で解説しています。

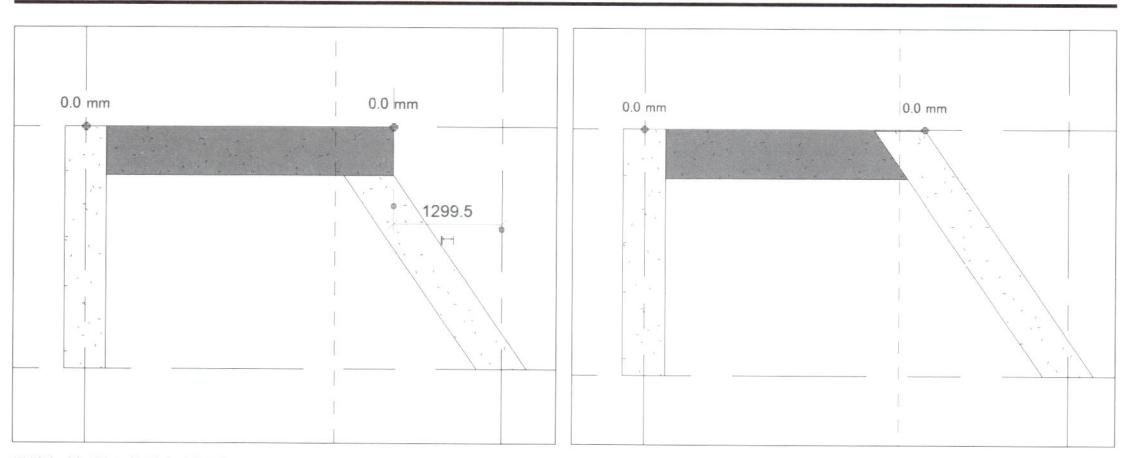

0.0 mm　0.0 mm　1299.5　0.0 mm　0.0 mm

梁勝ち（左図）と柱勝ち（右図）。 RC500×500㎜の構造柱で、1FLから2FLの高さ、梁の端部までとして作成しています。

操 作 手 順

［勾配 角度］設定の梁勝ち表現にする
P.038〜の『傾斜柱を作成する』とP.039〜の『梁を作成する』が終わった状態からはじめます。

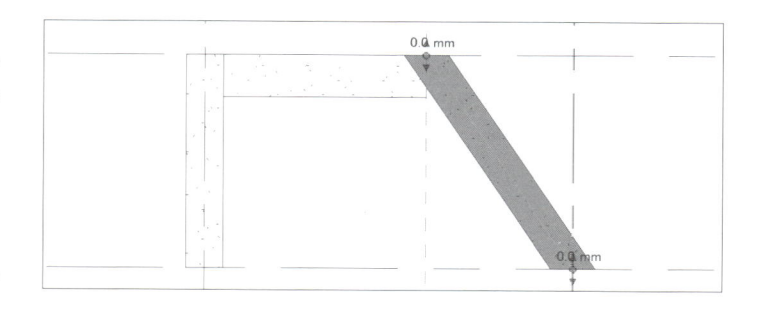

0.0 mm　0.0 mm

1 傾斜柱を選択する。

［プロパティパレット］の［拘束］グループの ❶ ［勾配 定義］を［勾配 角度］に変更する。

❷ ［通芯固定上端］と［通芯固定下端］のチェックを外し、［適用］をクリックする。

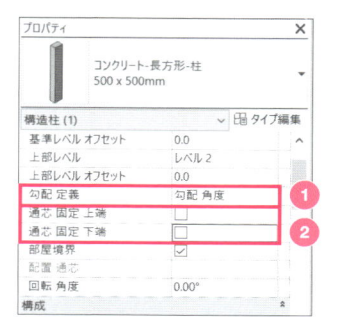

プロパティ

コンクリート-長方形-柱
500 x 500mm

構造柱 (1)　　　　　タイプ編集
基準レベル オフセット　0.0
上部レベル　　　　　レベル 2
上部レベル オフセット　0.0
勾配 定義　　　　　勾配 角度　❶
通芯 固定 上端　　□
通芯 固定 下端　　□　❷
部屋境界　　　　　☑
配置 通芯
回転 角度　　　　　0.00°
構成

2 続けて傾斜柱が選択された状態で、[プロパティパレット]の❶[上部レベルオフセット]に「-600」(梁成のサイズ)と入力し、[適用]をクリックする。

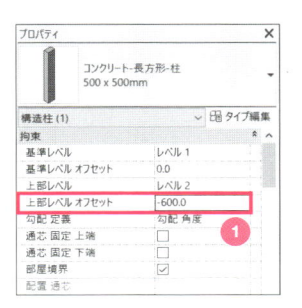

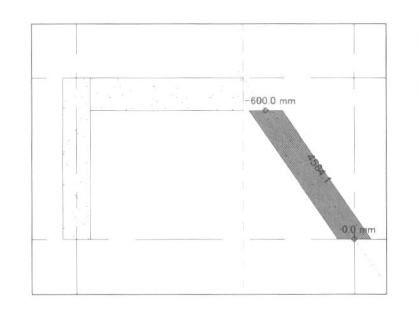

3 [構造]タブ➡[作業面]➡❶[参照面]をクリックする。

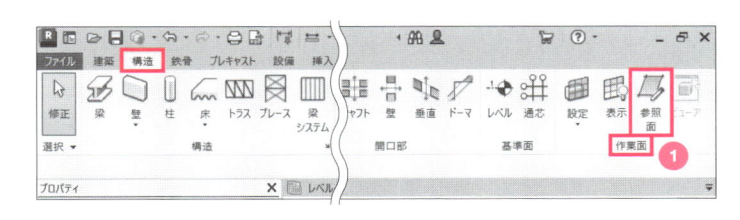

4 図のように、梁の端部となる位置に参照面を作成する。

コマンドを終了する。

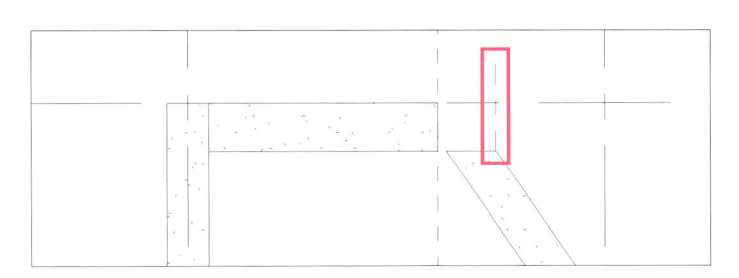

5 梁を選択し、傾斜柱側の端点コントロールを参照面までドラッグする。

[勾配 角度]設定の梁勝ち表現になりました。

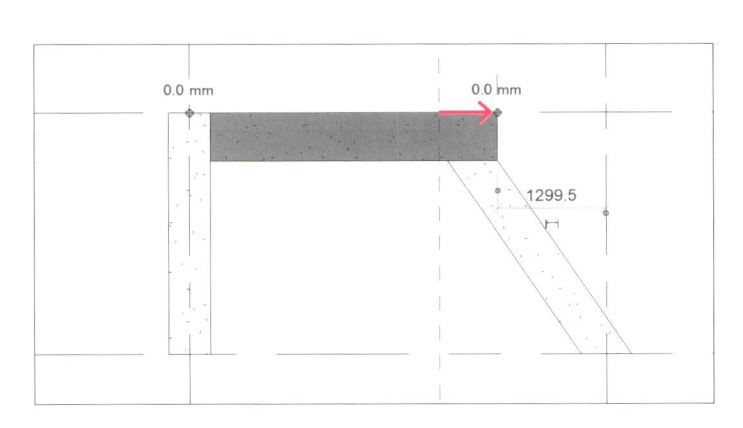

Hint

梁の高さを変更した場合は、[プロパティパレット]で、梁の位置に合わせて傾斜柱の[上部レベルオフセット]の値を変更します(図)。
また、端部を揃える場合は、**4**のように、参照面を作成します。梁の傾斜柱側の端点コントロールを右クリックし、メニューの[結合の禁止]を選択してから、端点コントロールを参照面までドラッグします。

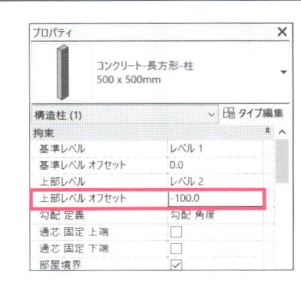

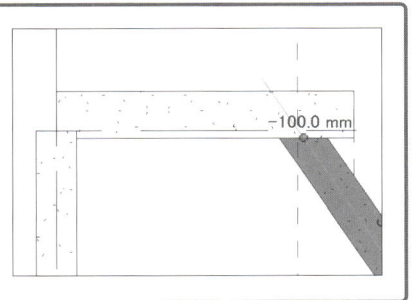

［勾配 角度］設定の柱勝ち表現にする

P.038〜の『傾斜柱を作成する』とP.039〜の『梁を作成する』が終わった状態からはじめます。

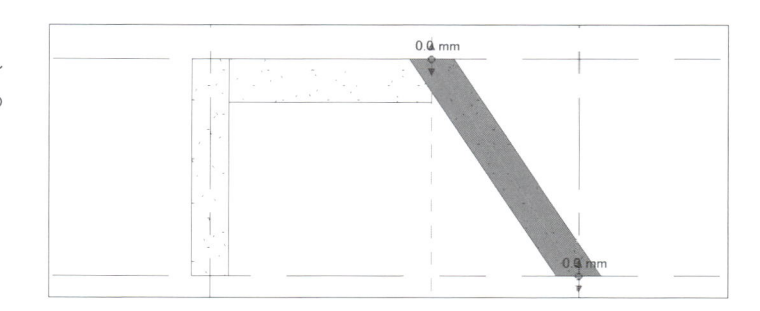

1 傾斜柱を選択する。

［プロパティパレット］の［拘束］グループの **①**［勾配 定義］を［勾配 角度］に変更して **②**［通芯固定上端］と［通芯固定下端］のチェックを外し、［適用］をクリックする。

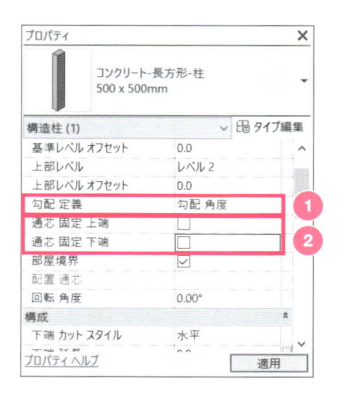

2 P.042〜の『［勾配 端部］設定の柱勝ち表現にする』の **1** 〜 **5** と同様に操作する。

［勾配 角度］設定の柱勝ち表現になりました。

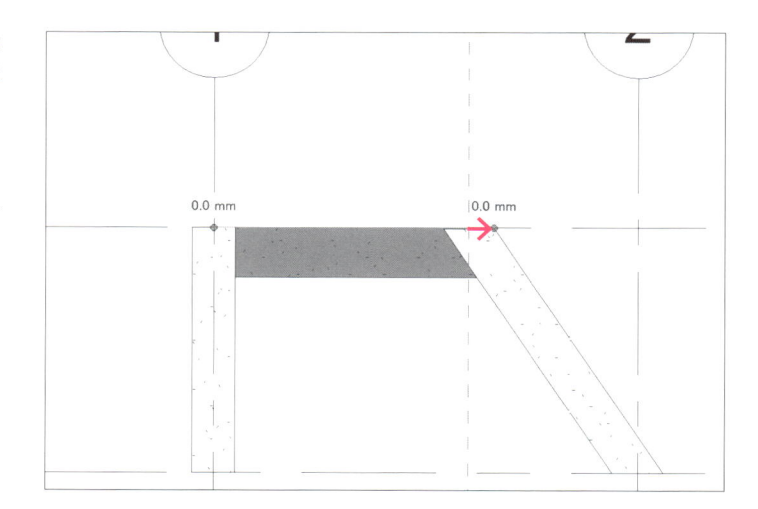

Hint
Hint 梁の高さを変更した場合は、傾斜柱を選択し、一度、傾斜柱の上部のコントロールを角度を保ったままドラッグします。［プロパティパレット］で［上部レベルオフセット］が変更できるようになるので、梁に合わせた値を入力します（図）。
また、柱の上部レベルオフセット値にならず少し隙間が生じる場合、梁端部の結合を禁止にします。

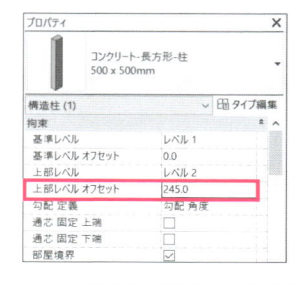

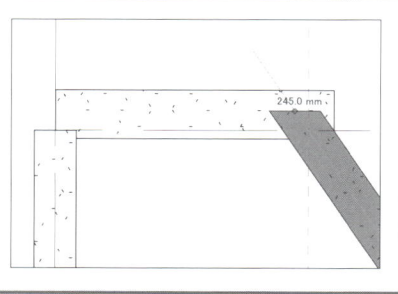

method no.

09

傾斜柱を作成する❸

中折れの傾斜柱を作成する

中折れの傾斜柱を作成します。中折れの傾斜柱はファミリがあるので紹介します。
このファミリでは、中折れの高さ、中折れ部分の水平長さを指定できます。

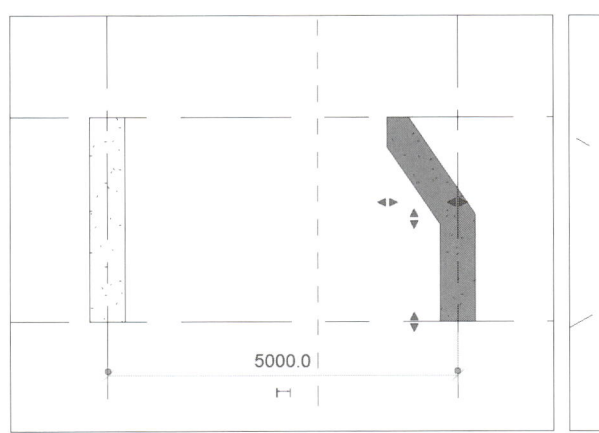

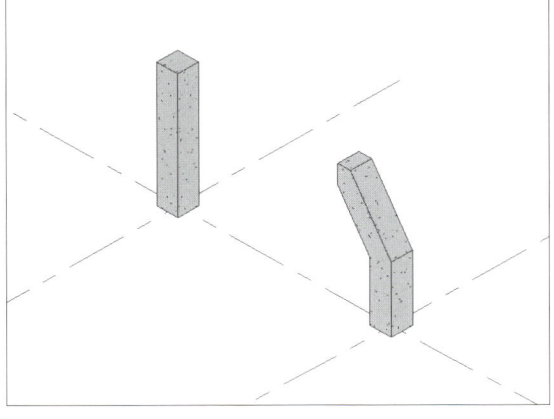

ここでは、図のような中折れ傾斜柱（RC500×500㎜の構造柱）を作成します。

操作手順

本書の学習用ファイルを使って解説します。
「09_傾斜柱.rvt」を開いてからはじめてください。

1 ［構造］タブ➡［構造］➡❶［柱］をクリックする。

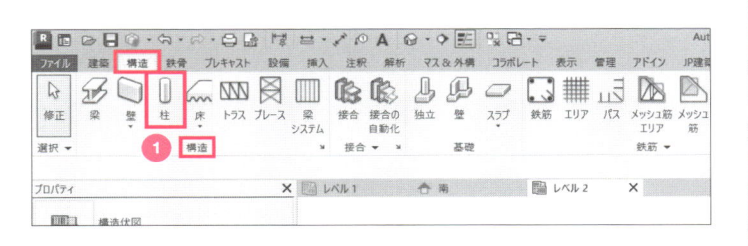

2 ［修正｜配置 構造柱］タブ➡［モード］
➡❶［ファミリをロード］をクリックする。

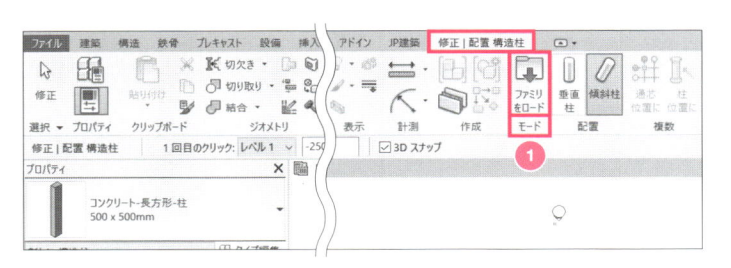

［ファミリをロード］ダイアログボックスで、教材データのファミリが収録されたフォルダから「RC柱ー角ー中折.rfa」を選択し、開く。

Hint

「RC柱ー角ー中折.rfa」は、RUGライブラリのファミリです。
「2_構造」➡「01 構造」➡「01 構造」➡「01 RC部材」➡「01 柱」フォルダに入っています。RUGライブラリについてはP.137〜を参照してください。

3

［修正｜配置 構造柱］タブ➡［配置］➡ ❶［垂直柱］をクリックする。垂直柱をクリックする。

❷ オプションバーで、［上方向］［レベル2］に設定する。

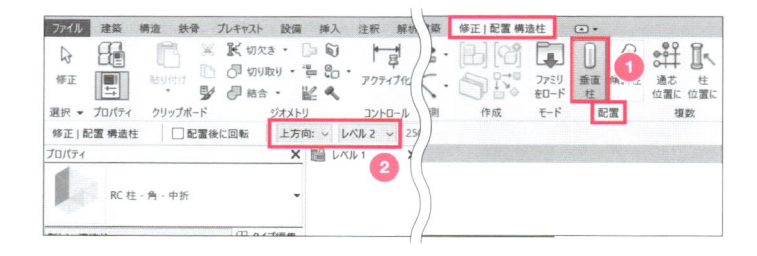

4

❶ 通芯A2の交点をクリックし、中折れ柱ファミリを配置する。

コマンドを終了する。

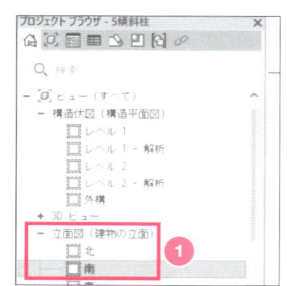

5

［プロジェクトブラウザ］で、❶［立面図］を展開し、［南］ビューを開く。

❷ 中折れの傾斜柱を確認する。

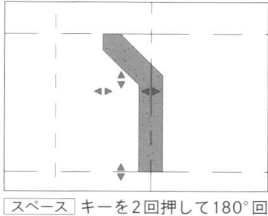

Hint

中折れの傾斜柱の方向を変更したい場合は、柱を選択し、スペースキーを押します。中折れの傾斜柱が90°回転するので、目的の方向になるまでスペースキーを押してください（左上図）。

折れ部分の長さを変更する場合は、［プロパティパレット］の［寸法］グループの［X1］の値を変更し、［適用］をクリックします（左下図）。

折れ部分までの高さを変更する場合は、［プロパティパレット］の［寸法］グループの［H］の値を変更し、［適用］をクリックします（右上図）。

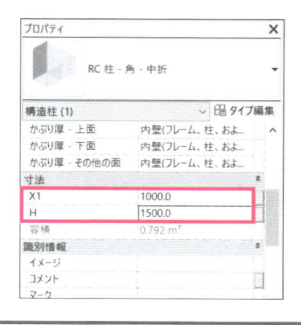

スペースキーを2回押して180°回転させたところ

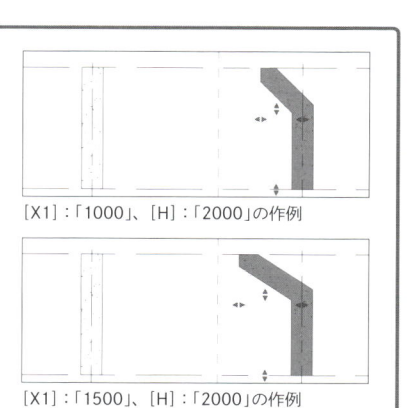

［X1］:「1000」、［H］:「2000」の作例

［X1］:「1500」、［H］:「2000」の作例

［X1］:「1000」、［H］:「1500」の作例

10 / 梁の表現と 高さや位置の設定方法を知る

柱や梁はスティック記号という単線で表示して、柱と梁の結合状態を確認することができます。その表現設定の違いを確認します。

次に、梁の高さを変更する方法や、平面図での位置合わせ方法をパターン分けして解説します。

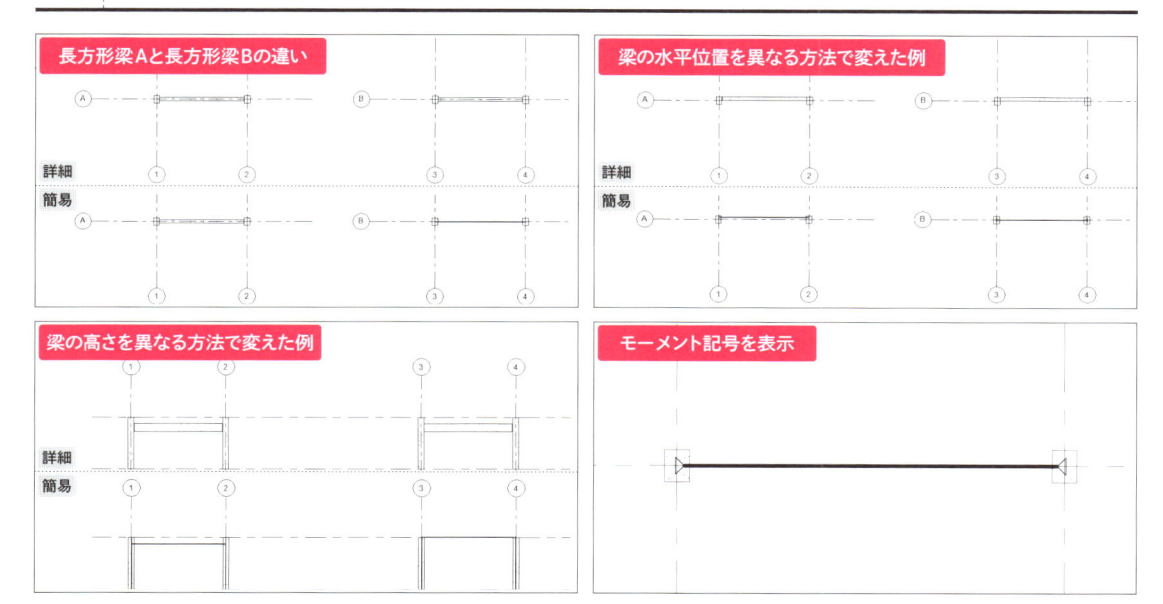

| 長方形梁Aと長方形梁Bの違い | 梁の水平位置を異なる方法で変えた例 |
| 梁の高さを異なる方法で変えた例 | モーメント記号を表示 |

ここでは、RCの構造柱と梁のファミリで作成します。ビューコントロールバーの「詳細レベル」で「詳細」と「簡易」を変更すると、違いがわかります。

操作手順

本書の学習用ファイルを使って解説します。「10_梁.rvt」を開いてからはじめてください。

梁の形状表示を変更する

はじめに梁を作成し、ビューコントロールバーの[詳細レベル]を変更します。

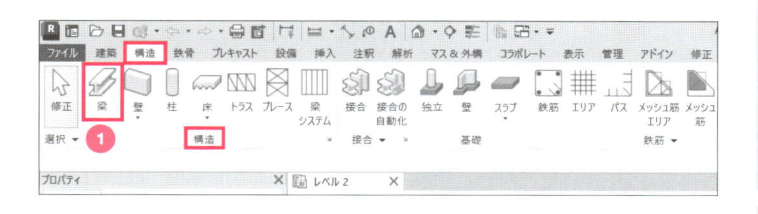

 [構造]タブ➡[構造]➡❶[梁]をクリックする。

❷[タイプセレクタ]で、[コンクリート-長方形梁A]の[300×600mm]タイプを選択する。❸通芯A1とA2の交点間に梁を作成する。

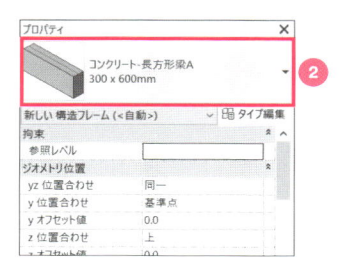

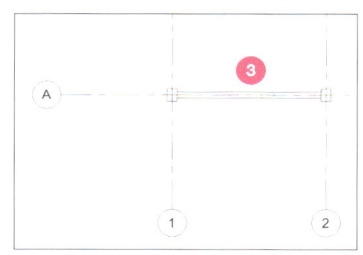

2

① [タイプセレクタ]で、[コンクリート-長方形梁B]の[300×600 mm]タイプを選択する。

② 通芯B3の交点、通芯B4の交点と順にクリックし、梁を作成する。

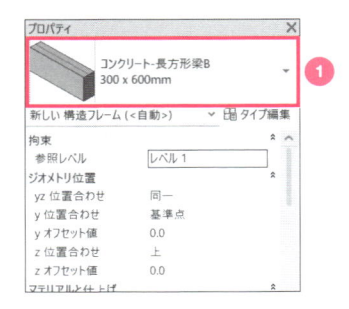
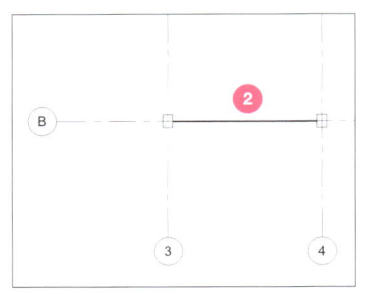

3

① 通芯A1-A2間の梁と、② 通芯B3-B4間の梁では表現が違うことを確認する。

Hint
梁の単線表示が確認できない場合は、[表示]タブ➡[グラフィックス]➡[細線]をオフにしてください。

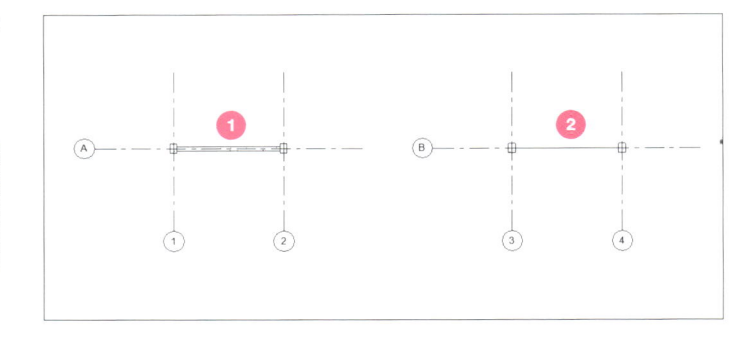

4

[3D]ビューに切り替え、ビューコントロールバーの ① [詳細レベル]が[簡略]、表示スタイルが[ワイヤーフレーム]になっていることを確認する。

② 通芯A1-A2間の梁と、③ 通芯B3-B4間の梁では表現が違うことを確認する。

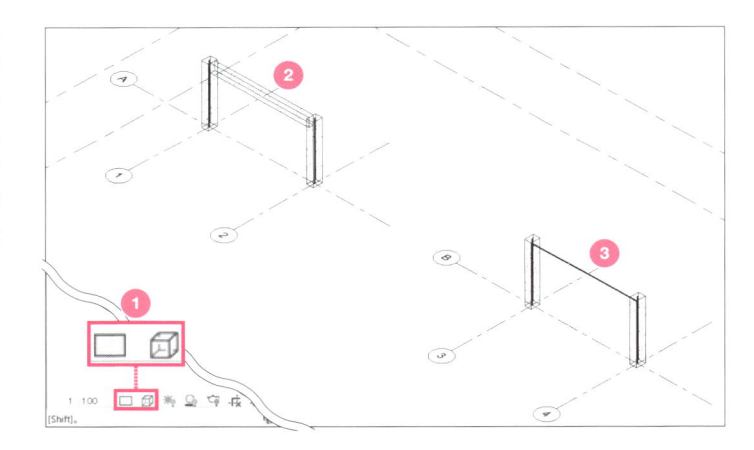

5

ビューコントロールバーの ① [詳細レベル]を[詳細]に変更する。

② 通芯A1-A2間の梁と、③ 通芯B3-B4間の梁、両方とも梁の形状のみが表示される。

Hint
柱と梁は単線(スティック記号)表示ができ、ビューコントロールバーの[詳細レベル]で制御します。[簡略]で単線(スティック記号)表示、[詳細]で形状表示となるのが基本です。学習用ファイルに作成済みの柱は、解説の都合上、基本の設定ではありません。

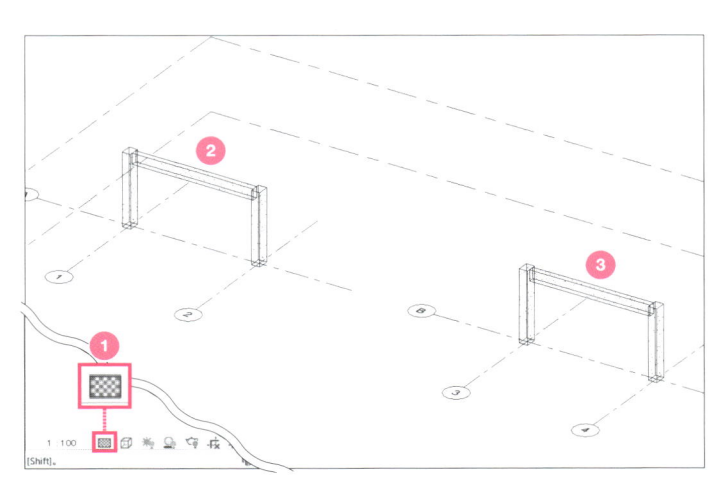

単線表示を追加する

[コンクリートー長方形梁A]を、[詳細レベル]：[簡略]で表示、[詳細]で形状表示となるように変更します。

1 ビューコントロールバーの ① [詳細レベル]を[簡略]に変更する。

形状表示になっている ② 通芯A1－A2間の梁を選択する。

[修正|構造フレーム]タブ➡[モード]➡ ③ [ファミリを編集]をクリックする。

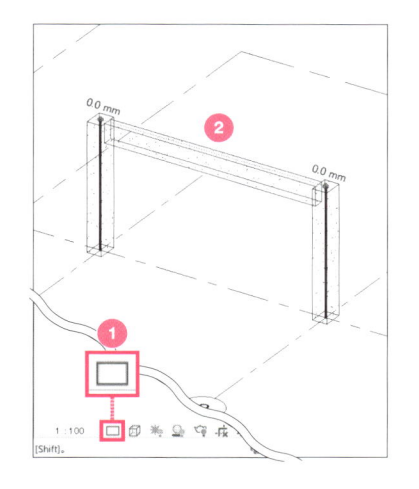

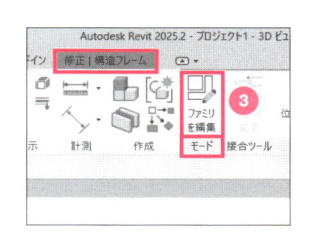

2 [プロパティパレット]の[その他]グループの ① [記号表現]を[プロジェクト設定から]に変更する。

② 形状を選択する。

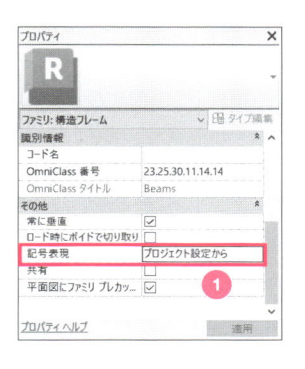

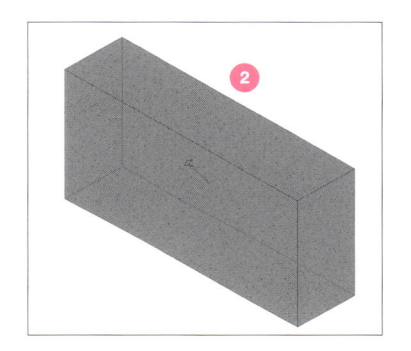

3 [修正|スイープ]タブ➡[モード]➡ ① [表示設定]をクリックする。

[ファミリ要素の表示設定]ダイアログボックスで、[詳細レベル]の ② [簡略]のチェックを外し、[OK]をクリックする。

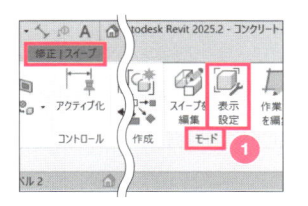

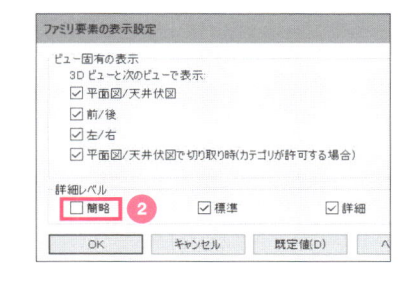

4 リボンの[ファミリエディタ]➡ ① [プロジェクトにロード]をクリックする。

[ファミリはすでに存在します]ダイアログボックスで、② [既存のバージョンを上書きする]をクリックする。

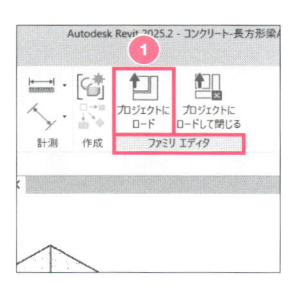

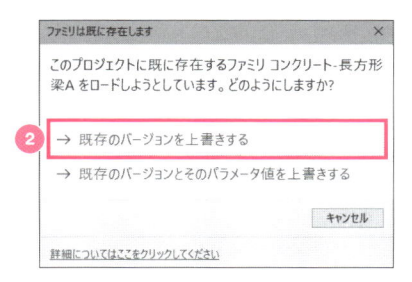

5 ① 通芯A1－A2間の梁がスティック記号のみの表示に変更される。

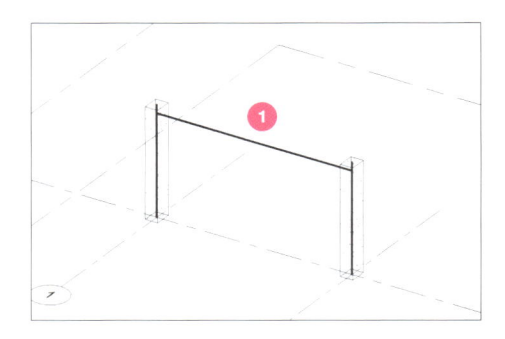

6 ［プロジェクトブラウザ］で、［立面図］を展開し、① ［南］ビューを開く。

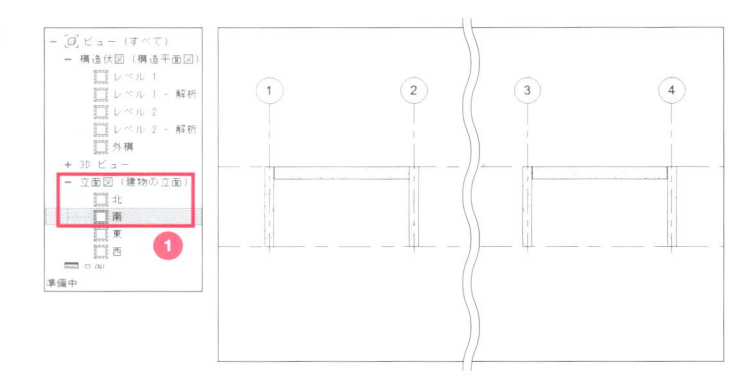

7 ビューコントロールバーの① ［詳細レベル］を［簡略］、表示スタイルを［ワイヤーフレーム］に変更する。

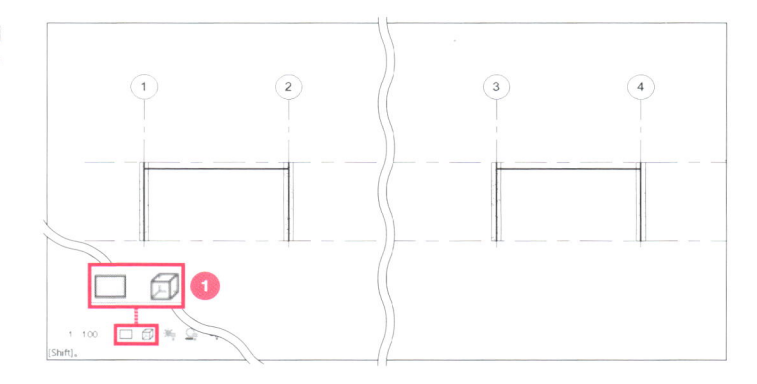

8 単線表示の梁を両方とも選択し、［プロパティパレット］の［構造］グループの① ［スティック記号の位置］を［配置基準線］に変更する。

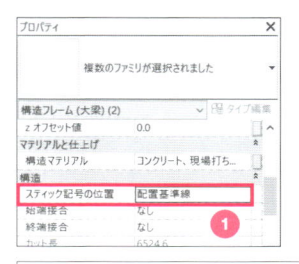

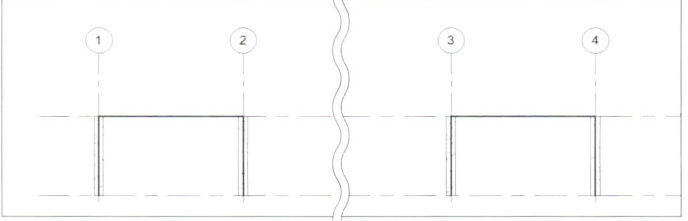

梁の高さを変更する

梁の高さを変更する2つの方法を解説します。2つの方法では、見た目の高さ（[詳細]の状態）は同じでも、配置基準が異なることで、[簡略]でスティック記号の高さに違いがあります。

1 ビューコントロールバーの ❶[詳細レベル]を[詳細]に変更する。

通芯A1ーA2間の梁を選択する。

[プロパティパレット]の[拘束]グループの、❷[始端レベルオフセット]と[終端レベルオフセット]にそれぞれ「−500」と入力し、[適用]をクリックする。

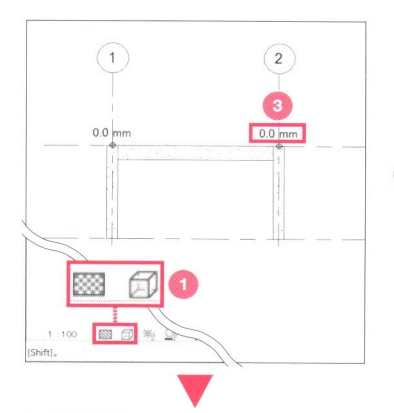

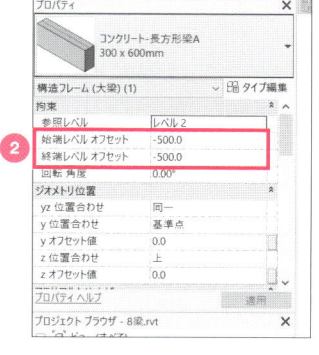

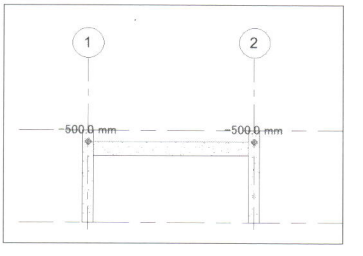

Hint

梁を選択したときに、❸梁端部に表示される数値に「−500」を入力しても高さを変更できます。

2 通芯B3ーB4間の梁を選択する。

[プロパティパレット]の[ジオメトリ位置]グループの、❶[zオフセット値]に、「−500」と入力し、[適用]をクリックする。

[zオフセット位置]で変更した場合は、❷梁端部の値（[始端レベルオフセット]と[終端レベルオフセット]）は「0」のままで、配置基準位置が変更されていないことがわかります。

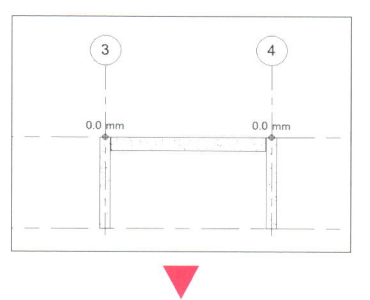

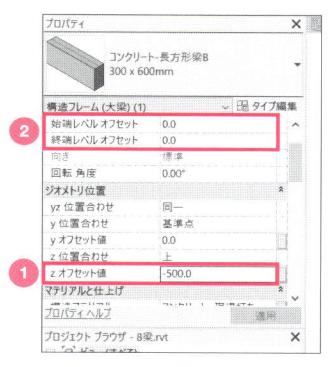

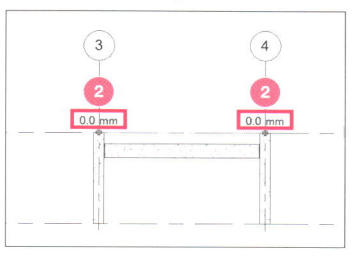

3 ビューコントロールバーの ❶[詳細レベル]を[簡略]に変更する。

スティック記号により、配置基準位置に違いがあることが確認できます。

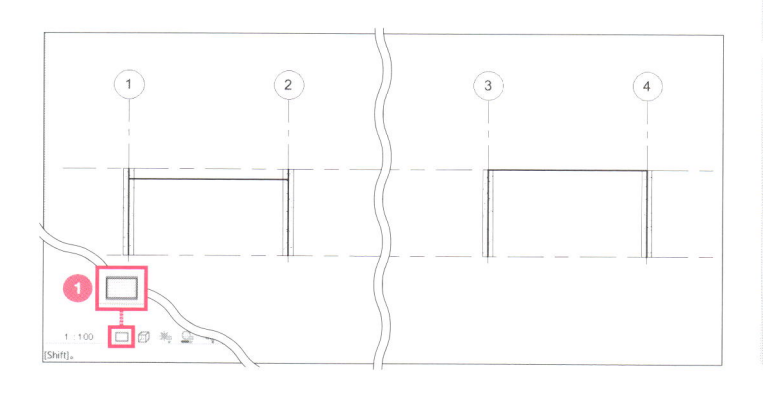

梁の位置（水平方向）を変更する

水平方向の梁の位置を変更する2つの方法を解説します。2つの方法では、見た目の位置（［詳細］の状態）は同じでも、配置基準が異なることで、［簡略］でスティック記号の位置に違いがあります。

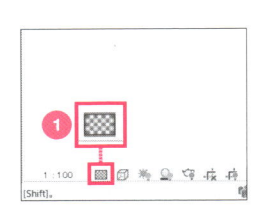 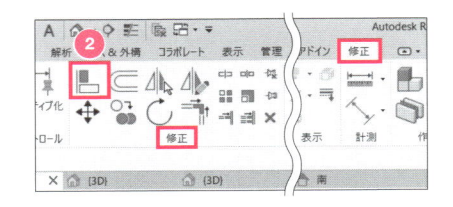

1 ［レベル2］ビューを開き、ビューコントロールバーの❶［詳細レベル］を［詳細］に変更する。

通芯A1－A2間の梁を柱北面に位置合わせするため、［修正］タブ➡［修正］➡❷［位置合わせ］をクリックする。

❸柱北面、❹梁北面の順にクリックし、位置合わせする。

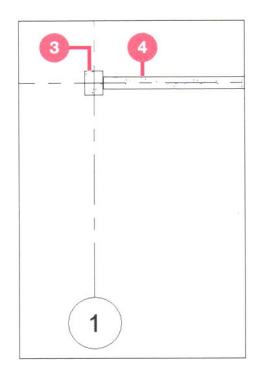 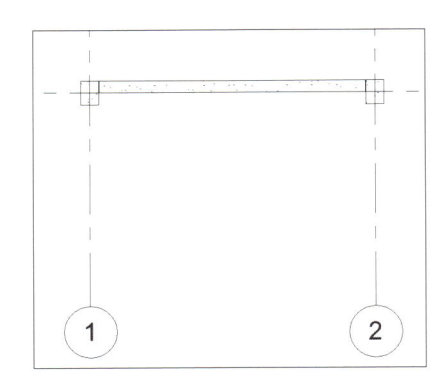

2 通芯B3－B4間の梁を選択し、［プロパティパレット］の［ジオメトリ位置］グループの❶［yオフセット値］に「150」と入力し、［適用］をクリックする。通芯B3－B4間の梁と柱北面の位置が揃う。

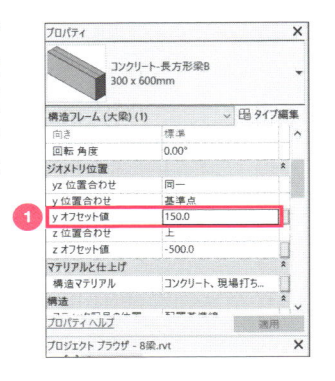 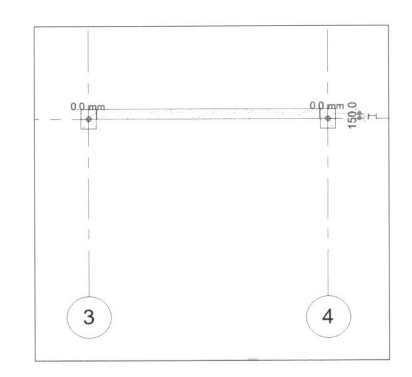

3 ビューコントロールバーの❶［詳細レベル］を［簡略］に変更する。

異なる方法で梁位置を修正したことにより、スティック記号の位置（配置基準位置）に違いがあることが確認できます。

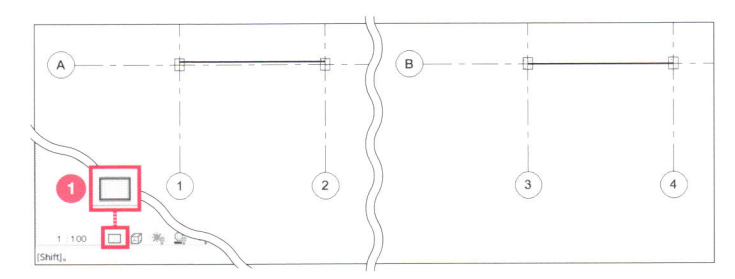

モーメント記号を表示する

1 通芯B3－B4の梁を選択し、［プロパティパレット］の［構造］グループの❶［始端接合］と［終端接合］を［モーメントフレーム］に変更し、［適用］をクリックする。

梁端部にモーメント記号が表示されます。

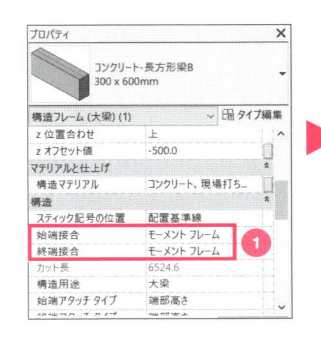 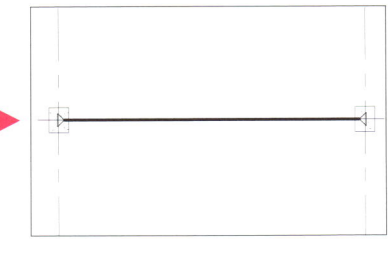

method no.

11

重ね壁を作成する❶
上下の重ね壁〔RC ＋ ALC〕を作成する

システムファミリである壁には「カーテンウォール」「標準壁」「重ね壁」があります。
「重ね壁」は、タイプの異なる壁を上下に重ねて1つのタイプとすることができます。
左右の重ね壁についてはP.060、上下左右の重ね壁についてはP.062で解説します。

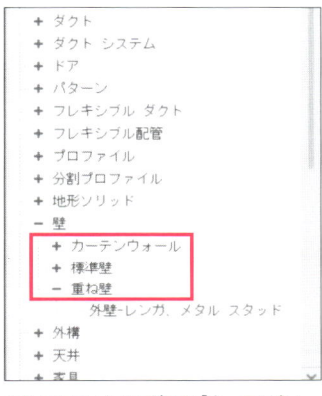

システムファミリの壁には「カーテンウォール」「標準壁」「重ね壁」の3種類があります。

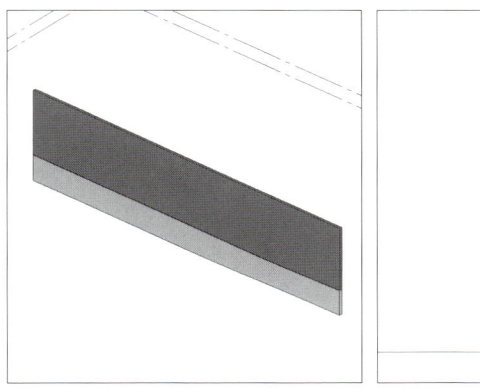
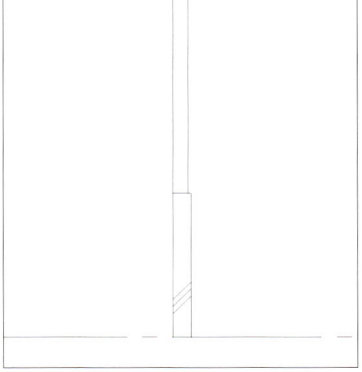

システムファミリの「重ね壁」を使うと、タイプの異なる壁を上下に重ねて壁を作成できます。ここでは、RC120㎜立ち上がり壁、高さ1000㎜の上に、ALC100㎜の壁を重ねて作成する方法を解説します。

操作手順

1　Revitホーム画面で、[プロジェクト]の❶[新規作成]をクリックする。

[プロジェクトの新規作成]ダイアログボックスで、❷[建築テンプレート]を選択して[OK]をクリックする。

2　[建築]タブ➡[構築]➡❶[壁]をクリックする。

[プロパティパレット]の❷[タイプ編集]をクリックする。

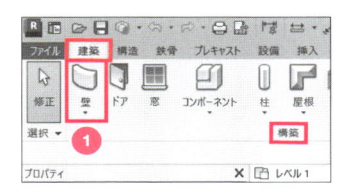
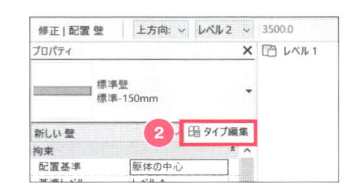

3 ［タイププロパティ］ダイアログボックスで、**1**［複製］をクリックする。

［名前］ダイアログボックスで、［名前］に **2**「RC120mm」と入力し、［OK］をクリックする。

［タイププロパティ］ダイアログボックスに戻り、［構造］の **3**［編集］をクリックする。

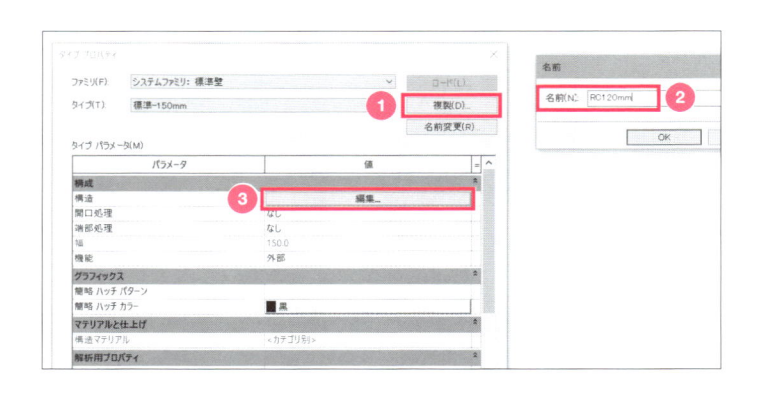

4 ［アセンブリを編集］ダイアログボックスで、［構造[1]］の **1**［マテリアル］（［カテゴリ別］になっている）をクリックし、表示される［...］をクリックする。

［マテリアルブラウザ］ダイアログボックスで、**2**［コンクリートー現場］を選択し、［OK］をクリックする。

［アセンブリを編集］ダイアログボックスに戻り、**3**［厚さ］に「120」と入力し、［OK］クリックする。

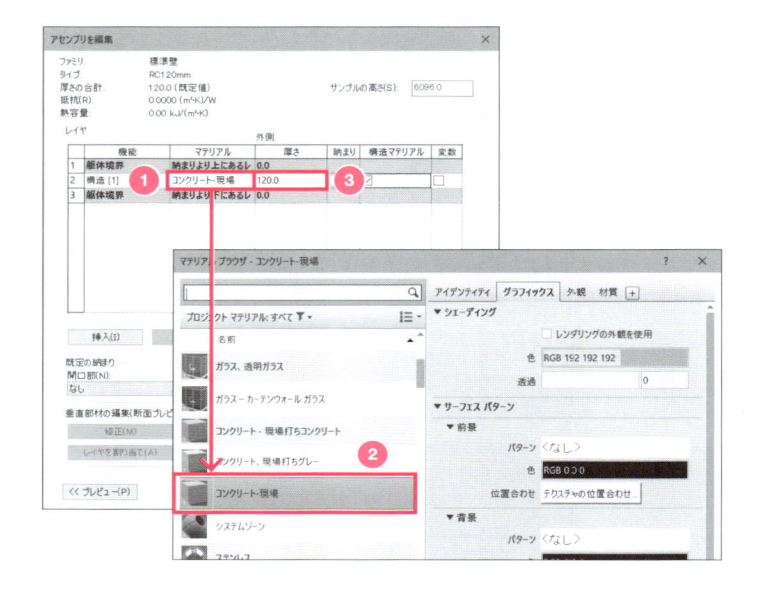

5 ［タイププロパティ］ダイアログボックスに戻り、**1**［複製］をクリックする。

［名前］ダイアログボックスで、［名前］に **2**「ALC100mm」と入力し、［OK］をクリックする。

［タイププロパティ］ダイアログボックスに戻り、［構造］の **3**［編集］をクリックする。

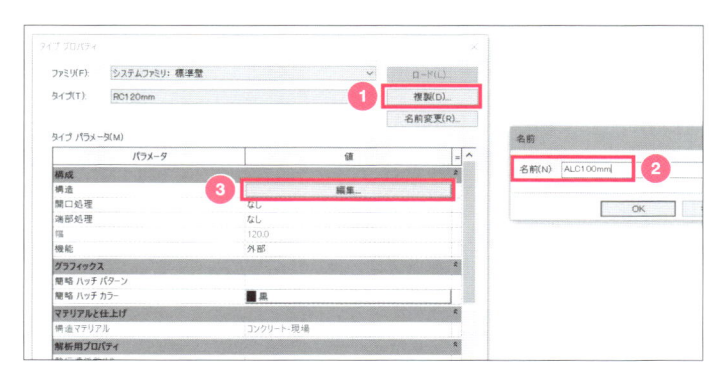

6 ［アセンブリを編集］ダイアログボックスで、［構造[1]］の［マテリアル］（［コンクリートー現場］になっている）をクリックし、表示される［...］をクリックする。

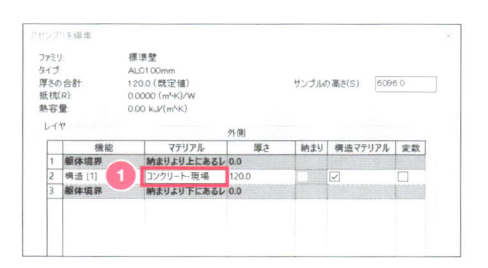

7

[マテリアルブラウザ]ダイアログボックスで、❶[カテゴリ別]をクリックする。

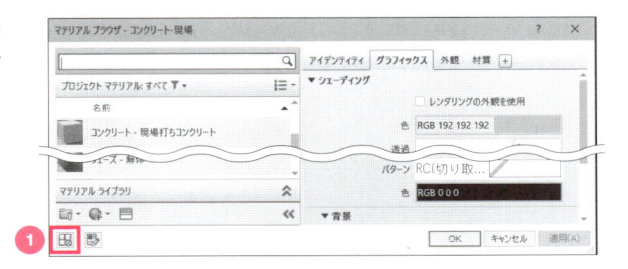

8

[アセンブリを編集]ダイアログボックスで、[構造［1］]の❶[厚さ]に「100」と入力し、[OK]をクリックする。

[タイププロパティ]ダイアログボックスに戻り、[OK]をクリックする。

[プロジェクトブラウザ]で、[ファミリ] ➡❷[壁] ➡[重ね壁]を展開し、[外壁－レンガ、メタル スタッド]をダブルクリックする。

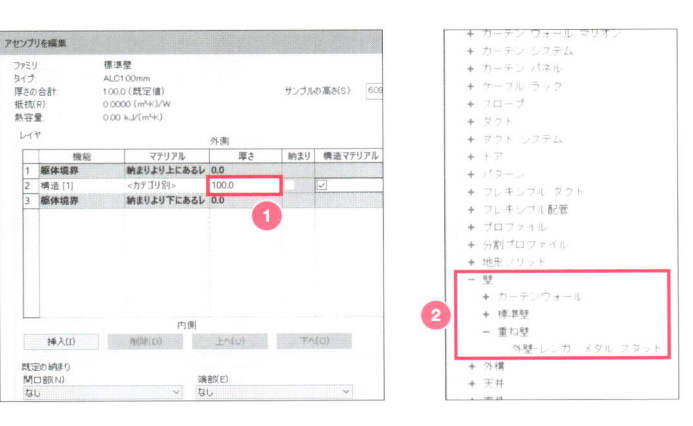

9

[タイププロパティ]ダイアログボックスで、❶[複製]をクリックする。

[名前]ダイアログボックスで、[名前]に❷「RC120㎜＋ALC100㎜」と入力し、[OK]をクリックする。

[タイププロパティ]ダイアログボックスに戻り、[構造]の❸[編集]をクリックする。

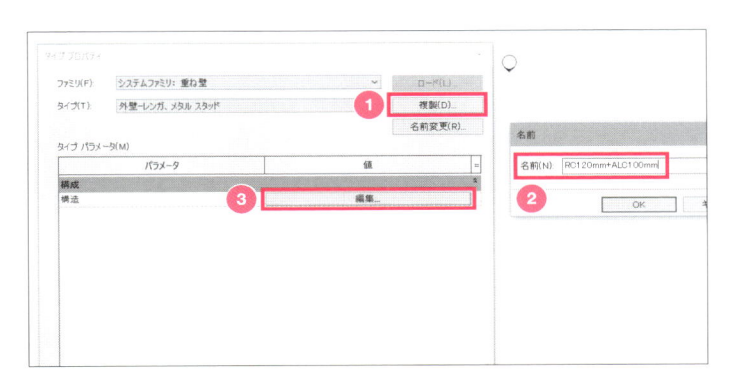

10

[アセンブリを編集]ダイアログボックスで、[1]の[外壁－メタルスタッドーレンガ]の[∨]をクリックし、[ALC100㎜]を選択する。

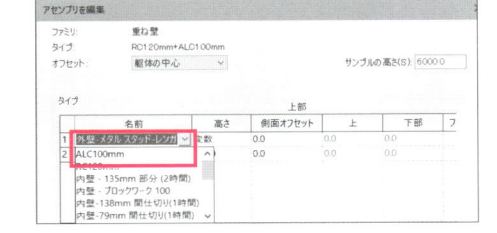

11

同様に、[2]を[RC120㎜]にする。

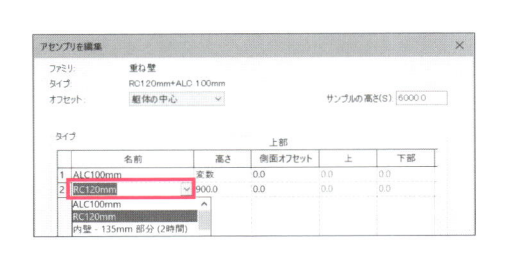

12 ［アセンブリを編集］ダイアログボックスで、［RC120mm］の［高さ］に「1000」と入力し、［OK］をクリックする。［タイププロパティ］ダイアログボックスでも［OK］をクリックする。

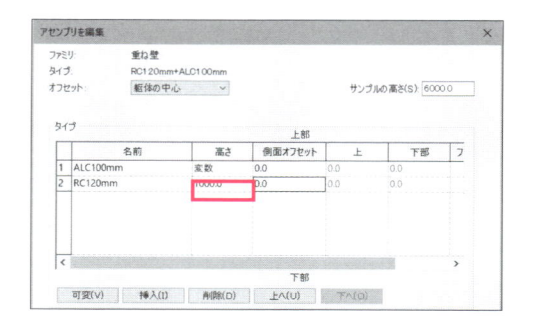

13 ［建築］タブ➡［構築］➡❶［壁］をクリックする。

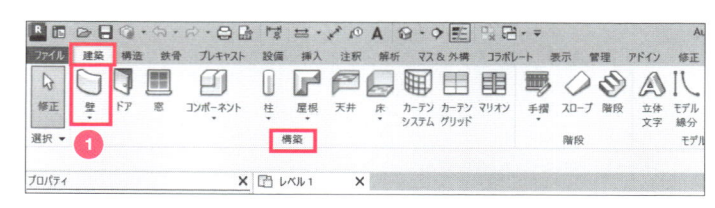

14 ❶［タイプセレクタ］で、［重ね壁］の［RC120mm＋ALC100mm］を選択する。

❷適当な位置に壁を作成する。

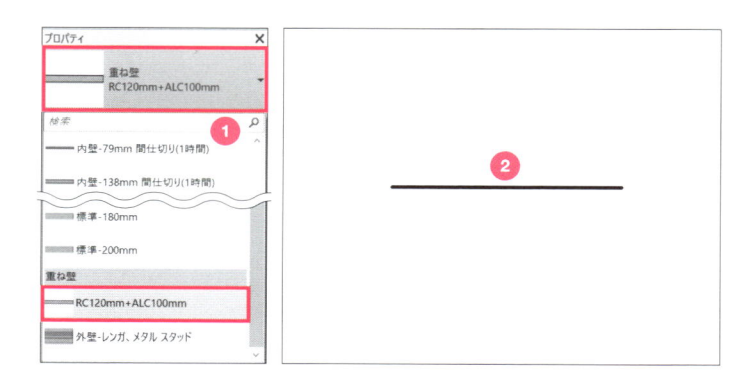

15 ［表示］タブ➡［作成］➡❶［断面］をクリックする。

❷図のように断面線を作成する。

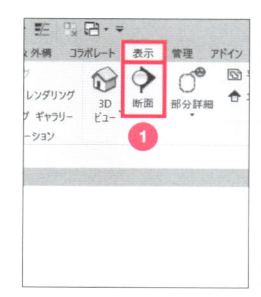
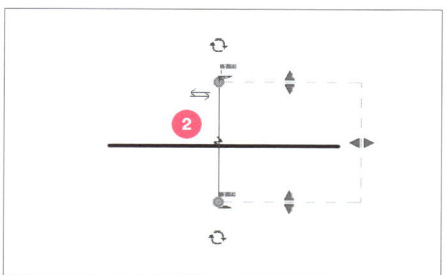

16 断面ビューを表示し、ビューコントロールバーで❶［詳細レベル］を［詳細］に変更する。

❷RC壁とALC壁が中心で位置合わせされていることを確認する。

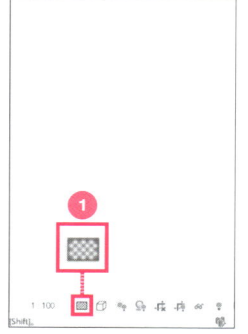
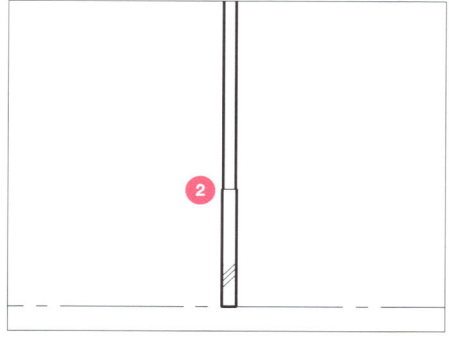

17 作成した壁を選択し、［プロパティパレット］の❶［タイプ編集］をクリックする。

［タイププロパティ］ダイアログボックスで、［構造］の❷［編集］をクリックする。

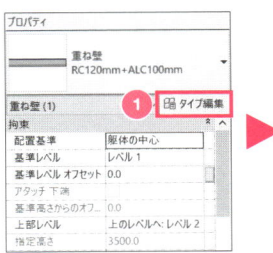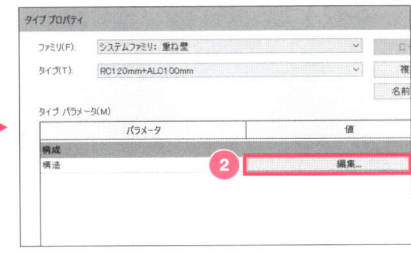

18 ［アセンブリを編集］ダイアログボックスで、［ALC100mm］の［側面オフセット］に「10」と入力し、［OK］をクリックする。

［タイププロパティ］ダイアログボックスに戻り、［OK］をクリックする。

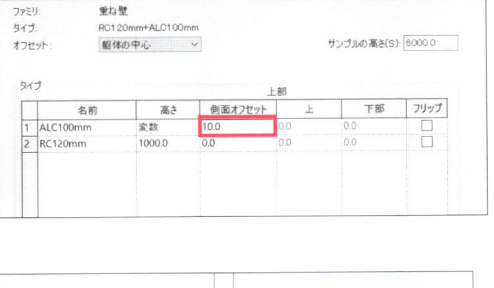

19 RC壁とALC壁の外側で位置合わせされる。

20 ［3D］ビューに切り替え、ビューコントロールバーの［表示スタイル］を❶［ベタ塗り］に変更して、壁を確認する。

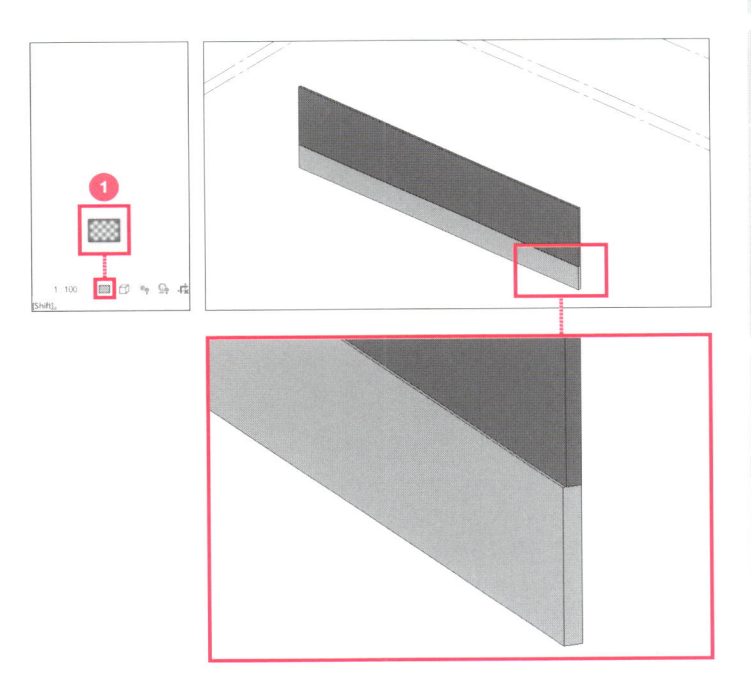

method no.

12

重ね壁を作成する❷

左右の重ね壁〔ALC＋LGS〕を作成する

ALCとLGSのように2枚の壁が隙間を持って重なる場合、壁を結合しても開口できないことがあります。これは2枚の壁を1枚の壁として設定することにより解決できます。

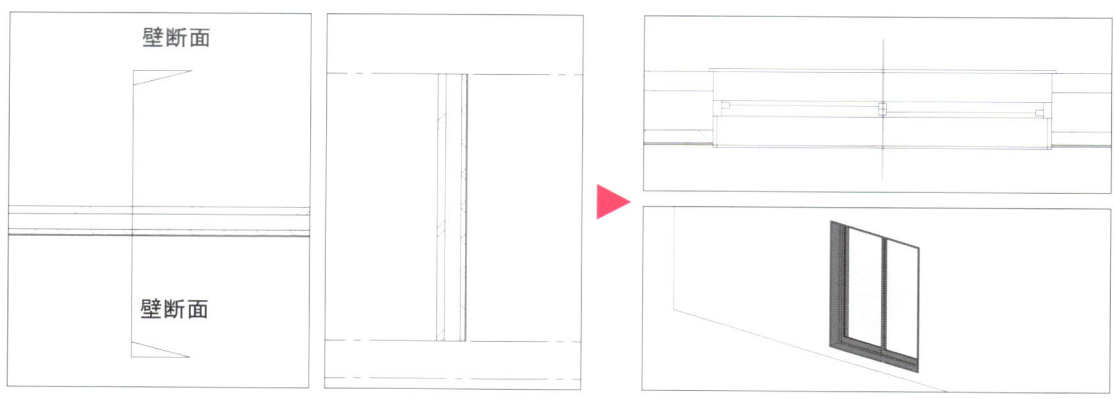

壁断面

壁断面

ここでは、ALC100mmの壁（外側）と200mmの間隔（空気層）を空けて、LGS65mm＋ボード12.5mmの壁（内側）を1枚の壁として作成します。窓やドアを挿入しても適切に開口されます。

操作手順

本書の学習用ファイルを使って解説します。「12_重ね壁（左右）.rvt」を開いてからはじめてください。

1 ［プロジェクトブラウザ］で、［断面図（建築断面）］を展開し、❶［壁断面］ビューを開く。

❷壁を選択し、［プロパティパレット］の❸［タイプ編集］をクリックする。

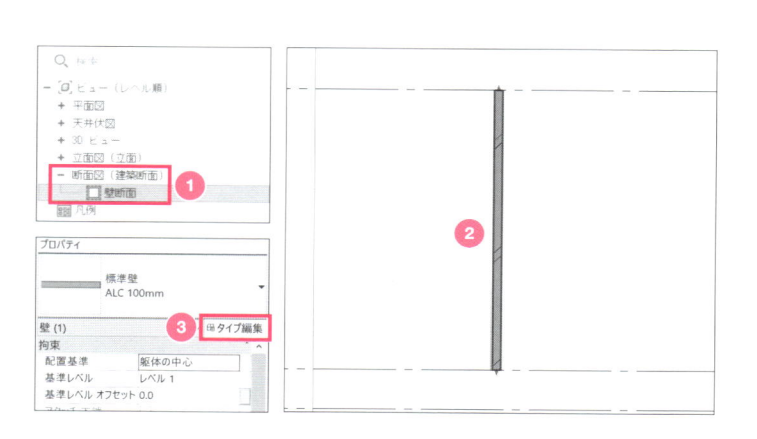

2 ［タイププロパティ］ダイアログボックスで、❶［複製］をクリックする。

［名前］ダイアログボックスで、［名前］に❷「ALC100＋200＋LGS65＋GB 12.5」と入力し、［OK］をクリックする。

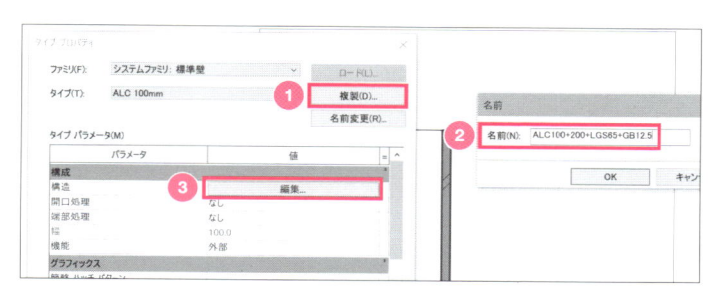

3 ［タイププロパティ］ダイアログボックスで［構造］の［編集］をクリックする（**2** の図の **3** 参照）。

［アセンブリを編集］ダイアログボックスで、レイヤ［3］の下に３つのレイヤを挿入する。

挿入したレイヤ［4］［5］［6］を次のように設定する。
❶ レイヤ［4］
機能：断熱層または通気層(3)
マテリアル：＜カテゴリ別＞
厚さ：200
❷ レイヤ［5］
機能：仕上 2 [5]
マテリアル：#LGS
厚さ：65
❸ レイヤ［6］
機能：仕上 2 [5]
マテリアル：#石膏ボード
厚さ：12.5

設定したら［アセンブリを編集］ダイアログボックス、［タイププロパティ］ダイアログボックスと順に［OK］をクリックする。

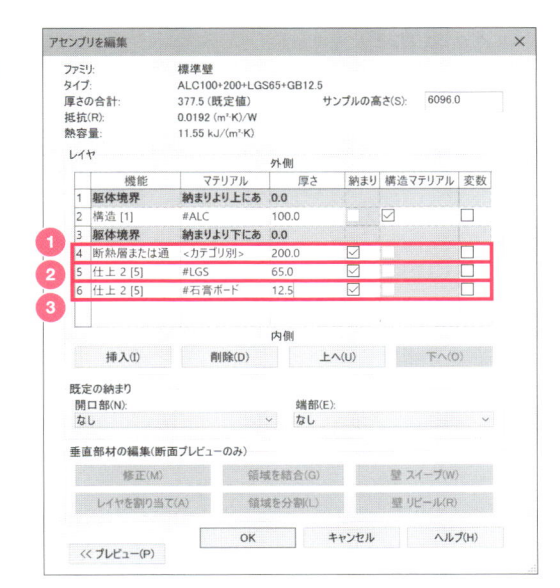

4 ❶断面表現を確認し、［レベル1］ビューを開いて❷平面表現も確認する。

Hint ［断熱層または通気層］のマテリアルは［カテゴリ別］に設定します。これにより白抜きになり、隙間が表現でききます。

Hint ［LGS］の［機能］を［構造[1]］にすると、エラーメッセージが表示されて設定できません。また［機能］は外側（上）から［1］～［5］までが昇順に並んでいないと、エラーメッセージが表示されます。

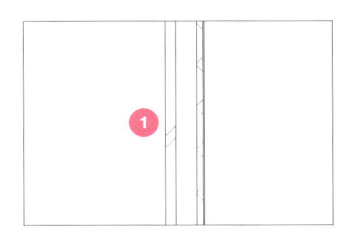
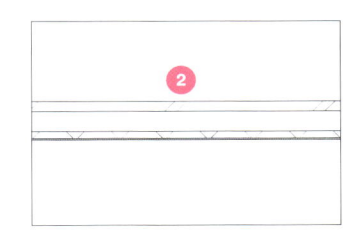

5 任意の窓を挿入して、壁が開口されることを確認する。

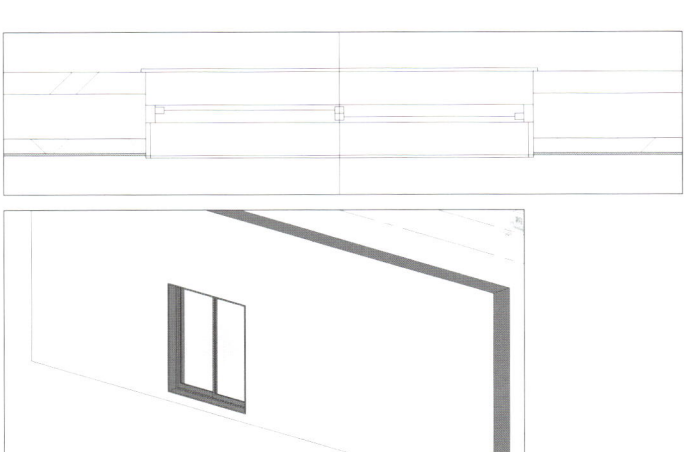

13

重ね壁を作成する❸

重ね壁（上下左右）
［RC＋ALC＋LGS］を作成する

RC壁の立ち上がり部分の上にALC壁があり、隙間を持ってLGS＋ボードがある場合、開口部があるならば、『12 左右の重ね壁［ALC＋LGS］を作成する』（P.060）で解説した左右の重ね壁を優先したほうがモデリングの手間が減ります。

このためRC壁の立ち上がり部分は別にモデリングしたほうがよいでしょう。

ただし、ALCとLGS、ボードの高さが異なるので、調整する必要があります。

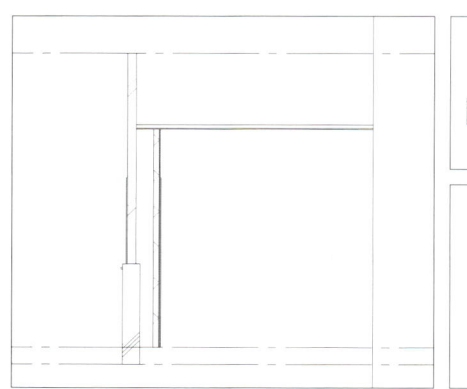
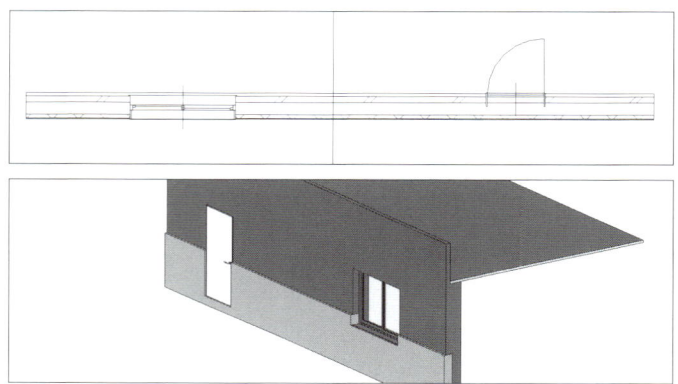

外側下にRC200mmで高さ設計GL＋1200mm、外側上にALC100mmで高さ1FL＋1000mm、内側にLGS65mm＋ボードで1FLから天井までの高さの壁を作成します。窓やドアを挿入しても適切に開口されます。

操作手順

ALC ＋LGSの壁（1FL〜2FLまで）が作成されている本書の学習用ファイルを使って解説します。
「13_重ね壁（上下左右）.rvt」を開いてからはじめてください。

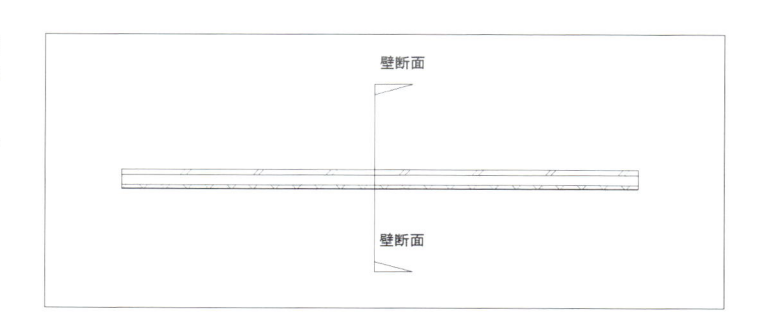

1 立ち上がり部のRC壁を作成する。
［建築］タブ➡［構築］➡❶［壁］をクリックする。

2
［タイプセレクタ］で、①［標準壁 RC 200mm］を選択する。

［プロパティパレット］で、②［配置基準］が［躯体の中心］に設定されていることを確認する。③［基準レベル］を［設計GL］、④［上部レベル］を［上のレベルへ：レベル1］に設定し、⑤［上部レベルオフセット］に「1000」と入力する。

⑥ ⑦ ALC壁の躯体中心に合わせてRC壁を作成する。

コマンドを終了する。

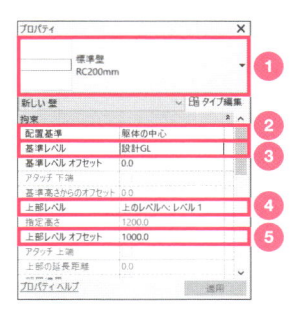

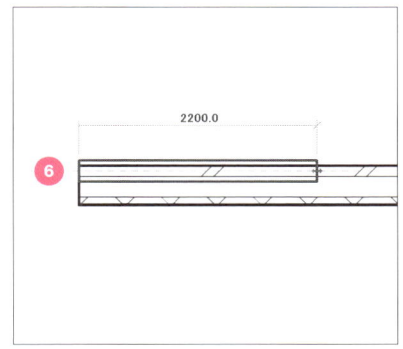

Hint
壁が重なるためエラーメッセージが表示されますが、高さは後で調整するので無視して作業します。

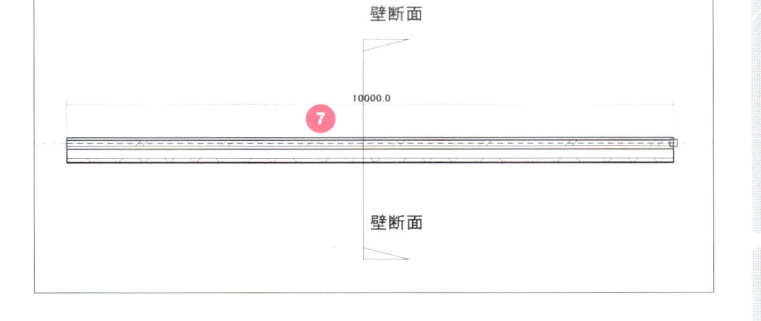

3
［プロジェクトブラウザ］で、［断面図（建築断面）］を展開し、①［壁断面］ビューを開く。

ALC＋LGSの壁を選択し、［プロパティパレット］の②［基準レベルオフセット］に「1000」と入力する。

［プロパティパレット］の③［タイプ編集］をクリックする。

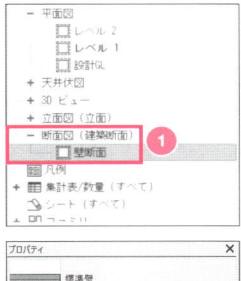

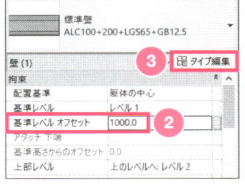

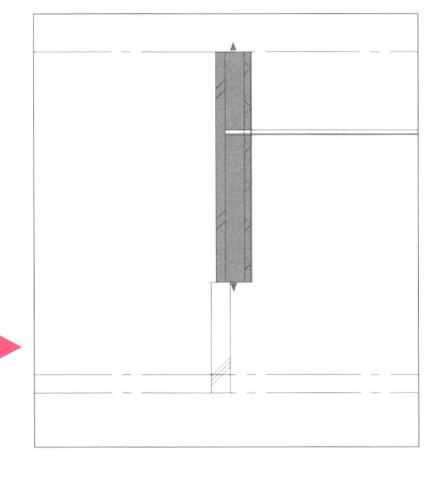

4
［タイププロパティ］ダイアログボックスで、［構造］の①［編集］をクリックする。

［アセンブリを編集］ダイアログボックスで、②［プレビュー］をクリックする。

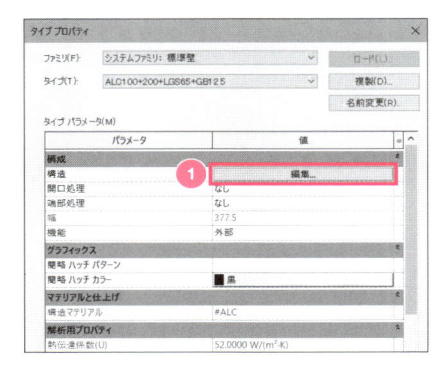

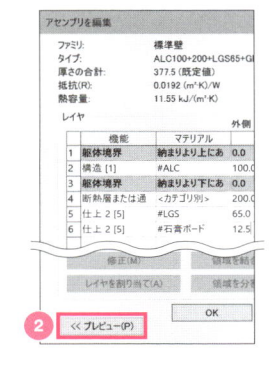

5
［アセンブリを編集］ダイアログボックスで、［ビュー］の❶［断面図：タイプ属性を修正］を選択する。

❷プレビューで壁の下端を拡大表示し、［垂直部材の編集（断面プレビューのみ）］の❸［修正］をクリックする。

❹［断熱層または通気層］の下端の線上をクリックすると鍵マークが表示されるので、クリックして❺ロックを解除する。

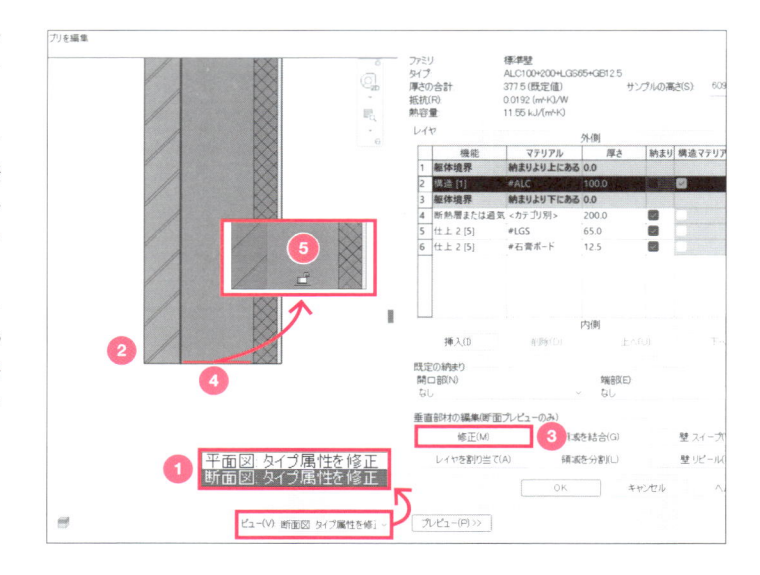

6
同様に、❶［仕上２］（LGS）の下端、❷［仕上２］（ボード）の下端のロックを解除する。

［アセンブリを編集］ダイアログボックス、［タイププロパティ］ダイアログボックスの順に［OK］をクリックする。

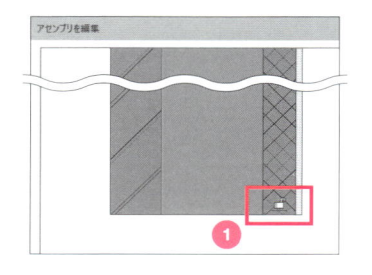
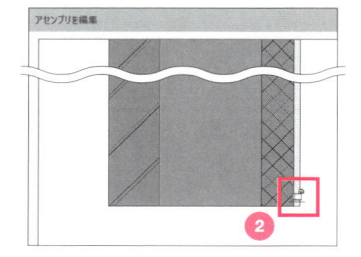

7
通気層、LGS、ボードの下端の▼（形状ハンドル）をレベル１までドラッグする。

通気層とRC壁が重なるが、あとで結合するのでそのままにしておく。

Hint
［アセンブリを編集］ダイアログボックスでレイヤのロックを解除しましたが、解除した隣合うレイヤは同時に動き、別々に高さを変更できません。

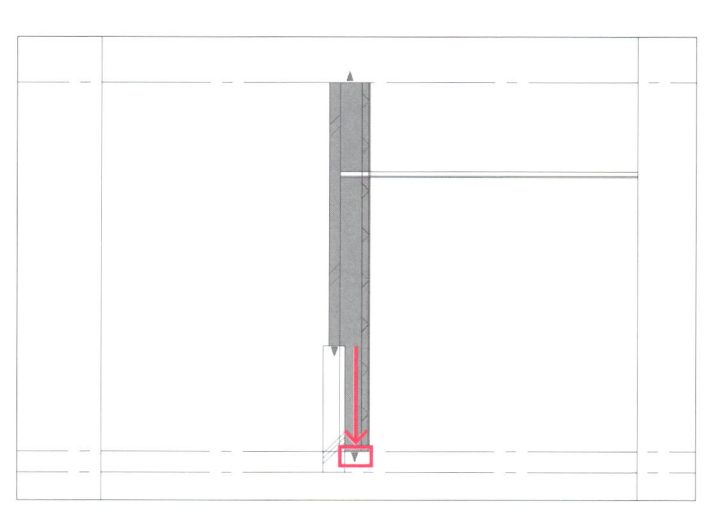

8
3の❸〜**6**と同様に、断熱層または通気層、［仕上２］（LGS）、［仕上２］（ボード）の上端のロックを解除する。

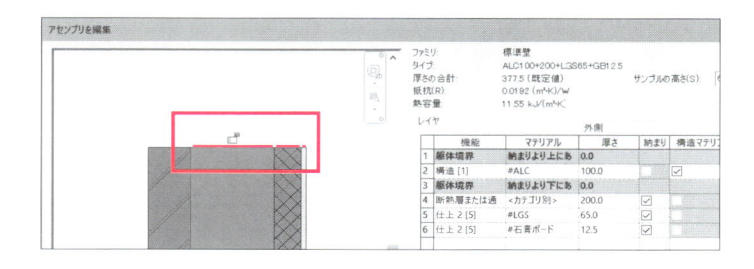

9 通気層、LGS、ボードの右端の▲(形状ハンドル)を天井までドラッグする。

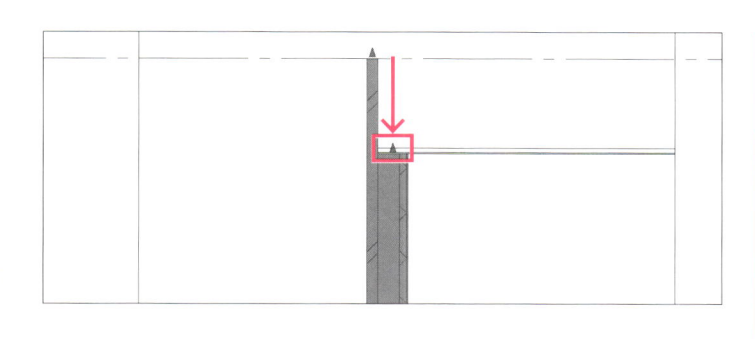

10 [レベル1]ビューを開き、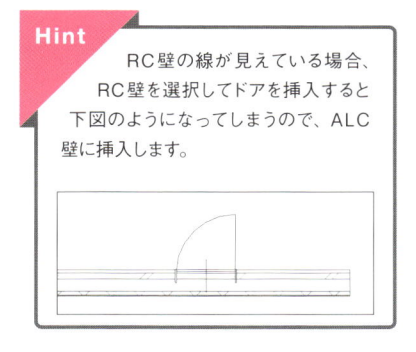①[引き違い腰窓_2枚]の窓を挿入する(サイズは任意)。

ALC壁に②[片開き]のドアを挿入する(サイズは任意)。

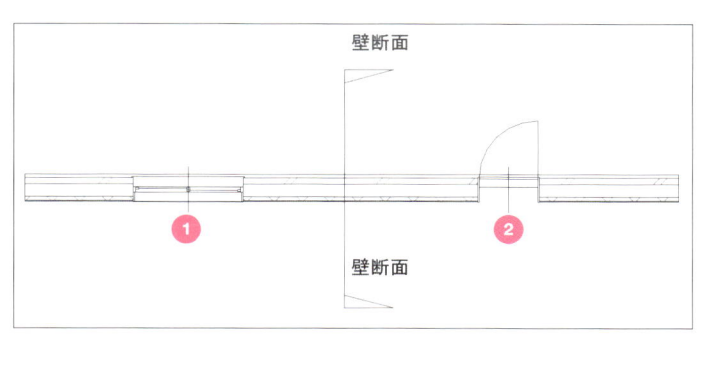

Hint

RC壁の線が見えている場合、RC壁を選択してドアを挿入すると下図のようになってしまうので、ALC壁に挿入します。

11 [3D]ビューに切り替え、ビューコントロールバーの[表示スタイル]を[ベタ塗り]に変更して確認する。

窓やドアがRC部分を開口していません。これを修正します。

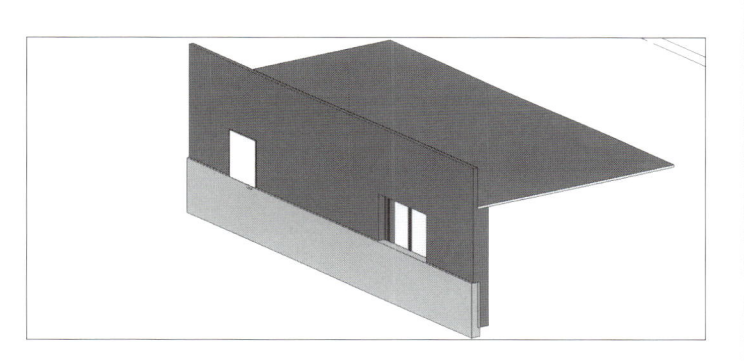

12 [修正]タブ➡[ジオメトリ]➡①[結合]をクリックする。

13 ①RC壁と②ALC＋LGS壁の順にクリックする。壁が結合され、開口される。

③[壁断面]ビューを開いて確認する。壁が結合されたため、断面表現も修正されている。

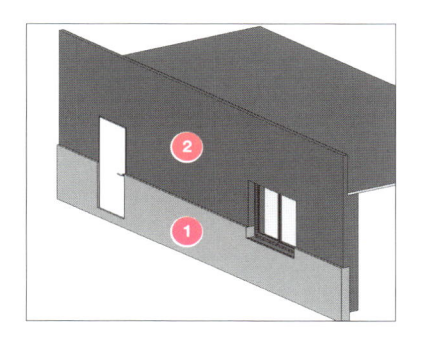
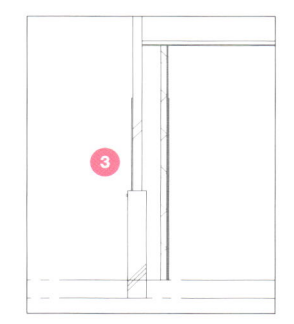

14

壁の目地を作成する ❶
横目地の壁を作成する

　壁を作成するのと同時に横目地を作成したい場合、壁の [アセンブリを編集] ダイアログボックスで [壁リビール] に目地を設定します。

　目地形状はプロファイル（2D断面形状）というファミリで作成します。なお、プロファイルファミリの作成方法はP.164〜で解説します。

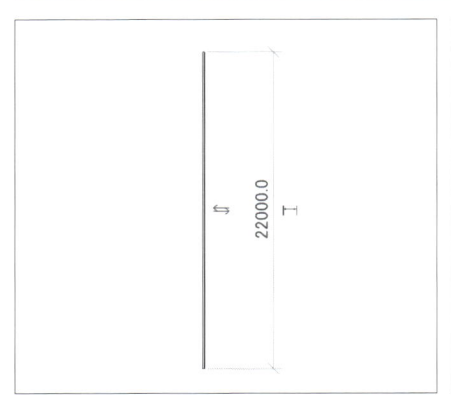 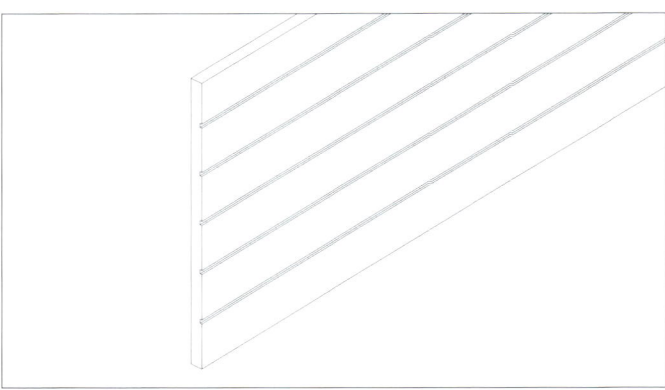

壁を描くと同時に横目地を作成できます。ここでは長方形50㎜×50㎜のプロファイルファミリを利用し、50㎜×25㎜の横目地を600㎜ピッチで作成します。

操作手順

1　Revitホーム画面で、[プロジェクト] の ❶[新規作成]をクリックする。

　[プロジェクトの新規作成]ダイアログボックスで、❷[建築テンプレート]を選択して[OK]をクリックする。

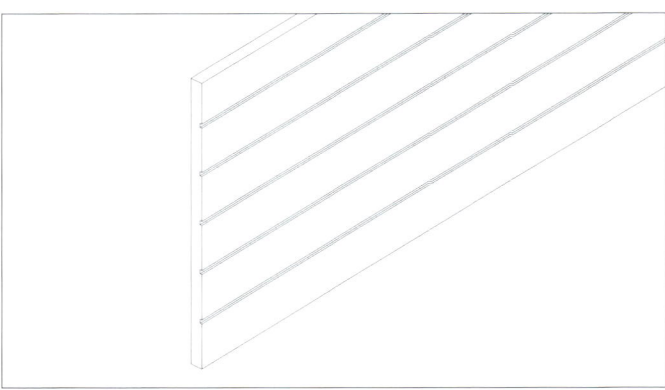

プロファイルファミリをロードします。

2　[挿入]タブ➡[ライブラリからロード]➡ ❶[ファミリロード]をクリックする。

　[ファミリロード]ダイアログボックスで、本書の学習用ファイル「**長方形（壁目地）.rfa**」を選択して開く。

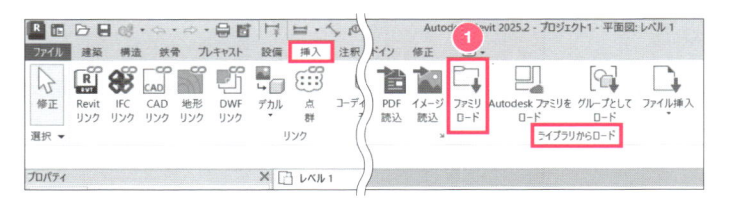

3

[建築]タブ➡[構築]➡ **1**[壁]をクリックする。

2[タイプセレクタ]で、[標準壁]の[標準－150mm]タイプが選択されているのを確認する。

[プロパティパレット]の **3**[タイプ編集]をクリックする。

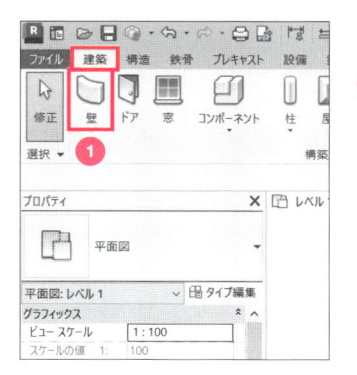
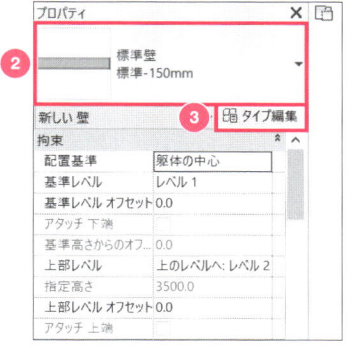

4

[タイププロパティ]ダイアログボックスで **1**[複製]をクリックし、名前を **2**「標準-150mm（目地あり）」として複製する。

[構造]の **3**[編集]をクリックする。

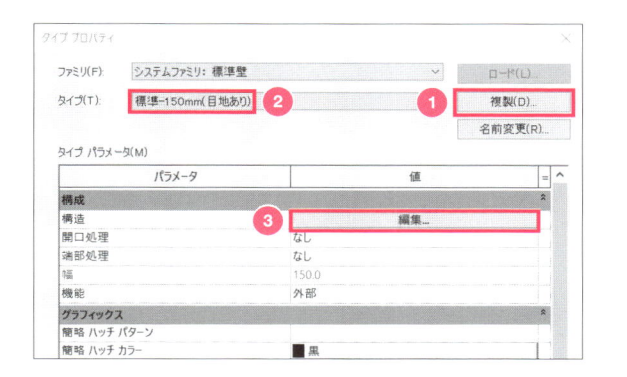

5

[アセンブリを編集]ダイアログボックスで、プレビューが表示されていない場合は **1**[プレビュー]をクリックする。

[ビュー]で **2**[断面図：タイプ属性を修正]を選択する。

[垂直部材の編集（断面プレビューのみ）]の **3**[壁リビール]をクリックする。

6

［壁 リビール］ダイアログボックスで、
❶［追加］をクリックする。

追加された［1］の行の❷［プロファイル］で、P.066の❷で取り込んだ［長方形（壁目地）：50×50mm］を選択する。❸［基準］が［下部］、❹［側面］が［外部］になっていることを確認し、❺［基準オフセット］に「600」と入力する。

同様の方法で、上図の❻のように行を追加する（［基準オフセット］の値だけ異なる。上から「3000」「2400」「1800」「1200」）。

［OK］をクリックする。

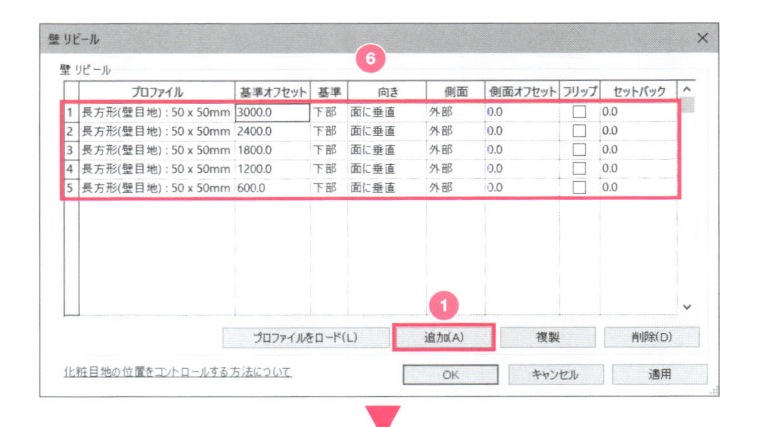

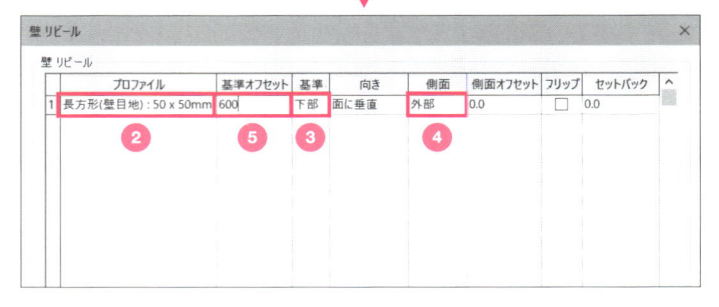

7

［アセンブリを編集］ダイアログボックスに戻り、プレビューで確認する。確認したら［OK］をクリックする。

［タイププロパティ］ダイアログボックスに戻り、［OK］をクリックする。

Hint
長方形（壁目地）のプロファイルの基準は中心となっています。

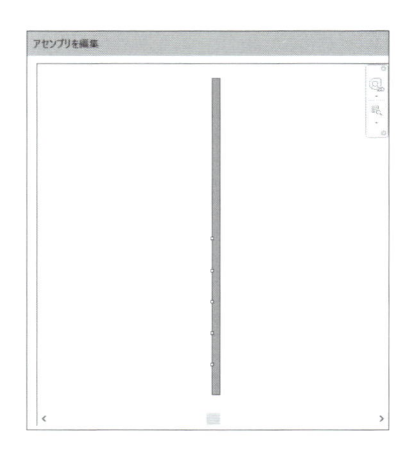
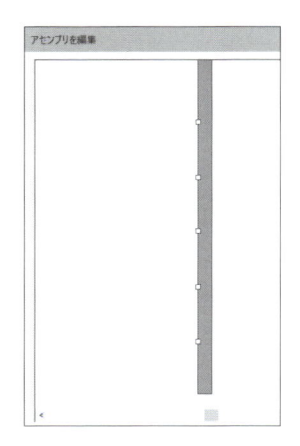

8

❶図のように適当な位置に壁を作成する。

❷［3D］ビューに切り替えて確認する。

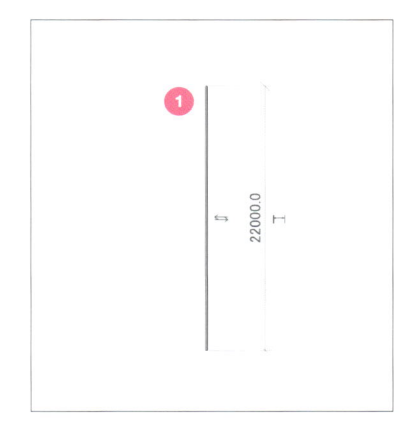
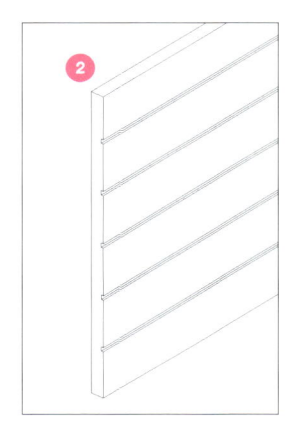

［壁リピール］ダイアログボックスの設定

ここでは、［壁リピール］ダイアログボックスの各設定項目について説明します。

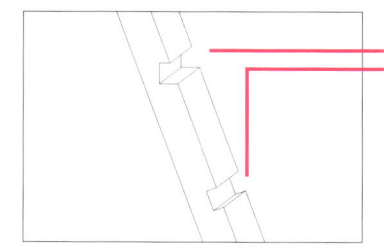

	プロファイル	基準オフセット	基準	向き	側面	側面オフセット	フリップ	セットバック
1	長方形(壁目地) : 50 x 50mm	3000.0	下部	面に垂直	外部	0.0	☐	0.0
2	長方形(壁目地) : 50 x 50mm	2400.0	下部	面に垂直	外部	0.0	☐	0.0
3	長方形(壁目地) : 50 x 50mm	1800.0	下部	面に垂直	外部	0.0	☐	0.0
4	長方形(壁目地) : 50 x 50mm	1200.0	下部	面に垂直	外部	0.0	☐	0.0
5	長方形(壁目地) : 50 x 50mm	600.0	下部	面に垂直	外部	0.0	☐	0.0

❶［向き］は、斜め壁の場合に効果があります。

［面に垂直］に設定すると、プロファイル（ここでは目地）が壁面に対して垂直になります。

［地面に平行］に設定すると、プロファイル（ここでは目地）が地面に対して平行になります。

基準オフセット	基準	向き	側面
3000.0	下部	地面に平行 ▾	外部
2400.0	下部	面に垂直	外部
1800.0	下部	面に垂直	外部
1200.0	下部	面に垂直	外部
600.0	下部	面に垂直	外部

上の目地は［向き］を［地面に平行］、下の目地は［向き］を［面に垂直］に設定している

❷［側面オフセット］は、プロファイル（ここでは目地）の内外の位置の設定です。プラスの値を入力すると内へ、マイナスの値を入力すると外へプロファイルが移動します。

準	向き	側面	側面オフセット
	面に垂直	外部	20.0
	面に垂直	外部	0.0
	面に垂直	外部	0.0
	面に垂直	外部	0.0
	面に垂直	外部	0.0

上の目地の［側面オフセット］を「20」（プラスの値）と設定している

❸［フリップ］は、プロファイル（ここでは目地）の上下が反転します。

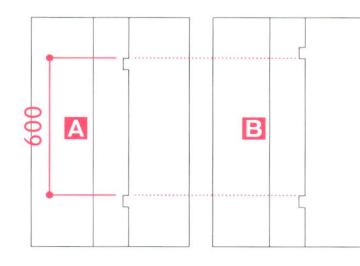

側面	側面オフセット	フリップ	セットバック
外部	0.0	☑	0.0
外部	0.0	☐	0.0
外部	0.0	☐	0.0
外部	0.0	☐	0.0
外部	0.0	☐	0.0

Aの壁の上の目地は［フリップ］にチェックを入れていない。**B**の壁の上の目地は［フリップ］にチェックを入れている

❹［セットバック］は、プロファイル（ここでは目地）と窓やドアなどの開口部からの距離です。

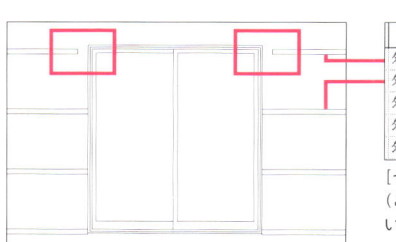

側面	側面オフセット	フリップ	セットバック
外部	0.0	☐	100.0
外部	0.0	☐	0.0
外部	0.0	☐	0.0
外部	0.0	☐	0.0
外部	0.0	☐	0.0

［セットバック］を入力したプロファイル（ここでは目地）だけ、開口部から離れている

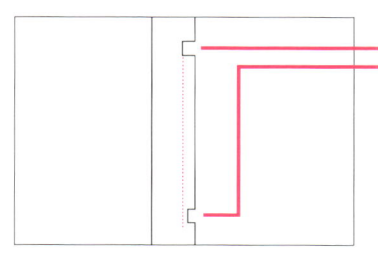

15 / 壁の目地を作成する ❷
縦目地の壁を作成する

縦目地は[壁リビール]コマンドで1目地ずつ作成します。

目地の間隔を一括して変更したい場合は、配列複写で複数作成します。

縦目地は[壁リビール]コマンドで作成します。ここでは「長方形50mm×50mm」のプロファイルファミリを利用し、50mm×25mmの縦目地を600mmピッチで作成します。

操作手順

1
『14 横目地の壁を作成する』（P.066）の **1** 〜 **3** の ❷ までと同様に操作し、準備をする。

❶図のように適当な位置に壁を作成する。

[立面図]の[東]ビューに切り替える。

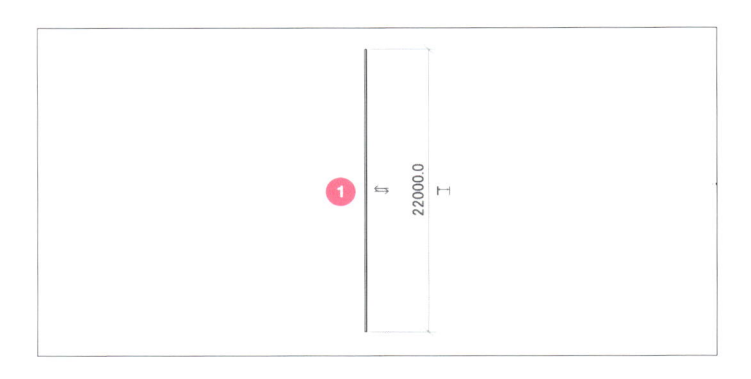

2
[建築]タブ➡[構築]➡ ❶[壁リビール]をクリックする。

[修正 | 配置 化粧目地]タブ➡[配置]➡ ❷[垂直]をクリックする。

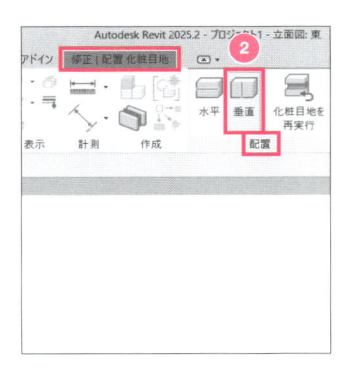

3

[プロパティパレット]の ❶[タイプ編集]をクリックする。

[タイププロパティ]ダイアログボックスの[プロファイル]で、❷[長方形（壁目地）：50×50mm]を選択し、[OK]をクリックする。

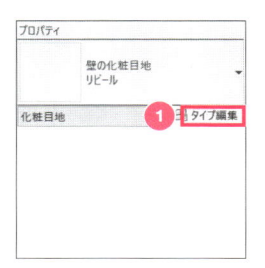
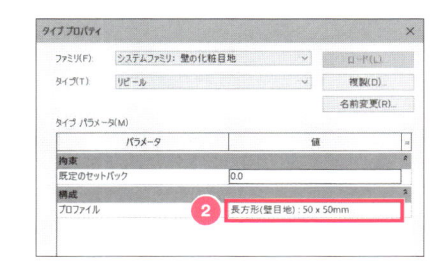

4

壁にカーソルを重ねると縦目地が表示されるので、❶適当な位置でクリックする。目地がいったん表示されなくなる。

[修正|配置 化粧目地]タブ➡[配置]➡❷[化粧目地を再実行]をクリックする。目地が表示される。

コマンドを終了する。

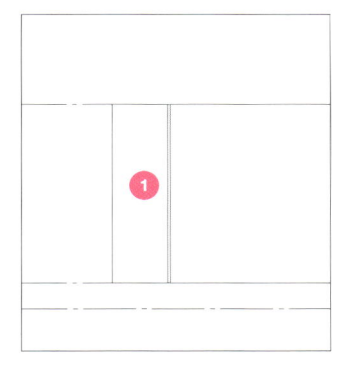
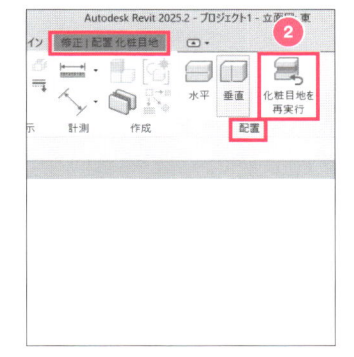

5

作成した目地を選択し、❶仮寸法に壁からの距離を入力する（ここでは「625」と入力）。

[修正|化粧目地]タブ➡[修正]➡❷[配列]をクリックする。

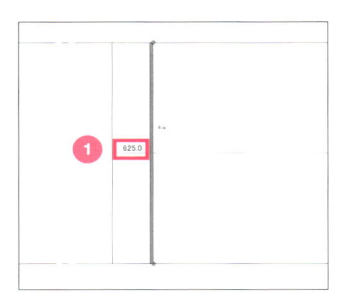
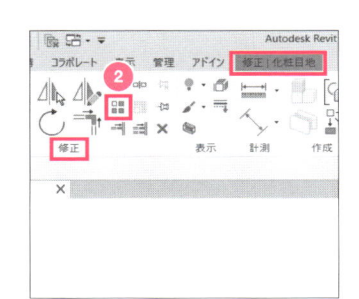

6

オプションバーの ❶[項目数]に「5」と入力し、❷[2点間]が選択されていることを確認する。

❸壁のエッジをクリックする。❹配列したい方向にカーソルを動かして距離を入力し（ここでは「600」と入力）、Enter キーを押して確定する。

❺作成したい目地数を入力し（ここでは「15」と入力）、Enter キーを押して確定する。

Hint
目地を選択すると、目地数を入力し直せます。目地が壁の長さを超える場合は、エラーメッセージが表示され、配列できる最大数になり、目地数を入力し直せなくなります。

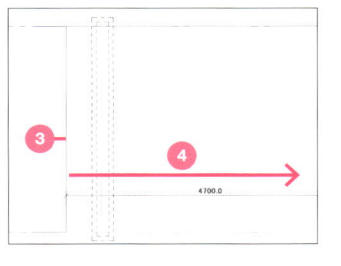
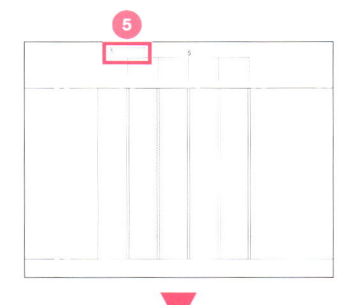
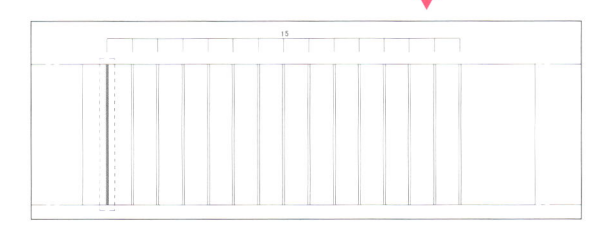

16

勾配が変わる 矩形の床を作成する

床の［勾配矢印］コマンドを使った床の傾斜は、1方向に一定の勾配しか設定できません。
そこで、途中で勾配が変わる矩形の床の傾斜を作成する方法を解説します。
勾配時の床の厚みは一定が基本ですが、底部を水平にすることもできます。

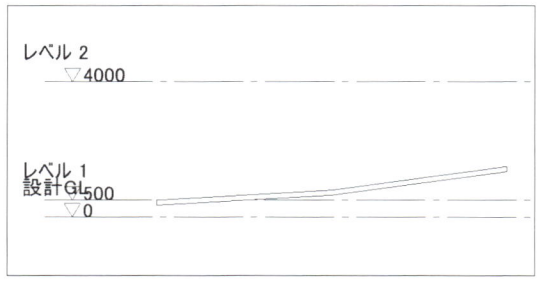

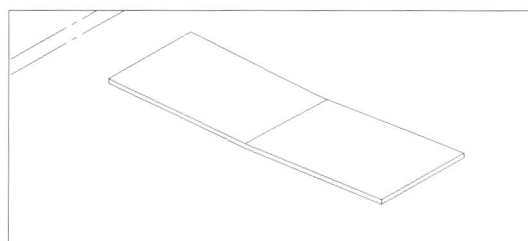

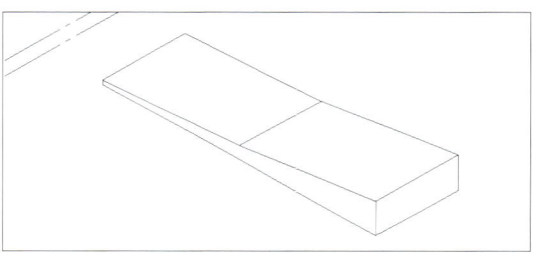

中間地点までは1FL+300㎜、端部は1FL+1000㎜のように勾配が変わる床を、厚みが一定の床（左）と、底部を水平に設定した床（右）で作成します。

操作手順

1　Revitホーム画面で、［プロジェクト］の❶［新規作成］をクリックする。

［プロジェクトの新規作成］ダイアログボックスで、❷［建築テンプレート］を選択して［OK］をクリックする。

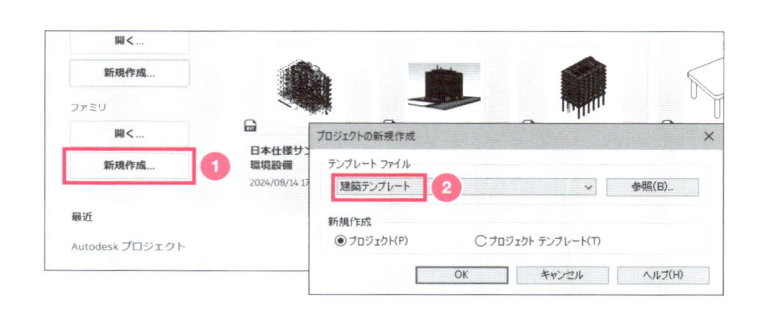

2　床を作成するため、［建築］タブ➡［構築］➡❶［床］をクリックする。

❷［タイプセレクタ］で、［床一般 150㎜］になっていることを確認する。

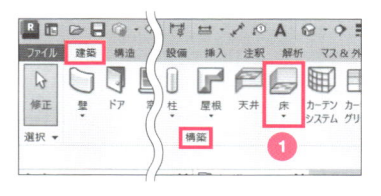

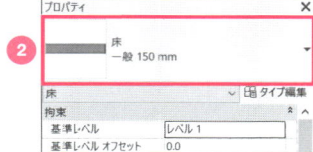

3

［修正｜床の境界を作成］タブ➡［描画］➡ **❶**［長方形］をクリックする。

❷ 図のような長方形の床を作成する。

［修正｜床の境界を作成］タブ➡［モード］➡ **❸**［編集モードを終了］をクリックする。

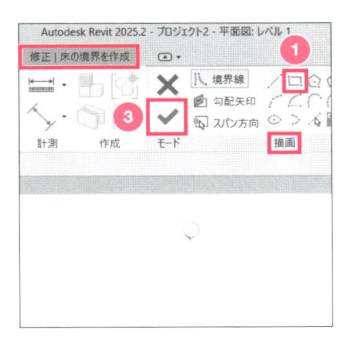
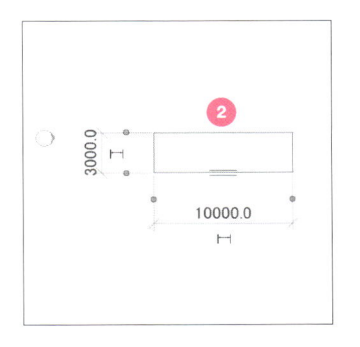

矩形の床に勾配を設定する

1

［3D］ビューに切り替え、**❶** 矩形の床を選択する。

［修正｜床］タブ➡［形状編集］の **❷**［サブ要素を修正］をクリックする。

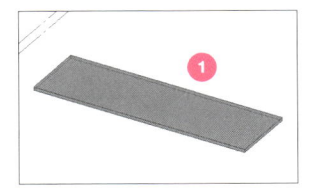
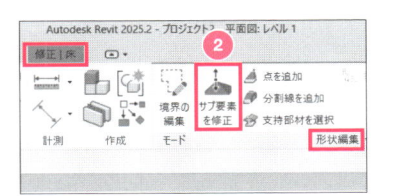

［修正｜床］タブ➡［サブ要素を修正］➡［高さ基準］で、**❸**［現在のレベル］を選択する。

❹ 床の右側のエッジを選択する。

エッジに表示された **❺** 数値をクリックして「1000」と入力し、Enter キーを押して確定する。

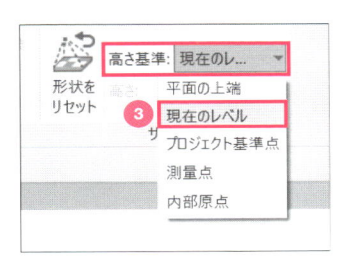
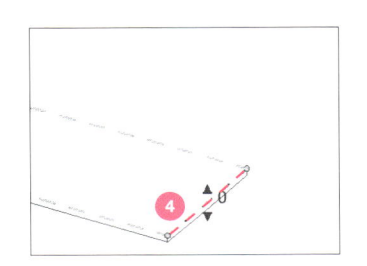

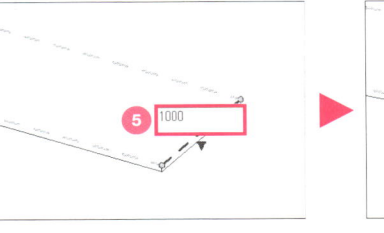
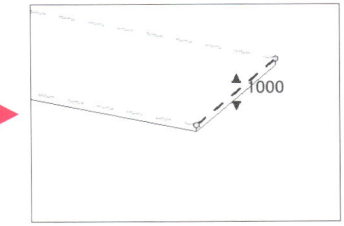

2

［修正｜床］タブ➡［形状編集］➡ **❶**［分割線を追加］をクリックする。

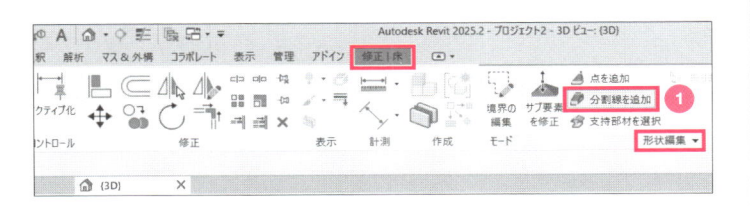

3

❶ 矩形の手前と奥の辺の中点間を結ぶ分割線を作成する。

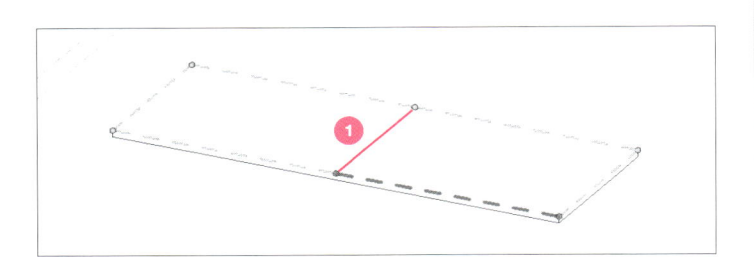

4　［修正｜床］タブ➡［形状編集］➡ 　［サブ要素を修正］をクリックする。

❷❸で作成した分割線を選択する。分割線に表示された❸数値をクリックして「300」と入力し、[Enter]キーを押して確定する。

コマンドを終了する。

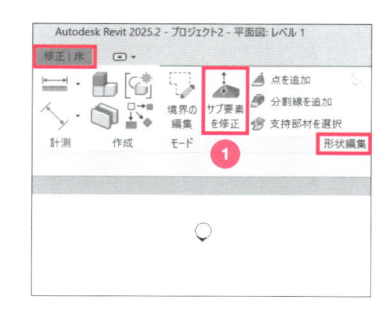
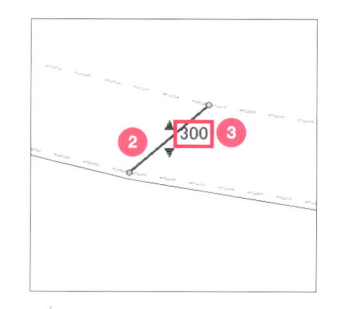

5　❶ビューキューブの［前］をクリックする。

❷床の勾配を確認する。

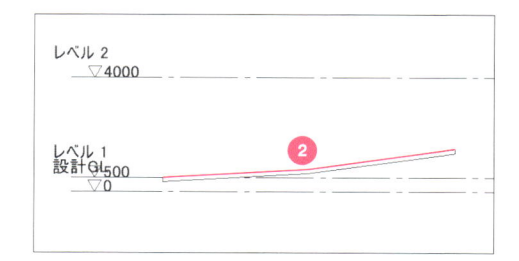

床の底部を水平にする

1　矩形の床を選択し、❶［プロパティパレット］で、［タイプ編集］をクリックする。

［タイププロパティ］ダイアログボックスで、［構造］の❷［編集］をクリックする。

［アセンブリを編集］ダイアログボックスで、レイヤ［2］の❸［変数］にチェックを入れる。

［アセンブリを編集］ダイアログボックス、［タイププロパティ］ダイアログボックスと順に［OK］をクリックする。

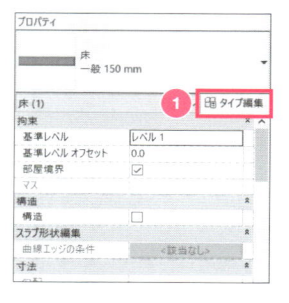
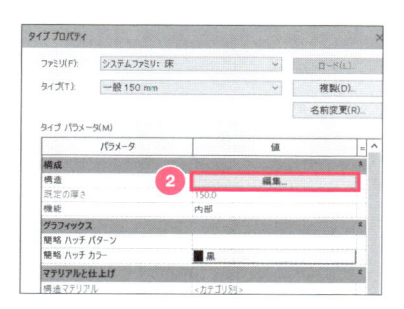
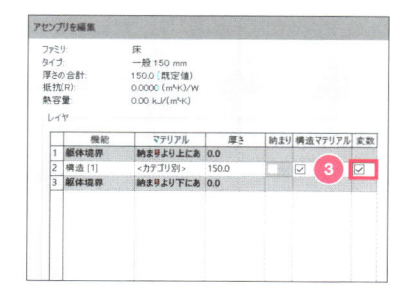

床の底部が水平になりました。

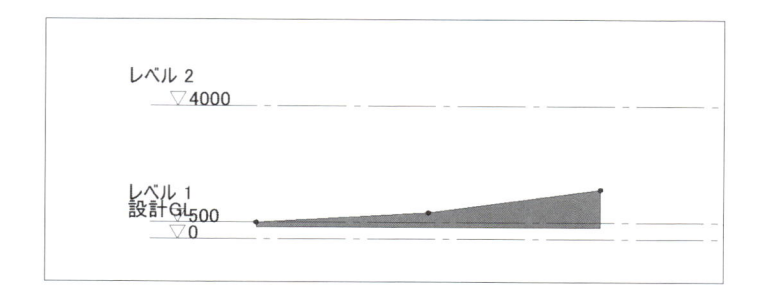

method no.

17

傾斜のついた床を作成する ❷

勾配が変わる
円弧の床を作成する

ランプやスロープなど円弧の床で、内側、外側、端部等で高さが変わる勾配床を作成する方法を解説します。

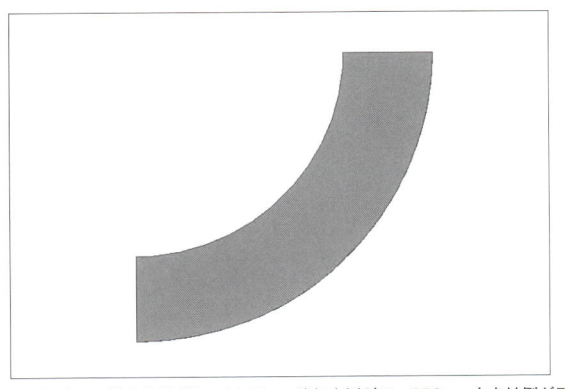 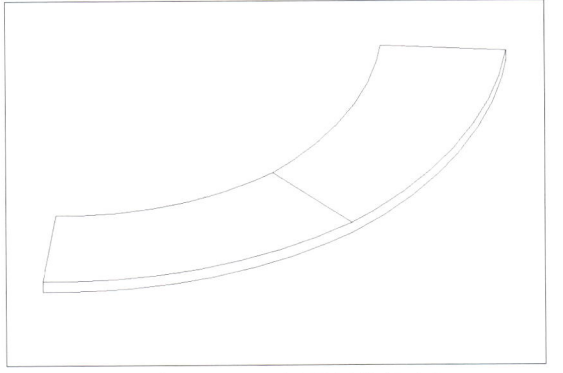

円弧の床で、端部外側がFL＋1000㎜、端部内側がFL＋950㎜、中点外側がFL＋300㎜、中点内側がFL＋250㎜という勾配床を作成します。

操作手順

1 Revitホーム画面で、[プロジェクト]の❶[新規作成]をクリックする。

[プロジェクトの新規作成]ダイアログボックスで、❷[建築テンプレート]を選択して[OK]をクリックする。

2 [建築]タブ➡[構築]➡❶[床]をクリックする。

❷[タイプセレクタ]で、[床一般300 ㎜]を選択する。

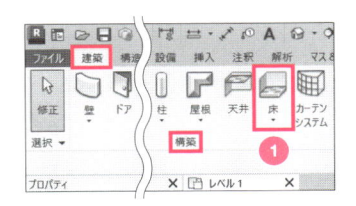 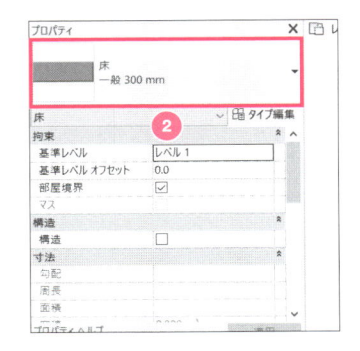

3 ［修正｜床の境界を作成］タブ➡［描画］➡ ❶［円弧］や［線分］を使用し、❷図のような形状を作成する。

［修正｜床の境界を作成］タブ➡［モード］➡ ❸［編集モードを終了］をクリックする。

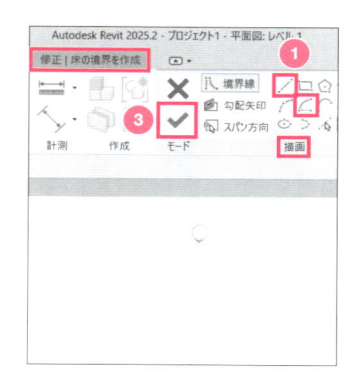

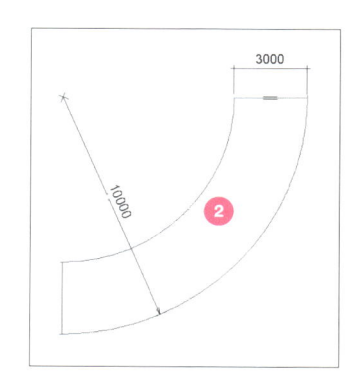

円弧の床に勾配を設定する

1 ［3D］ビューに切り替え、円弧の床を選択する。

［修正｜床］タブ➡［形状編集］➡ ❶［サブ要素を修正］をクリックする。

［修正｜床］タブの［サブ要素を修正］の［高さ基準］が ❷［現在のレベル］になっていることを確認する。

2 ❶図の位置の形状ハンドルを選択する。

形状ハンドルに表示された ❷数値をクリックして「1000」と入力し、Enter キーを押して確定する。

Hint
　　円弧の床がねじれるため、断面での床の厚さが不正確になる旨の ❸警告メッセージが表示されますが、無視してかまいません。

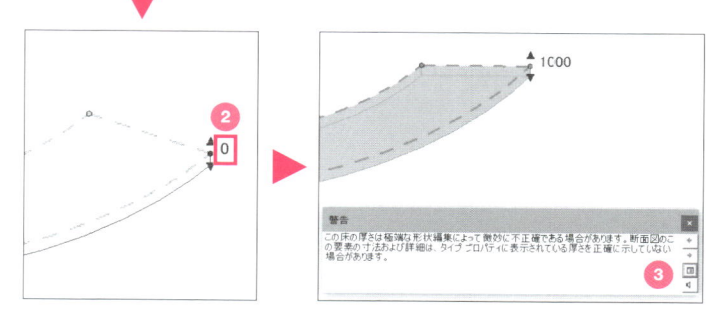

3 ❶図の位置の形状ハンドルを選択する。

形状ハンドルに表示された数値をクリックして「950」と入力し、Enter キーを押して確定する。

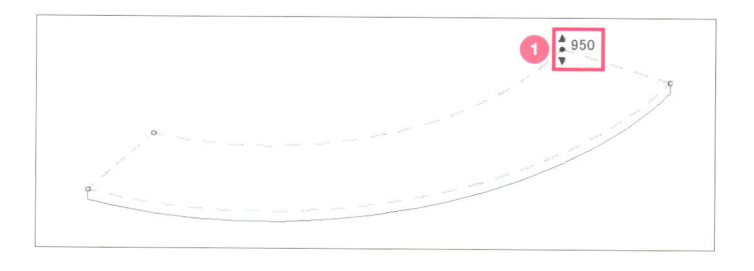

4 ［修正｜床］タブ➡［形状編集］➡❶
［点を追加］をクリックする。

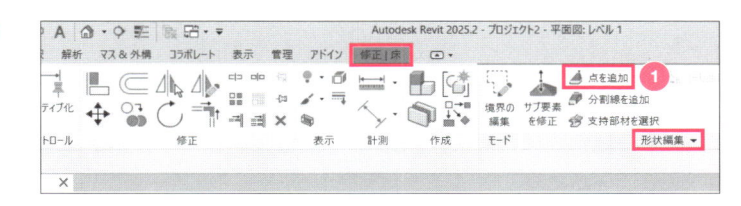

5 内側と外側の円弧の中点にそれぞれ
点を追加する。

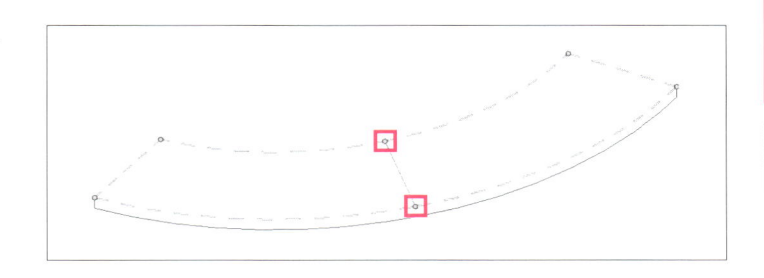

6 ［修正｜床］タブ➡［形状編集］の❶
［サブ要素を修正］をクリックする。

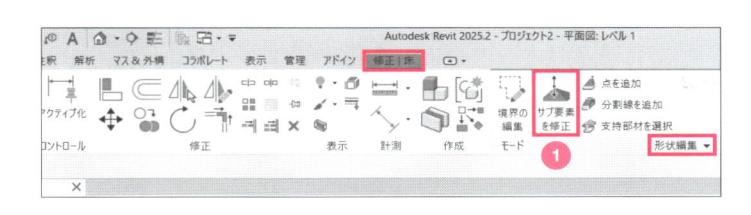

7 ❶外側の円弧の中点に作成した形
状ハンドルを選択する。

形状ハンドルに表示された数値をク
リックして「300」と入力し、Enter
キーを押して確定する。

❷同様に、内側の円弧の中点に作
成した形状ハンドルを選択し、表示
された数値をクリックして「250」と
入力し、Enter キーを押して確定す
る。

コマンドを終了する。

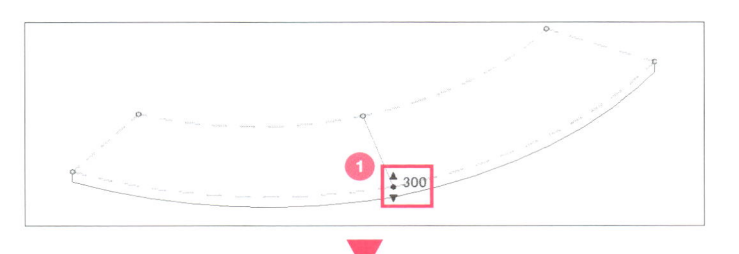

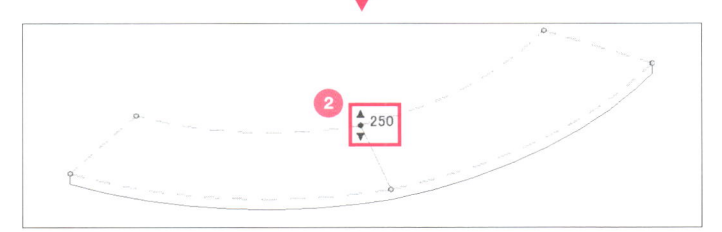

8 ［3D］ビューで形状を確認する。

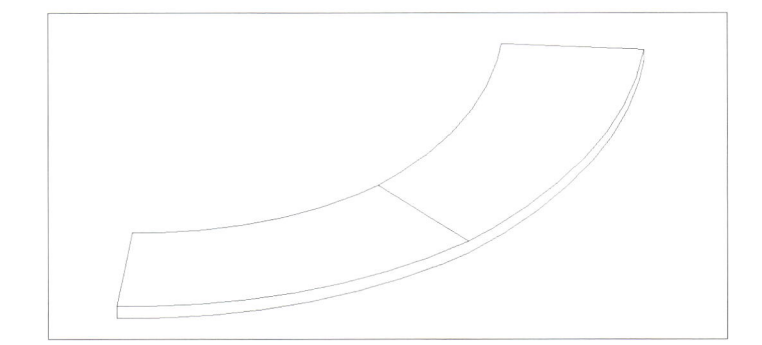

18 / カーテンウォールで 連窓を作成する

建具はファミリを配置するのが基本ですが、該当する建具がRevitのライブラリになく、さらに各種メーカーサイトにもファミリがない場合があります。通常このような建具はファミリを作成して対応しますが、窓やドアなどはカーテンウォールで代用することもできます。ただし、カテゴリは壁（カーテンウォール）で、建具ではありません。

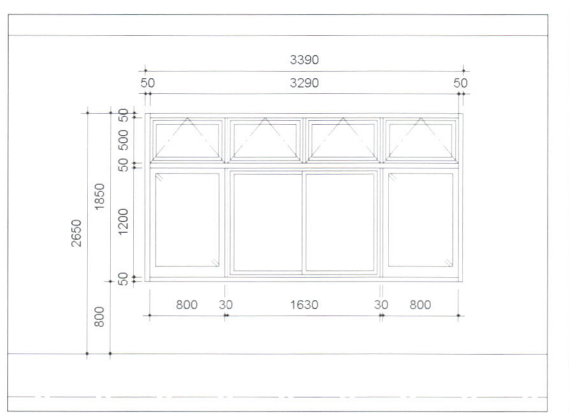

中央には引き違い窓、左右には嵌殺し窓、上部には突出し窓を配置した連窓を作成します。

操作手順

壁を作成する

1 Revitホーム画面で、［プロジェクト］の❶［新規作成］をクリックする。

［プロジェクトの新規作成］ダイアログボックスで、❷［建築テンプレート］を選択して［OK］をクリックする。

2 ［建築］タブ➡［構築］➡❶［壁］をクリックする。

❷任意のタイプで10,000mm程度の長さの壁を作成する。

コマンドを終了する。

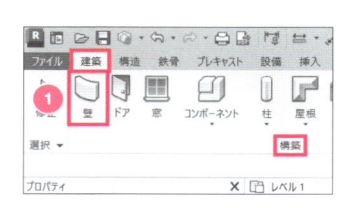

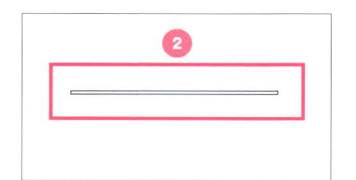

連窓を作成する

はじめに、図のような連窓を作成します。

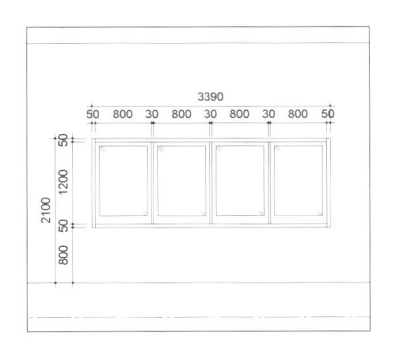

1　[建築]タブ ➡ [構築] ➡ ❶[壁]をクリックする。

❷[タイプセレクタ]で、[カーテンウォール]を選択し、❸[タイプ編集]をクリックする。

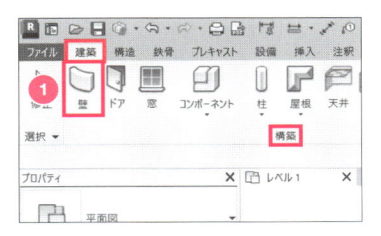
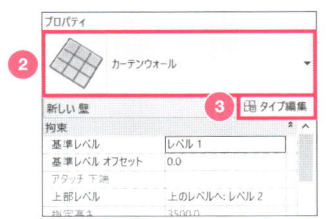

2　[タイププロパティ]ダイアログボックスで、❶[複製]をクリックする。

[名前]ダイアログボックスで、名前に❷「連窓」と入力し、[OK]をクリックする。

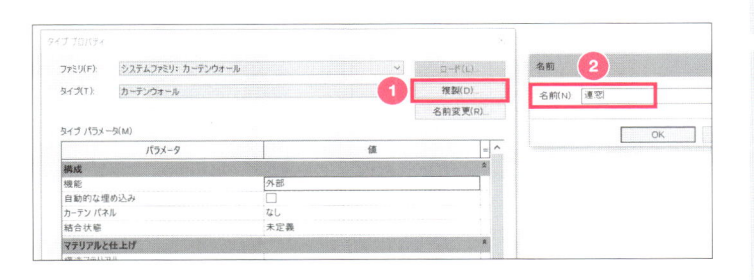

3　[タイププロパティ]ダイアログボックスに戻り、[構成]の❶[自動的な埋め込み]にチェックを入れる。

まずは、外枠を設定する。次の[パラメータ]の[値]で、すべて[長方形マリオン：50×150mm]を選択する。
❷[垂直マリオン]
　[境界1タイプ]と[境界2タイプ]
❸[水平マリオン]
　[境界1タイプ]と[境界2タイプ]

[OK]をクリックする。

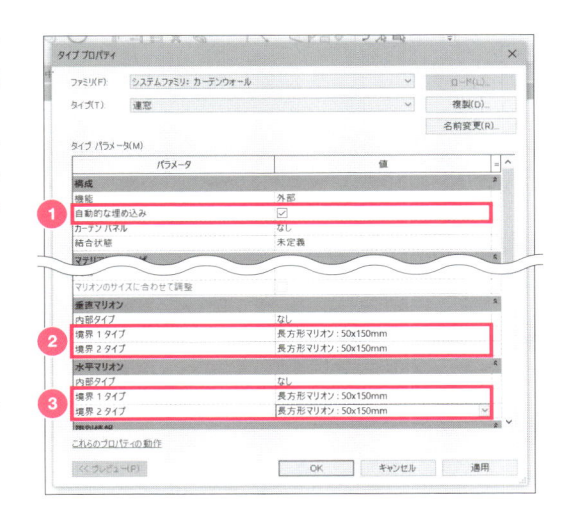

Hint

壁もカーテンウォールもカテゴリが「壁」になります。[自動的な埋め込み]にチェックを入れていないと、カーテンウォール作成時に、[ハイライトされた壁が重なっています]というエラーメッセージが表示されます。

Hint

[垂直マリオン]の[境界1タイプ]は始点側、[境界2タイプ]は終点側のマリオンになります。
[水平マリオン]の[境界1タイプ]は下側、[境界2タイプ]は上側のマリオンになります。

4

［プロパティパレット］で、次のように
設定し、［適用］をクリックする。

❶［基準レベルオフセット］:「800」
❷［上部レベル］:
　［上のレベルへ:レベル1］
❸［上部レベルオフセット］:「2100」

❹ 壁芯上に左から右へ、長さ3390
mmのカーテンウォールを作成する。

コマンドを終了する。

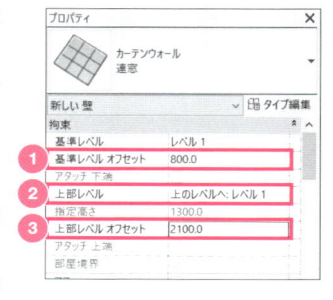

Hint

カーテンウォールを使用し
た建具の開口部は、マリオンを
含んだ寸法を設定します。**5**の右
図を参考にしてください。

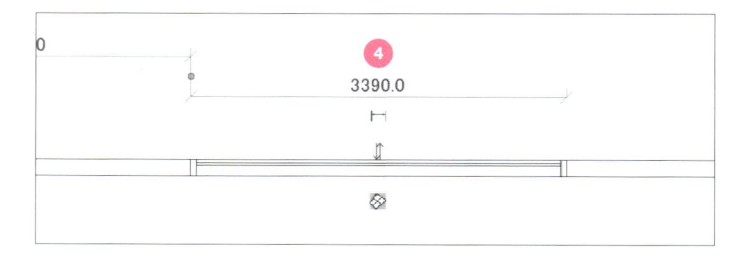

5

［3D］ビューに切り替えて確認する。

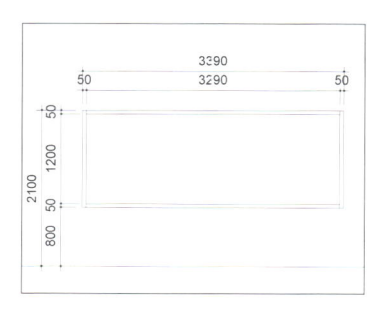

6

❶ カーテンウォールを選択する。

［プロパティパレット］の ❷［タイプ編
集］をクリックする。

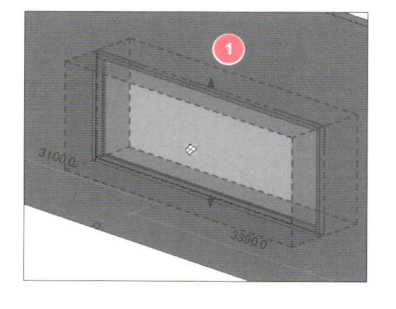

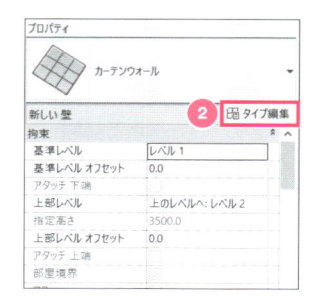

7

［タイププロパティ］ダイアログボック
スの［垂直グリッド］の ❶［レイアウ
ト］で、［固定数］を選択する。

❷［マリオンのサイズに合わせて調
整］にチェックを入れる。

［OK］をクリックする。

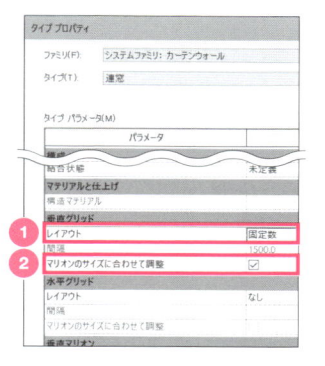

Hint

［マリオンのサイズに合わせ
て調整］にチェックを入れると、
左右のマリオンを省いた寸法で等
分割されます。

8 ［プロパティパレット］の［垂直グリッド］の ❶［番号］に「3」と入力し、［適用］をクリックする。

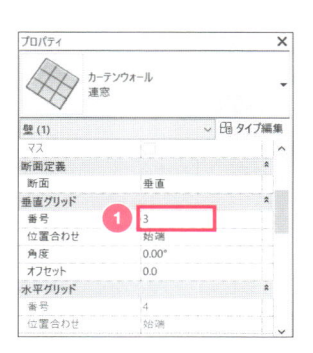
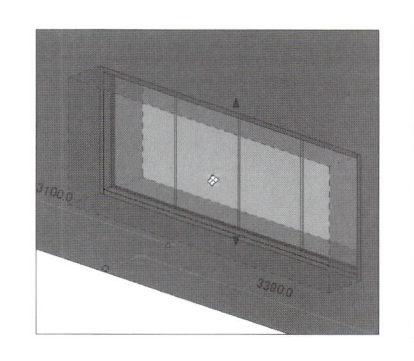

9 ［プロジェクトブラウザ］で、［立面図］を展開し、❶［南］ビューを開く。

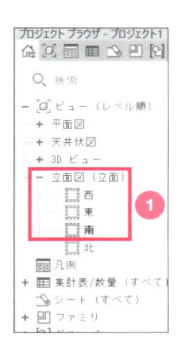
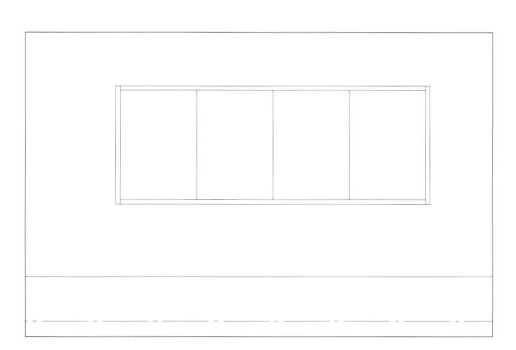

10 ［建築］タブ➡［構築］➡ ❶［マリオン］をクリックする。

❷［タイプセレクタ］で、［長方形マリオン 30×30㎜］を選択する。

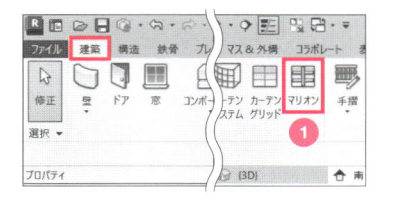
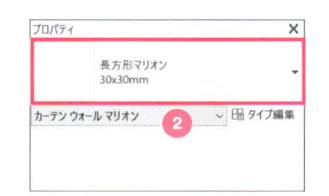

11 ❶中央の垂直グリッドをクリックする。

コマンドを終了する。

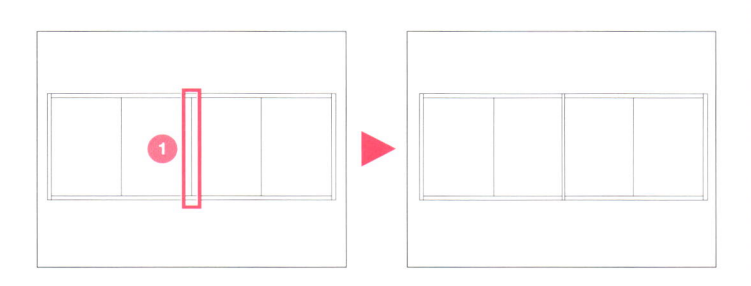

12 ❶左側のグリッド線を選択する。

❷ピンマークをクリックし、❸ロックを解除する。

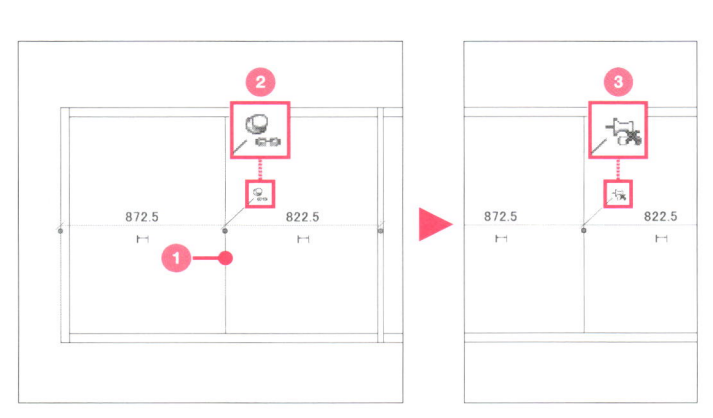

13 ❶右側の仮寸法を「830」に変更する。

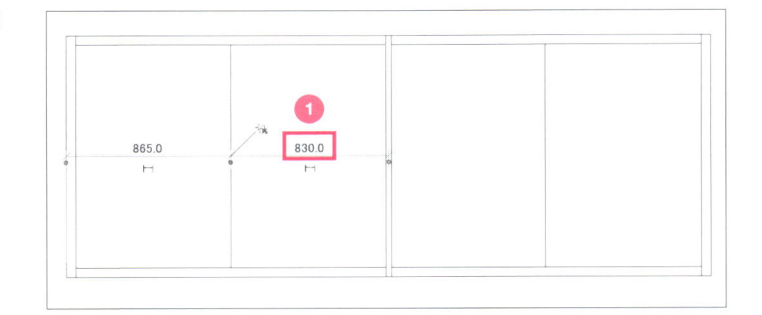

14 ❶右側のグリッド線を選択する。

❷ピンマークをクリックし、ロックを解除する。

❸左側の仮寸法を「830」に変更する。

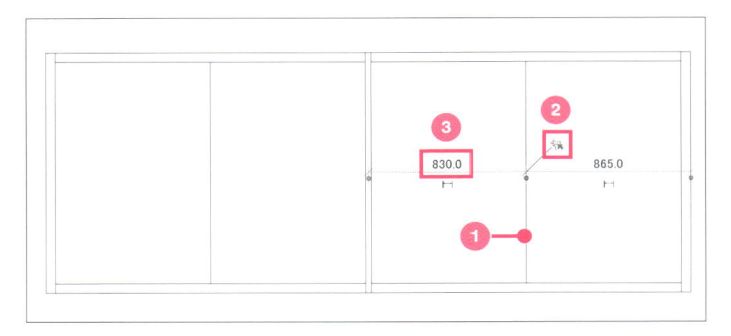

15 ［建築］タブ➡［構築］➡❶［マリオン］をクリックする。

［タイプセレクタ］で、［長方形マリオン 30×30mm］が選択されていることを確認する。

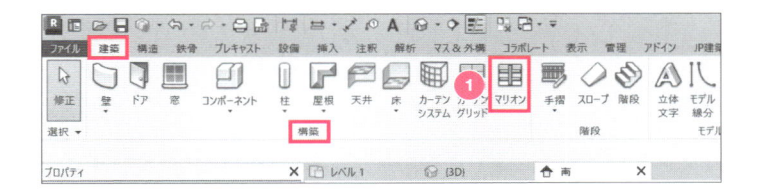

16 ❶垂直グリッド（2カ所）をクリックする。

コマンドを終了する。

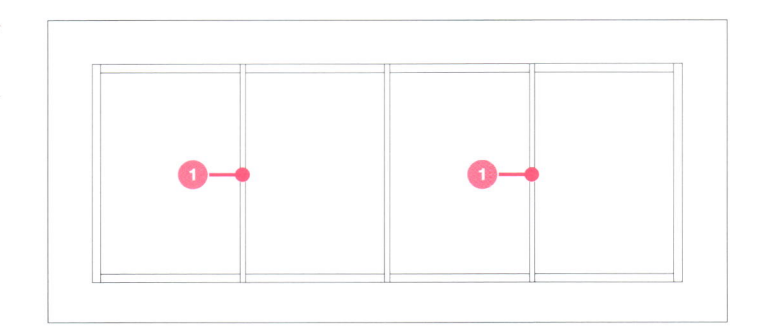

17 [3D]ビューに切り替え、マリオンが縦勝ちになっていることを確認する。

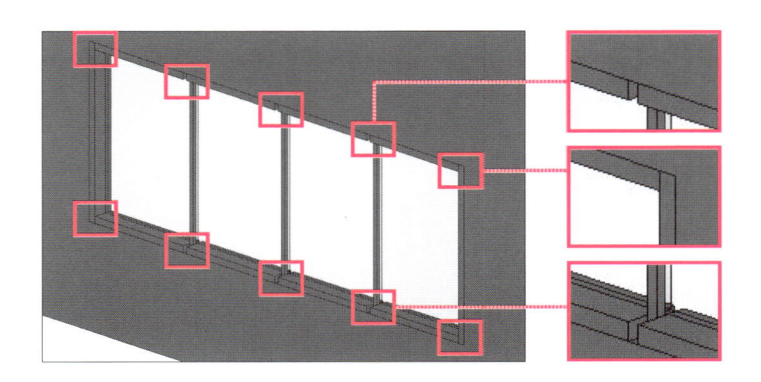

18 マリオンを横勝ちに変更する。カーテンウォールを選択し、[プロパティパレット]の[タイプ編集]をクリックする。

[タイププロパティ]ダイアログボックスで、[構成]の❶[結合状態]を[境界と水平グリッド実線]に変更し、[OK]をクリックする。

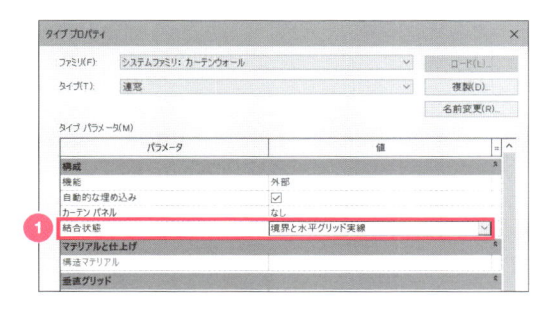

19 端部のマリオンを縦勝ちにする。左側端部の垂直マリオン選択し、❶上の[マリオンの結合を切り替え]記号をクリックする。

同様に、下の[マリオンの結合を切り替え]記号をクリックする。

さらに、反対側、右側端部の上下の[マリオンの結合を切り替え]記号をそれぞれクリックする。

❷のような結果となる。

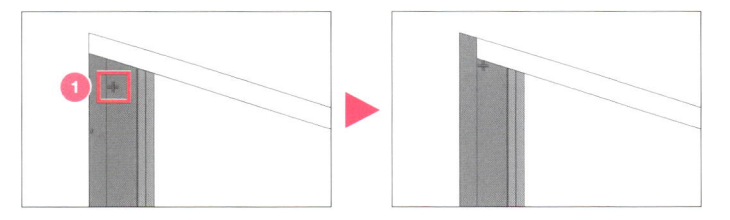

20 嵌め殺し窓に変更する。[挿入]タブ➡[ライブラリからロード]➡❶[ファミリ ロード]をクリックする。

[ファミリロード]ダイアログボックスで、本書の学習用ファイルの「CW_嵌殺し.rfa」を選択し、[開く]をクリックする。

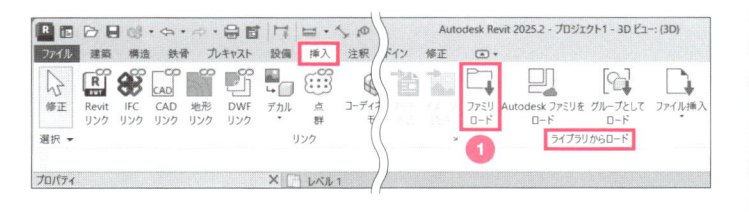

21
カーテンウォールを選択し、［プロパティパレット］の［タイプ編集］をクリックする。

［タイププロパティ］ダイアログボックスで、［構成］の ❶ ［カーテンパネル］を［CW_嵌殺し：CW_嵌殺し］に変更し、［OK］をクリックする。

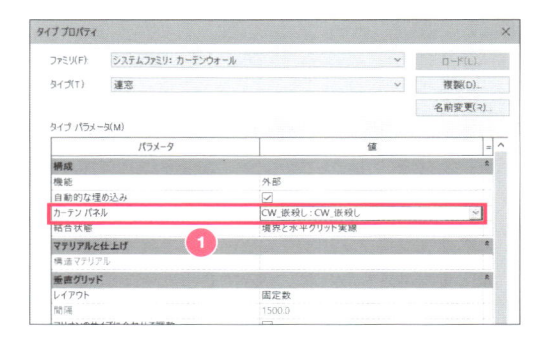

連窓上部に排煙窓を追加する

1
［南］ビューに切り替え、カーテンウォールを選択する。

［プロパティパレット］の［構成］の ❶ ［上部レベルオフセット］を「2650」に変更し、［適用］をクリックする。

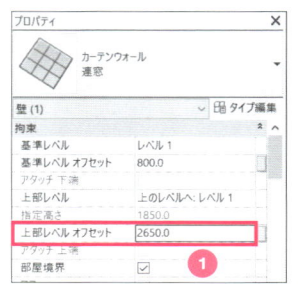
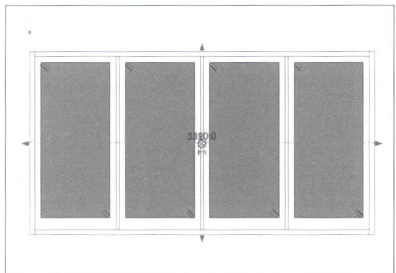

2
［建築］タブ➡［構築］➡ ❶ ［カーテングリッド］をクリックする。

---

❷ 縦マリオン上にカーソルを重ね、適当な位置でクリックして水平グリッドを挿入する。

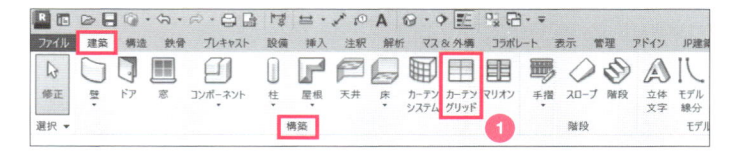

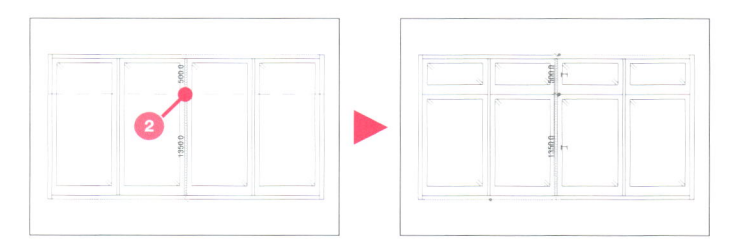

3
上部の仮寸法値をクリックし、❶ 「575」と入力する。
「575」は、「マリオン50mm」+「500mm」+「マリオン25mm（50/2）」の解である。

コマンドを終了する。

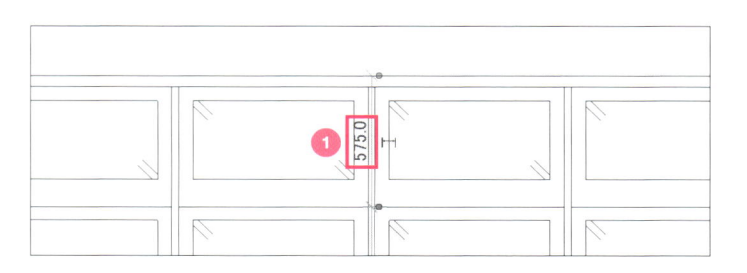

4
［建築］タブ➡［構築］➡ ❶ ［マリオン］をクリックする。

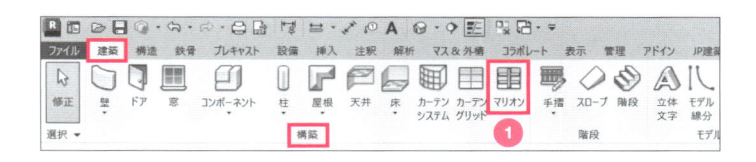

5

① [タイプセレクタ]で、[長方形マリオン 50×150mm]を選択する。

② 水平グリッドをクリックする。

コマンドを終了する。

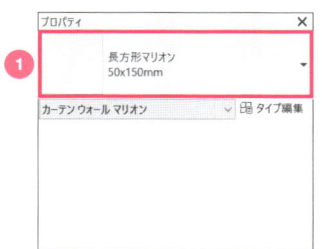
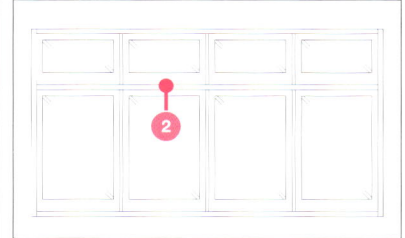

6

[挿入]タブ➡[ライブラリからロード]➡① [Autodeskファミリをロード]をクリックする。

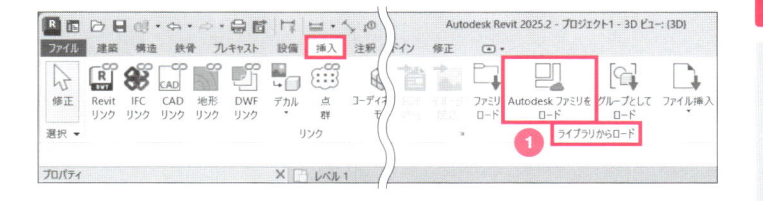

7

[Autodeskファミリをロード]ダイアログボックス左側の[フィルタ]の[参照]で、① [カーテンウォールパネル]➡[窓]をクリックする。

ダイアログボックスの右側で、② [引違い]と[突出し]をクリックしてチェックを入れる。

③ [ロード]をクリックする。

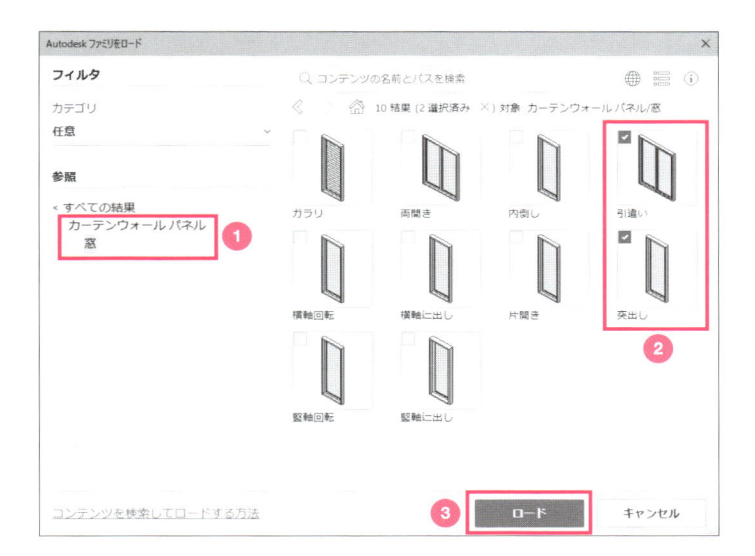

8

[Tab]キーを何度か押して、① 左上のカーテンパネルを選択する。

② ピンマークをクリックし、ロックを解除する。

同様に、③ 上部残り3つのカーテンパネルのロックを解除する。

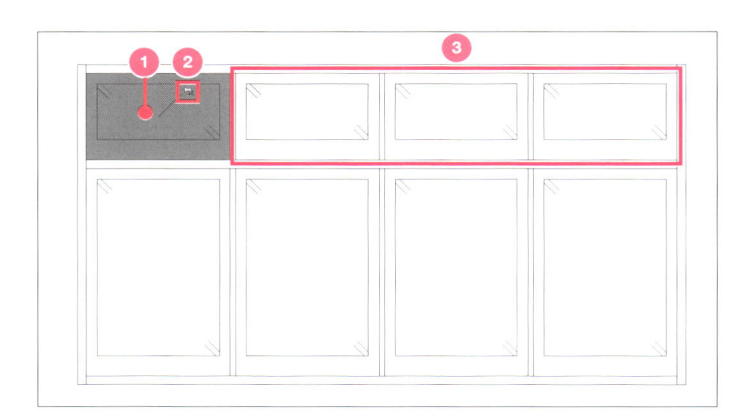

9 上部4つのカーテンパネルを［フィルタ］で選択する。

Hint

［フィルタ］を使った選択方法は P.119『25 フィルタでオブジェクト表示をコントロールする』で解説しています。

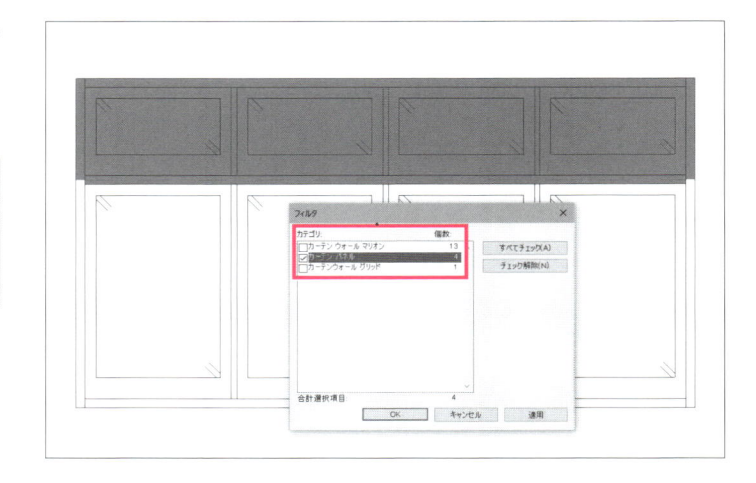

10 ①［タイプセレクタ］で、［突出し］を選択する。

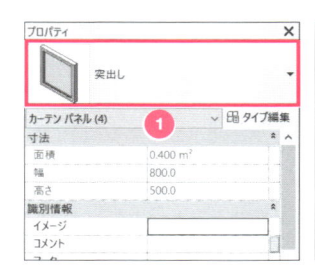 

連窓中央部を引き違い窓に変更する

1 ①中央の垂直グリッドラインを選択する。

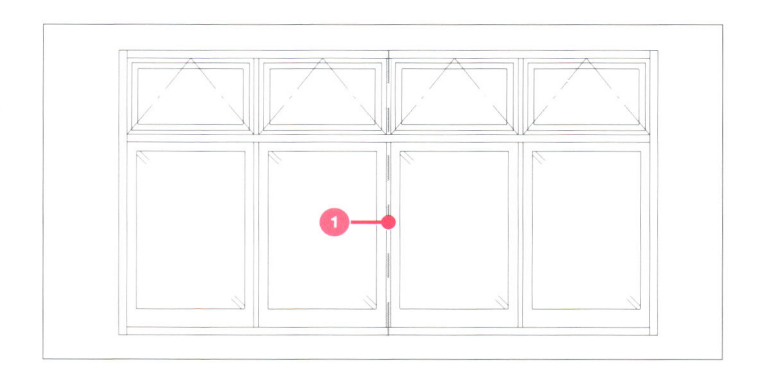

2 ［修正｜カーテンウォールグリッド］タブ ➡［カーテングリッド］➡ ①［セグメントの追加／削除］をクリックする。

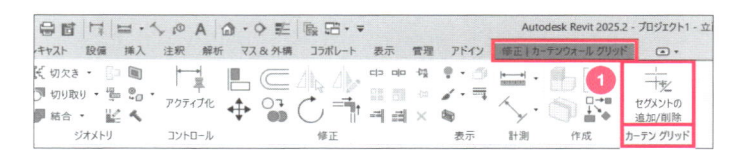

3 ①下側の垂直グリッドラインをクリックする。

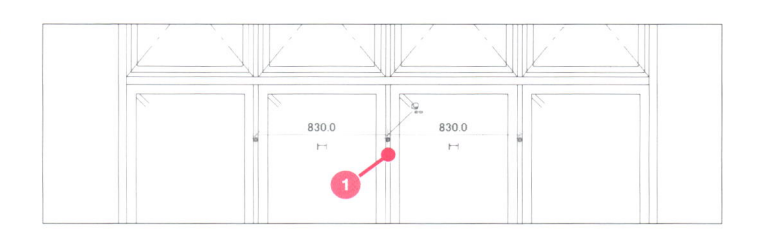

4　「結合されたパネル間のマリオンは削除されます」というメッセージが表示されるので、[要素を削除]をクリックする。

コマンドを終了する。

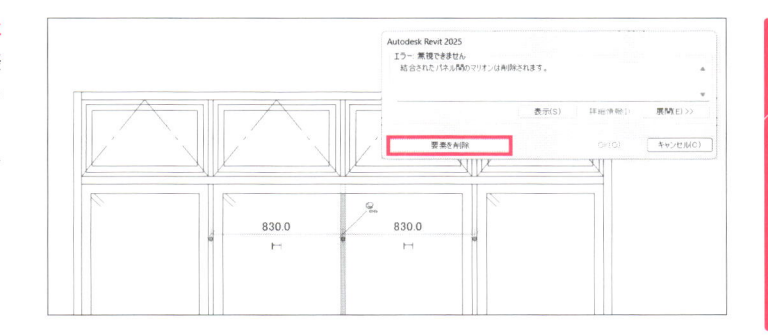

5　Tab キーを何度か押して、❶下部中央のカーテンパネルを選択する。

❷ピンをクリックし、ロックを解除する。

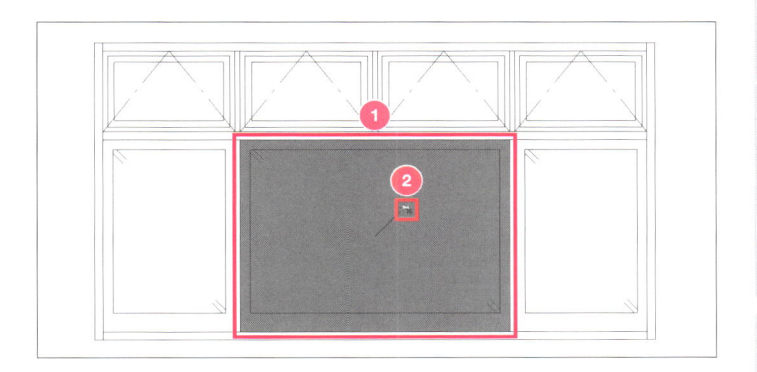

6　❶[タイプセレクタ]で、[引違い]を選択する。

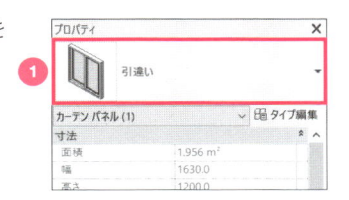

連窓が完成しました。

19 折板屋根を作成する

システムファミリにある［ガラス屋根］の［傾斜ガラス］タイプを使用して、折板屋根を作成します。折板屋根の断面プロファイルをマリオンに設定し、折板形状を表現します。マリオンに設定することで、開口部の作成もできます。

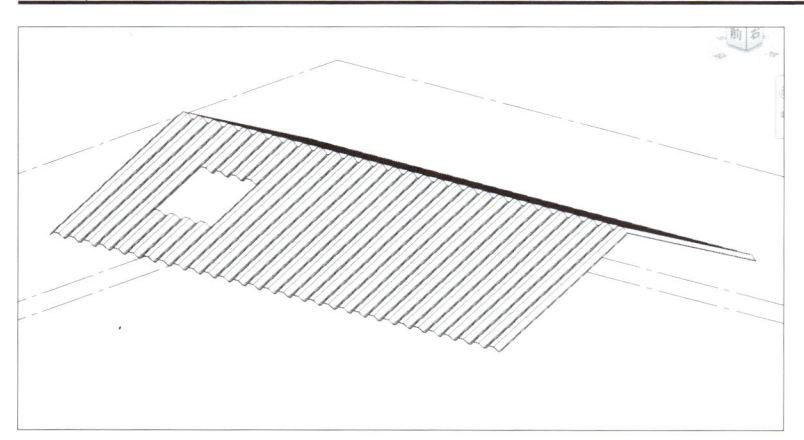
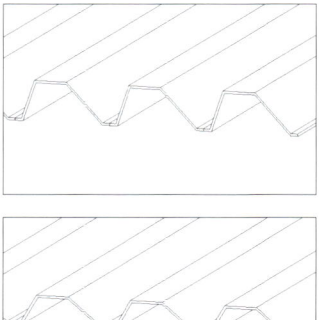

折板屋根の断面プロファイル（P.164で作成）を使用して折板屋根を作成します。

操作手順

折板屋根の断面形状のタイプを作成する

1　Revitホーム画面で、［プロジェクト］の❶［新規作成］をクリックする。

［プロジェクトの新規作成］ダイアログボックスで、❷［建築テンプレート］を選択して［OK］をクリックする。

2　［挿入］タブ➡［ライブラリからロード］➡❶［ファミリロード］をクリックする。

［ファミリロード］ダイアログボックスで、「折板.rfa」を選択して開く。

 Hint　「折板.rfa」は、『35 折板屋根の断面形状を作成する』（P.164）で作成します。また、本書の教材データにも収録されています。

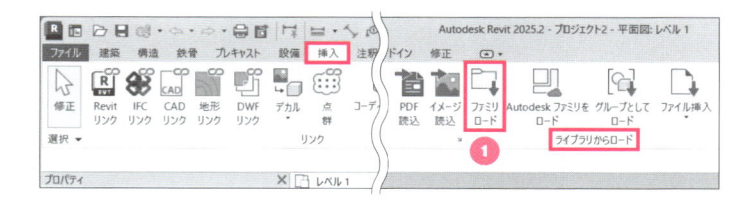

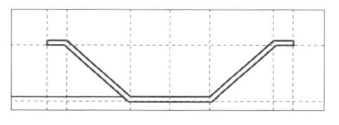
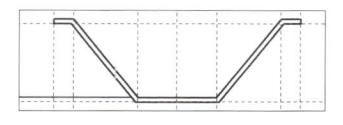

3

[プロジェクトブラウザ]の❶[ファミリ]➡❷[プロファイル]を展開し、❸[折板]があることを確認する。

- -

[プロジェクトブラウザ]で、[ファミリ]の❹[カーテンウォールマリオン]を展開して❺[長方形マリオン]を右クリックし、メニューの❻[新しいタイプ]を選択する。

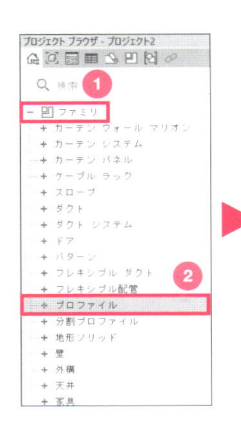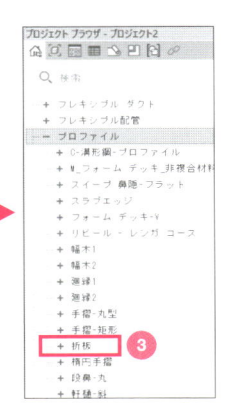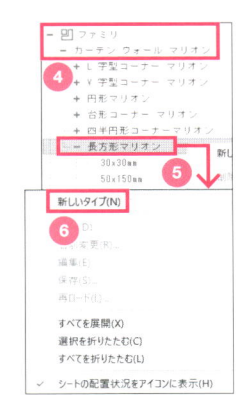

4

❶名前を「折板H166」として新しいタイプを作成する。[プロジェクトブラウザ]で、[折板H166]をダブルクリックする。

- -

[タイププロパティ]ダイアログボックスで、❷[プロファイル]を[折板：H166]に設定し、[適用]をクリックする。

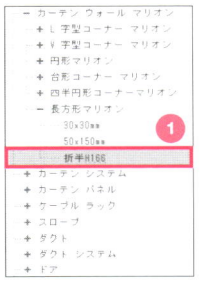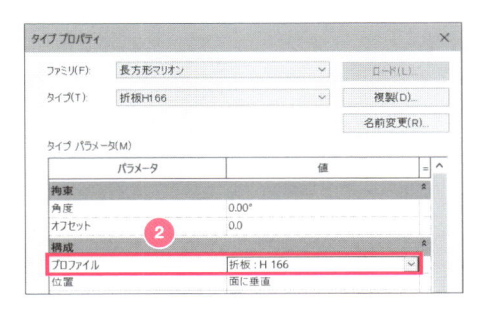

5

[タイププロパティ]ダイアログボックスで、❶[複製]をクリックする。

- -

[名前]ダイアログボックスで、[名前]に❷「折板H120」と入力し、[OK]をクリックする。

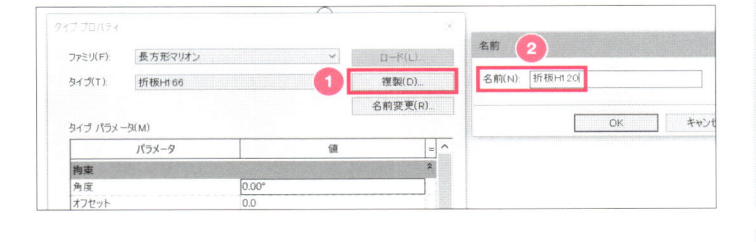

6

[タイププロパティ]ダイアログボックスに戻り、❶[プロファイル]を[折板：H120]に設定し、[OK]をクリックする。

- -

[プロジェクトブラウザ]で、[平面図]を展開し、❷[レベル2]ビューを開く。

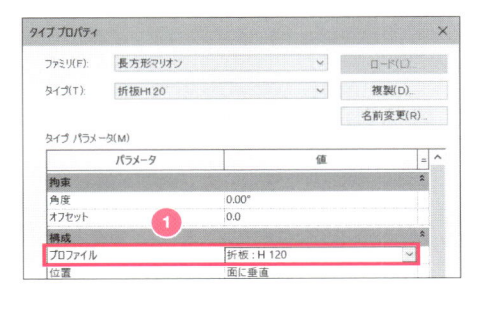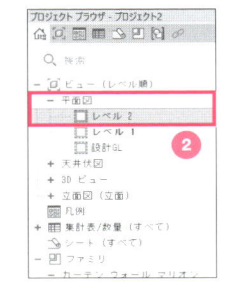

折板屋根を作成する

1

[建築]タブ➡[構築]➡❶[屋根（境界）]をクリックする。

- -

❷[タイプセレクタ]で、[ガラス屋根]の[傾斜ガラス]を選択する。

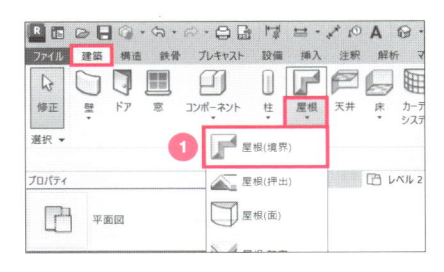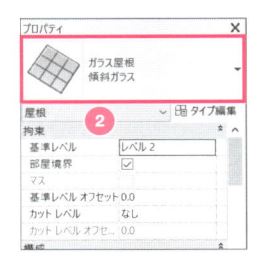

2 ［修正｜屋根のフットプリントを作成］タブ➡［描画］➡❶［長方形］をクリックする。

❷図のような長方形を作成する。

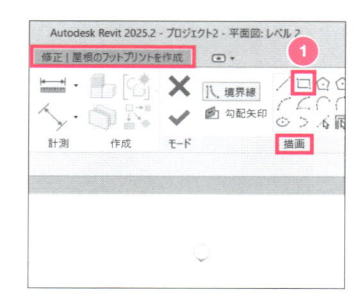

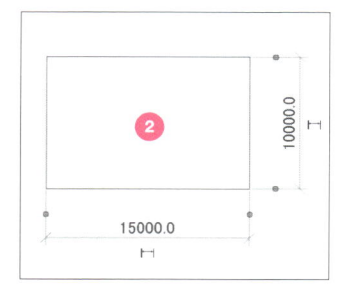

3 リボンの［修正］をクリックし、❶勾配をつけたいエッジ（ここでは長方形の上辺と下辺）を選択する。

❷オプションバーの［勾配を設定］にチェックを入れる。

❸［プロパティパレット］の［勾配］に「400/1000」と入力する。

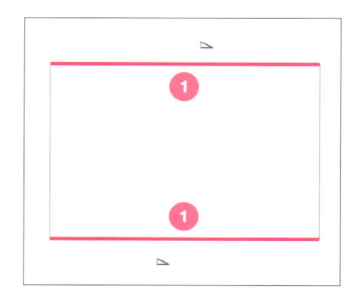

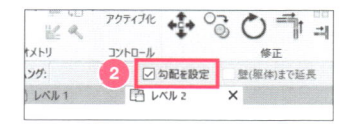

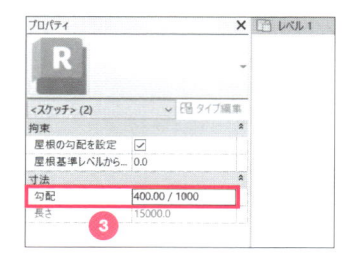

4 エッジの選択を解除してから［プロパティパレット］の［タイプ編集］をクリックする。

［タイププロパティ］ダイアログボックスで、❶［複製］をクリックする。

［名前］ダイアログボックスで、❷［名前］に「折板H166」と入力し、［OK］をクリックする。

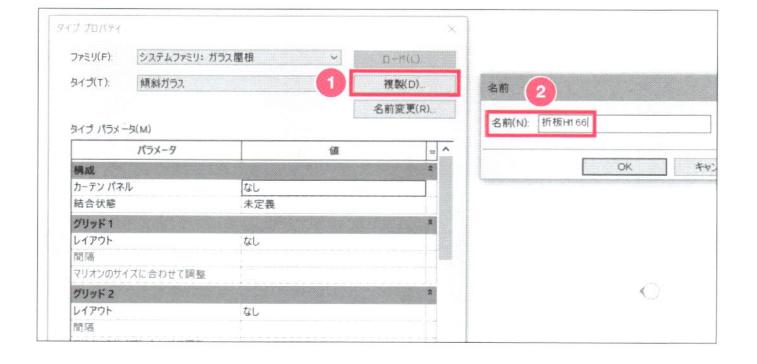

5 ［タイププロパティ］ダイアログボックスに戻り、❶［グリッド1マリオン］の［内部タイプ］を［長方形マリオン：折板H166］に設定する。

❷［グリッド1］の［レイアウト］を［固定間隔］に設定し、［間隔］に「500」と入力して［適用］をクリックする。

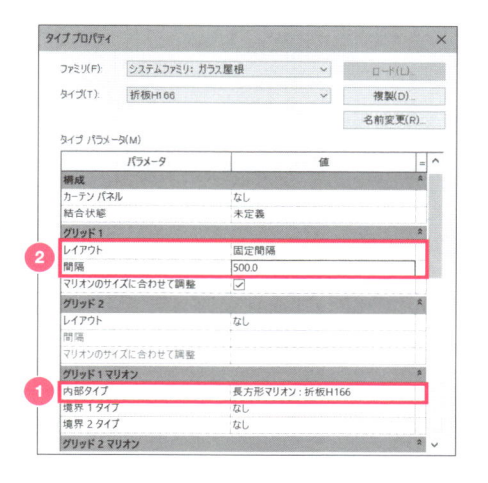

6

①［複製］をクリックし、新しいタイプ「折板H120」を作成する。

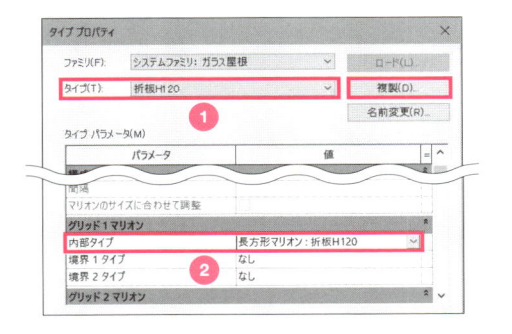

①［グリッド1マリオン］の［内部タイプ］を［長方形マリオン：折板H120］に設定し、［適用］をクリックする。

7

①［タイプ］で、［折板H166］を選択し、［OK］をクリックする。

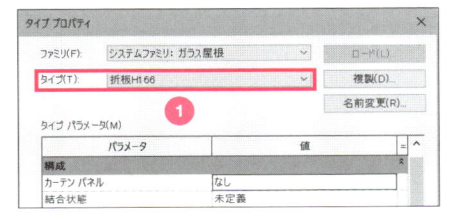 

［修正｜屋根のフットプリントを作成］タブ➡［モード］➡ ②［編集モードを終了］をクリックする。

8

①［3D］ビューに切り替えて、屋根を確認する。

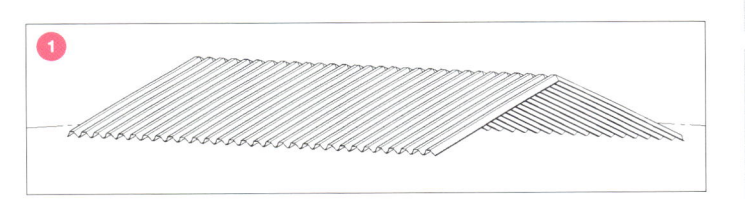

②作成した屋根を選択し、［タイプセレクタ］で、［折板H120］を選択し、屋根を確認する。

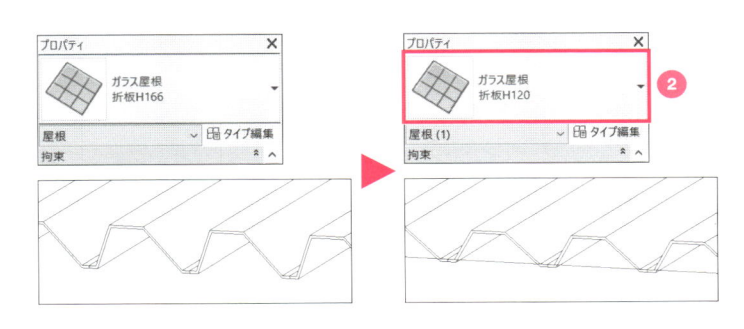

開口部を作成する

屋根の開口が必要な場合は、開口部の［シャフト］を使用します。

1

［レベル1］ビューに切り替える。

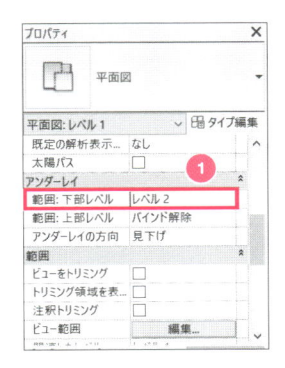 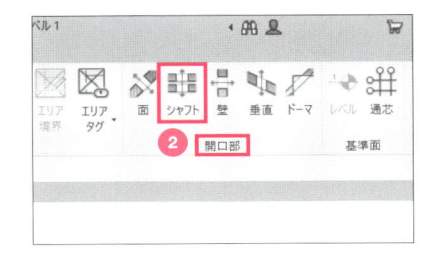

［プロパティパレット］の［アンダーレイ］の ①［範囲：下部レベル］を［レベル2］に変更する。

［建築］タブ➡［開口部］➡ ②［シャフト］をクリックする。

2 ［修正｜シャフト開口部のスケッチを作成］タブ➡［描画］➡❶［長方形］をクリックする。

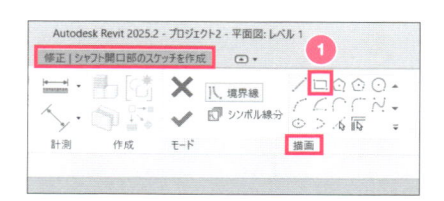

3 ❶図のように長方形を作成する。

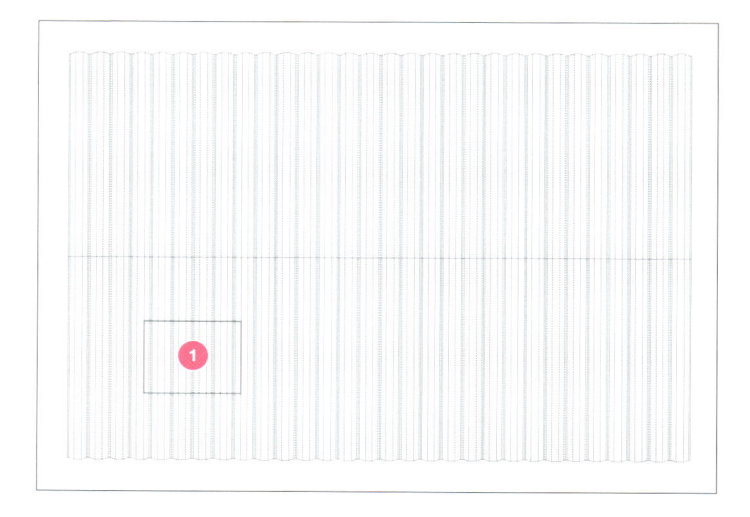

4 ［修正｜シャフト開口部のスケッチを作成］タブ➡［モード］➡❶［編集モードを終了］をクリックする。

❷警告メッセージが表示されるが、無視する。

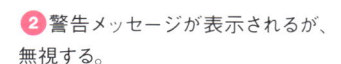
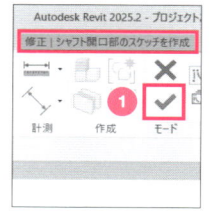
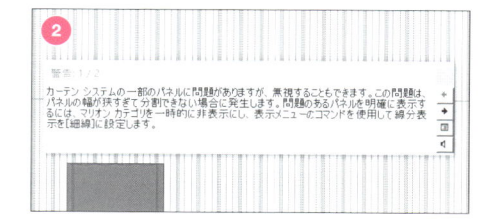

5 ［3D］ビューに切り替えて、屋根と開口部を確認する。

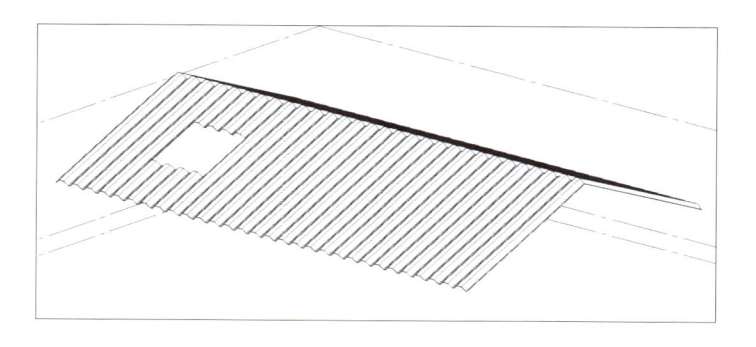

20 / 折り上げ天井を作成する

単純な折り上げ天井は、[天井]コマンドと[壁]コマンドで作成します。しかし、複雑な天井の形を作成したい場合や、間接照明を配置したい場合などは、[インプレイスファミリ]の[スイープ]で作成するとよいでしょう。

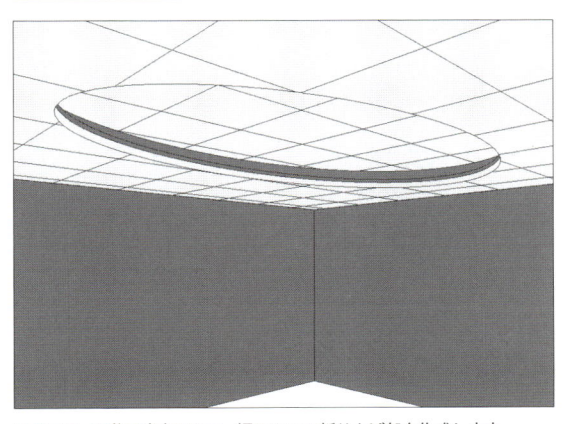
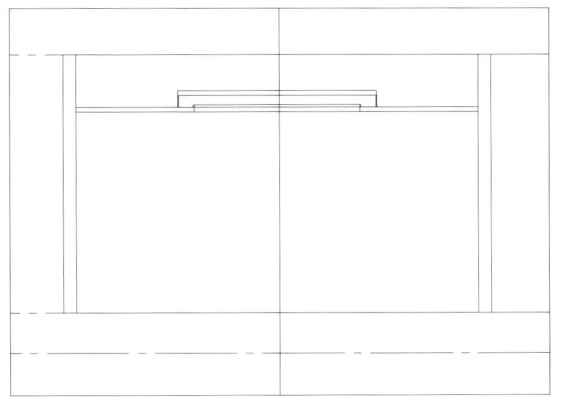

ここでは、天井に高さ200㎜、幅200㎜の折り上げ部を作成します。

操作手順

本書の学習用ファイルを使って解説します。「20_折り上げ天井.rvt」を開いてからはじめてください。

天井折り上げ開口部を作成する

1 [プロジェクトブラウザ]で、[断面図（建築断面）]の❶[断面図1]ビューを開く。

❷天井を選択する。

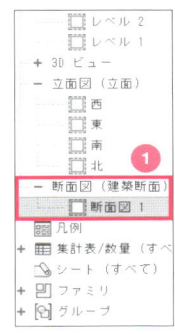
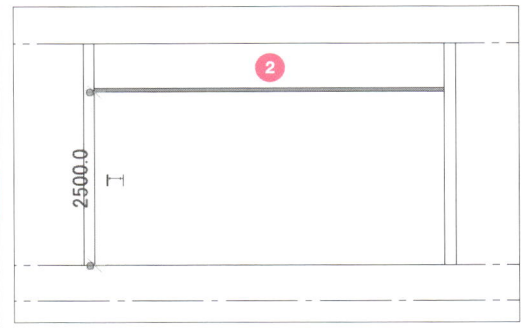

2 [修正|天井]タブ➡[修正]➡❶[コピー]をクリックし、❷200㎜上方向に天井をコピーする。

コマンドを終了し、❸下の天井を選択する。

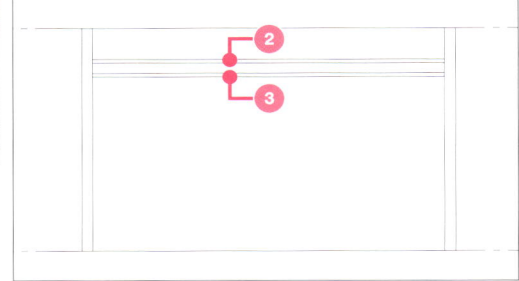

3 ［プロジェクトブラウザ］で、［天井伏
図］の❶［レベル1］ビューを開く。

［修正｜天井］タブ➡［モード］➡❷
［境界の編集］をクリックする。

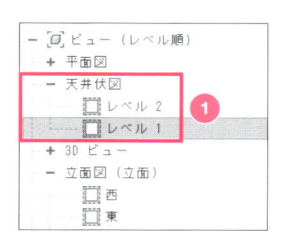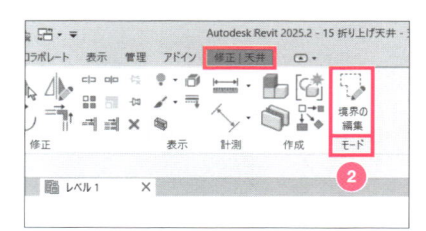

4 ［修正｜天井>境界を編集］タブ➡［描
画］➡❶［楕円］をクリックする。

❷図のように、幅3400㎜、高さ
2000㎜の楕円を作成する。

［修正｜天井>境界を編集］タブ➡
［モード］➡❸［編集モードを終了］
をクリックする。

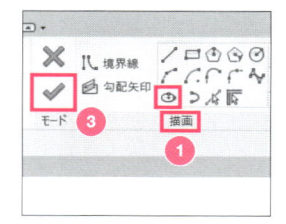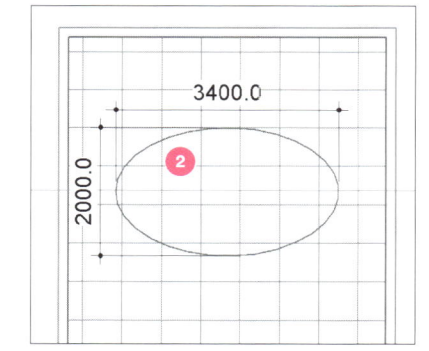

5 ❶上の天井のグリッド線を選択す
る。

［修正｜天井］タブ➡［モード］➡❷
［境界の編集］をクリックする。

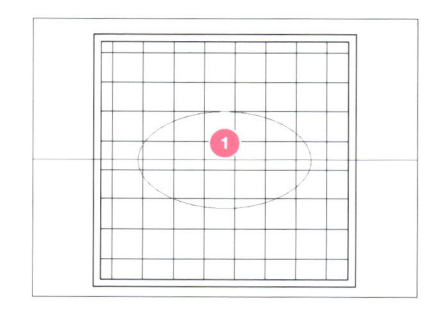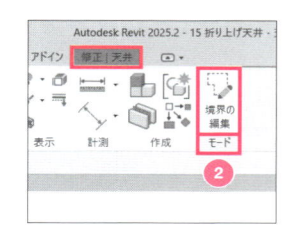

6 ［修正｜天井>境界を編集］タブ➡［描
画］➡❶［選択］をクリックする。

オプションバーの❷［オフセット］に
「200」と入力する。

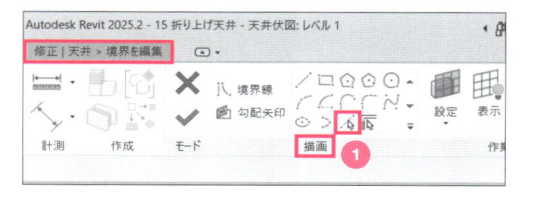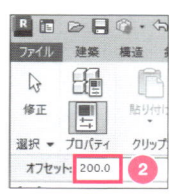

7 ❶楕円のエッジをクリックして選択
する。

コマンドを終了する。

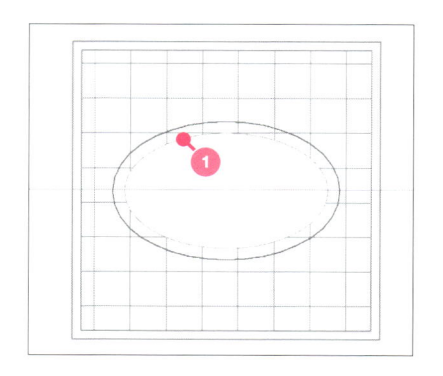

Hint

❶で楕円にマウスポインタを近
づけると、破線が表示されます。こ
の破線が楕円の外側に表示されるよう
にマウスポインタを移動し、クリックして
選択します。楕円は上半分と下半分をそ
れぞれでクリックして1周選択します。

8 ❶外側の四角いエッジライン4辺を削除する（楕円だけ残る）。

[修正｜天井>境界を編集]タブ➡[モード]➡[編集モードを終了]をクリックする。

❷[3D]ビューや[断面図1]ビューで確認し、[レベル1]ビューに戻す。

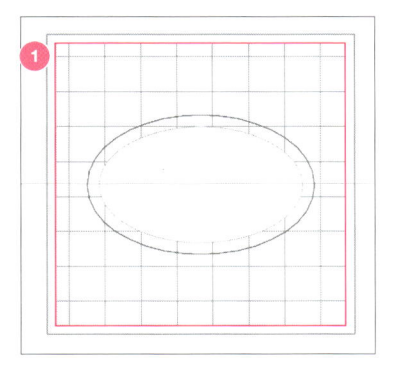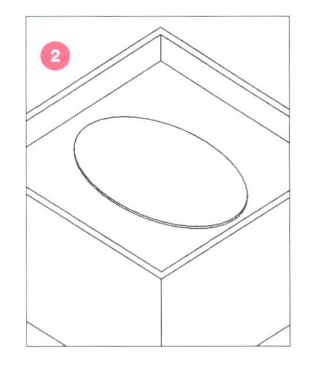

折り上げの立ち上がり部を作成する

壁で立ち上がり部を作成し、パラメータを設定することで、壁厚を変更できるようにします。

1 [建築]タブ➡[構築]➡[コンポーネント]➡❶[インプレイスを作成]をクリックする。

[ファミリ カテゴリとパラメータ]ダイアログボックスで、❷[壁]を選択し、[OK]をクリックする。

[名前]ダイアログボックスで、「天井折り上げ部」と入力し、[OK]をクリックする。

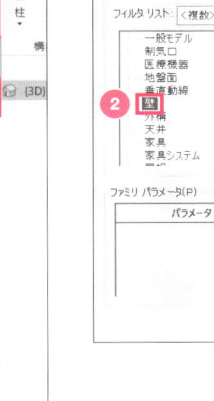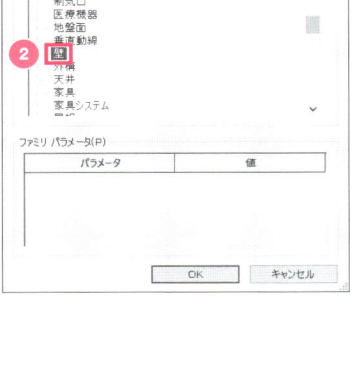

2 ビューコントロールバーの[表示スタイル]➡❶[ワイヤフレーム]を選択する。

[作成]タブ➡[フォーム]➡❷[スイープ]をクリックする。

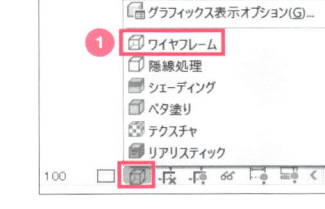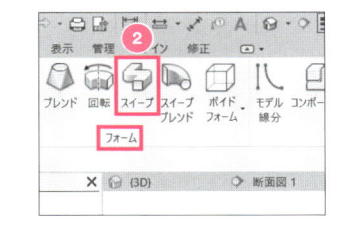

3 [修正｜スイープ]タブ➡[スイープ]➡❶[パスを選択]をクリックする。

❷外側の楕円を選択する。

Hint 楕円のエッジに垂直な参照面を作成するため、❸のような警告メッセージが表示されますが、無視してかまいません。

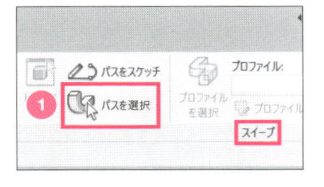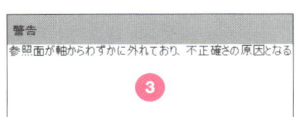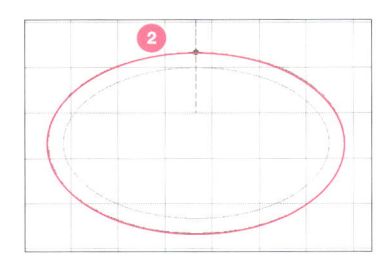

4 ［修正｜スイープ＞パスを選択］タブ
➡［モード］➡❶［編集モードを終
了］をクリックする。

［修正｜スイープ］タブ➡［スイープ］
➡❷［プロファイルを編集］をクリッ
クする。

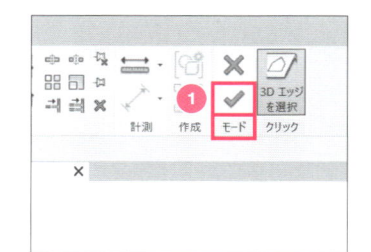
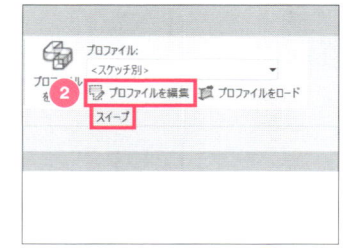

Hint
［プロファイルを編集］をクリッ
クできないときは、［プロファイルを
選択］をクリックしてから［プロファイル
を編集］をクリックします。

5 ［ビューに移動］ダイアログボック
スで、❶［立面図：東］を選択し、
［ビューを開く］をクリックする。

［修正｜スイープ＞プロファイルを編
集］タブ➡［描画］➡❷［長方形］を
クリックする。

❸図のように水平・垂直の参照面
の交点を基点にして、適当な長方形
を作成する。

［修正｜スイープ＞プロファイルを編
集］タブ➡［計測］➡❹［平行寸法
を］をクリックし、❺寸法を記入する。

コマンドを終了する。

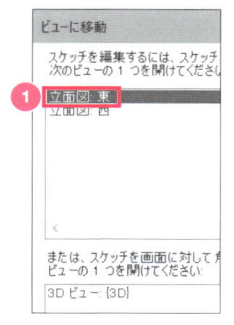
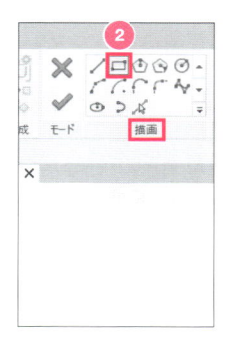
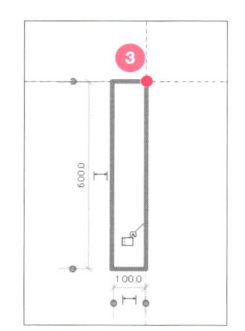

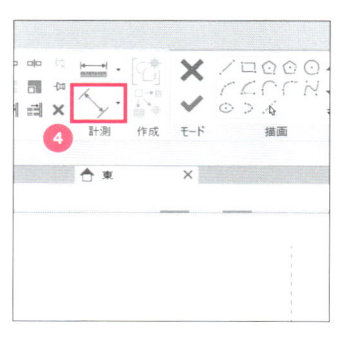
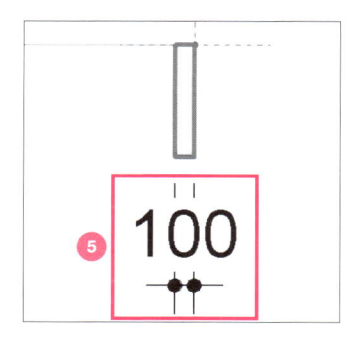

6 ❺で入力した平行寸法を選択し、［寸
法］タブ➡［寸法にラベルを付ける］
➡❶［パラメータを作成］をクリック
する。

［パラメータプロパティ］ダイアログ
ボックスで、❷［名前］に「壁厚」と入
力し、❸［タイプ］が選択されている
ことを確認して［OK］をクリックする。

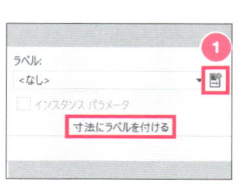
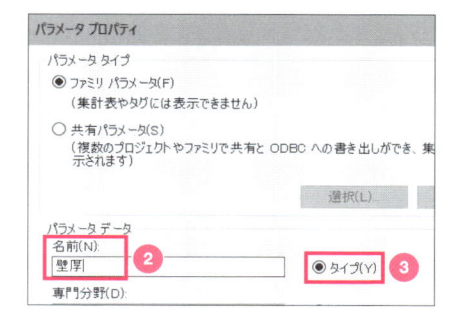

7 ビューコントロールバーの［表示スタ
イル］➡❶［ワイヤフレーム］を選択
する。

［修正｜スイープ＞プロファイルを編
集］タブ➡［修正］➡❷［位置合わ
せ］をクリックする。

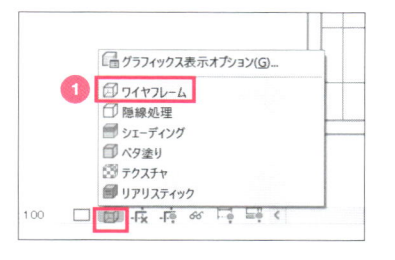
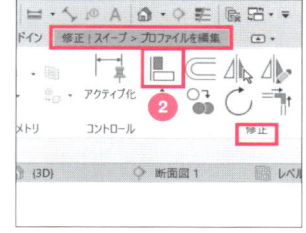

8 図のように、下側の天井の上部に長方形の下辺を位置合わせし、ロックする。

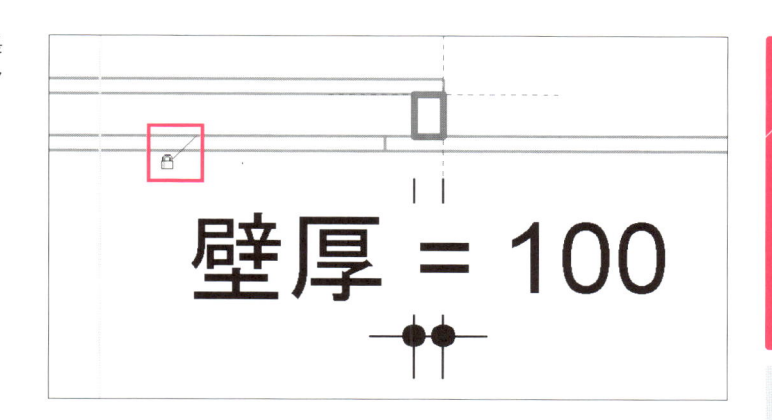

9 [修正 | スイープ>プロファイルを編集]タブ➡[プロパティ]➡❶[ファミリタイプ]をクリックする。

[ファミリタイプ]ダイアログボックスで、❷[壁厚]に「12.5」と入力し、[OK]をクリックする。

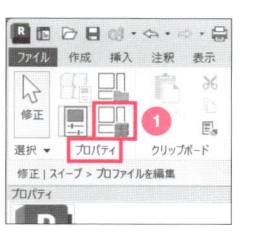 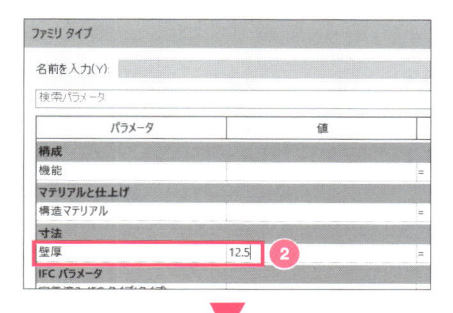

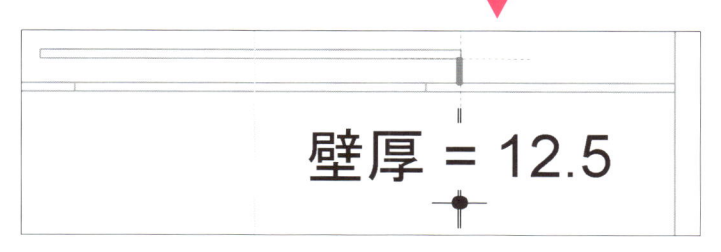

10 [修正 | スイープ>プロファイルを編集]タブ➡[モード]➡❶[編集モードを終了]をクリックする。

[修正 | スイープ]タブ➡[モード]➡❷[編集モードを終了]をクリックする。

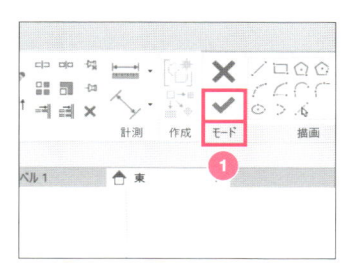 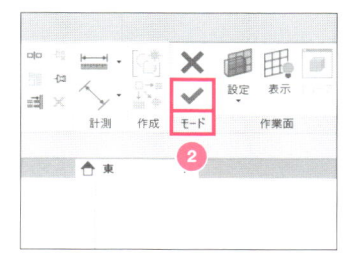

11 [修正 | スイープ]タブ➡[インプレイスエディタ]➡❶[モデルを終了]をクリックする。

[レベル1]ビューに切り替える。

ビューコントロールバーの[表示スタイル]➡❷[隠線処理]を選択する。

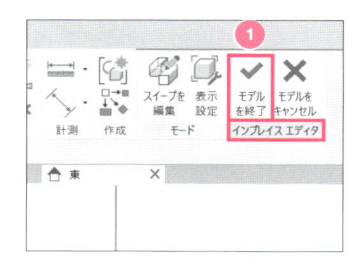 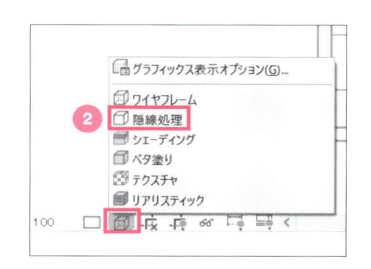

12 P.095の**1**〜**5**の**③**の手順を、次の操作を変更して実行する。

1の［名前］ダイアログボックスでは、「立ち上がり部」と入力する。

2の［ワイヤーフレーム］の選択は実行しない（［隠線処理］のまま）。

3の**②**では、楕円（1つしか表示されていない）を選択する（図**A**）。

5の**③**では、図の位置に長方形を作成する（図**B**）。

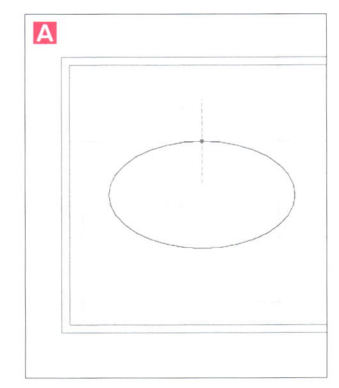
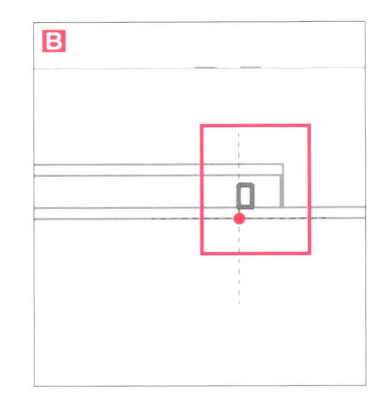

13 ［修正｜スイープ＞プロファイルを編集］タブ➡［修正］➡**①**［位置合わせ］をクリックする。

②図のように、下側の天井の上部に長方形の下辺を位置合わせし、ロックする。

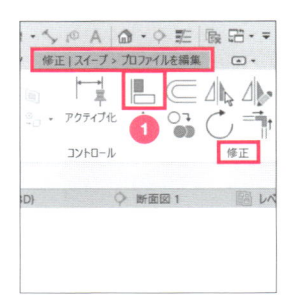
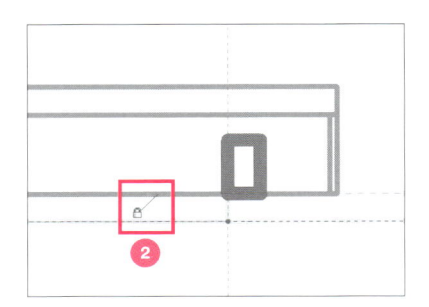

14 P.096の**5**の**④**〜**6**を参考に、図のような寸法を記入し、寸法に「立ち上がり部壁厚」のパラメータを設定する。

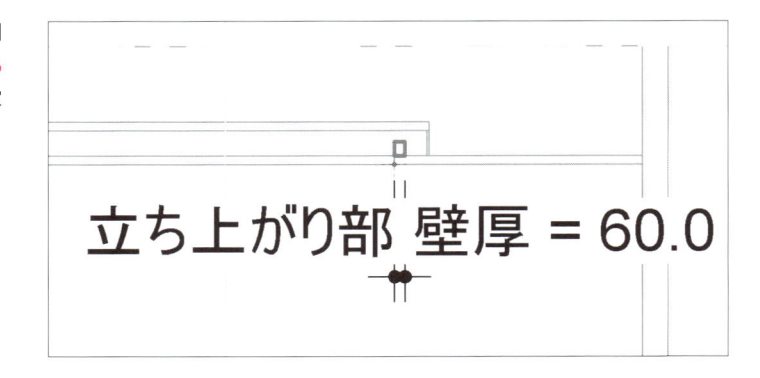

15 P.096の**5**の**④**を参考に、図のような寸法を記入する（数値は現状の高さが表示される）。

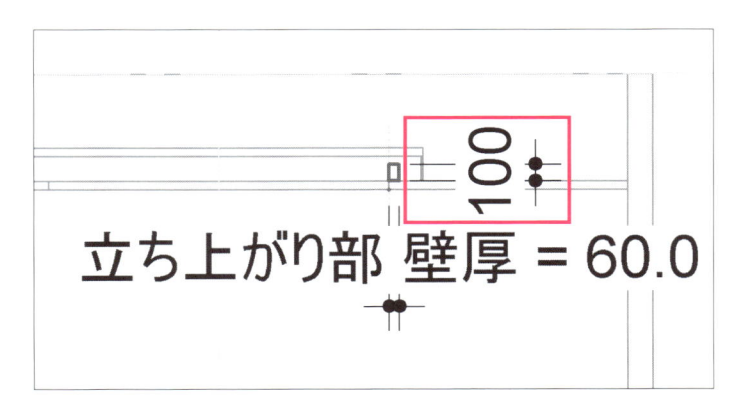

16 15で記入した平行寸法を選択し、[寸法]タブ➡[寸法にラベルを付ける]➡ ❶[パラメータを作成]をクリックする。

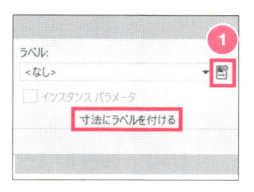
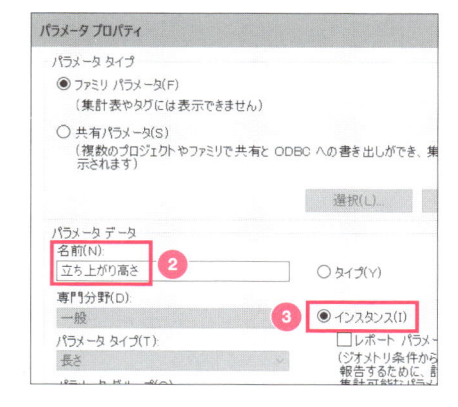

[パラメータプロパティ]ダイアログボックスで、❷[名前]に「立ち上がり高さ」と入力し、❸[インスタンス]を選択して[OK]をクリックする。

17 [修正|スイープ>プロファイルを編集]タブ➡[プロパティ]➡ ❶[ファミリタイプ]をクリックする。

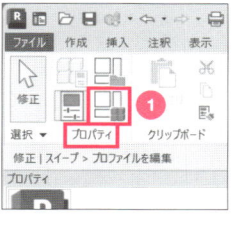
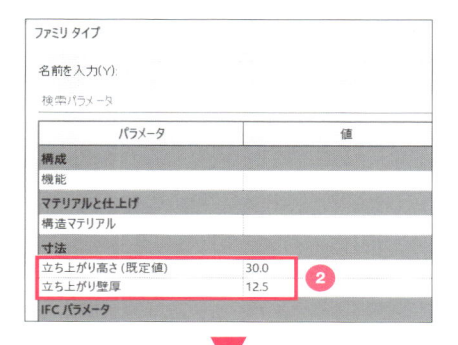

[ファミリタイプ]ダイアログボックスで、❷[立ち上がり部壁厚]に「12.5」、[立ち上がり高さ]に「30」と入力し、[OK]をクリックする。

[修正|スイープ>プロファイルを編集]タブ、[修正|スイープ]タブと続けて[編集モードを終了]をクリックする。

[修正|スイープ]タブ➡[インプレイスエディタ]➡[モデルを終了]をクリックする。

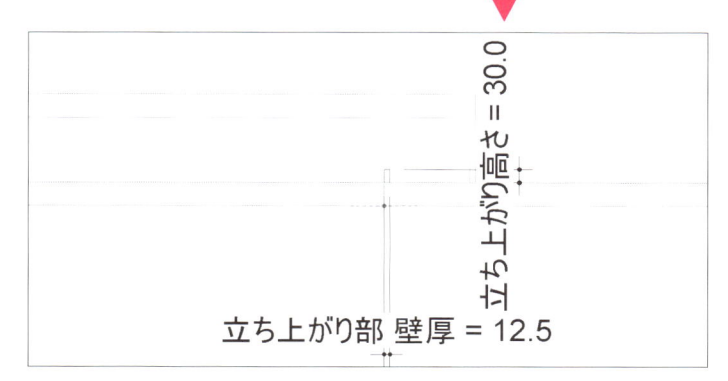

折り上げ天井が完成しました。

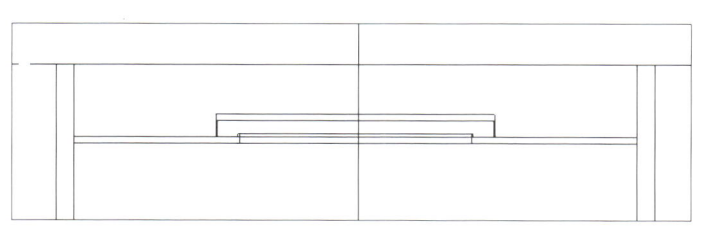

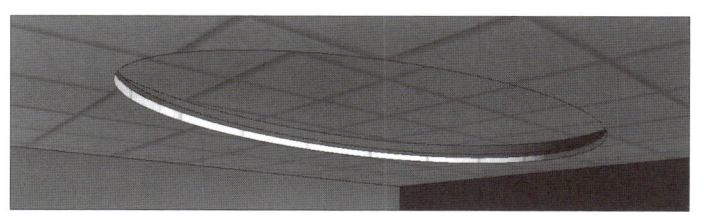

21 / マテリアルの複製と アセットの関係を知る

マテリアルを複製したときに、レンダリングの外観が複製元と連動してしまい困ることがあります。これはマテリアルの「アセット」の扱い方が関係しています。アセットとは、グラフィックス、外観、材質などのセットのことです。

ここでは、アセットを連動させない方法と、アセットを連動させる方法を解説します。

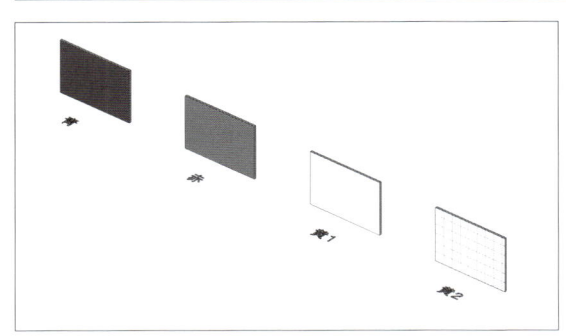

ここでは、色を変更してアセットの連動を確認します。

操作手順

本書の学習用ファイルを使って解説します。「21_マテリアル.rvt」を開いてからはじめてください。

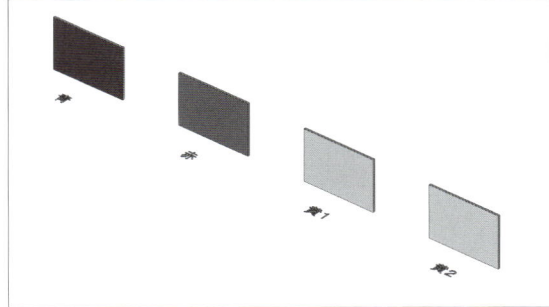

新しいマテリアルを作成する

1 [管理]タブ➡[設定]➡ **1** [マテリアル]をクリックする。

[マテリアルブラウザ]ダイアログボックス左下にある **2** をクリックし、[新しいマテリアルを作成]をクリックする。

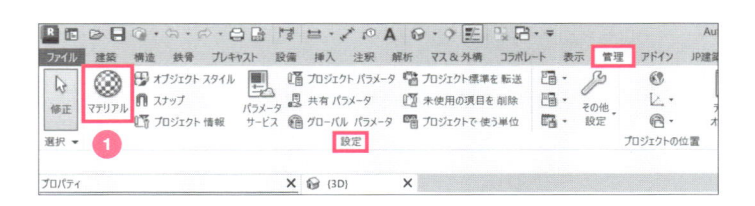

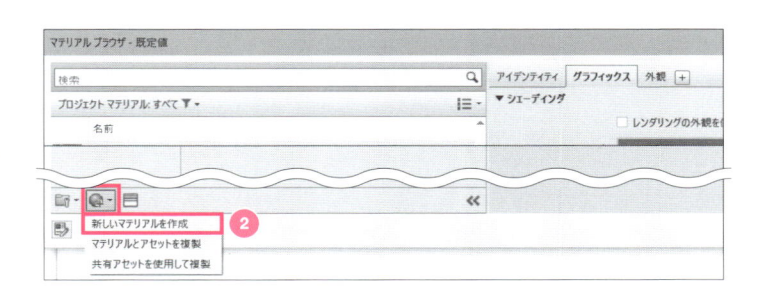

2 作成された[既定[新規マテリアル]]を右クリックし、メニューの❶[名前変更]を選択する。

名前を[#青]に変更する。

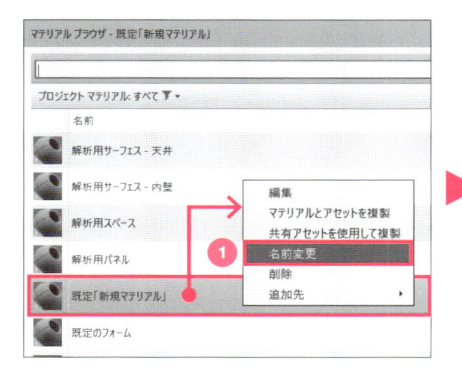 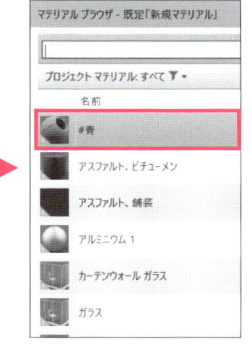

3 [#青]が選択された状態で、ダイアログボックス右側の❶[外観]タブの[一般]の❷[色]をクリックする。

[色]ダイアログボックスで、青色を選択し、[OK]をクリックする。

[マテリアルブラウザ]ダイアログボックスに戻り、❸[グラフィックス]タブの[シェーディング]の❹[レンダリングの外観を使用]にチェックを入れ、[適用]→[OK]とクリックする。

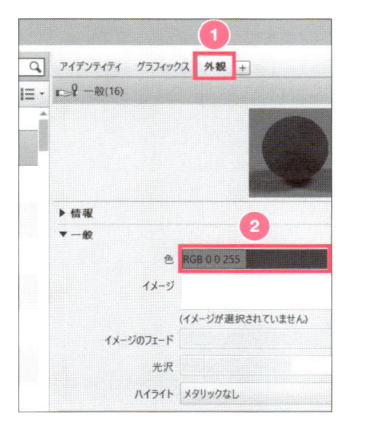 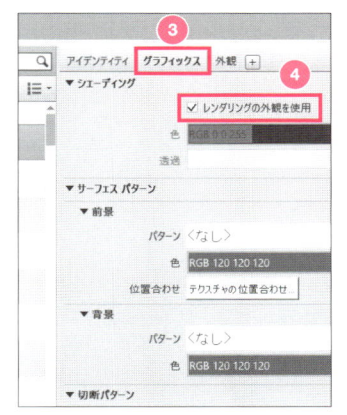

4 [修正]タブ➡[ジオメトリ]➡❶[ペイント]をクリックする。

[マテリアルブラウザ]ダイアログボックスで、❷[#青]をクリックして選択する。

❸一番左の壁面をクリックする。

[マテリアルブラウザ]ダイアログボックスで、[完了]をクリックする。

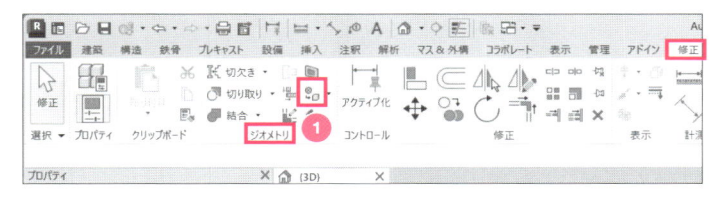

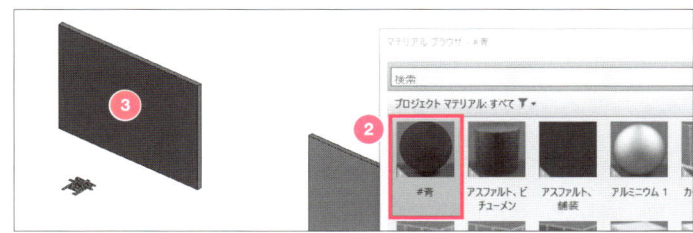

アセットが連動しないマテリアルの複製
[#青]マテリアルを複製し、[#赤]マテリアルを[アセットが連動しない複製方法]で作成します。

1 [管理]タブ➡[設定]➡❶[マテリアル]をクリックする。

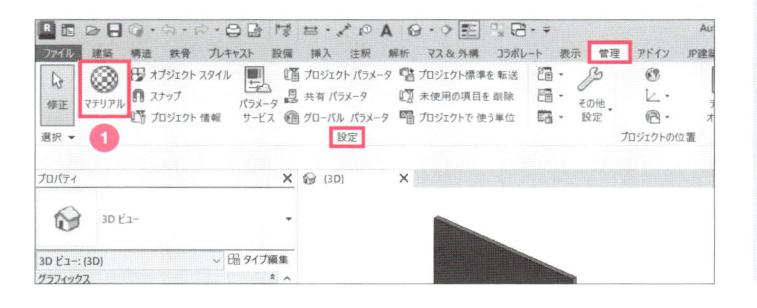

2

［マテリアルブラウザ］ダイアログボックスで、「#青」を右クリックし、メニューの❶［マテリアルとアセットを複製］を選択する。

名前を❷「#赤」に変更する。

「#赤」が選択された状態で、❸［外観］タブの［一般］の❹［色］で赤色を選択する。

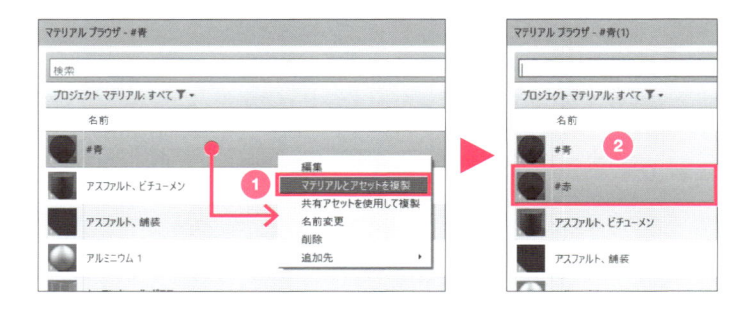

［マテリアルブラウザ］ダイアログボックスで、［適用］→［OK］とクリックする。

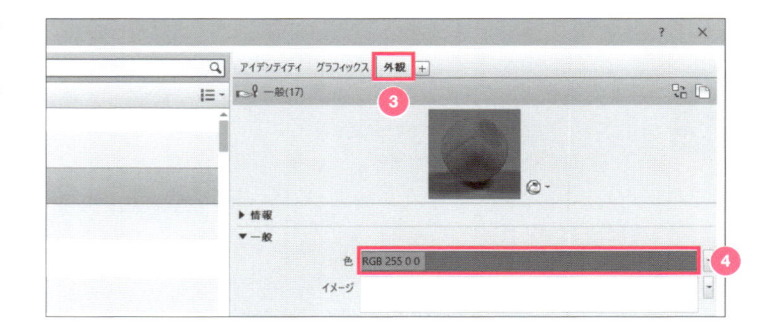

3

［修正］タブ➡［ジオメトリ］➡［ペイント］をクリックする。

［マテリアルブラウザ］ダイアログボックスで、❶「#赤」をクリックして選択し、❷左から2番目の壁面をクリックする。

［マテリアルブラウザ］ダイアログボックスで、［完了］をクリックする。

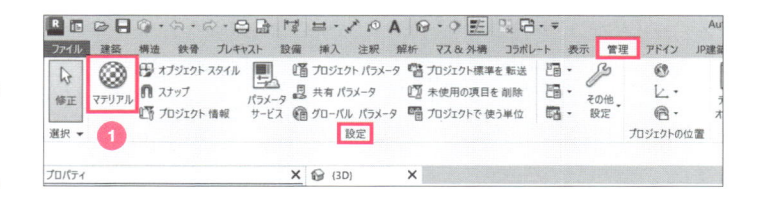

アセットが連動するマテリアルの複製
「#青」マテリアルを複製し、「#黄1」マテリアルを「アセットが連動する複製方法」で作成します。

1

❶［管理］タブ➡［設定］➡［マテリアル］をクリックする。

［マテリアルブラウザ］ダイアログボックスで、「#青」を右クリックし、メニューの❷［共有アセットを使用して複製］（Revit 2022以前の［複製］と同じ機能）を選択する。

名前を❸「#黄1」に変更する。

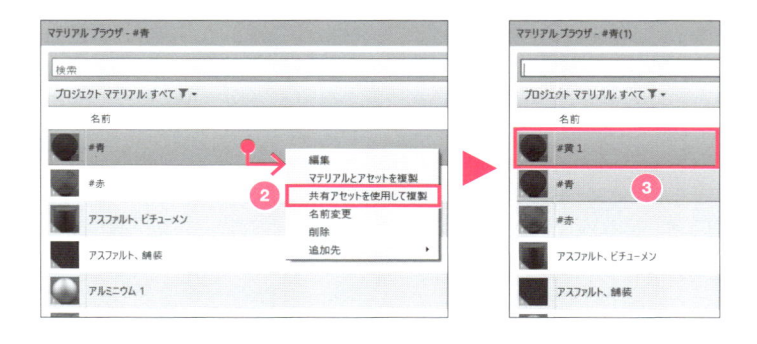

2　「#黄1」が選択された状態で、①［外観］タブの［一般］の②［色］で黄色を選択する。

　　　［マテリアルブラウザ］ダイアログボックスに戻り、［適用］をクリックする。

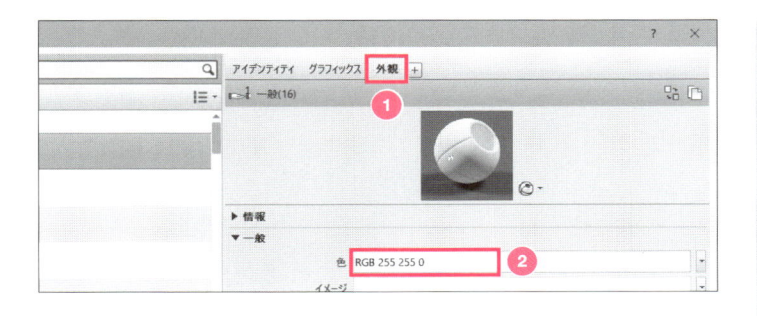

［マテリアルブラウザ］ダイアログボックスで、③「#青」も黄色に変更されてしまったことが確認できます。④壁面も黄色に変更されています（ダイアログボックスに隠れている場合は、ダイアログボックスを移動して確認する）。これはアセットが連動しているためです。

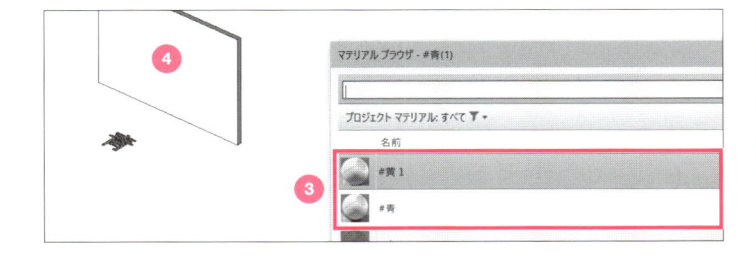

アセットの連動を解除する
「#青」と「#黄1」の連動を解除します。

1　［マテリアルブラウザ］ダイアログボックスで「#青」が選択された状態で、［外観］タブの①［このアセットを複製します］をクリックする。

　　　［一般］の②［色］を青色に変更する。

　　　［マテリアルブラウザ］ダイアログボックスで、③「#青」が青色に修正されたことを確認し、［適用］をクリックする。

Hint　Revit 2022以前のバージョンでは、複製後、［このアセットを複製します］をクリックしておきましょう。

アセットを連動させたほうがよい場合
「アセットを連動させる」（共有アセットを使用して複製する）場合、どのような使い方があるか解説します。

1　［マテリアルブラウザ］ダイアログボックスで、「#黄1」を右クリックし、メニューの①［共有アセットを使用して複製］を選択する。

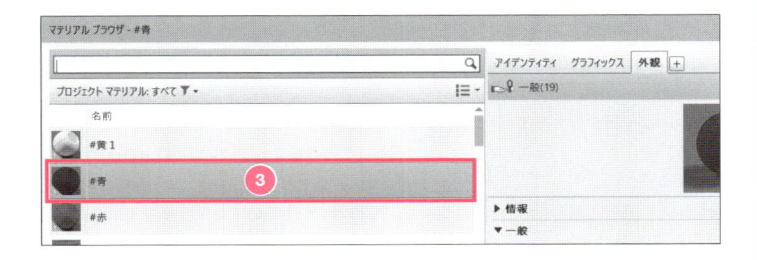

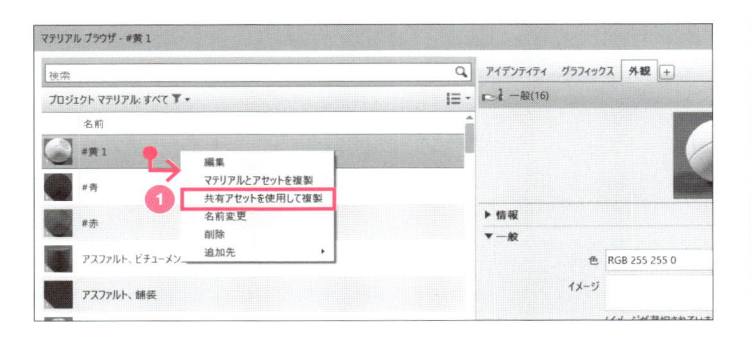

2 名前を「#黄2」に変更する。

①［グラフィックス］タブの［サーフェスパターン］の［前景］の②［パターン］をクリックする。

［塗り潰しパターン］ダイアログボックスで、③［網掛け］を選択し、［OK］をクリックする。

［マテリアルブラウザ］ダイアログボックスに戻り、［適用］→［OK］とクリックする。

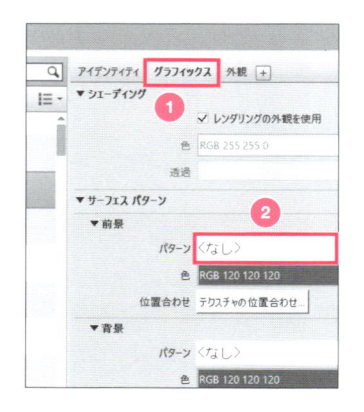
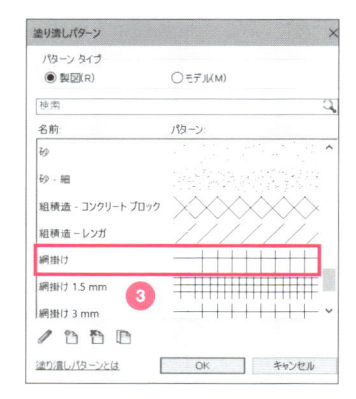

3 ［修正］タブ➡［ジオメトリ］➡［ペイント］をクリックする。

［マテリアルブラウザ］ダイアログボックスで、①「#黄1」をクリックし、②左から3番目の壁面をクリックする。

［マテリアルブラウザ］ダイアログボックスで、③「#黄2」をクリックし、④一番右の壁面をクリックする。

［マテリアルブラウザ］ダイアログボックスで、［完了］をクリックする。

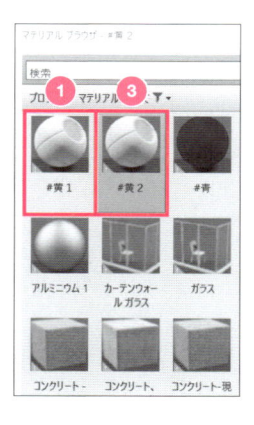
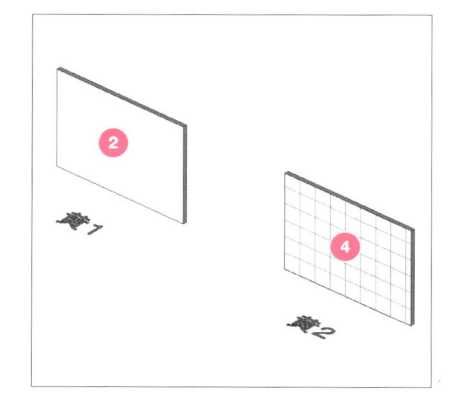

Hint
共有アセットとして「#黄2」では「#黄1」の設定をそのまま使用するので［外観］タブは変更していません。

Hint
このようにレンダリングイメージは同じで、シェーディングの表現を変えたいときなどに［共有アセットを使用して複製］を使用してマテリアルを複製します。
なお、［外観］タブの内容を変更すると、［共有アセットを使用して複製］をしたマテリアルはすべて連動して変更されるので注意しましょう。

22 / 配光特性を設定して 照明検討を行う

照明ファミリの光源には、「配光特性（IESファイル）」を設定できます。「配光特性」は光の広がり具合や色味などのことで、これにより実際の商品に近い表現で確認できます。

IESファイルはRevitに標準で複数インストールされているほか、照明メーカーのWebサイトからダウンロードすることもできます。レンダリング時の配光特性を確認するには、事前に照明検討を行っておくことをお勧めします。

ここでは、Revitに標準で複数インストールされているIESファイルを使用して配光特性の違いを確認し、P.156〜の『34 作成した照明器具ファミリに光源を設定する』で作成したファミリに光源を適用します。

操作手順

光源を作成して配置する

1 Revitホーム画面で、［ファミリ］の［新規作成］をクリックする。

［新しいファミリーテンプレートファイルを選択］ダイアログボックスで、「Japanese」フォルダの「照明器具（メートル単位）.rft」を選択し、［開く］をクリックする。

P.156の**1**〜**2**の**1**を参考に、**1** 光源を選択してから［光源設定］ダイアログボックスを表示し、［形状に応じて放射］を**2**［円］、［光の拡散］を**3**［フォトメトリックウェブ］に設定する。

4［3D］ビューに切り替え、光源の形状が変わったことを確認する。

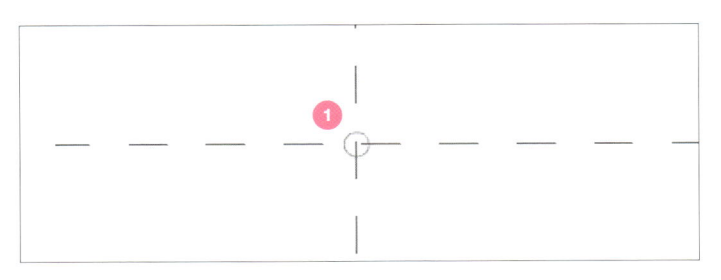

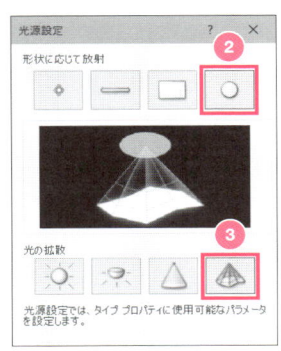

2 ［ファイル］タブ➡［名前を付けて保存］➡［ファミリ］をクリックし、「光源（IES）.rfa」というファミリ名で保存してファイルを閉じる。

Revitホーム画面で、［プロジェクト］の［開く］をクリックし、「22_照明検討(IES).rvt」を開く。

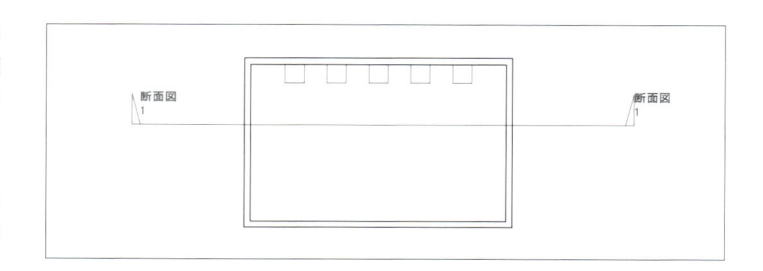

3 ［表示］タブ➡［グラフィックス］➡ ❶［表示/グラフィックス］をクリックする。

［表示/グラフィックスの上書き：平面図：レベル1］ダイアログボックスで、［モデルカテゴリ］タブの ❷［照明器具］を展開し、［光源］にチェックを入れて［OK］をクリックする。

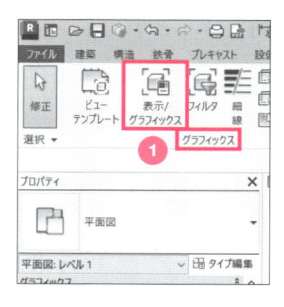 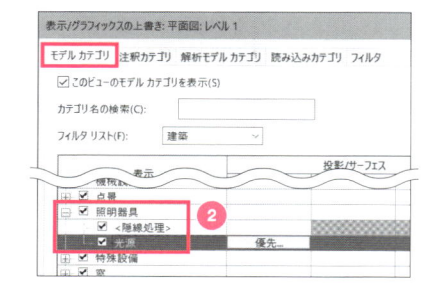

4 ［建築］タブ➡［構築］➡ ❶［コンポーネント］をクリックする。

［修正｜配置 コンポーネント］タブ➡［モード］➡ ❷［ファミリをロード］をクリックする。

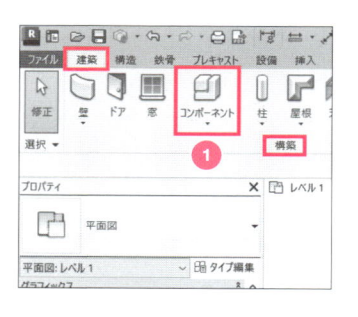 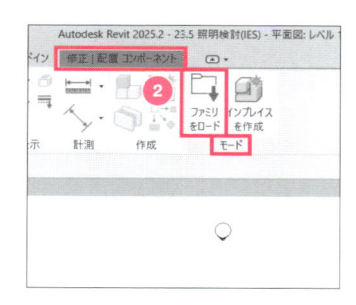

5 ［ファミリをロード］ダイアログボックスで、**2**で保存した「光源（IES）.rfa」を選択して開く。

❶図のように、右端の位置に光源を配置する。

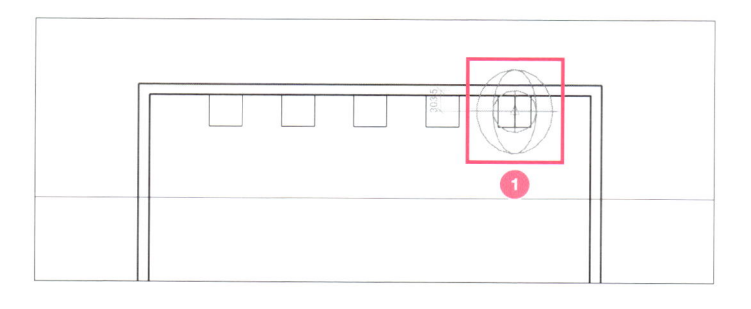

6 ［プロジェクトブラウザ］で、［断面図（建築断面）］を展開し、❶［断面図1］ビューを開く。

3と同様に、［表示］タブ➡［グラフィックス］➡［表示/グラフィックス］をクリックし、［表示/グラフィックスの上書き］ダイアログボックスで、❷［照明器具］の［光源］にチェックを入れて［OK］をクリックする。

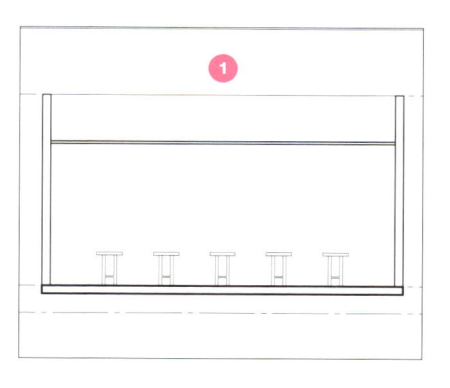 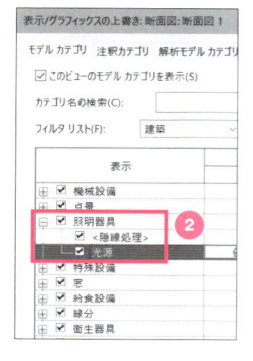

7 光源が表示されるので、高さを調整する。❶光源を選択し、[プロパティパレット]の❷[ホストからのオフセット]に「500」と入力する。

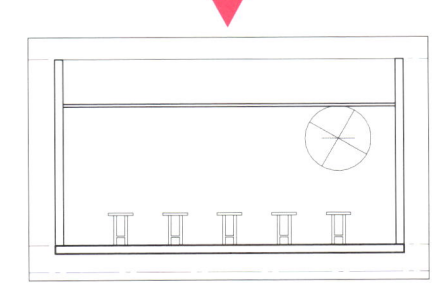

8 光源を選択し、[修正|照明器具]タブ➡[修正]➡[コピー]で、図のように各テーブルの上に配置する（❶は**9**で選択する光源）。

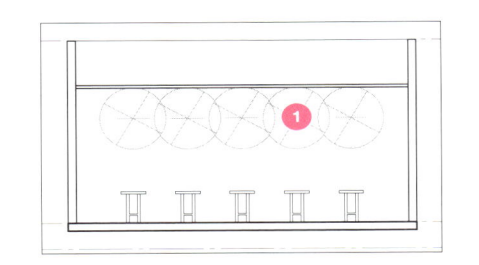

9 各光源にIESファイルを設定する。右から2つめの光源（**8**の❶）を選択し、[プロパティパレット]の[タイプ編集]をクリックする。

[タイププロパティ]ダイアログボックスで、❷[複製]をクリックして「光源（IES）2」という名前で複製する。

[フォトメトリック]グループの❸[フォトメトリックWebファイル]の[generic]をクリックし、❹[...]をクリックする。

10 [ファイルを選択]ダイアログボックスで、❶[探す場所]が「IES」フォルダになっていることを確認し、❷「Downlight_LED.IES」を選択して開く。

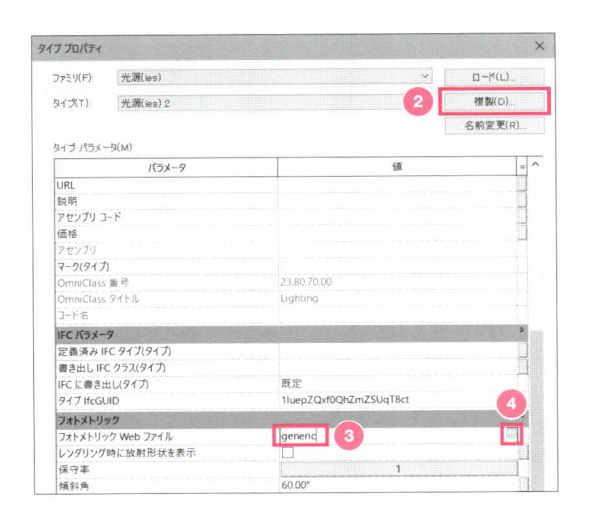

11　[タイププロパティ]ダイアログボックスに戻り、[フォトメトリック]グループの[傾斜角]に「90」と入力し、[OK]をクリックする。

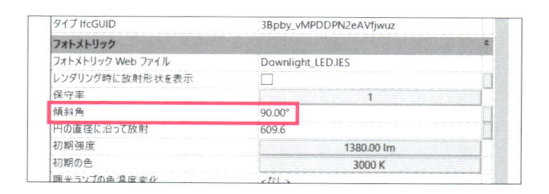

12　● 光源が変更された。
9〜**10**と同様にIESファイルを開き、他の光源を次のように変更する。
②中央の光源
[タイプ名]：「光源（IES）3」
[フォトメトリックWebファイル]：
　　　　「EWL2A19.ies」
[傾斜角]：「90」
③左から2つ目の光源
[タイプ名]：「光源（IES）4」
[フォトメトリックWebファイル]：
　　　　「LGLled.ies」
[傾斜角]：「90」
④左端の光源
[タイプ名]：「光源（IES）5」
[フォトメトリックWebファイル]：
　　　　「WPE1MH.IES」
[傾斜角]：「90」

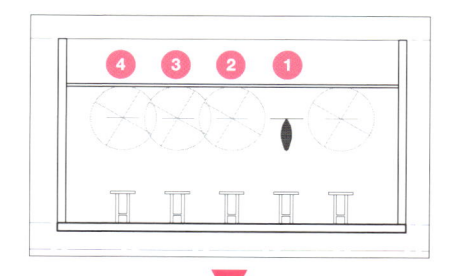

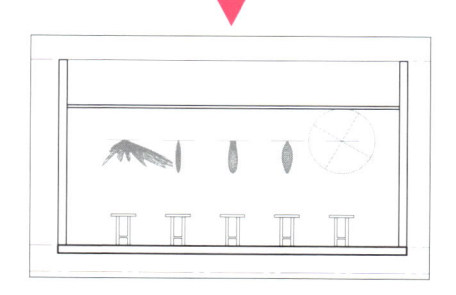

カメラを配置し、レンダリングして確認する

1　[レベル1]ビューに切り替え、[表示]タブ➡[作成]➡[3Dビュー]➡●[カメラ]をクリックする。

　　　②図のように、視点（目）と注視点（ターゲット）を配置する。

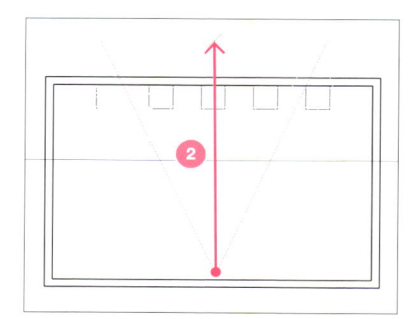

2　[3Dビュー1]に切り替わるので、図のようにカメラ枠を調整する。

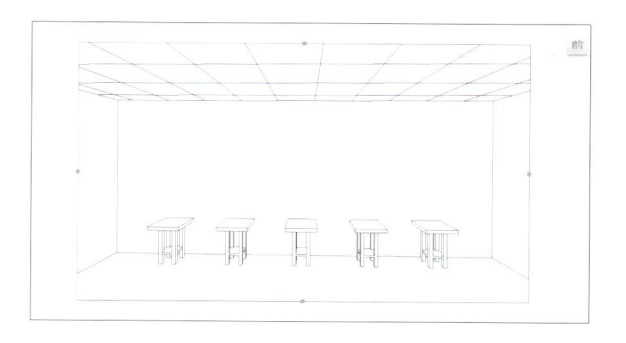

3 [表示]タブ➡[グラフィックス]➡[表示/グラフィックス]をクリックする。

[表示/グラフィックスの上書き:3Dビュー1]ダイアログボックスで、[モデルカテゴリ]タブの❶[マス]にチェックを入れ、❷[照明器具]を展開して[光源]にチェックを入れて[OK]をクリックする。

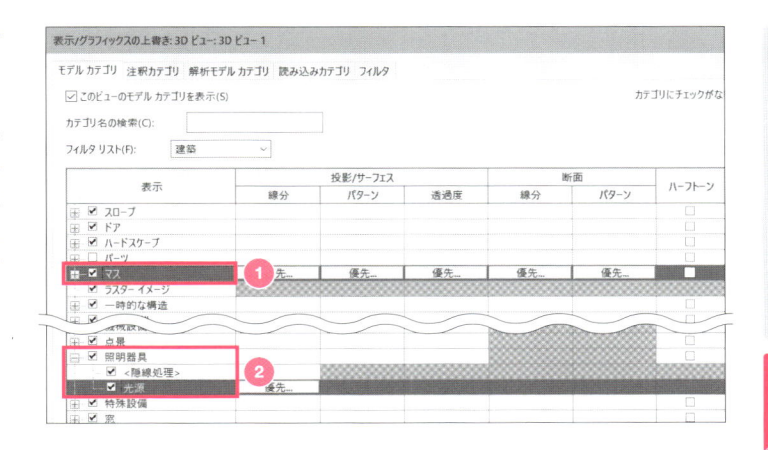

4 [表示]タブ➡[プレゼンテーション]➡❶[レンダリング]をクリックする。

[レンダリング]ダイアログボックスで、[品質]の❷[設定]を[中]、[照明]の❸[スキーム]を[内部:人工照明のみ]に設定し、❹[レンダリング]をクリックする。

レンダリング結果を確認し、[レンダリング]ダイアログボックスで、[プロジェクトに保存]をクリックし、[照明検討]という名前で保存する。

[レンダリング]ダイアログボックスを閉じる。

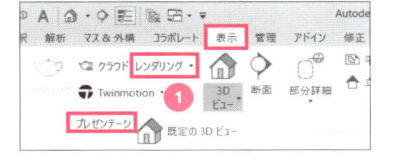
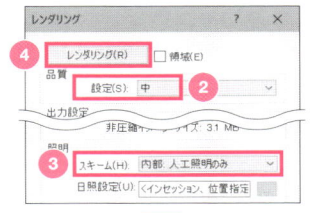

光源を照明器具に設定する

作成した光源を、P.156〜の『34 作成した照明器具ファミリに光源を設定する』で作成したファミリに設定します。

1 光源のいずれかを選択し、[修正|照明器具]タブ➡[モード]➡❶[ファミリを編集]をクリックする。

光源が❷のように表示される。

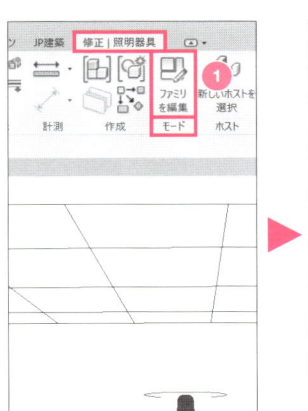
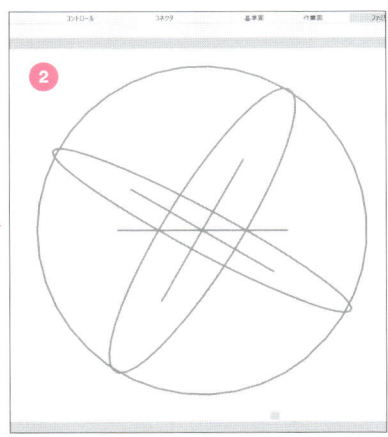

2
［作成］タブ➡［プロパティ］➡ **1**
［ファミリカテゴリとパラメータ］をク
リックし、［ファミリカテゴリとパラメー
タ］ダイアログボックスで、 **2**［共有］
にチェックを入れて［OK］をクリック
する。

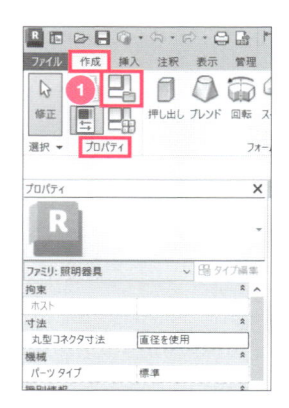
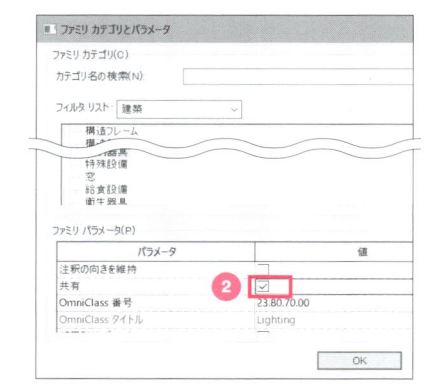

［ファイル］タブ➡［名前を付けて保
存］➡［ファミリ］をクリックし、「光源
（IESタイプあり）.rfa」というファミリ
名で保存する。

3
［ファイル］タブ➡［開く］➡［プロジェ
クト］をクリックし、［開く］ダイアログ
ボックスから学習用ファイル「22_
光源確認.rvt」を選択して開く。

現状の光源でレンダリングする。前
ページの **4** と同様に［表示］タブ➡
［プレゼンテーション］➡［レンダリン
グ］をクリックし、［品質］の［設定］を
［中］、［照明］の［スキーム］を［内部：
人工照明のみ］に設定して［レンダリ
ング］をクリックする。

レンダリング結果を確認し、［レンダ
リング］ダイアログボックスで、［プロ
ジェクトに保存］をクリックし、「光源
変更前」という名前で保存する。ダ
イアログボックスを閉じる。

4
照明器具ファミリの光源を変更する。
1 いずれかの照明器具を選択し、
［修正｜照明器具］タブ➡［モード］➡
2［ファミリを編集］をクリックする。

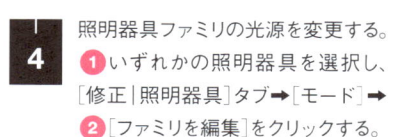
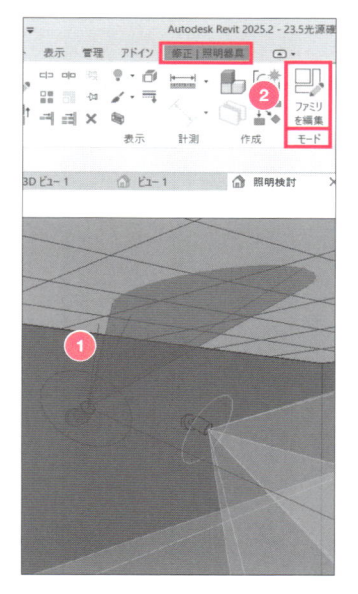
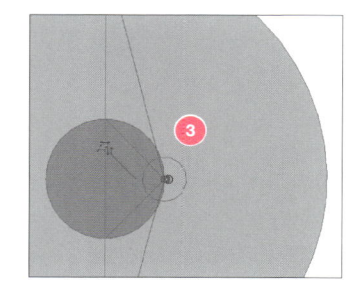

3 光源（ライト可動部（光源付））を
選択し、［修正｜一般モデル］タブ➡
［モード］➡［ファミリを編集］をクリッ
クする。

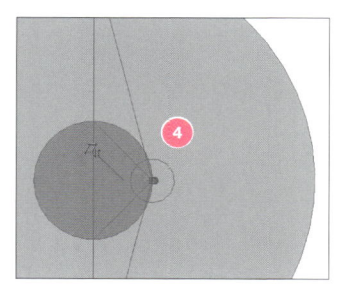

4 光源（仰角（光源付））を選択し、
［修正｜一般モデル］タブ➡［モード］
➡［ファミリを編集］をクリックする。

5

① 光源（本体（光源付））を選択し、［修正｜一般モデル］タブ➡［モード］➡［ファミリを編集］をクリックする。

② 光源（光源（面））を選択し、［修正｜一般モデル］タブ➡［モード］➡［ファミリを編集］をクリックする。

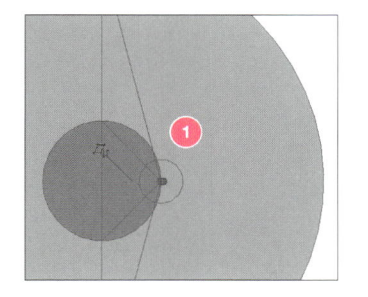

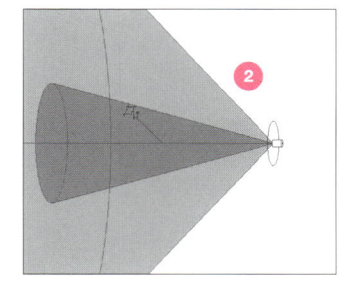

6

① 図のような押し出し形状と光源が表示されていることを確認し、［挿入］タブ➡［ライブラリからロード］➡ ②［ファミリロード］をクリックする。

［ファミリロード］ダイアログボックスで、**2**で保存した「光源（IESタイプあり）.rfa」を選択して開く。

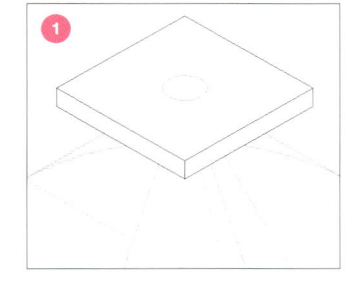

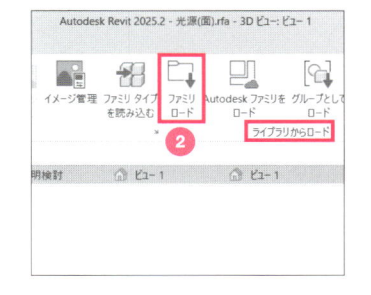

7

① 光源を選択し、［タイプセレクタ］で、②［光源（IESタイプあり）］の［光源（IES）5］を選択する。

光源が変更される。

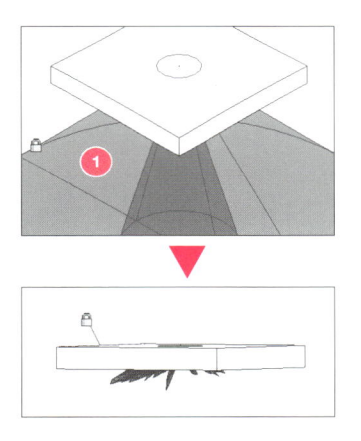

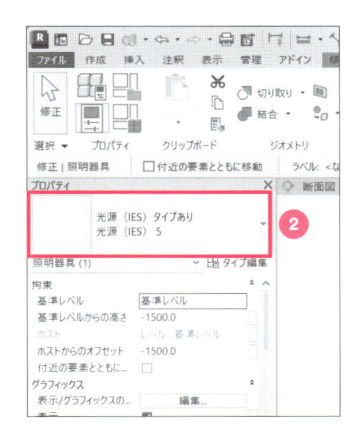

8

リボンの［ファミリエディタ］➡ ①［プロジェクトにロード］をクリックする。

［プロジェクトにロード］ダイアログボックスで、②［本体（光源付）.rfa］にチェックを入れ、［OK］をクリックする。

［ファミリはすでに存在します］ダイアログボックスで、③［既存のバージョンを上書きする］をクリックする。

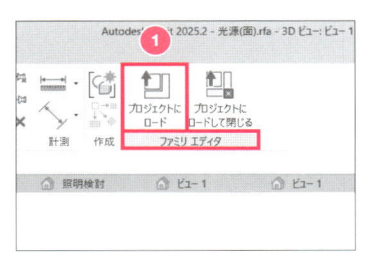

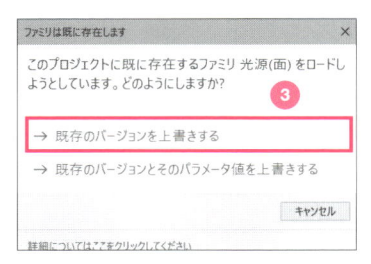

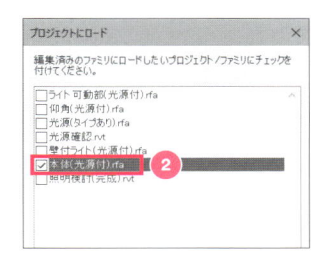

■8と同様の操作を繰り返します。

9
[プロジェクトにロード]をクリックする。
[プロジェクトにロード]ダイアログボックスで、［仰角（光源付）.rfa］にチェックを入れる。
[ファミリはすでに存在します]ダイアログボックスで、［既存のバージョンを上書きする］をクリックする。

その後、［共有ファミリはすでに存在します]ダイアログボックスで、［共有サブコンポーネントファミリを本体（光源付）バージョンで上書き］をクリックする。

10
[プロジェクトにロード]をクリックする。
[プロジェクトにロード]ダイアログボックスで、［ライト可動部（光源付）.rfa］にチェックを入れる。
[ファミリはすでに存在します]ダイアログボックスで、［既存のバージョンを上書きする］をクリックする。

その後、［共有ファミリはすでに存在します]ダイアログボックスで、［共有サブコンポーネントファミリを仰角（光源付）バージョンで上書き］を2回クリックする。

11
[プロジェクトにロード]をクリックする。
[プロジェクトにロード]ダイアログボックスで、［壁付ライト（光源付）.rfa］にチェックを入れる。
[ファミリはすでに存在します]ダイアログボックスで、［既存のバージョンを上書きする］をクリックする。

その後、［共有ファミリはすでに存在します]ダイアログボックスで、［共有サブコンポーネントファミリをライト可動部（光源付）バージョンで上書き］を3回クリックする。

12
[プロジェクトにロード]をクリックする。
[プロジェクトにロード]ダイアログボックスで、［光源確認.rvt］にチェックを入れる。
[ファミリはすでに存在します]ダイアログボックスで、［既存のバージョンを上書きする］をクリックする。

その後、［共有ファミリはすでに存在します]ダイアログボックスで、［共有サブコンポーネントファミリを壁付ライト（光源付）バージョンで上書き］を4回クリックする。

レンダリングして確認する

光源が変更されたことを、レンダリングを実行して確認します。

1
[表示]タブ➡[プレゼンテーション]➡[レンダリング]をクリックする。

[レンダリング]ダイアログボックスで、[レンダリング]をクリックする。

[レンダリング]ダイアログボックスで、[プロジェクトに保存]をクリックし、［光源変更後］という名前で保存する。

［光源変更前］と［光源変更後］を並べて確認する。

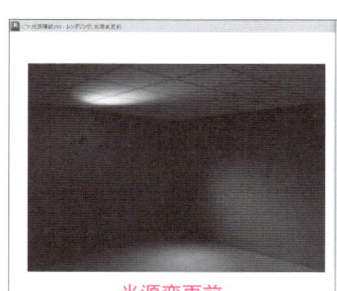
光源変更前

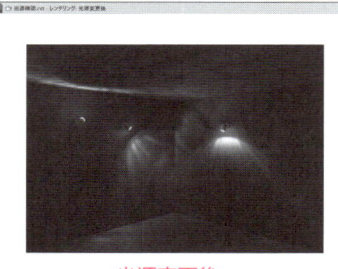
光源変更後

23

ハッチングパターンを作る❶

Revitでハッチングパターンを作成する

マテリアルの［サーフェスパターン］や、塗り潰し領域の［塗り潰しパターン］で使用するハッチングパターンを、Revit内で作成することができます。ハッチングパターンとして、平行線ハッチングパターンと網掛けハッチングパターンが作成でき、ハッチングパターンの角度と間隔を指定できます。

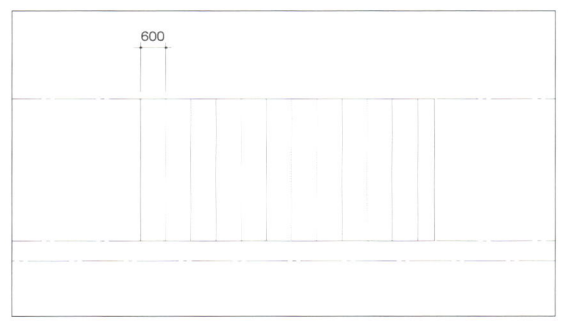
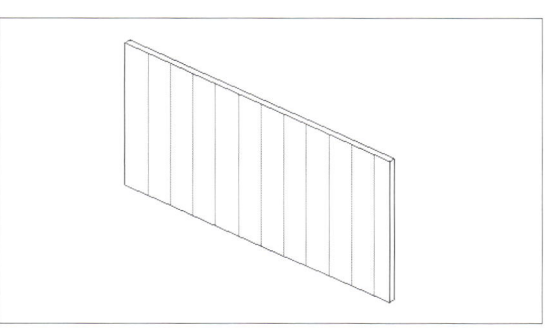

ここでは、垂直線（600mmピッチ）のハッチングパターンの作り方を解説します。

操作手順

Revitでハッチングパターンを作成する

1
Revitホーム画面で、［プロジェクト］の［新規作成］をクリックする。

［プロジェクトの新規作成］ダイアログボックスで、［建築テンプレート］を選択して［OK］をクリックする。

❶適当な長さの壁を作成する（壁種も任意でかまわない）。

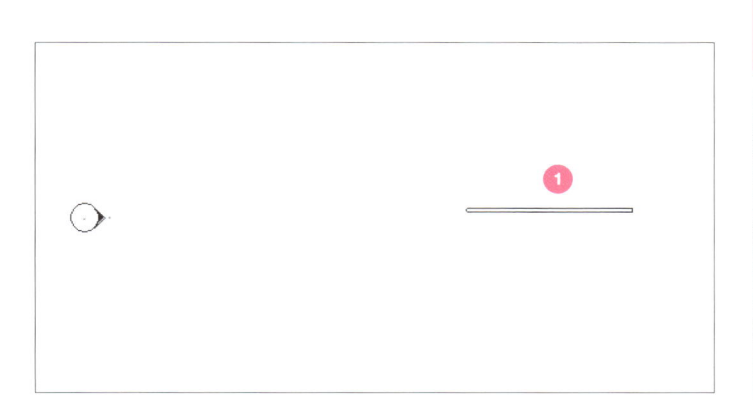

2
［管理］タブ➡［設定］➡❶［マテリアル］をクリックする。

［マテリアルブラウザ］ダイアログボックス左下にある❷をクリックし、❸［新しいマテリアルを作成］をクリックする。

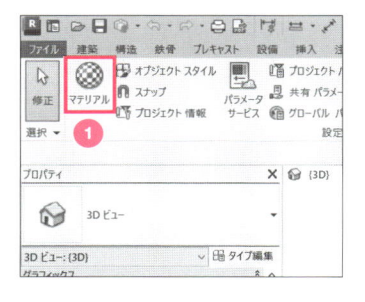
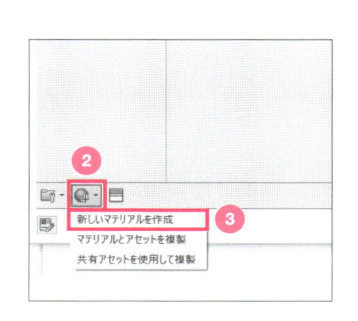

3

作成された「既定[新規マテリアル]」を右クリックし、メニューの[名前変更]を選択して、名前を❶「#600」とする。

‥‥‥‥‥‥‥‥‥‥‥‥‥‥‥‥‥

「#600」が選択された状態で、ダイアログボックス右側❷[グラフィックス]タブの[サーフェスパターン]の[前景]の❸[パターン]をクリックする。

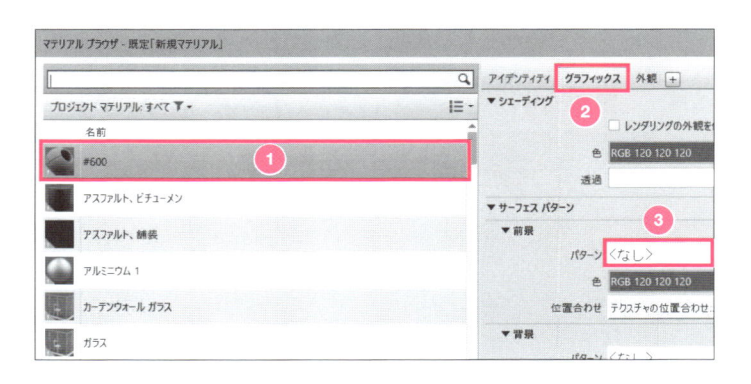

4

[塗り潰しパターン]ダイアログボックスで、[パターンタイプ]の❶[モデル]を選択し、❷[新しい塗り潰しパターン]をクリックする。

‥‥‥‥‥‥‥‥‥‥‥‥‥‥‥‥‥

[サーフェスパターンを追加]ダイアログボックスで、❸[名前]に「600」と入力し、❹[平行線]が選択されていることを確認する。❺[線分の角度]に「90」、❻[行間隔1]に「600」と入力し、[OK]をクリックする。

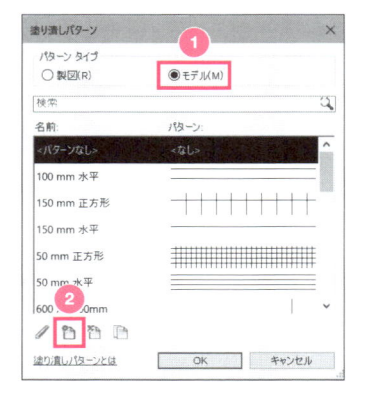

5

[塗り潰しパターン]ダイアログボックスに戻り、❶[600]が作成されたことを確認し、[OK]をクリックする。

‥‥‥‥‥‥‥‥‥‥‥‥‥‥‥‥‥

[マテリアルブラウザ]ダイアログボックスに戻り、[サーフェスパターン]の[前景]の❷[パターン]に[600]が設定されたことを確認し、[OK]をクリックする。

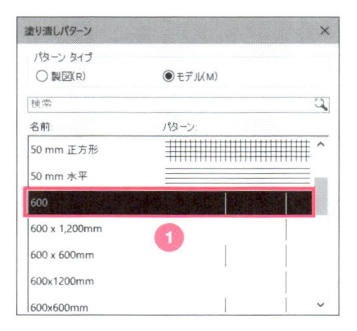
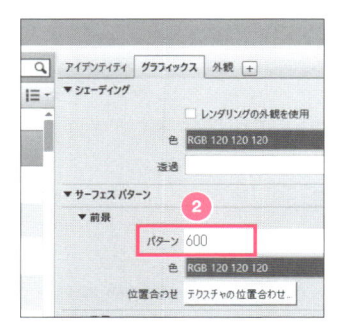

6

[3D]ビューに切り替える。

‥‥‥‥‥‥‥‥‥‥‥‥‥‥‥‥‥

[修正]タブ➡[ジオメトリ]➡❶[ペイント]をクリックする。

‥‥‥‥‥‥‥‥‥‥‥‥‥‥‥‥‥

[マテリアルブラウザ]ダイアログボックスで、❷「#600」をクリックして選択する。

‥‥‥‥‥‥‥‥‥‥‥‥‥‥‥‥‥

❸壁面をクリックする。

‥‥‥‥‥‥‥‥‥‥‥‥‥‥‥‥‥

[マテリアルブラウザ]ダイアログボックスで[完了]をクリックする。

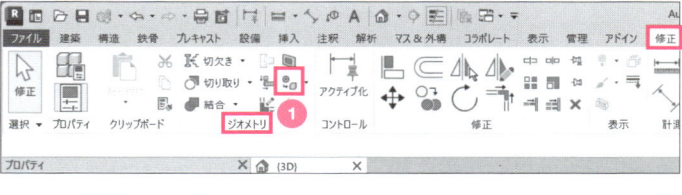
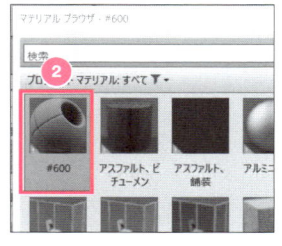
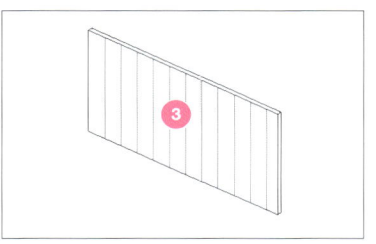

ハッチングの開始位置を変更する

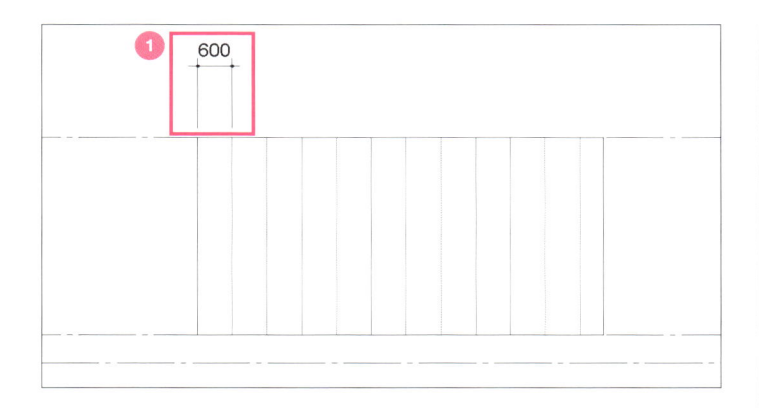

1
［立面図］の［南］ビューに切り替える。

［注釈］タブ➡［寸法］➡［平行寸法］
をクリックする。

❶図のように寸法を記入し、コマン
ドを終了する。

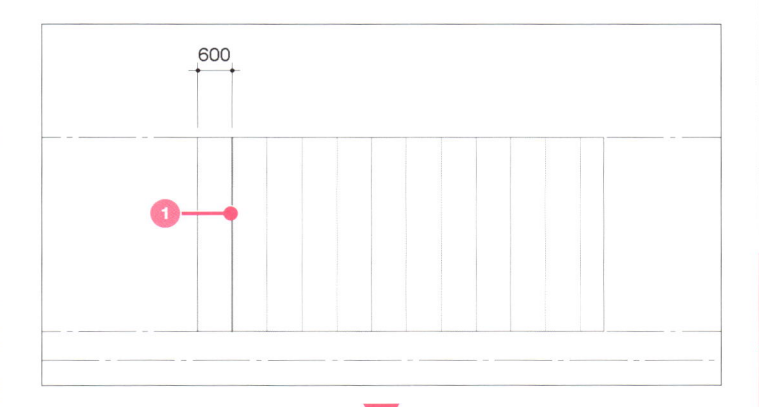

2
[Tab]キーを押して❶のハッチング
線を選択する。

❷任意の寸法値（ここでは「300」
に変更する。

ハッチングの開始位置が変更されます。

> **Hint**
> 前ページの**4**の❶で［塗り潰
> しパターン］ダイアログボックスの
> ［パターンタイプ］を［モデル］に設定する
> と、ハッチング線間に寸法を記入したり、
> 位置合わせしたりできます。

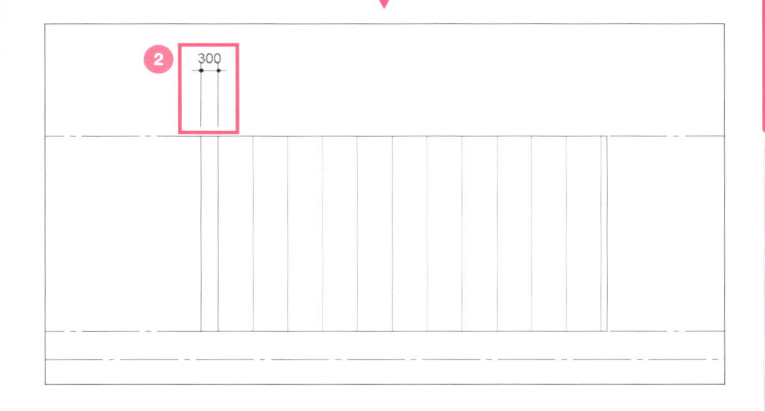

24 ハッチングパターンを作る❷
AutoCADのハッチングパターンを読み込んで利用する

Revit で AutoCAD のハッチングパターンを読み込む方法を解説します。
併せて Revit でパターンの作成、または読み込む際に指定できる、[パターンタイプ]([製図]または[モデル])の違いについても解説します。

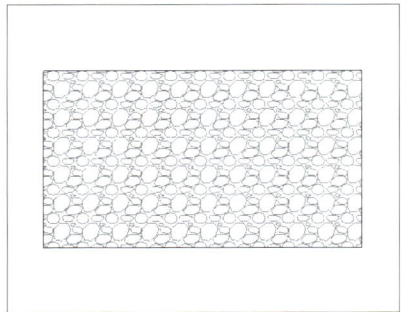
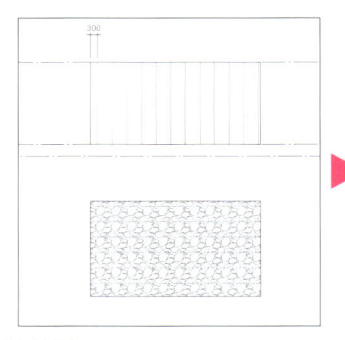
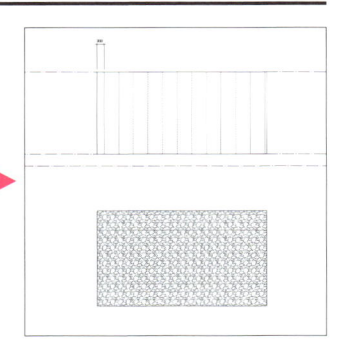

AutoCADのパターンファイル(ここでは割栗)を読み込みます(左図)。
[パターンタイプ]が[モデル]の場合は、パターンに寸法を記入することができます(P.115 Hint参照)。また、[パターンタイプ]が[モデル]と[製図]の
ハッチングパターンでは、[ビュースケール]を変更したときに違いがあります。

操 作 手 順

パターンファイルを作成する

Revitにパターンファイルを読み込むため、まずAutoCADのハッチングパターンファイルをコピーして保存します。

 AutoCADのハッチングパターンファイル「acadiso.pat」を、Windowsの[メモ帳]で開く。

❶必要なハッチングパターン名を探し(ここでは「*GRAVEL,Gravel pattern」)、パターン名とパターンを表現するための数字部分をコピーする(パターン名から、次のパターン名の前の行まで)。

[メモ帳]で新規ファイルを作成してペーストし、保存する。

保存したファイルの拡張子を「.pat」に変更する(ここではファイル名+拡張子を「GRAVEL.pat」とした)

AutoCADのハッチングパターンファイルの収録場所

C:¥Users¥<ユーザー名>¥AppData¥Roaming¥Autodesk¥AutoCAD<バージョン>¥R<バージョンコード>¥jpn¥Support¥acadiso.pat

※AutoCADがインストールされている必要があります。

Revitでパターンを読み込む

本書の学習用ファイルを使って解説します。「24_パターン.rvt」を開いてからはじめてください。このファイルは、P.113〜の『23 Revitでハッチングパターンを作成する』を実行したプロジェクトファイルです。

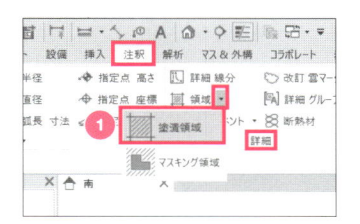

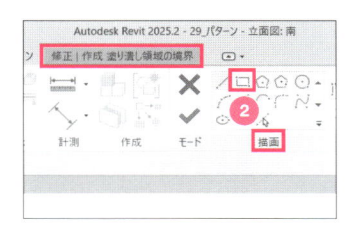

1 ［立面図］の［南］ビューに切り替え、［注釈］タブ➡［詳細］➡［領域］➡ ❶［塗潰領域］をクリックする。

［修正|作成 塗り潰し領域の境界］タブ➡［描画］➡ ❷［長方形］をクリックし、❸ 適当な大きさで長方形を作成する。

［プロパティパレット］の ❹［タイプ編集］をクリックする。

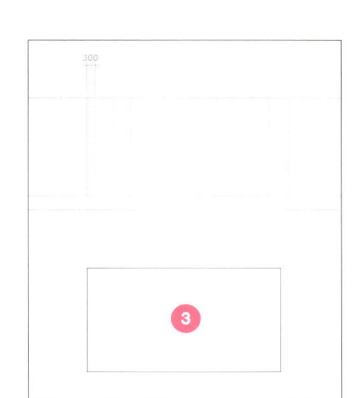

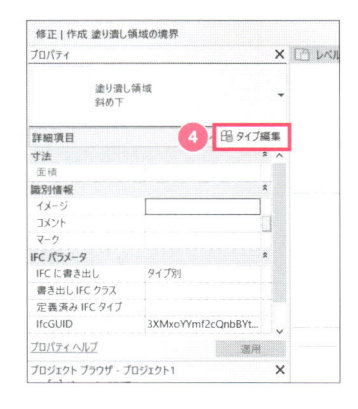

2 ［タイププロパティ］ダイアログボックスで、❶［複製］をクリックし、「割栗」という名前で新しいタイプを作成する。

［タイププロパティ］ダイアログボックスで、［グラフィックス］の ❷［前景の塗り潰しパターン］をクリックし、❸［…］をクリックする。

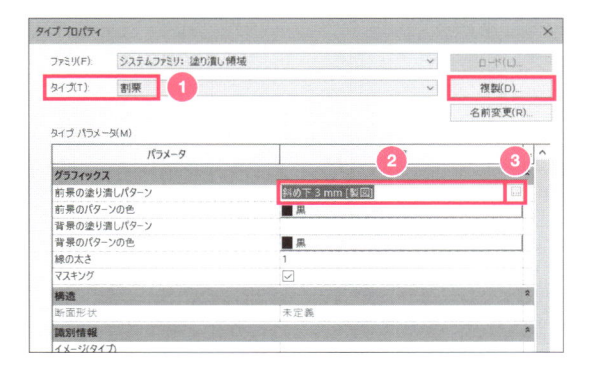

3 ［塗り潰しパターン］ダイアログボックスで、［パターンタイプ］の ❶［製図］を選択し、❷［新しい塗り潰しパターン］をクリックする。

［新しいパターン］ダイアログボックスで、❸［タイプ］の［カスタム］を選択する。❹［参照］をクリックし、前ページの **1** で保存した「GRAVEL.pat」を選択する。

［新しいパターン］ダイアログボックスに戻り、「GRAVEL.pat」が読み込まれ、❺［名前］に「GRAVEL」と表示されたことを確認し、［OK］をクリックする。

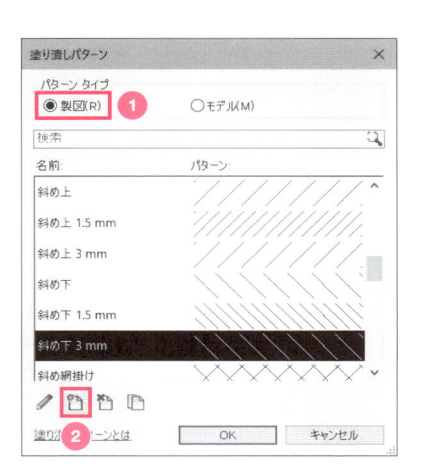

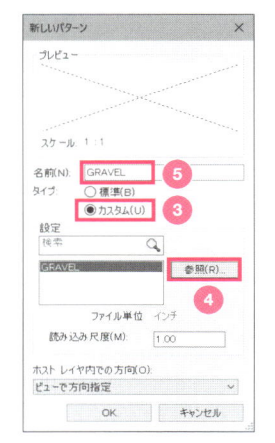

4
［パターンが長すぎます］ダイアログ
ボックスが表示されるので、［閉じる］
をクリックする。

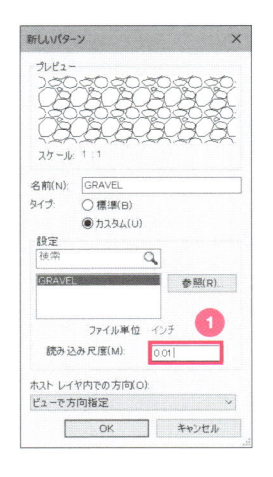
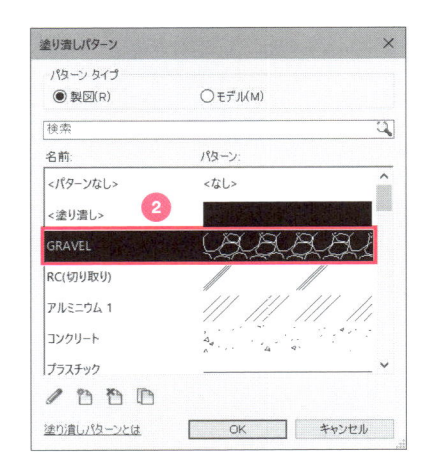

［新しいパターン］ダイアログボックス
に戻り、**❶**［読み込み尺度］に「0.01」
と入力して［OK］をクリックする。

［塗り潰しパターン］ダイアログボッ
クスに戻り、**❷**［GRAVEL］が追加
されたことを確認して［OK］をクリッ
クする。［タイププロパティ］ダイアロ
グボックスも［OK］をクリックする。

5
［タイプセレクタ］が**❶**［塗り潰し領域
割栗］に変更されたことを確認する。

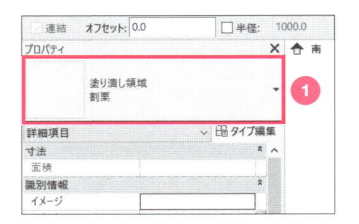
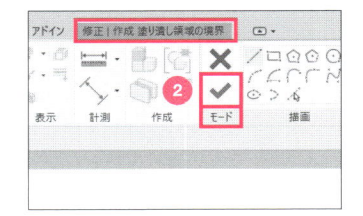

［修正|作成 塗り潰し領域の境界］タ
ブ➡［モード］➡**❷**［編集モードを終
了］をクリックする。

割栗のハッチングパターンが設定さ
れたことを確認する

［パターンタイプ］の違いを確認する
［パターンタイプ］の［製図］と［モデル］の違い
を確認します。

1
［プロパティパレット］で、**❶**［ビュー
スケール］が［1：100］であることを
確認する。

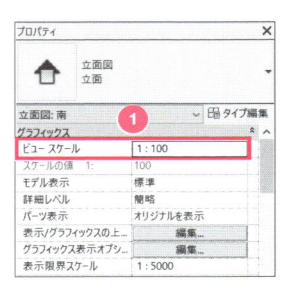
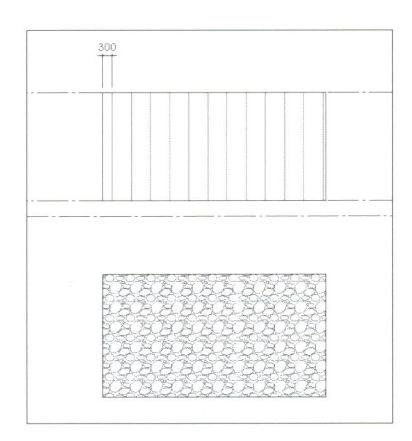

❷［ビュースケール］を［1：50］に
変更する。

パターンタイプが［製図］である割栗
は、縮尺の変更によりサイズが変化
したことを確認する。

Hint
このように、［パターンタイプ］
を［モデル］で作成したパターン（垂
直線のパターン）は、［ビュースケー
ル］の影響を受けませんが、［パターン
タイプ］を［製図］で作成したパターンは
［ビュースケール］によりサイズが変化し
ます。パターンの間隔が決まっている場
合は、［パターンタイプ］を［モデル］で作
成したほうがよいでしょう。

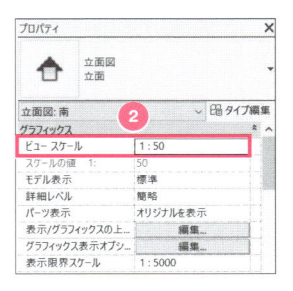
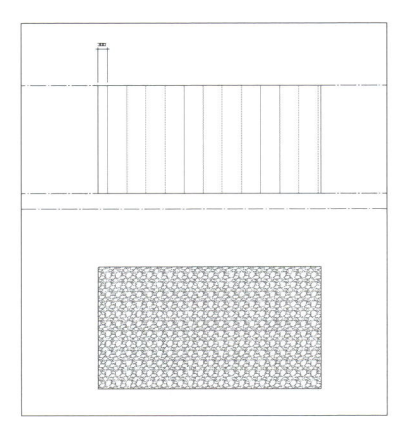

method no.
25 / フィルタでオブジェクト表示をコントロールする

「フィルタ」とは、オブジェクトの持つパラメータ値による条件を設定し、複数のオブジェクトの表示状態をビュー内でコントロールする機能です。フィルタにより、モデルのチェックをしたり、オブジェクトごとに色やハッチング、線種を変更したりできます。

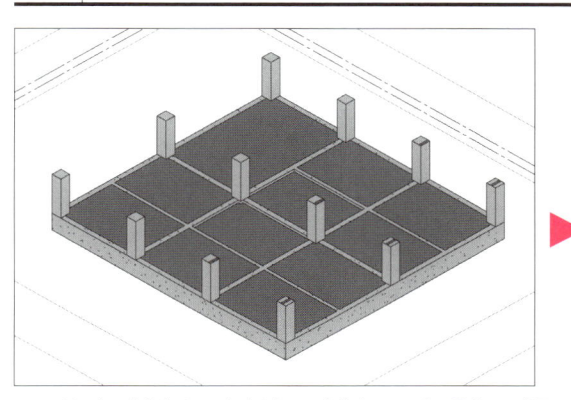
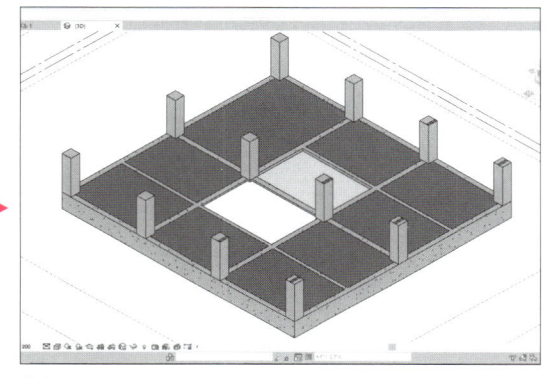

ここでは、床の高さをチェックするための条件をフィルタに設定し、確認してみます。

操作手順

本書の学習用ファイルを使って解説します。「25_フィルタ.rvt」を開いてからはじめてください。まず、床の高さが違う個所に色を付けるフィルタを設定します。

1 ［3D］ビューを開き、①ビューキューブの上で右クリックし、メニューの［ビューで方向指定］➡［平面図］➡②［平面図：レベル1］を選択する。

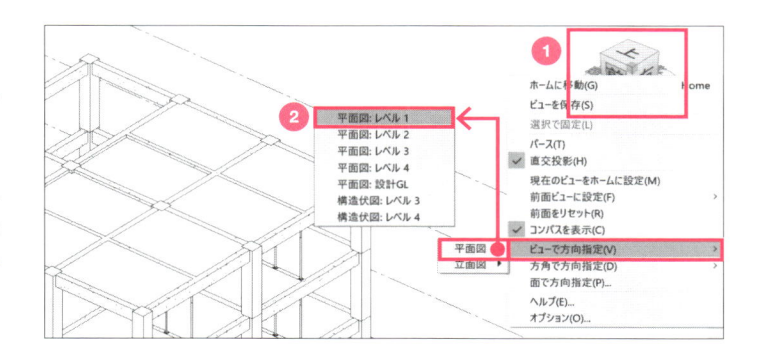

2 ビューキューブの①［ホームビュー］をクリックする。

支保工を右クリックし、メニューの［ビューで非表示］➡②［カテゴリ］を選択する。

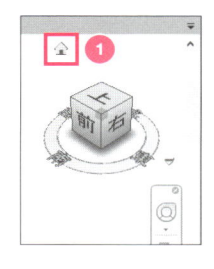

3 ビューコントロールバーの［表示スタイル］を ① ［ベタ塗り］に変更する。

② ［3D］ビューに切り替えて確認する。

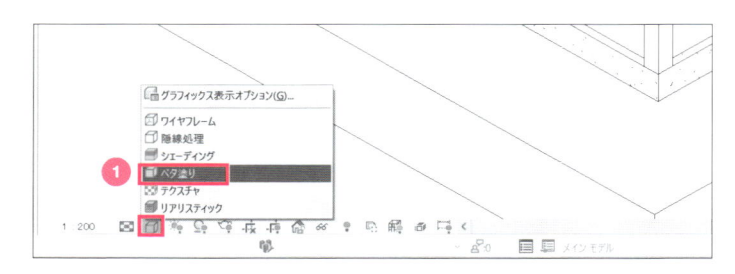

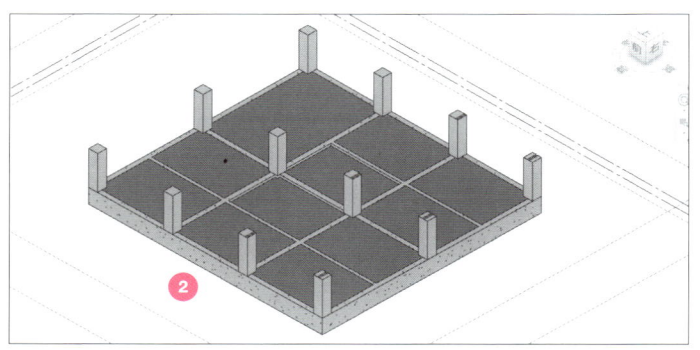

4 ［表示］タブ➡［グラフィックス］➡ ① ［表示／グラフィックス］をクリックする。

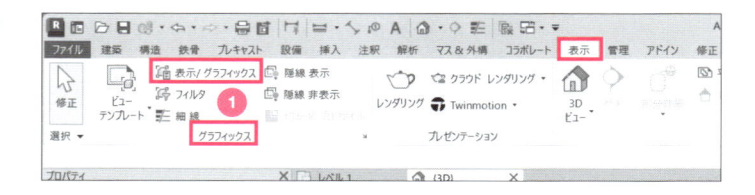

5 ［表示／グラフィックスの上書き：3D ビュー：{3D}］ダイアログボックスで、① ［フィルタ］タブをクリックし、② ［編集／新規作成］をクリックする。

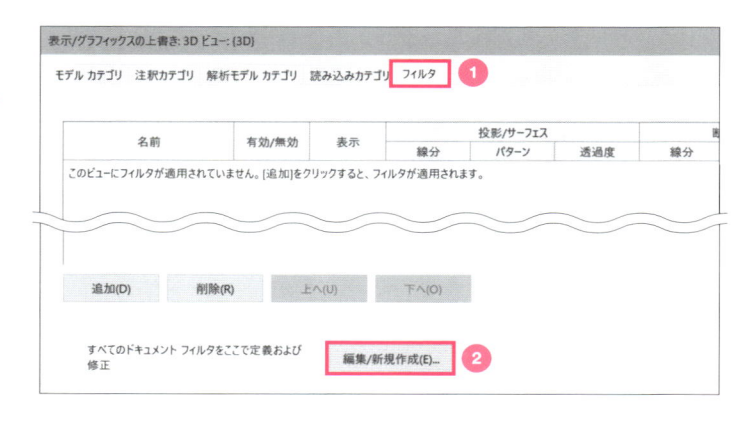

6 ［フィルタ］ダイアログボックスで、① ［新規作成］をクリックする。

［フィルタ名］ダイアログボックスで、② ［名前］に「床高 −100」と入力して［OK］をクリックし、［フィルタ］ダイアログボックスに戻る。

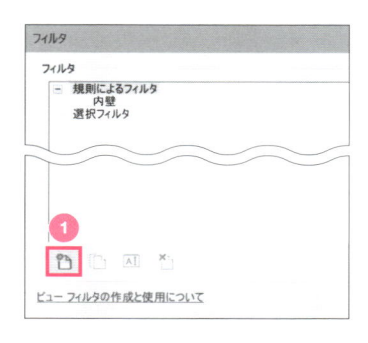

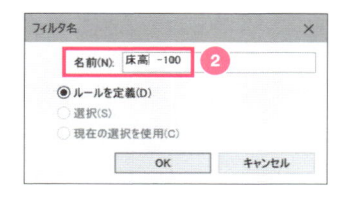

7
［フィルタ］ダイアログボックスで、［カテゴリ］の ❶［床］にチェックを入れる。

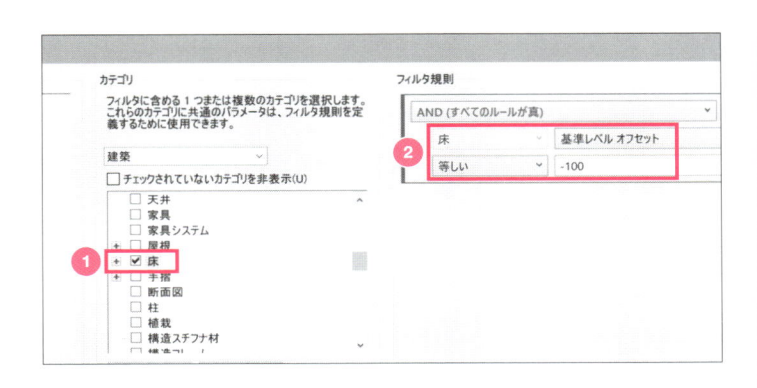

❷［フィルタ規則］で次のように設定する。
［床］［基準レベルオフセット］
［等しい］「-100」

［適用］をクリックする。

8
❻と同様に、［フィルタ］ダイアログボックスで、［新規作成］をクリックし、［フィルタ名］ダイアログボックスで、［名前］に「床高 −150」と入力する。

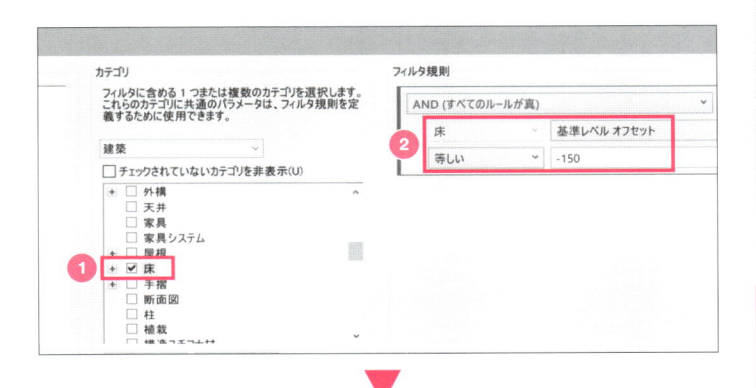

続けて❼と同様に、［フィルタ］ダイアログボックスで、［カテゴリ］の ❶［床］にチェックを入れ、［フィルタ規則］で、❷［床］［基準レベルオフセット］［等しい］「-150」に設定する。

［OK］をクリックし、［フィルタ］ダイアログボックスを閉じる。

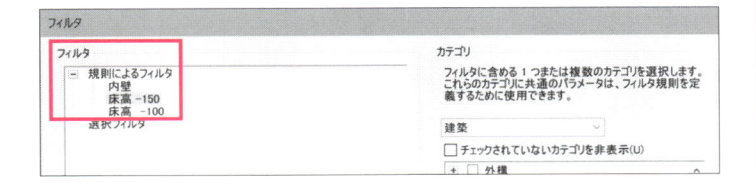

Hint
［フィルタ規則］は複数設定することができます。

9
［表示/グラフィックスの上書き：3Dビュー：{3D}］ダイアログボックスに戻り、❶［追加］をクリックする。

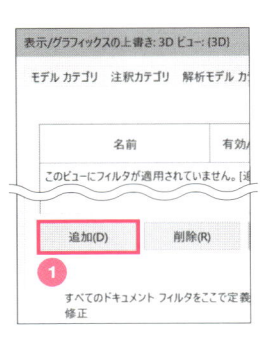 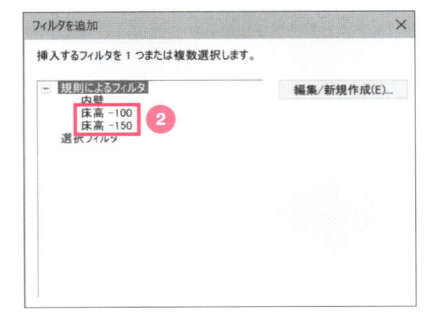

［追加］ダイアログボックスで、❷［床高 −100］と［床高 −150］を複数選択し、［OK］をクリックする。

10
［表示/グラフィックスの上書き：3Dビュー：{3D}］ダイアログボックスに戻る。

［床高 −100］：［投影/サーフェス］の［パターン］の ❶［優先］をクリックする。

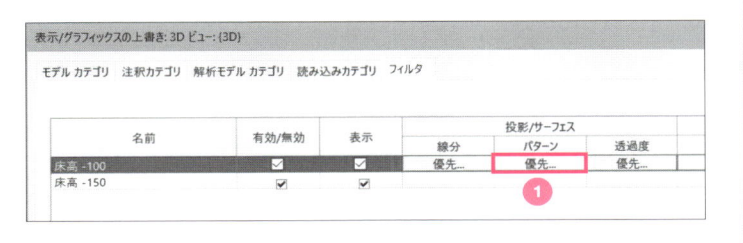

11 ［塗り潰しパターングラフィックス］ダイアログボックスで、［前景］の ❶ ［パターン］をクリックし、［<塗り潰し>］を選択する。❷ ［色］をクリックして任意の色（ここでは［赤］）を選択する。［OK］をクリックして［表示／グラフィックスの上書き：3Dビュー：{3D}］ダイアログボックスに戻る。

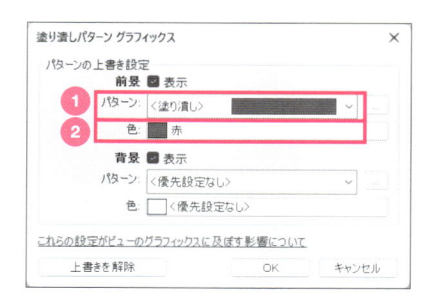

12 ［表示／グラフィックスの上書き：3Dビュー：{3D}］ダイアログボックスで、❶ ［パターン］色が設定されたことを確認する。

10〜**11**と同様に、［床高−150］：［投影／サーフェス］の ❷ ［パターン］に、［床高 −100］とは異なる任意の色を設定する。

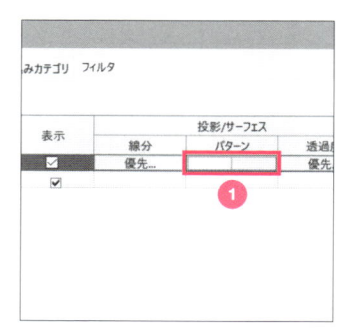
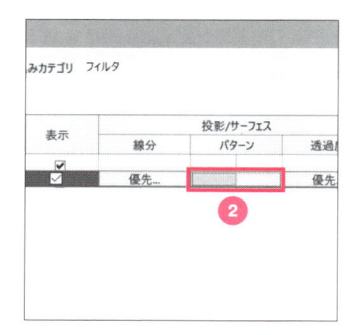

表示の変化を確認する

1 ［表示／グラフィックスの上書き：3Dビュー：{3D}］ダイアログボックスの［OK］をクリックすると、「床高−150㎜」の個所の表示色が変更される。

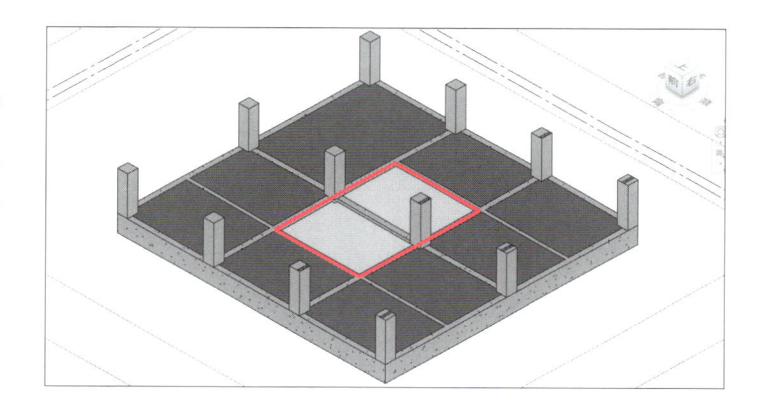

2 「床高−150㎜」のどちらか（ここでは手前側）の床を選択し、［プロパティパレット］で、❶ ［基準レベル オフセット］に「−100」と入力して［適用］をクリックする。

‥‥‥‥‥‥‥‥‥‥‥‥‥‥‥‥‥‥

「床高−100㎜」の個所の表示色が変更される。

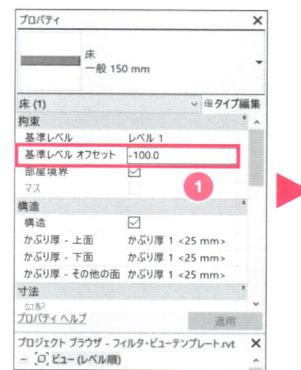
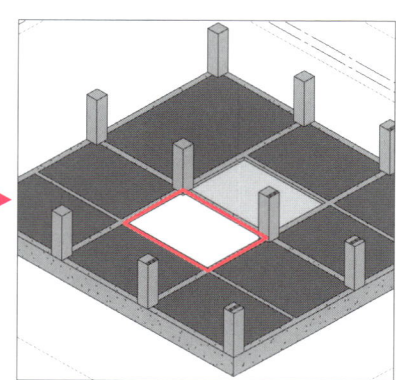

26 / RC床伏図で床と梁の高さが 同一の境界線を破線表現にする

RC床伏図を作成したとき、床と梁の高さが同じ場合の床と梁間の境界線を破線で表現する必要があります。ここでは、フィルタを利用して境界線を一括で破線に変更する方法を解説します。

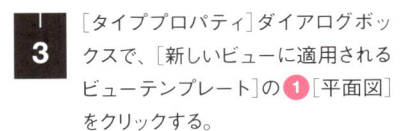

ここでは、境界線を自動的に一括で破線に変更し、線の色も変更します。

操作手順

本書の学習用ファイルを使って解説します。「26_床伏図の線種表現.rvt」を開いてからはじめてください。

1 ［表示］タブ➡［作成］➡［平面図］➡ ①［構造伏図］をクリックする。

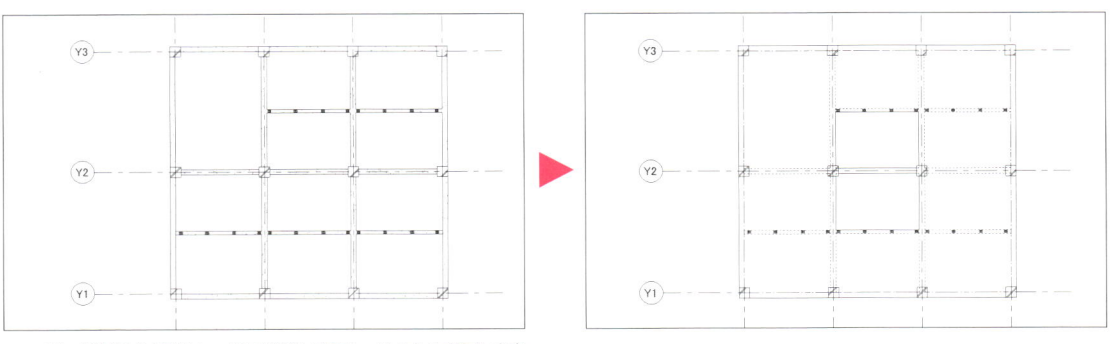

2 ［新しい構造伏図］ダイアログボックスで、①［タイプを編集］をクリックする。

3 ［タイププロパティ］ダイアログボックスで、［新しいビューに適用されるビューテンプレート］の①［平面図］をクリックする。

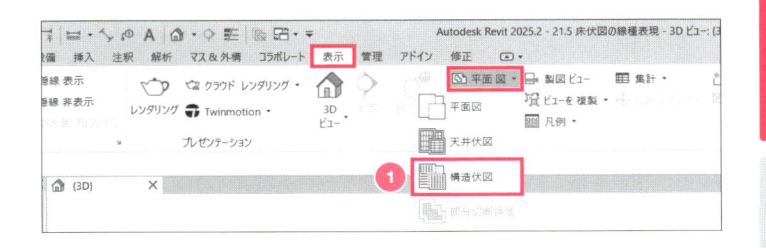

4

[ビューテンプレートを割り当て]ダイアログボックスで、[名前]の❶[なし]を選択し、[OK]をクリックする。

[タイププロパティ]ダイアログボックスに戻り、[OK]をクリックする。

[新しい構造伏図]ダイアログボックスに戻り、❷[レベル1]から[レベル4]までを複数選択し、[OK]をクリックする。

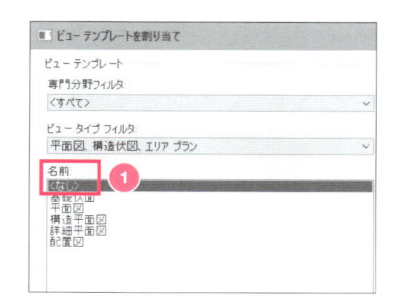
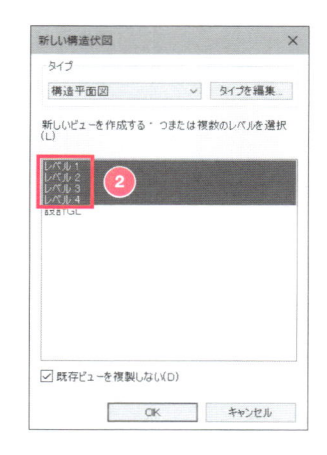

5

[プロジェクトブラウザ]の[構造伏図（構造平面図）]に❶[レベル1]から[レベル4]までが追加されたことを確認する。

[プロジェクトブラウザ]で、[レベル1]ビューを開く。

❷床と梁の重なっているところが実線になっていることを確認する。

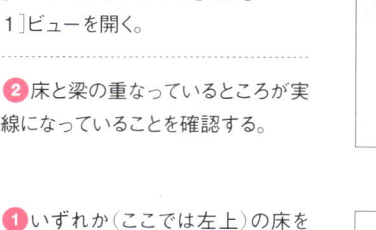
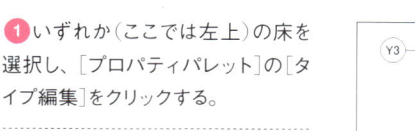
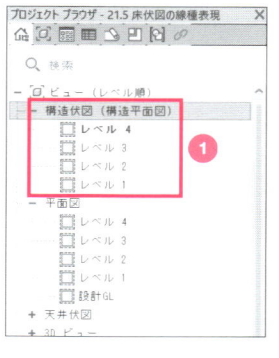

6

❶いずれか（ここでは左上）の床を選択し、[プロパティパレット]の[タイプ編集]をクリックする。

[タイププロパティ]ダイアログボックスで、[構造]の❷[編集]をクリックする。

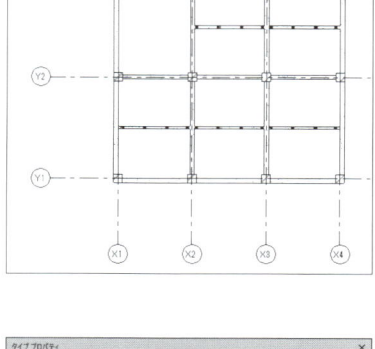

7

[アセンブリを編集]ダイアログボックスで、[構造[1]]の[マテリアル]の❶[<カテゴリ別>]をクリックし、表示される[...]をクリックする。

[マテリアルブラウザ]ダイアログボックスで、❷[コンクリート-現場]を選択する。すべてのダイアログボックスで、[OK]をクリックして閉じる。

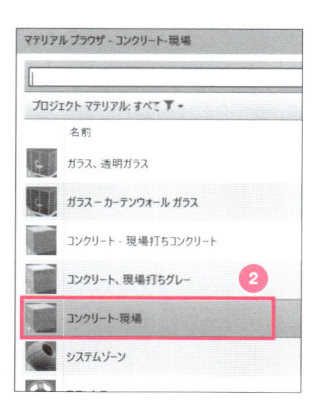

8　[3D]ビューに切り替える。❶すべてのオブジェクトを窓選択で選択する。

[修正|複数選択]タブ➡[選択]➡❷[フィルタ]をクリックする。

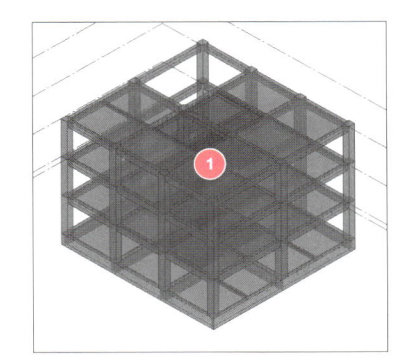
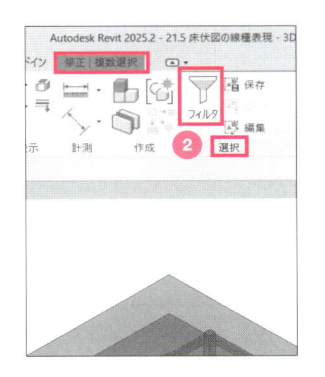

9　[フィルタ]ダイアログボックスで、[カテゴリ]の❶[構造フレーム（大梁）]と[構造フレーム（小梁）]にチェックを入れ、[OK]をクリックする。

[プロパティパレット]で、[マテリアルと仕上げ]の❷[構造マテリアル]を選択し、[...]をクリックする。

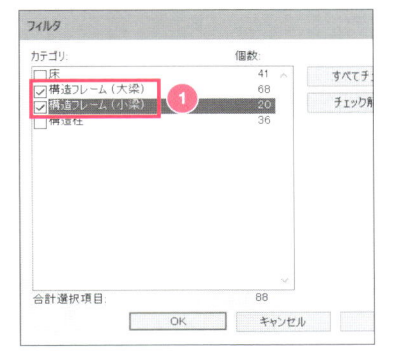
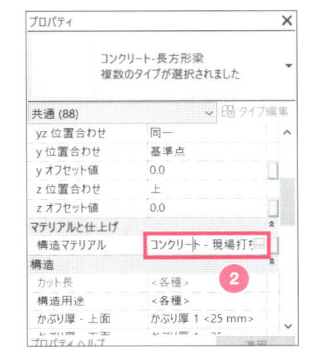

10　[マテリアルブラウザ]ダイアログボックスで、❶[コンクリート現場]を選択し、[OK]をクリックする。

床と梁が同じマテリアルに変更されたので、❷境界エッジが非表示になる。

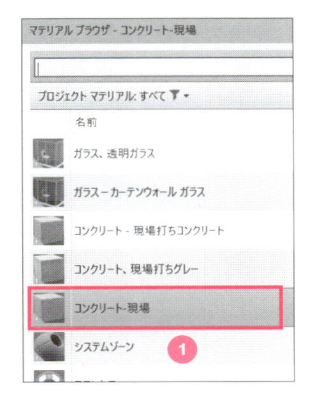
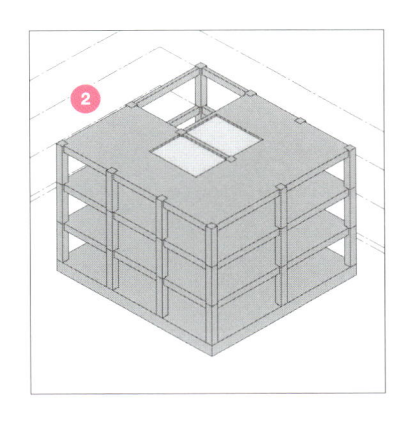

11　❶[構造伏図（構造平面図）]の[レベル1]ビューに切り替える。

[プロパティパレット]の❷[専門分野]を[構造]に変更し、[適用]をクリックする。

床と梁の境界線が破線に変更される。

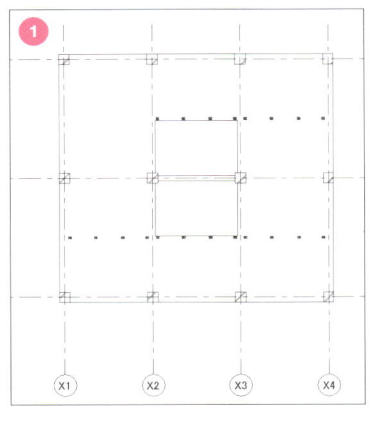
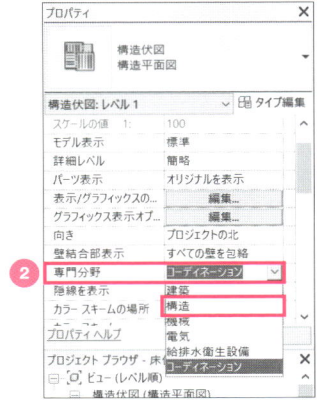

破線の色を変更する

1 ［管理］タブ➡［設定］➡ ① ［オブジェクトスタイル］をクリックする。

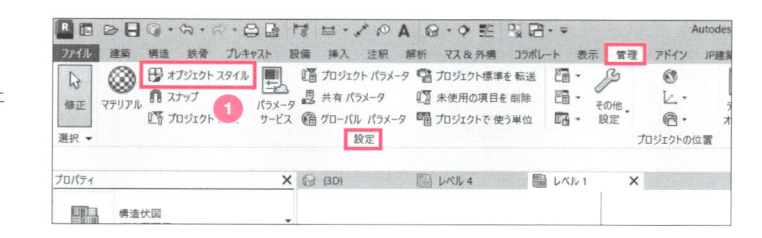

2 ［オブジェクト スタイル］ダイアログボックスで、［カテゴリ］の［構造フレーム］を展開し、［＜隠線処理＞］の ① ［線の色］をクリックする。

- - - - - - - - - - - - - - - - - - - -

［色］ダイアログボックスで、［黒］を選択し、すべてのダイアログボックスで、［OK］をクリックして閉じる。

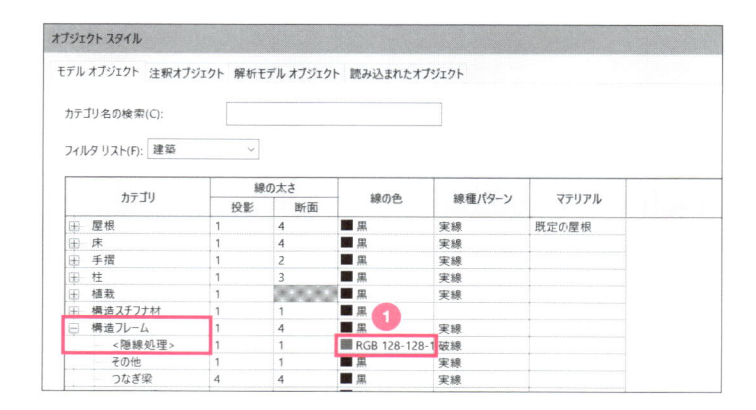

破線の色が変更されました。

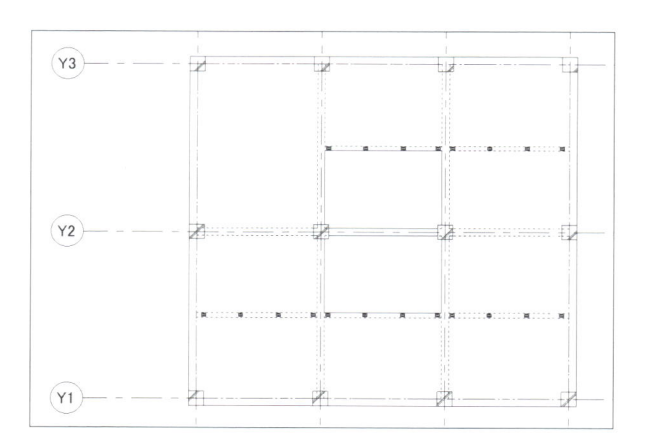

method no.

27

印刷範囲を設定する ❶

トリミング領域で
印刷範囲を設定する

ビューの印刷範囲を「トリミング領域」で設定します。ビューごとに範囲を設定する必要がありますが、基本の方法です。なお、1つの範囲を共通して利用するスコープボックスによる印刷範囲の設定方法は、P.129の『28 スコープボックスで印刷範囲を設定する』で解説します。

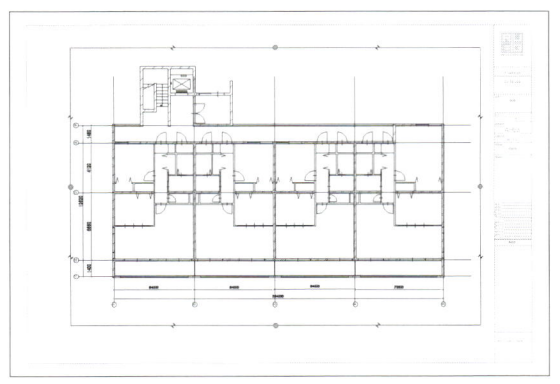
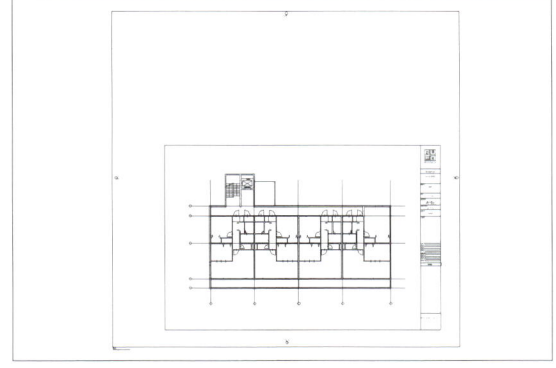

ビューの印刷範囲を「トリミング領域」で設定する場合は、各階ごとに印刷範囲を調整する必要があります。

操作手順

本書の学習用ファイルを使って解説します。「27_メゾンRevit.rvt」を開いてからはじめてください。

1 [表示]タブ ➡ [シート構成] ➡ ❶ [シート]をクリックする。

[新規シート]ダイアログボックスで ❷ [rタイトルブロックA1：標準]を選択し、[OK]をクリックする。

❸ 作図領域にA1図面枠が表示される。

[プロジェクトブラウザ]の[平面図]の ❹ [平面図1階]を、作図領域にドラッグ＆ドロップする。

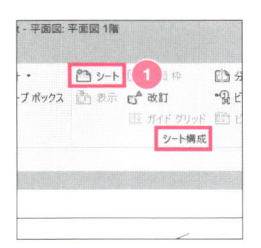
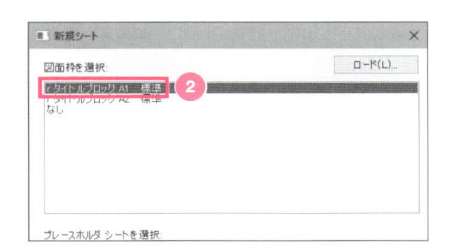
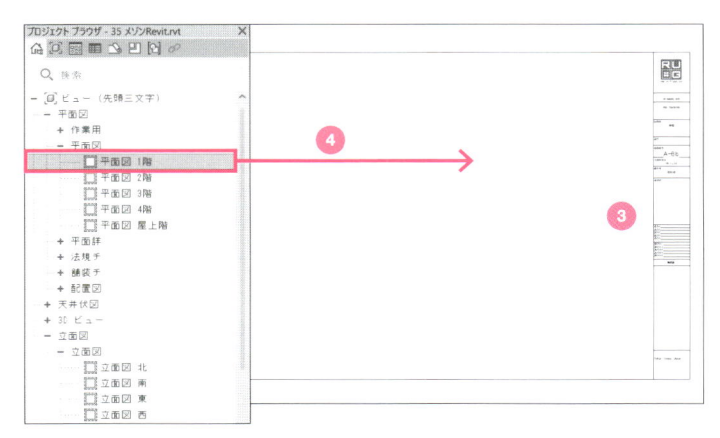

2 ① 建物の部分が図面枠に入るように位置を整える。

図面内をダブルクリックし、ビューをアクティブにする。

ビューコントロールバーの ② [トリミング領域を表示]をクリックする。

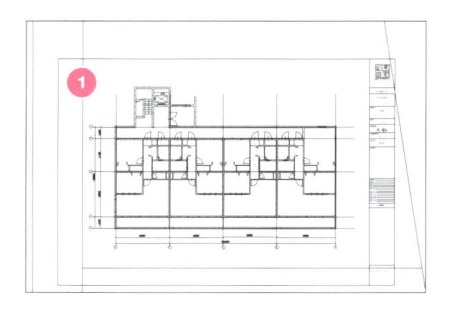
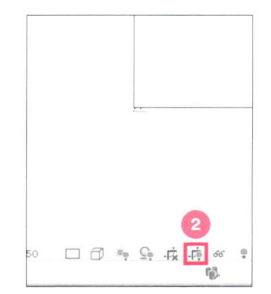

3 ① トリミング領域（枠）をクリックして選択する。

② 枠の各辺中央のコントロール（青い丸）をドラッグし、③ 印刷範囲を設定する。

ビューコントロールバーの ④ [トリミング領域を非表示]をクリックする。

図面枠の外側でダブルクリックし、ビューのアクティブを解除する。

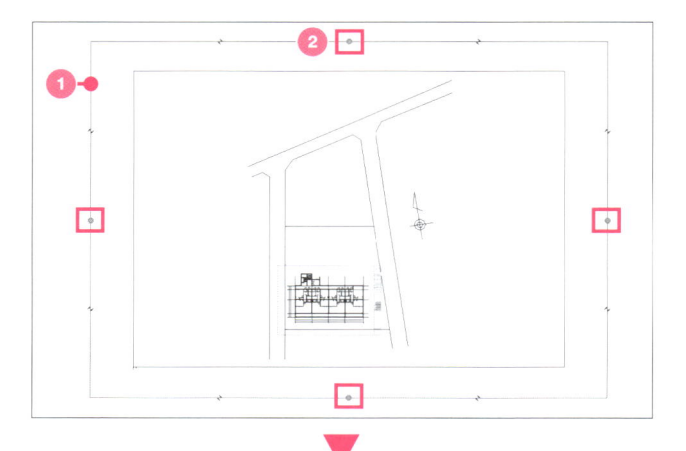

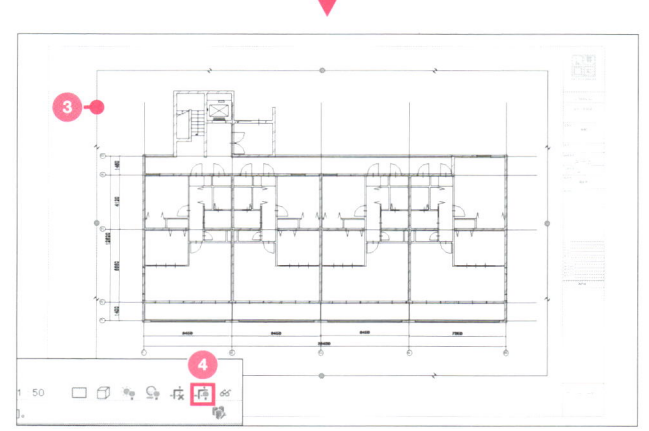

平面図1階が完成しました。

Hint
他の階の平面図、立面図も、**1**〜**3**を繰り返して印刷範囲を設定します。

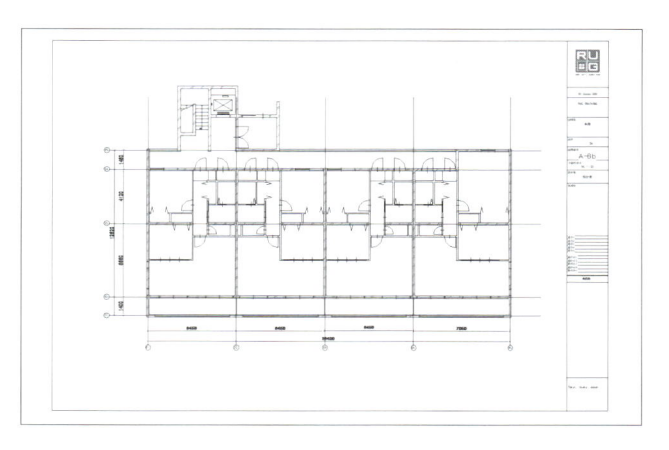

28

印刷範囲を設定する❷

スコープボックスで
印刷範囲を設定する

スコープボックスを印刷範囲とすることで、各階の平面図の印刷範囲を共通にできます。スコープボックスの印刷範囲は立面図にも応用できます。

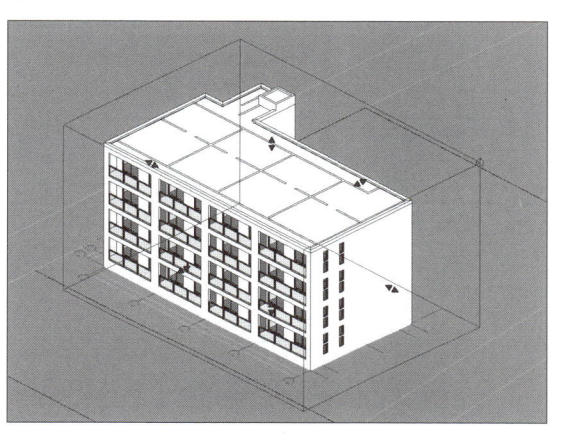
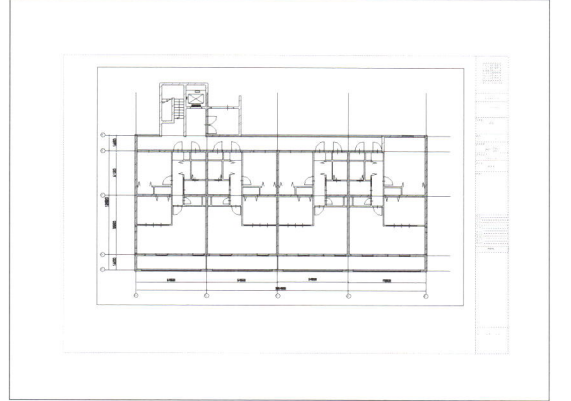

ここでは、1つのスコープボックスで、各階の平面図や立面図に印刷範囲を設定します。

操作手順

本書の学習用ファイルを使って解説します。「**28_メゾンRevit.rvt**」を開いてからはじめてください。

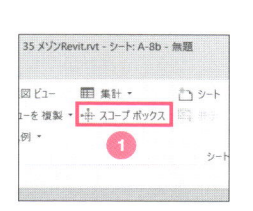

1 P.127の**1**～P.128の**2**の**1**と同様に、平面図1階をシート（A1図面枠）に配置する。

図面内をダブルクリックし、ビューをアクティブにする。

2 ［表示］タブ➡［作成］➡**1**［スコープボックス］をクリックする。

2対角の2点をクリックし、印刷範囲を枠で囲む。

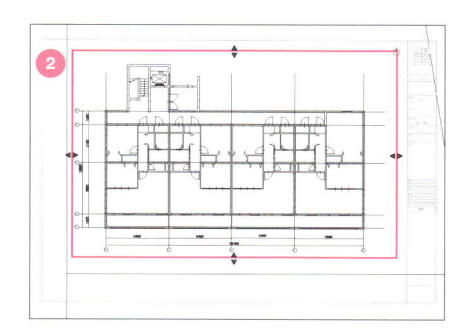

3 ［プロパティパレット］で、**①**［名前］
に「印刷範囲」と入力し、［適用］をク
リックする。

スコープボックス（**②**で作成した枠）
の選択を解除し、［プロパティパレッ
ト］の［範囲］の**②**［スコープボック
ス］で［印刷範囲］を選択する。

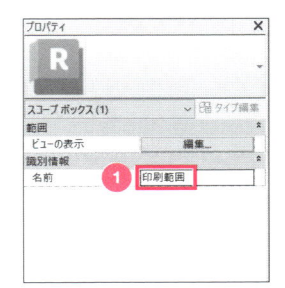
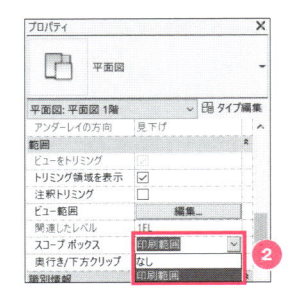

4 **①**スコープボックスの範囲でビュー
がトリミングされる。

ビューコントロールバーの**②**［トリ
ミング領域を非表示］をクリックする
と、スコープボックスが非表示にな
る。

図面枠の外側でダブルクリックし、
ビューのアクティブを解除する。

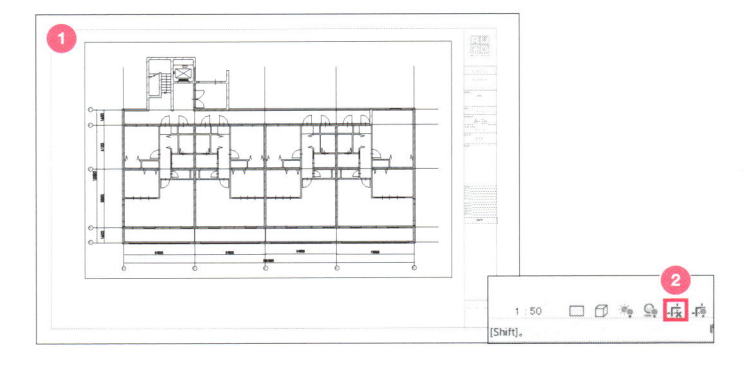

平面図1階が完成しました。

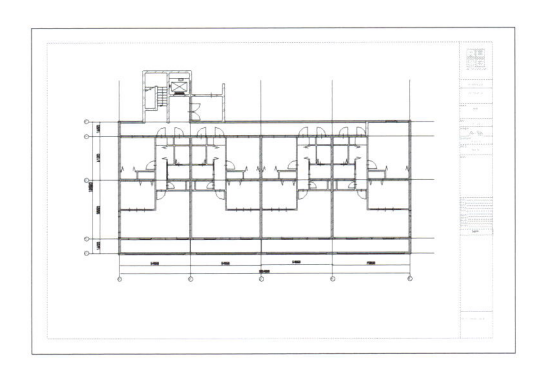

5 P.127の**①**〜P.128の**②**の**①**と同
様に、平面図2階をシート（A1図面
枠）に配置する。

図面内をダブルクリックし、ビューを
アクティブにする。

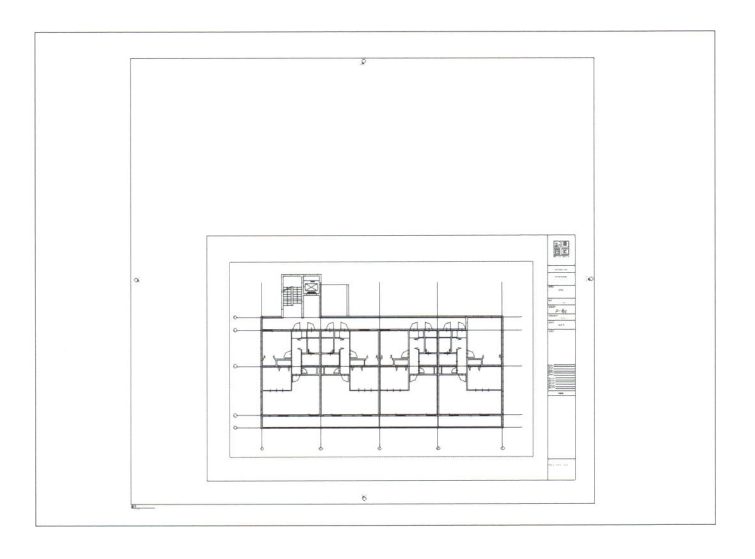

6 ［プロパティパレット］で、［範囲］の［スコープボックス］の［印刷範囲］を選択する。

① スコープボックスの範囲でビューがトリミングされる。

ビューコントロールバーの ②［トリミング領域を非表示］をクリックする。

図面枠の外側でダブルクリックし、ビューのアクティブ解除する。

平面図2階が完成しました。

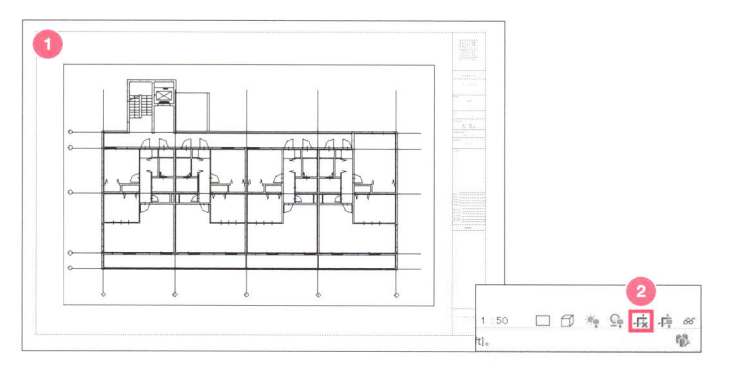

Hint

スコープボックスを設定している場合、ビューコントロールバーの［トリミング領域を表示］にしてトリミング領域を選択しても、コントロール（青い丸）が表示されません。
印刷範囲を変更したいときは、まず、スコープボックスを解除します。その後、［プロパティパレット］の［範囲］グループの［スコープボックス］で［なし］を選択すると、トリミング領域のコントロール（青い丸）が表示され、印刷範囲を変更できます。

立面図にスコープボックスを設定する

1 ［3D］ビューに切り替えて ① スコープボックスを選択し、［プロパティパレット］の［ビューの表示］の ②［編集］をクリックする。

［スコープボックスビューの表示］ダイアログボックスで ③［立面図］の［自動表示］が［非表示］になっていることを確認する。

［立面図南］と［立面図東］の ④［優先］を［表示］に変更し、［OK］をクリックする。

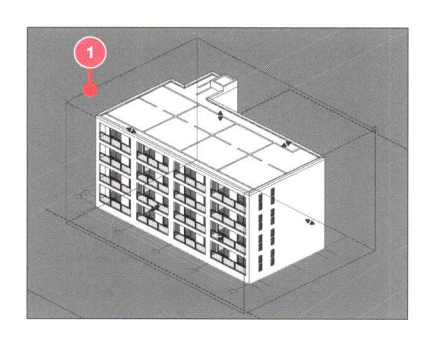
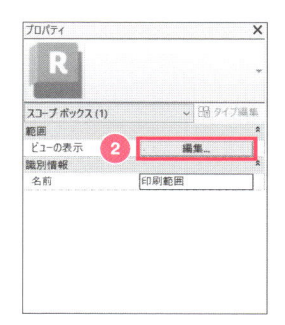

2 ［プロジェクトブラウザ］から［立面図］の **1**［立面図南］ビューを開く。

2 スコープボックスを選択し、立面図の印刷範囲を調整する。スコープボックスの選択を解除する。

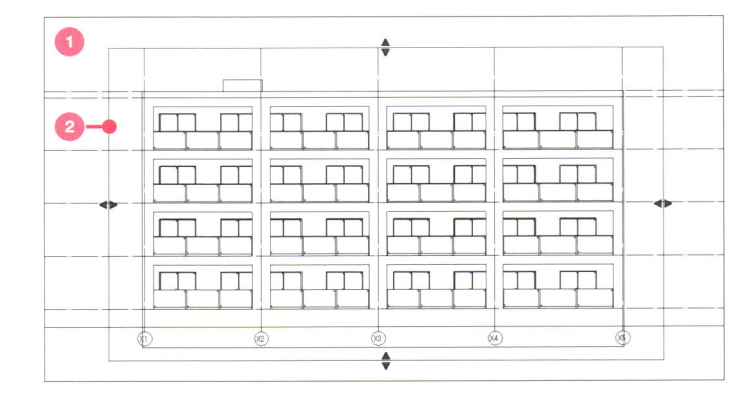

3 ［プロパティパレット］の［範囲］の［スコープボックス］で **1**［印刷範囲］を選択する。

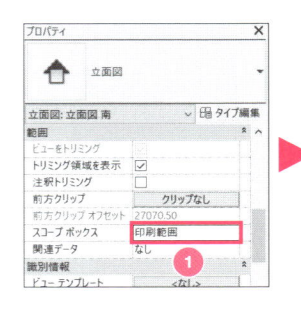
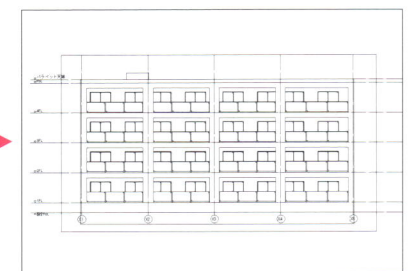

4 プロジェクトブラウザから［立面図］の［立面図東］ビューを開く。

［プロパティパレット］で、［範囲］の［スコープボックス］の［印刷範囲］を選択する。

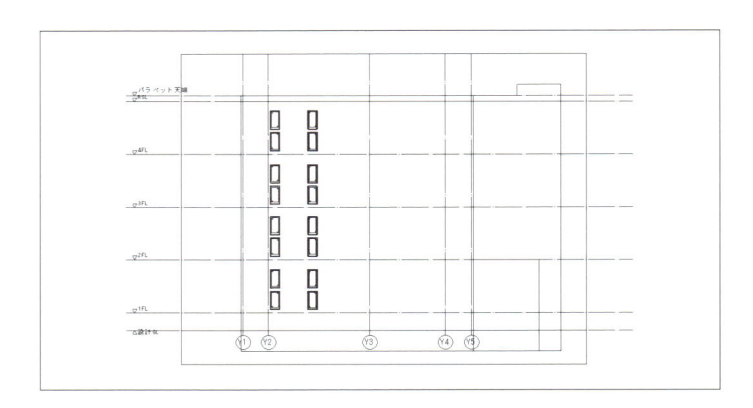

Hint

［3D］ビューに切り替えて、スコープボックスを選択し、表示される両矢印マークをドラッグすることで、平面図や立面図の印刷範囲を調整できます。

視点が斜めの状態でもスコープボックスの範囲を調整できますが、ビューキューブで［上］［前］［右］などの方向のビューに切り替えると調整しやすくなります。

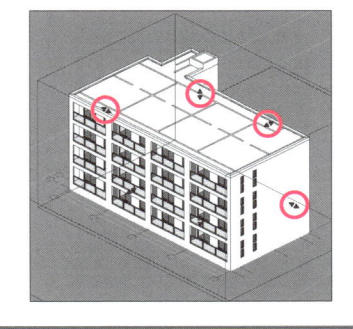
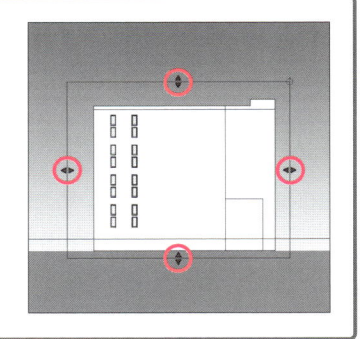

method no.

29

ファミリをダウンロードする❶

Autodeskファミリを活用する

Revit 2022から標準ではファミリのライブラリがインストールされなくなり、[ファミリをロード]コマンドから選択できません。インターネットを介してクラウドに保存されている「Autodeskファミリ」を読み込む仕様になりました。

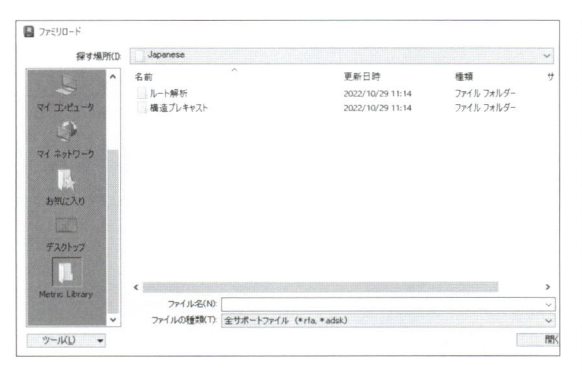

Revit 2022からは、ファミリのライブラリがインストールされません（左図）。そのため、ここでは[Autodeskファミリをロード]コマンドで、クラウドからAutodeskファミリをロード（右図）する方法を解説します。

操作手順

1

Revitホーム画面で、[プロジェクト]の❶[新規作成]をクリックする。

- -

[プロジェクトの新規作成]ダイアログボックスで❷[建築テンプレート]を選択して[OK]をクリックする。

2

[挿入]タブ➡[ライブラリからロード]➡❶[Autodeskファミリをロード]をクリックする。

133

［Autodeskファミリをロード］ダイアログボックスで、ファミリが確認できます。
たとえばドアのファミリを使いたい場合、次のように操作します。

3 ［Autodeskファミリをロード］ダイアログボックス左側、［フィルタ］の［参照］で❶［ドア］をクリックする。

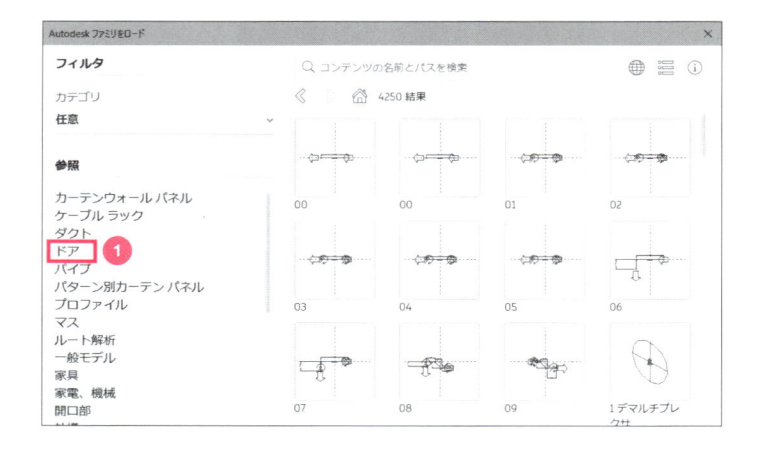

4 ［ドア］の種類が表示される。ここでは、❶［鋼製ドア］をクリックする。

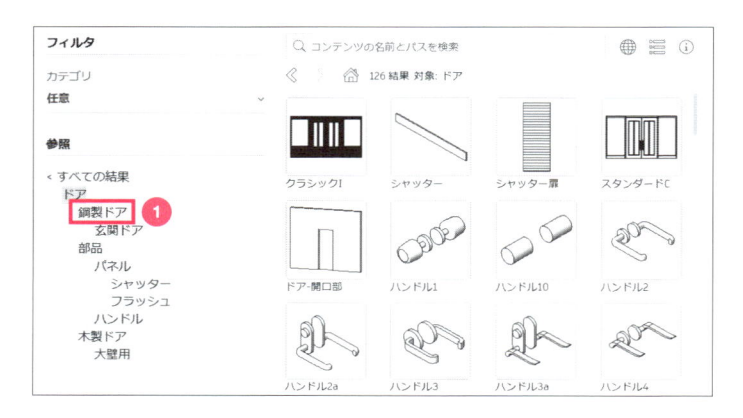

5 ［鋼製ドア］のファミリが右側に表示される。ここでは、❶［両開き_ガラス四方框］をクリックする。

［両開き_ガラス四方框］の左上にチェックが入ることを確認する。

❷［ロード］をクリックする。

Hint
ファミリを複数選択することもできます。

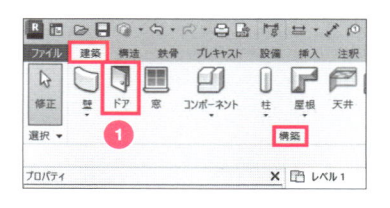 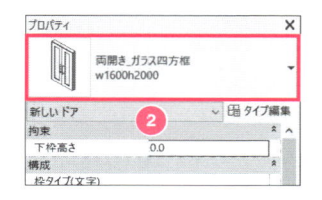

6 ［建築］タブ➡［構築］➡❶［ドア］をクリックする。

❷［タイプセレクタ］で、［両開き_ガラス四方框］がロードされていることを確認する。

30

ファミリをダウンロードする❷
ロードコマンドで Autodeskファミリを活用する

Revit 2022から標準ではファミリのライブラリがインストールされなくなり、［ファミリを
ロード］コマンドから選択できません。インターネットを介してクラウドに保存されている
「Autodeskファミリ」を読み込む仕様になりました。ここでは、ファミリをダウンロードし、従
来通り［ファミリをロード］コマンドで使用できるようにする方法を解説します。

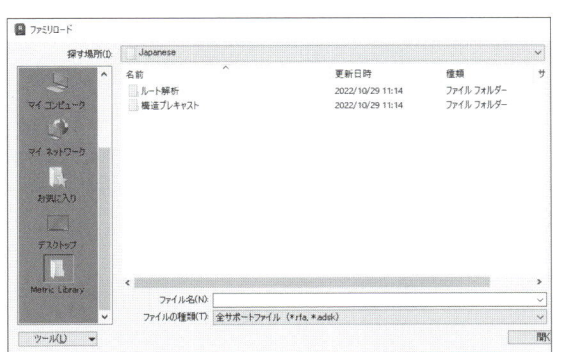

標準ではAutodeskファミリを［ファミリをロード］コマンドで選択できません（左図）が、ダウンロードすることで［ファミリをロード］コマンドで選択で
きるようになります（右図）。

操作手順

Autodeskファミリをダウンロードする

1 Autodeskアカウントにログインする。
右上の❶（人型アイコン）をクリック
する。

❷［製品の更新］をクリックする。

［製品の更新プログラム］画面で、［す
べて］になっていることを確認し、リ
リース日を❸［すべて］に変更する。

［検索］に❹「Japanese」と入力す
る。

❺ここでは、「Japanese Content
for Revit 2025」にチェックを入れ
て、「ダウンロード」をクリックする。
Autodeskファミリがダウンロードさ
れる。

Hint

Revit 2024以前のバージョン（ここではRevit 2023バージョン）のAutodeskファミリをダウンロードしたい場合、手順は次の通り。

❶ Webブラウザで「**Autodesk Revit 2023のコンテンツ**」と入力して検索し、「**Autodesk Revit 2023のコンテンツ**」のWebページ（図）を表示する。
❷ ［Revit 2023の日本語コンテンツ］の「**RVTCPJPN.exe**」をクリックしてパソコンにダウンロードする。
❸ 「**RVTCPJPN.exe**」をダブルクリックして任意の場所にインストールする。

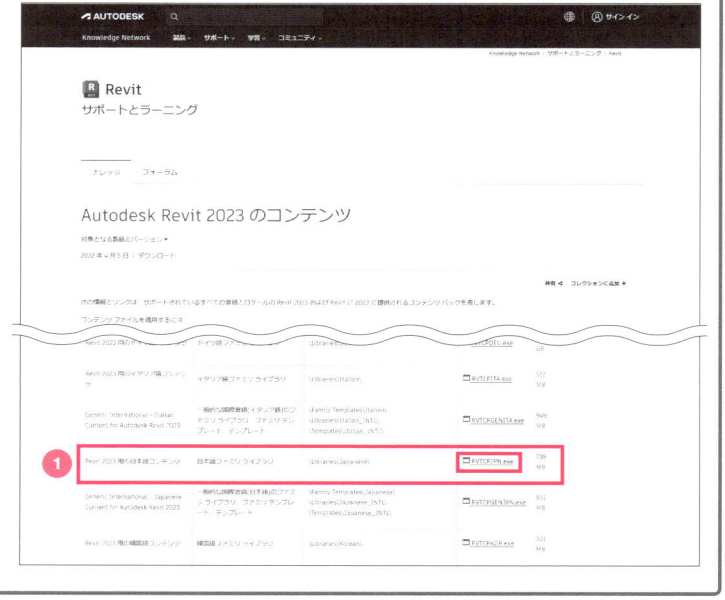

2 Revitホーム画面で、［プロジェクト］の❶［新規作成］をクリックする。

［プロジェクトの新規作成］ダイアログボックスで❷［建築テンプレート］を選択して［OK］をクリックする。

3 ［建築］タブ➡［構築］➡❶［ドア］をクリックする。

［修正｜配置ドア］タブ➡［モード］➡❷［ファミリをロード］をクリックする。

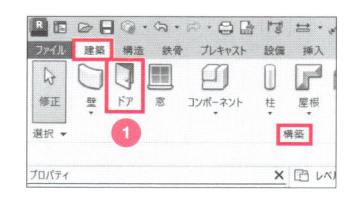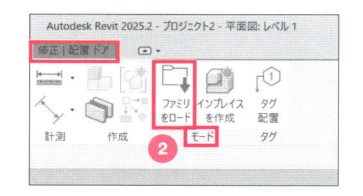

4 ［ファミリロード］ダイアログボックスで、ダウンロードされたファミリが保存されていることを確認する。

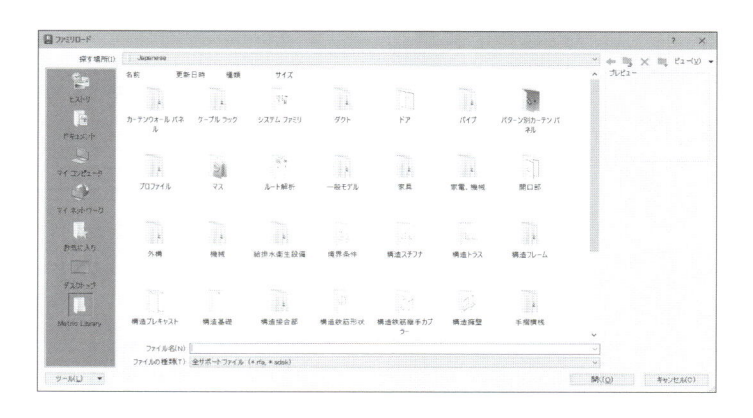

31

ファミリをダウンロードする❸

「Japanese_RUG」ファミリを ダウンロードする

Revit 2021まで同梱されていた「RUGライブラリ」(Japanese_RUG)に含まれているファミリ を使用できるようにします。RUGライブラリは、国土交通省のBIM推進会議の方針に則って、 分野間連携や標準化に配慮されたコンテンツです。

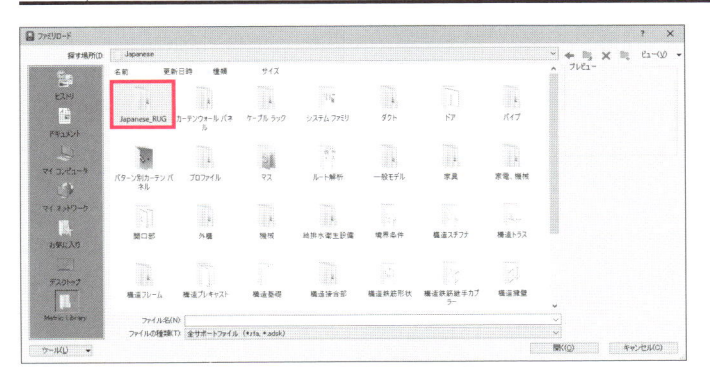

「RUGライブラリ(Japanese_RUG)」のファミリを使用できるようにします。

操 作 手 順

RUGライブラリをダウンロードする

1 Webブラウザで「RUG(Revit User Group)」と入力して検索し、「RUG (Revit User Group)」のWebページを表示する。

❶[RUGライブラリ]をクリックし、「RUGライブラリ」のWebページを表示する。

Hint
RUGは、「Revit User Group」 の略称です。

2 ❶「RUGライブラリ」のWebページで、[意匠ライブラリ]の[アーカイブページ]をクリックする。

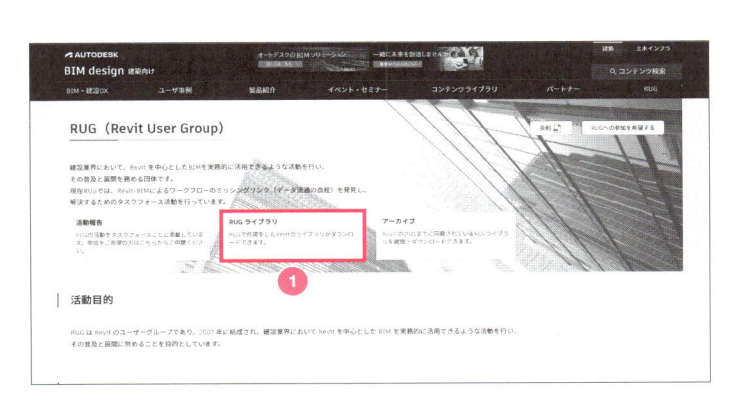

3

「アーカイブ」のWebページで、❶［Revit 2024 旧意匠RUGライブラリ　Revit 2024 旧構造RUGライブラリ］の［ダウンロード］をクリックする。

4

「rug_LegacyLibrary_2024.zip」がダウンロードされる。

解凍して表示されるフォルダ内の「Japanese_RUG」フォルダ（Hint参照）を、任意のフォルダ内に移動する。

5

P.136の**2**〜**4**までと同様に操作する。

「Japanese_RUG」フォルダが表示されることが確認できます。これで「Japanese_RUG」のファミリを選択して使用できるようになります。

Hint

建材、建具、設備、家具関連など、さまざまな企業が各製品に合わせたファミリを公開、提供しています。使用する製品が決まっている場合など、まずはファミリやBIMモデルが提供されているか、探してみるとよいでしょう。

Hint

使用しているRevitのバージョンより古いRevitのバージョンで保存されているファミリなどをロードすると、そのたびに自動でファミリがアップグレードされます（P.008参照）。これが煩わしい場合は、使用しているRevitのバージョンで保存し直してください。

Hint

ここでは、解凍した「rug_LegacyLibrary_2024」➡「Libraries」フォルダ内の「Japanese_RUG」フォルダを、「Windows(C;)」➡「ProgramData」➡「Autodesk」➡「RVT（バージョン）」➡「Libraries」➡「Japanese」フォルダ内に移動しています。

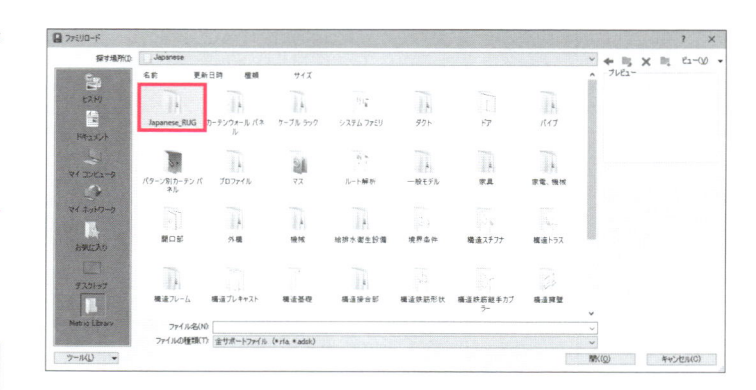

method no. 32 / 2点指定で長さを決めるファミリを作成する（線基準面テンプレート）

梁型の仕上、巾木、廻り縁など2点で長さ指定したいファミリを、「一般モデル（メートル単位）、線基準面」ファミリテンプレートで作成します。梁型の仕上を「インプレイスファミリ」と「プロファイルファミリ」で作成する場合もありますが、サイズ変更は線基準面ファミリを使用したほうが簡単です。また、ファミリを作成しておけば、他のプロジェクトにも利用できます。断面形状を変えれば、巾木、廻り縁にも対応できます。

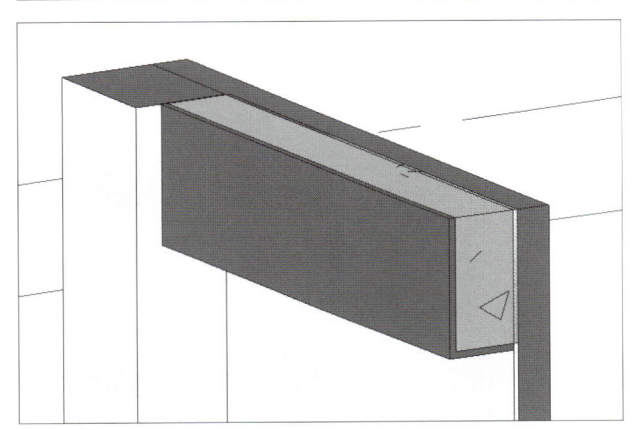

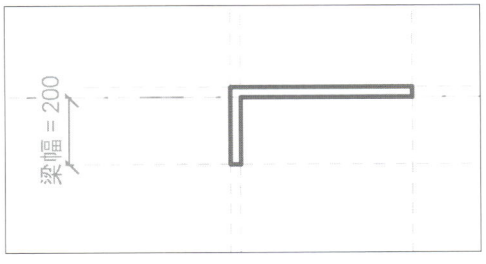

ここでは、図のような梁型の仕上げを作成する方法を解説します。

操作手順

本書の学習用ファイルを使って解説します。「32_梁型の仕上.rvt」を開き、［3D］ビューに切り替えてからはじめてください。

ファミリを作成する

線基準面ファミリは、「基準面を選択」→「2点指示」で配置します。そこで、ここでの梁型の仕上げは ① 梁側面を基準面とし、ファミリの作成は、平面図の基準レベルを梁の側面と考えて右側面図で作成します。

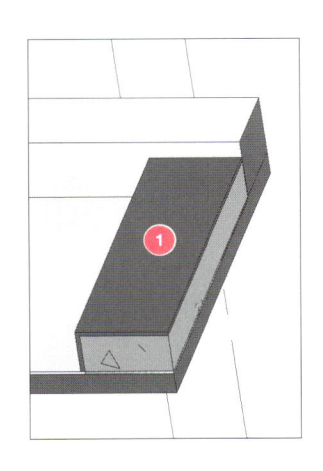

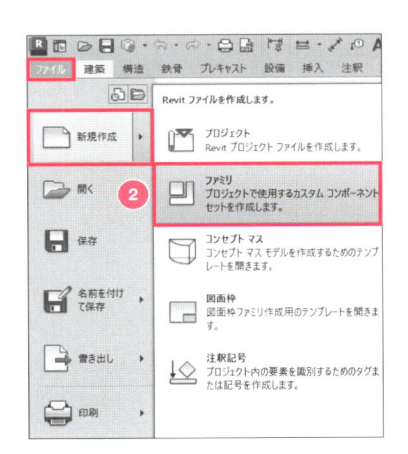

1 ［ファイル］タブ➡［新規作成］➡ **②** ［ファミリ］をクリックする。

2 ［新しいファミリーテンプレートファイルを選択］ダイアログボックスで「Japanese」フォルダを選択し、❶「一般モデル（メートル単位）、線基準面.rft」を選択して［開く］をクリックする。

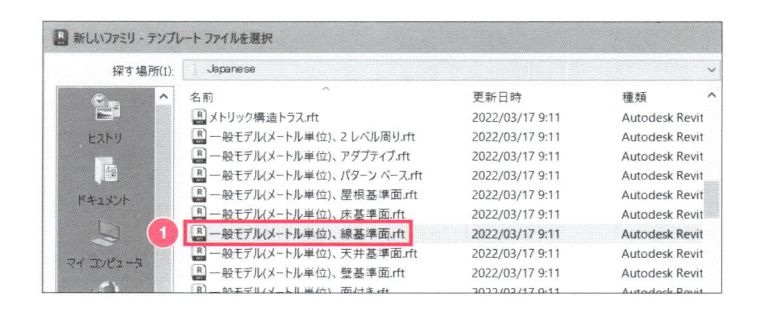

3 ［プロジェクトブラウザ］で、［立面図］を展開し、［右］ビューを開く。

［作成］タブ➡［基準面］➡❶［参照面］をクリックする。

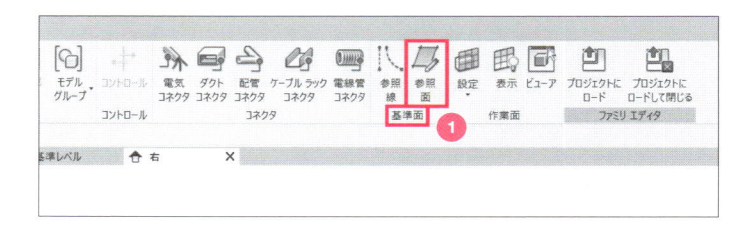

4 長さと厚みのための参照面4つを、図のように作成する（位置はおおよそでよい）。

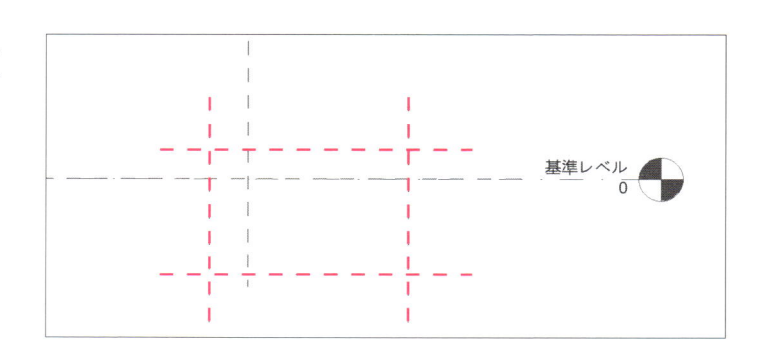

パラメータを設定する

1 ［注釈］タブ➡［寸法］➡［平行寸法］を使って、❶［中心（正面／背面）］参照面と、❷右側に作成した参照面間に❸寸法を記入する。

リボンの［修正］をクリックし、記入した寸法を選択する。

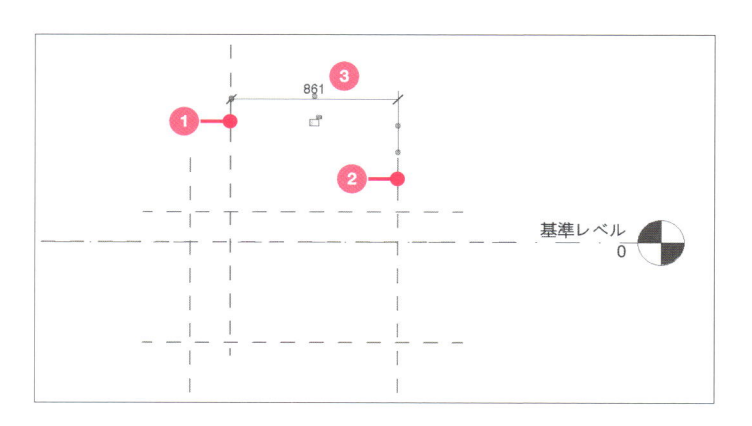

2 ［修正｜寸法］タブ➡［寸法にラベルを付ける］➡❶［パラメータを作成］をクリックする。

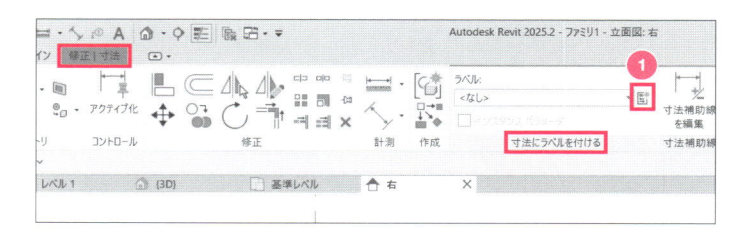

3

［パラメータプロパティ］ダイアログボックスで、**1**［名前］に「梁成」と入力し、**2**［インスタンス］を選択して［OK］をクリックする。

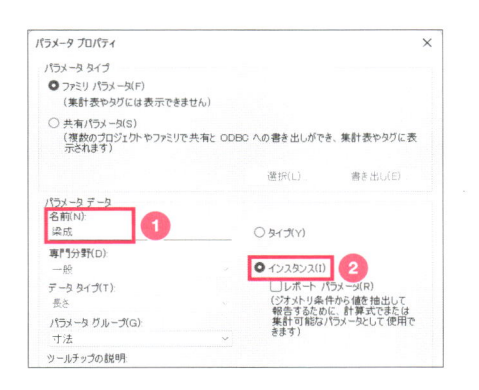

Hint

「インスタンスパラメータ」については、P.193〜の『39 パラメータの種類による違いを知る』の『インスタンスパラメータ／タイプパラメータ』（P.194）の項を参照してください。

4

1〜**3**と同様に、［基準レベル］に重なっている参照面と下側に作成した参照面間に寸法を記入し、**1**パラメータ名「梁幅」というインスタンスパラメータを設定する（結果は**5**の図を参照）。

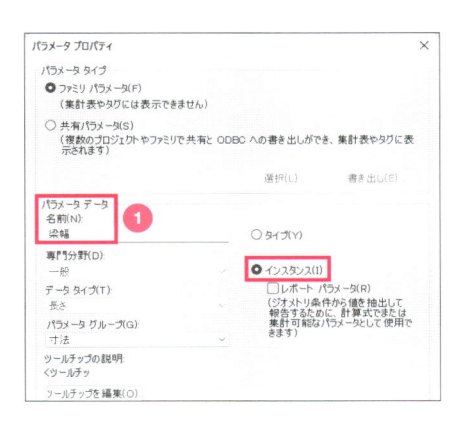

Hint

基準レベルと参照面が重なっています。パラメータのための寸法を入力するときは、基準レベルではなく参照面を選択します。

5

同様に、［中心（正面／背面）］参照面と左側に作成した参照面間に**1**寸法を記入する。

さらに、［基準レベル］に重なる参照面と上側に作成した参照面間に**2**寸法を記入する。

記入した2つの寸法を選択し、**3**パラメータ名「仕上厚」というインスタンスパラメータを設定する。

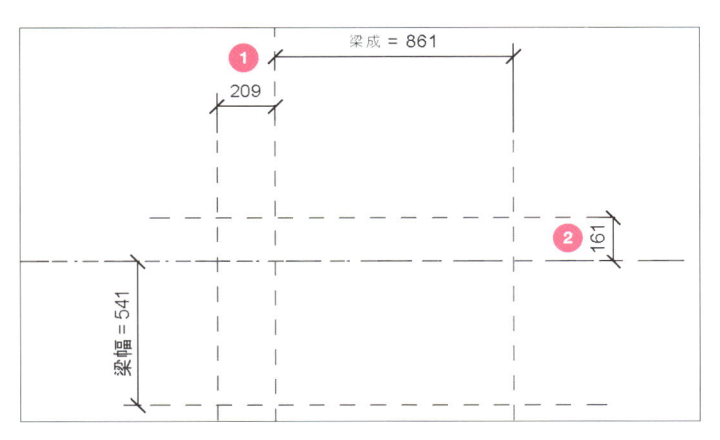

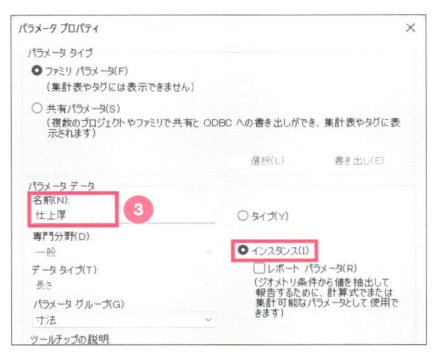

6 パラメータの動作を確認する。
［修正］タブ ➡［プロパティ］➡ ❶
［ファミリタイプ］をクリックする。

［ファミリタイプ］ダイアログボックス
で、❷［仕上厚］に「30」、［梁幅］に
「200」、［梁成］に「500」と入力し、
［OK］をクリックする。

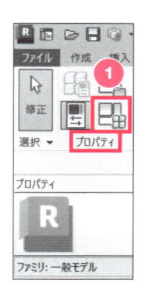
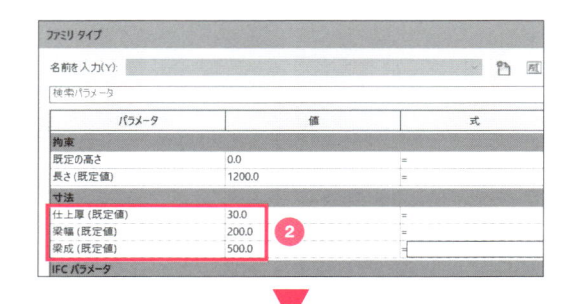

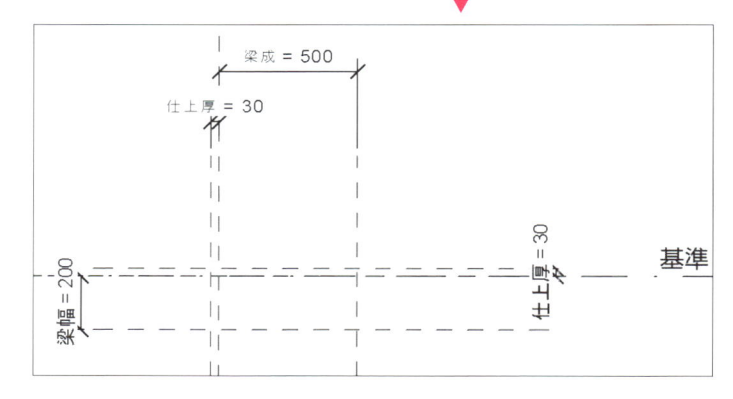

梁型の仕上のモデルを作成する

1 ［作成］タブ➡［フォーム］➡ ❶［押し
出し］をクリックする。

［修正 | 作成押し出し］タブ➡［描画］
➡ ❷［線］をクリックする。

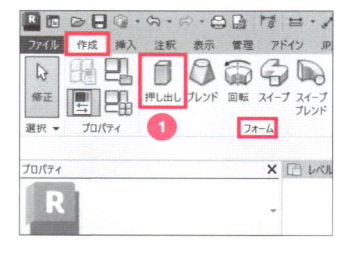

2 図のようにスケッチを作成する。

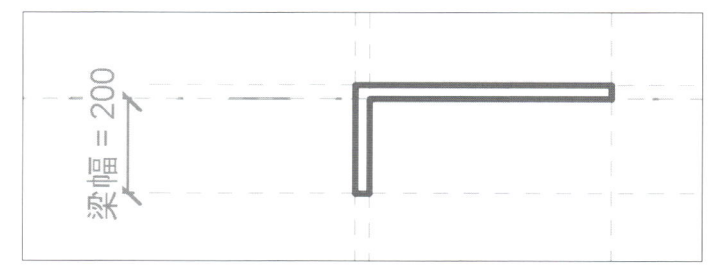

3 ［修正 | 作成押し出し］タブ➡［修正］
➡ ❶［位置合わせ］をクリックする。

［位置合わせ］タブ➡［位置合わせ］➡
❷［ロック］にチェックを入れる。

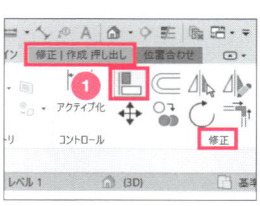
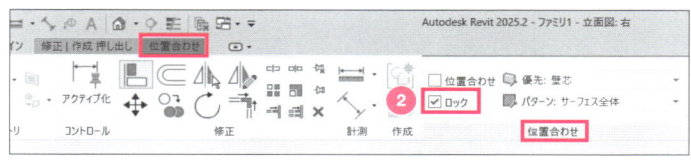

4

①各参照面➡スケッチの順にクリックして、6面それぞれロックする。

リボンの[修正]をクリックする。

[修正 | 作成押し出し]タブ➡[モード]➡[編集モードを終了]をクリックする。

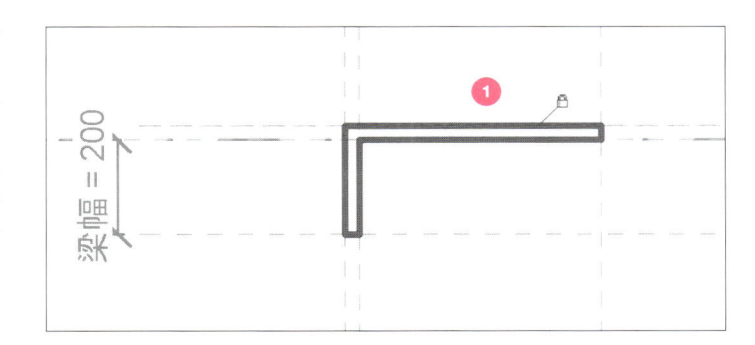

梁幅 = 200

5

[基準レベル]ビューに切り替える。

[修正]タブ➡[修正]➡[位置合わせ]をクリックする。

[位置合わせ]タブ➡[位置合わせ]➡[ロック]にチェックが入っていることを確認する。

①[参照面：左]に押出モデルの左辺、②[参照面：右]に押出モデルの右辺の位置を合わせてロックする。

リボンの[修正]をクリックする。

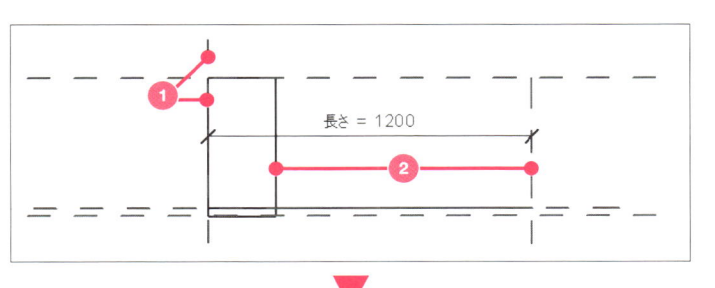

長さ = 1200

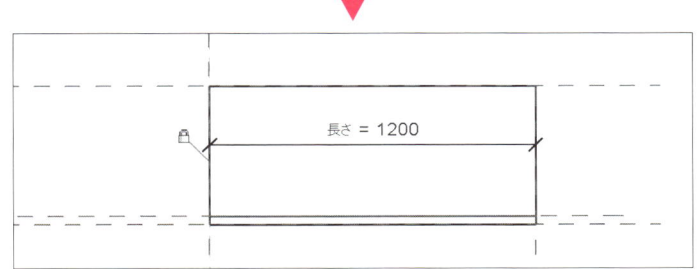

長さ = 1200

ファミリを保存する

1

[ファイル]タブ➡[名前を付けて保存]➡①[ファミリ]をクリックする。

[名前を付けて保存]ダイアログボックスで、②[ファイル名]に「**梁型仕上**」と入力し、[保存]をクリックする。

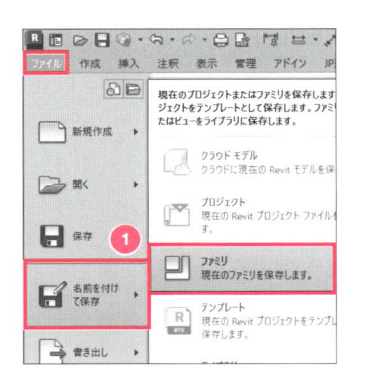

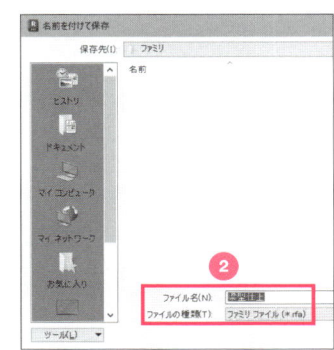

プロジェクトにロードする

1

リボンの[ファミリエディタ]➡①[プロジェクトにロード]をクリックする。

「**32_梁型の仕上.rvt**」の[レベル1]に切り替わります。

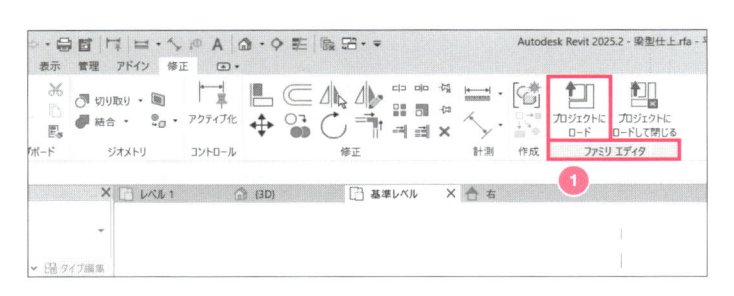

2 ［3D］ビューに切り替える。

［修正｜配置 コンポーネント］タブ➡
［配置］➡❶［作業面に配置］をク
リックする。

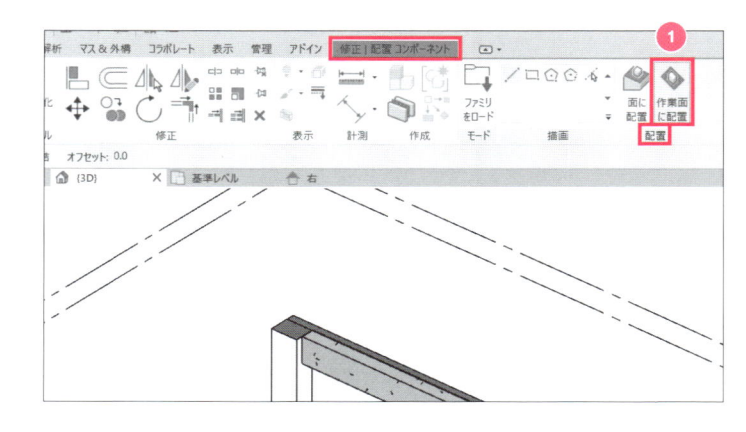

3 オプションバーの❶［配置面］を［選
択］に変更する。

［作業面］ダイアログボックスで❷
［平面を選択］を選択し、［OK］をクリッ
クする。

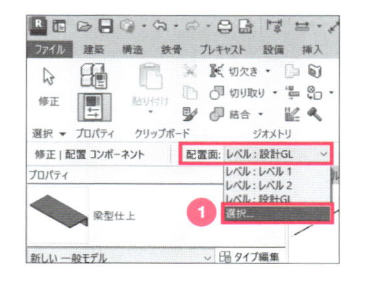
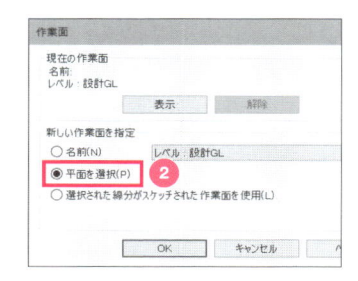

4 ❶梁の側面をクリックする。

図のように梁の❷下端角の両端2
点を指示する。

コマンドを終了する。

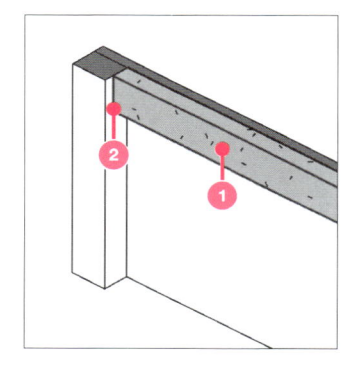
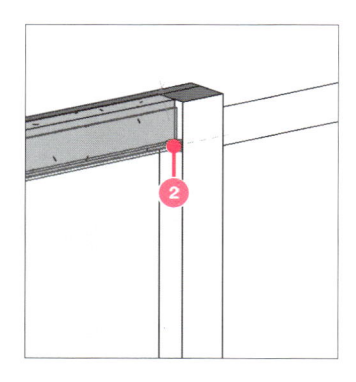

5 ［レベル1］ビューに切り替える。

［表示］タブ➡［作成］➡❶［断面］を
クリックし、断面を作成する。

❷［断面図1］ビューに切り替える。

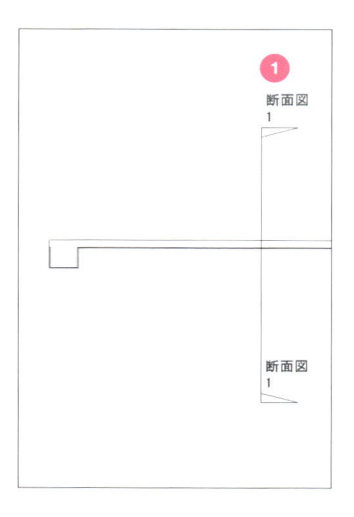
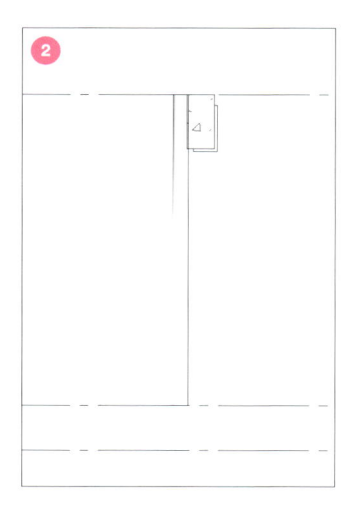

6 梁型仕上ファミリを選択し、パラメータを設定した個所に形状ハンドルが表示されることを確認する。

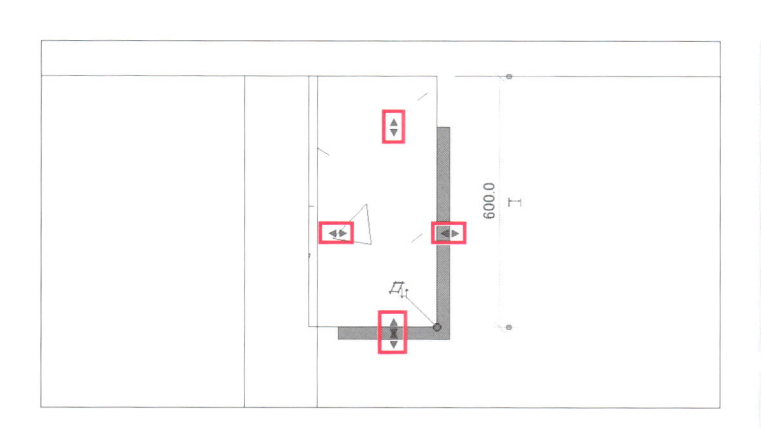

Hint 梁幅と梁成の厚みに形状ハンドルが表示されない場合は、P.193〜の『39 パラメータの種類による違いを知る』の『インスタンスパラメータとタイプパラータ』(P.194)の項を参照してください。

7 各形状ハンドルを調整し、梁成、梁幅を図のように変更する。

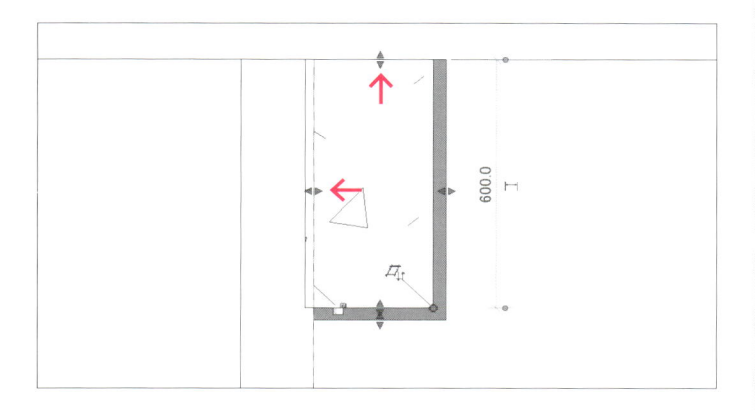

8 ［プロパティパレット］で、❶［梁成］と［梁幅］の値が変更されていることを確認する。

❷［仕上厚］に「10」と入力する。

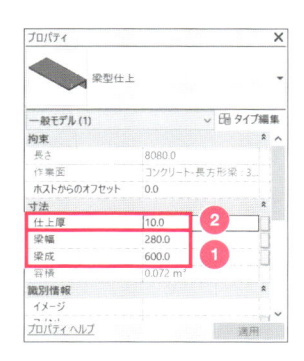

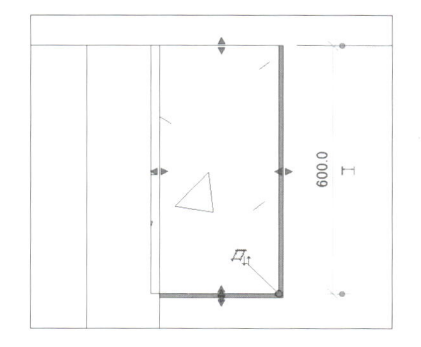

9 ［3D］ビューに切り替えて確認する。

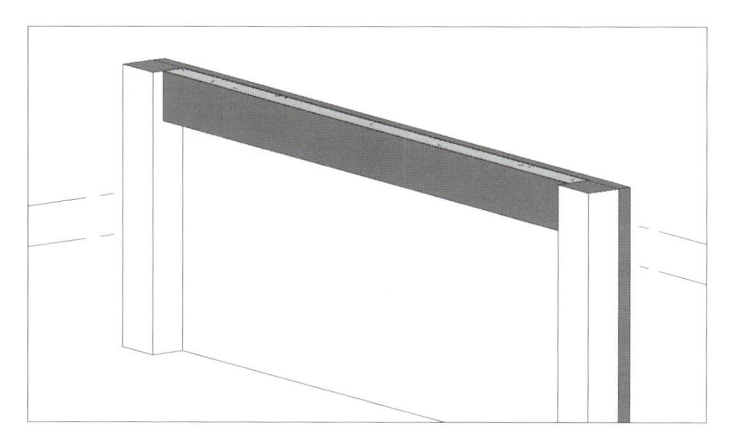

33 / 上下・左右に回転する ファミリを作成する

1つのファミリ内で上下と左右の2方向に回転するファミリは作成できません。そこで、本体を作成し、上下に回転する設定のみのファミリにネスト、さらに左右に回転する設定のみのファミリにネストすることで2方向回転させます。完成時の回転角度が正しい方向となるように、ファミリ作成時には最初の作業面を考慮しなければなりません。

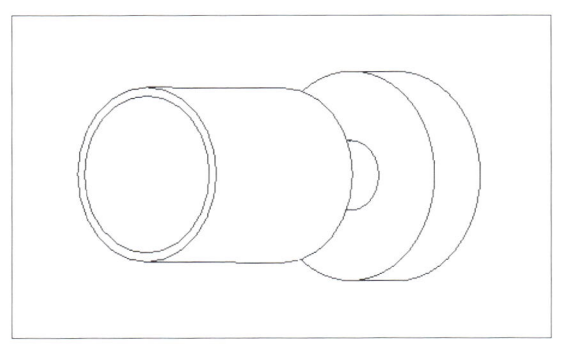
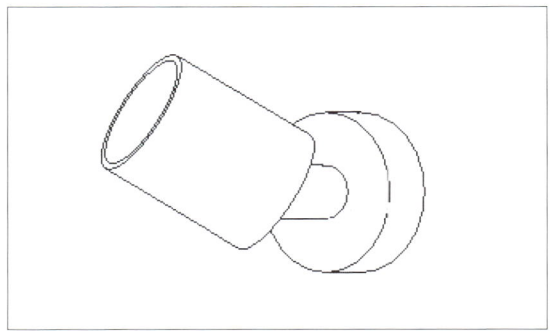

ここでは、上下左右に回転する壁付照明を例に作成方法を解説します。

操作手順

本体のファミリを作成する

 Revitホーム画面で、[ファミリ]の[新規作成]をクリックする。[Japanese]フォルダ➡[一般モデル（メートル単位）.rft]を選択して開く。

[プロジェクトブラウザ]の[立面図]の[右]ビューを開く。

[作成]タブ➡[フォーム]➡❶[押し出し]をクリックする。

[修正|作成 押し出し]タブ➡[描画]➡❷[円]をクリックする。

❸基準レベルと参照面の交点をクリックし、半径50の円を作成する。

❹同様に、半径45の円を作成する。

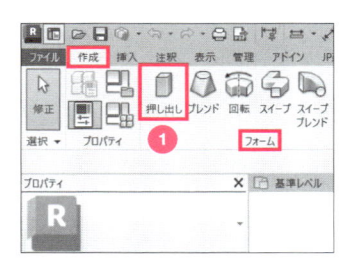
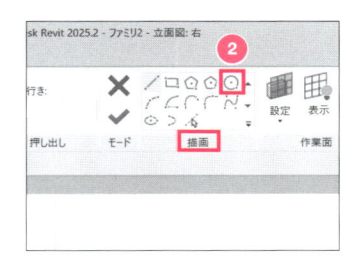
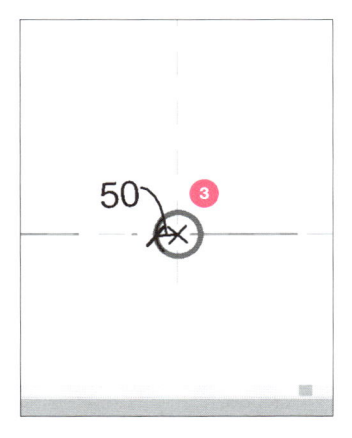
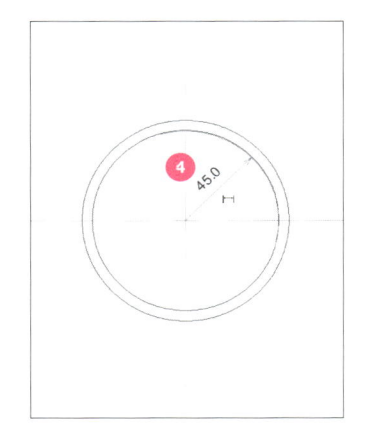

2
[プロパティパレット]の①[押出 終端]に「−120」と入力する。

[修正|作成 押し出し]タブ➡[モード]➡②[編集モードを終了]をクリックする。

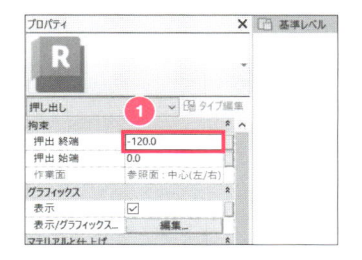 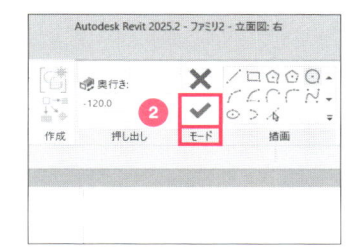

3
①と同様に、[作成]タブ➡[フォーム]➡[押し出し]を使って、①基準レベルと参照面の交点に半径50の円を作成する。

[プロパティパレット]の②[押出 終端]に「−10」と入力し、[修正|作成 押し出し]タブ➡[モード]➡[編集モードを終了]をクリックする。

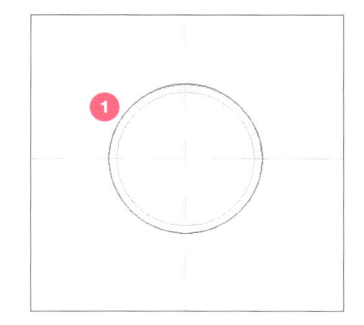 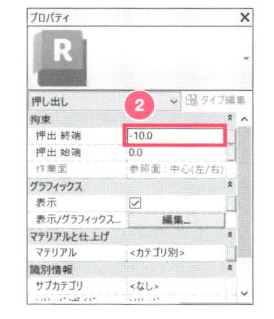

4
①[3D]ビューに切り替え、[修正]タブ➡[ジオメトリ]➡②[結合]をクリックする。

①〜②で作成した③押し出し形状と③で作成した④押し出し形状を選択して結合し、コマンドを終了する。

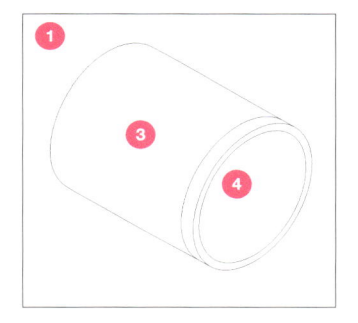 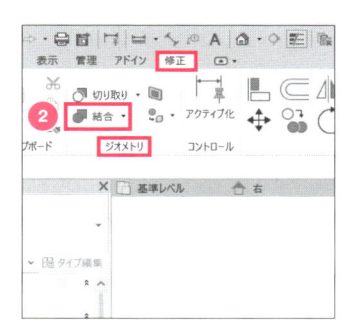

5
[修正]タブ➡[プロパティ]➡①[ファミリカテゴリとパラメータ]をクリックする。

[ファミリカテゴリとパラメータ]ダイアログボックスで、[ファミリパラメータ]の②[作業面ベース]にチェックを入れ、[常に垂直]のチェックを外して[OK]をクリックする。

[ファイル]タブ➡[名前を付けて保存]➡[ファミリ]をクリックし、「本体.rfa」というファミリ名で保存してファイルを閉じる。

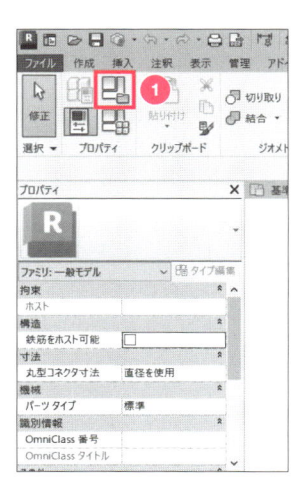 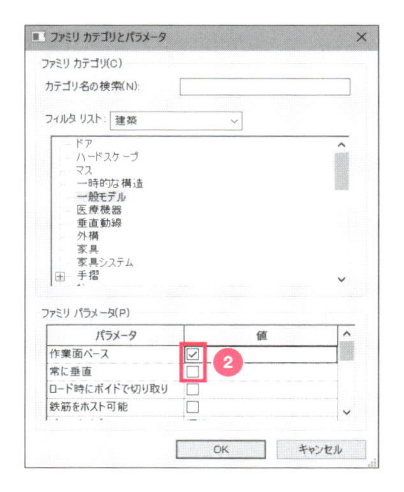

Hint
作業面ベースにチェックを入れることで、ファミリ挿入時に面を選択することができます。
常に垂直のチェックを外すことで、ファミリ挿入時にビューの選択をすることができます。

上下に回転するファミリを作成する

1 Revitホーム画面で、[ファミリ]の[新規作成]をクリックする。[Japanese]フォルダ➡[一般モデル（メートル単位）.rft]を選択して開く。

[プロジェクトブラウザ]の[立面図]の[右]ビューを開く。

[作成]タブ➡[基準面]➡❶[参照線]をクリックする。

図のように、❷適当な長さの参照線を作成し、コマンドを終了する。

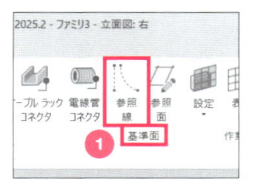

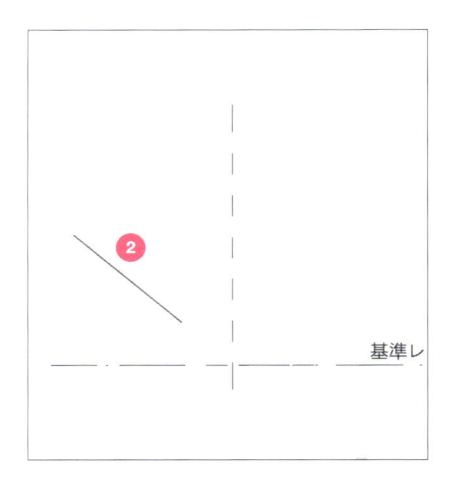

Hint 画面に垂直に表示されている[参照面]を壁に見立て、左側に上下に回転する参照線を作成します。

2 [修正]タブ➡[計測]➡❶[平行寸法]をクリックする。

❷[参照面：中心（正面／背面）]と参照線の下側端点間に寸法を記入する。
❸[基準レベル]と参照線の下側端点間に寸法を記入する。コマンドを終了する。

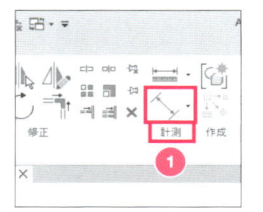

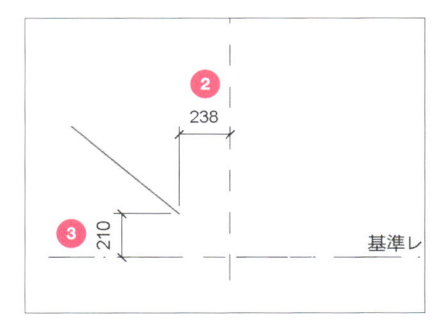

3 ❶参照線を選択し、❷それぞれの寸法値を「0」に変更する。

❸寸法線を選択し、それぞれの寸法をロックする。

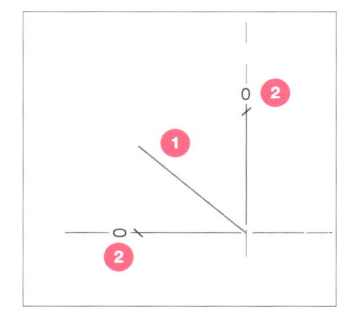

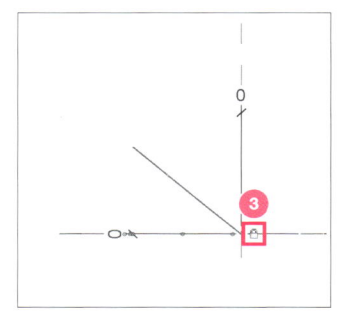

4 [修正]タブ➡[計測]➡❶[角度寸法]をクリックする。

❷参照線と基準レベル間に角度寸法を記入し、コマンドを終了する。

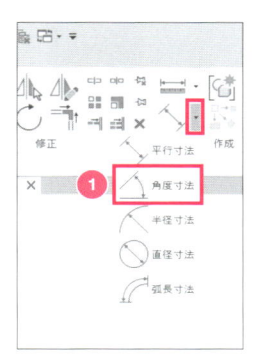

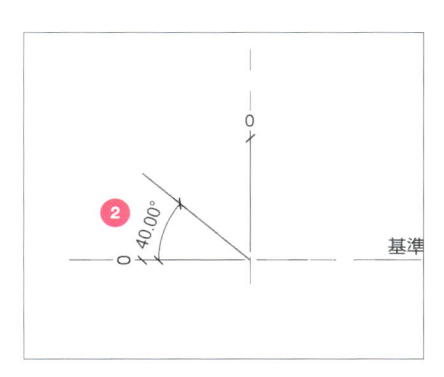

5

角度寸法を選択し、［修正｜寸法］タブ➡［寸法にラベルを付ける］➡ ❶［パラメータを作成］をクリックする。

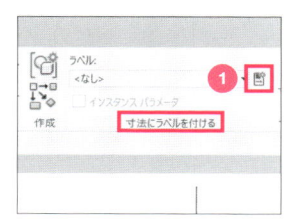

［パラメータプロパティ］ダイアログボックスで ❷［名前］に「仰角」と入力し、❸［インスタンス］を選択して［OK］をクリックする。

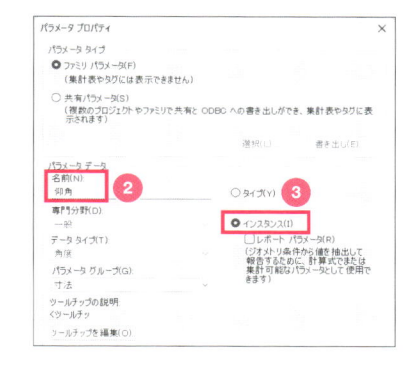

6

［修正］タブ➡［プロパティ］➡ ❶［ファミリタイプ］をクリックする。

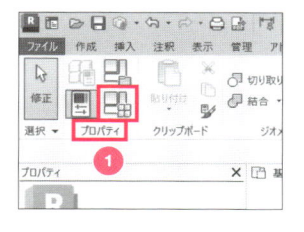

［ファミリタイプ］ダイアログボックスで、［仰角（既定値）］に「30」、次に「－30」と入力し、それぞれの参照線の動作を確認する。

確認後、［仰角（既定値）］に「0」と入力し、［OK］をクリックする。

7

［作成］タブ➡［作業面］➡［設定］➡ ❶［作業面を設定］をクリックする。

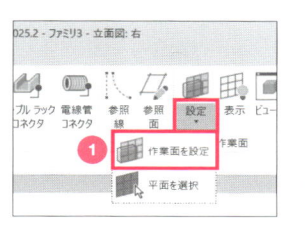

［作業面］ダイアログボックスで、［新しい作業面を指定］の ❷［平面を選択］を選択し、［OK］をクリックする。

❸ 作成した参照線をクリックする。

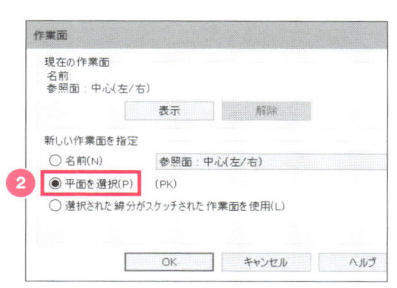

Hint

ここでは、**8**以降でファミリを挿入する面を指定します。参照線には垂直方向、水平方向に参照面が設定されています。

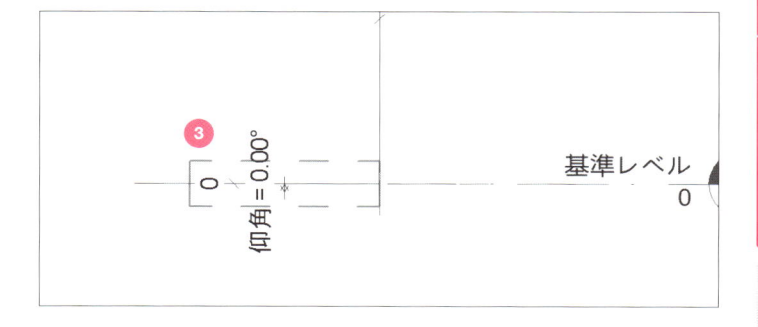

8

［作成］タブ➡［モデル］➡ ❶［コンポーネント］をクリックする。

［ライブラリからファミリをロードしますか？］というメッセージが表示されるので、❷［はい］をクリックする。

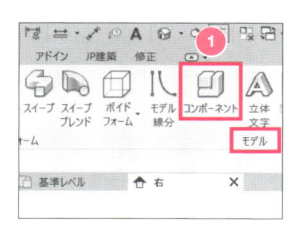

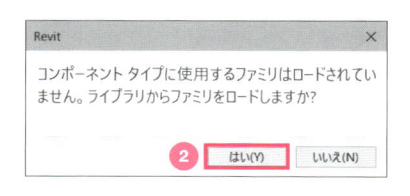

9
［ファミリをロード］ダイアログボックスで、P.147の**5**で保存した「本体.rfa」を選択して開く。

オプションバーで［配置面］が **1**［参照線］であることを確認する。**2** 基準レベルと参照面の交点をクリックして配置し、コマンドを終了する。

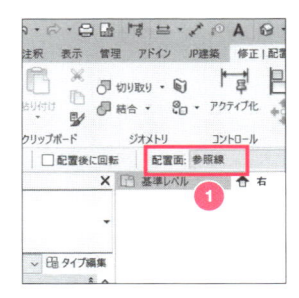
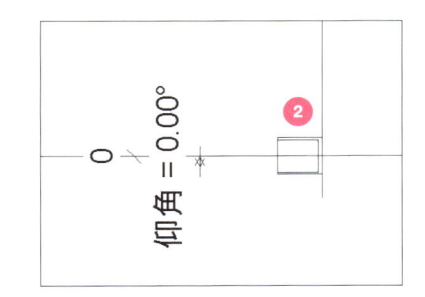

10
［修正］タブ ➡［プロパティ］➡ **1**［ファミリタイプ］をクリックする。

［ファミリタイプ］ダイアログボックスで、**2**［仰角（既定値）］に「30」、次に「−30」と入力し、**3** 本体の動作を確認後、［仰角（既定値）］に「0」と入力して［OK］をクリックする。

P.147の**5**と同様に［ファミリカテゴリとパラメータ］ダイアログボックスで設定し、「仰角.rfa」というファミリ名で保存してファイルを閉じる。

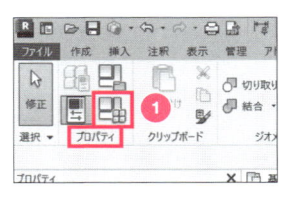
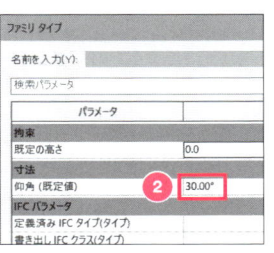
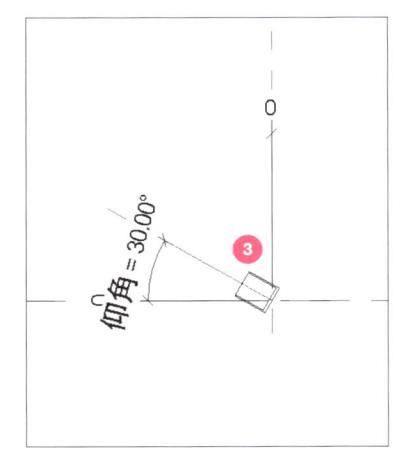

左右に回転するファミリを作成する

1
Revitホーム画面で、［ファミリ］の［新規作成］をクリックする。「Japanese」フォルダ➡「一般モデル（メートル単位）.rft」を選択して開く。

［作成］タブ ➡［基準面］➡ **1**［参照線］をクリックする。

図のように、**2** 適当な長さの参照線を作成し、コマンドを終了する。

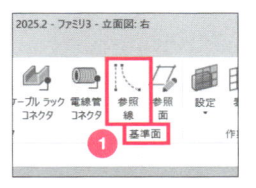

2
P.148の**2**〜**3**を参考に、参照面と参照線の上側端点間に平行寸法を記入する。さらに、寸法値を「0」にし、ロックする。

1 P.148の**4**を参考に、角度寸法を記入する。

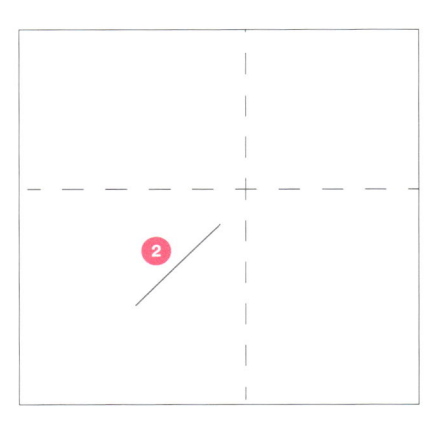
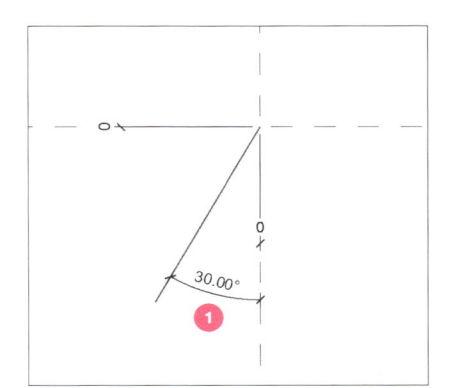

Hint
画面に水平に表示されている［参照面］を壁に見立て、下側に左右に回転する参照線を作成します。

3 ① P.149の **5** を参考に、パラメータを設定する。名前は「水平角」とする。

P.149の **6** を参考に、[水平角（既定値）]に角度を入力して動作を確認する。確認後、[水平角（既定値）]に「0」を入力し[OK]をクリックする。

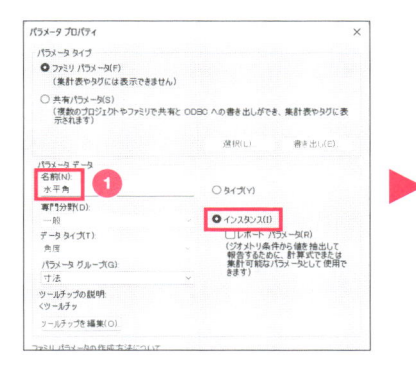 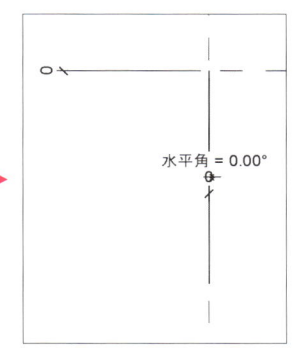

水平角 = 0.00°

4 P.149の **7** を参考に、作業面を設定する。

① P.149〜P.150の **8** 〜 **9** を参考に、「仰角.rfa」を挿入して図のように配置する。

② P.150 **10** の ① と ② を参考に、水平角の値を変更して動作を確認する。

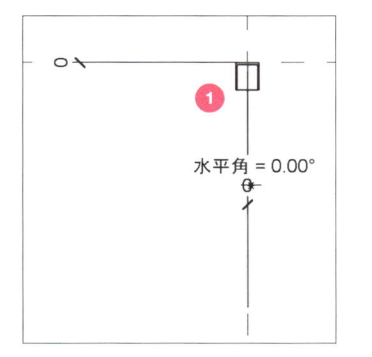 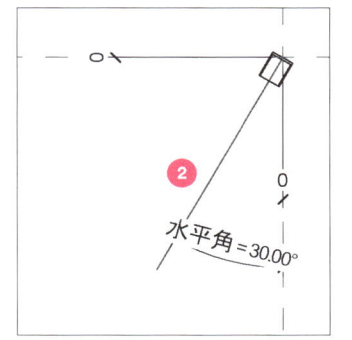

水平角 = 0.00°

水平角 = 30.00°

5 [仰角]ファミリを選択し、[プロパティパレット]で、[寸法]の[仰角]の ① [ファミリパラメータの関連付け]をクリックする。

[ファミリパラメータの関連付け]ダイアログボックスで、② [新しいパラメータ]をクリックする。

[パラメータプロパティ]ダイアログボックスで、③ [名前]に「仰角」と入力し、④ [インスタンス]を選択して[OK]をクリックする。

[ファミリ パラメータの関連付け]ダイアログボックスに戻り、「仰角」が選択されていることを確認し、[OK]をクリックする。

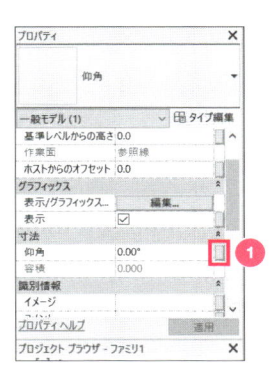 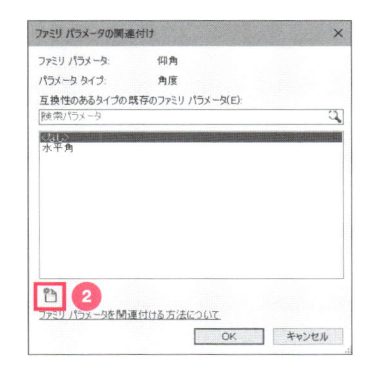

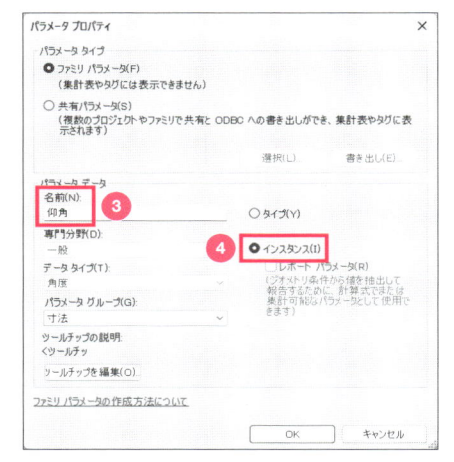

6 ［右］ビューに切り替え、P.150の**10**の**①**と**②**を参考に、**①**［仰角（既定値）］の値を変更して動作を確認する。確認後、値を「0」にする。

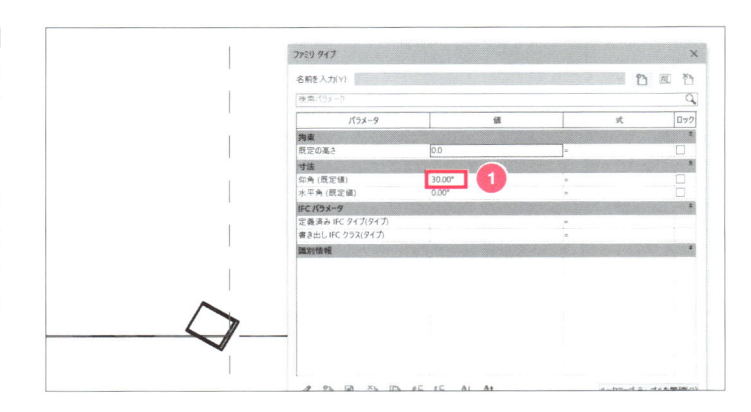

P.147の**5**と同様に［ファミリカテゴリとパラメータ］ダイアログボックスで設定し、「ライト可動部.rfa」というファミリ名で保存してファイルを閉じる。

壁付照明の形状を完成させる

1 Revitホーム画面で、［ファミリ］の［新規作成］をクリックする。「Japanese」フォルダ➡「一般モデル（メートル単位）.rft」を選択して開く。

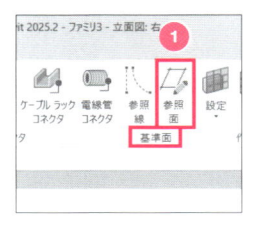

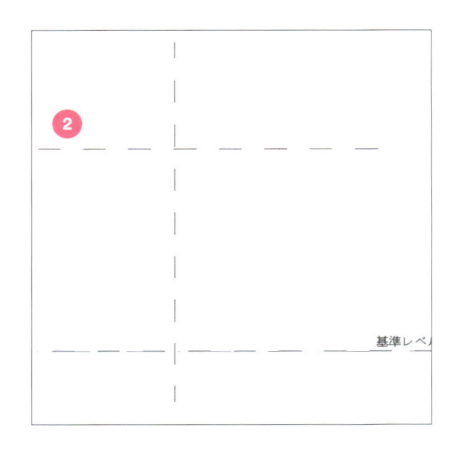

［プロジェクトブラウザ］の［立面図］の［正面］ビューを開く。

［作成］タブ➡［基準面］➡**①**［参照面］をクリックする。

図のように、**②**適当な位置に参照面を作成し、コマンドを終了する。

2 ［修正］タブ➡［計測］➡［平行寸法］で、**①**基準レベルと作成した参照面間に寸法を入力し、コマンドを終了する。

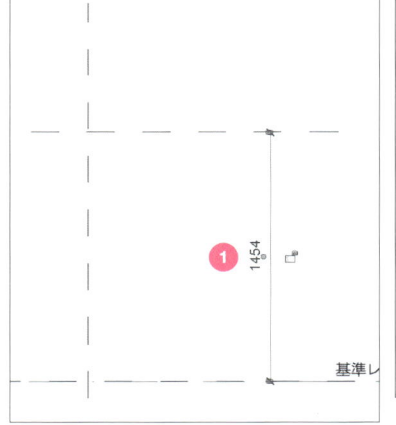

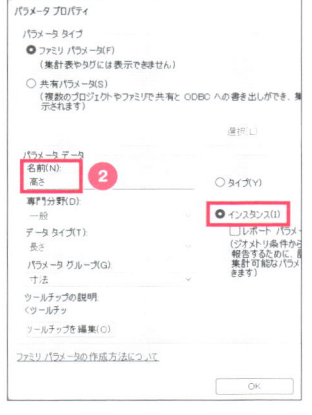

寸法を選択し、P.149の**5**を参考に、パラメータを設定する。**②**［名前］は「高さ」とする。

3 ［作成］タブ➡［フォーム］➡**①**［押し出し］をクリックする。

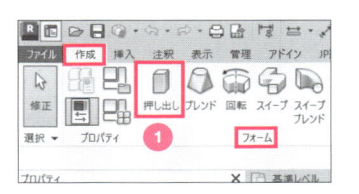

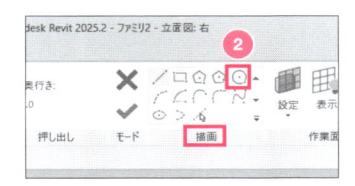

［修正｜作成 押し出し］タブ➡［描画］➡**②**［円］をクリックする。

152

4 ①作成した水平の参照面と垂直の参照面の交点をクリックし、半径60の円を作成する。

[プロパティパレット]の②[押出 終端]に「40」と入力する。

[修正|作成 押し出し]タブ➡[モード]➡[編集モードを終了]をクリックする。

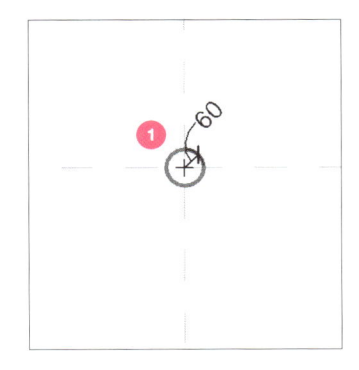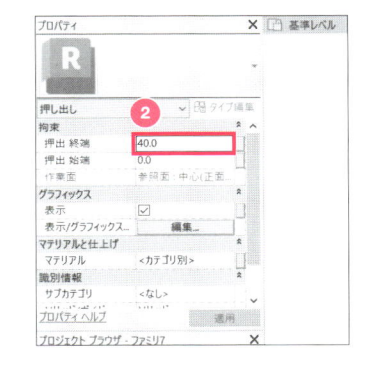

5 ③〜④と同様に、①半径20の円を作成する。[プロパティパレット]の②[押出 終端]は「115」と入力する。

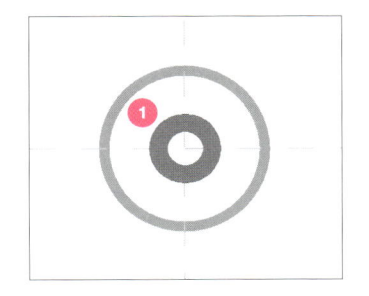

6 [3D]ビューに切り替えて確認する。

[修正]タブ➡[ジオメトリ]➡①[結合]をクリックする。

②作成した2つの円柱を結合する。

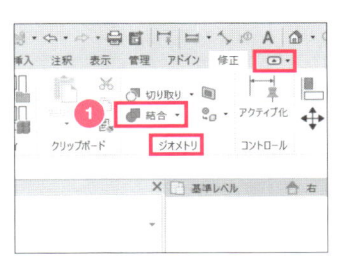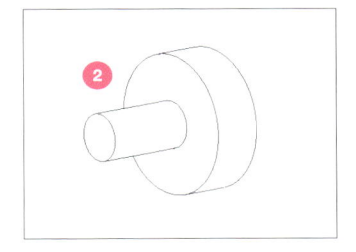

7 [基準レベル]ビューに切り替える。

P.149〜P.150の⑧〜⑨を参考に、「ライト可動部.rfa」を挿入して図のように配置する。

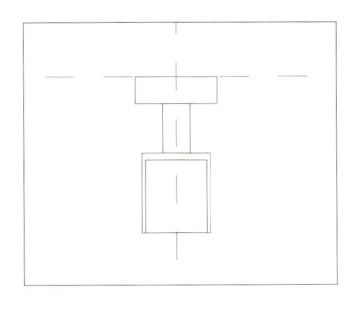

> **Hint**
> 結合した2つの円柱が表示されない場合は、これらの円柱を選択し、[プロパティパレット]で[高さ]を「1000」に変更してください。

8 「ライト可動部」ファミリを選択し、仮寸法を「100」に変更する。

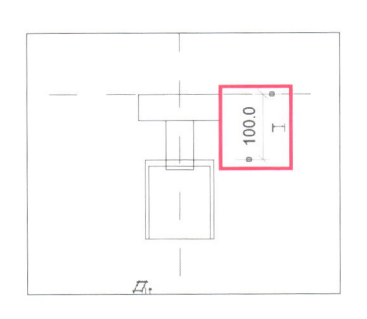

9 「ライト可動部」ファミリを選択し、P.151の**5**を参考に、[仰角]と[水平角]のインスタンスパラメータを作成し、関連付ける。

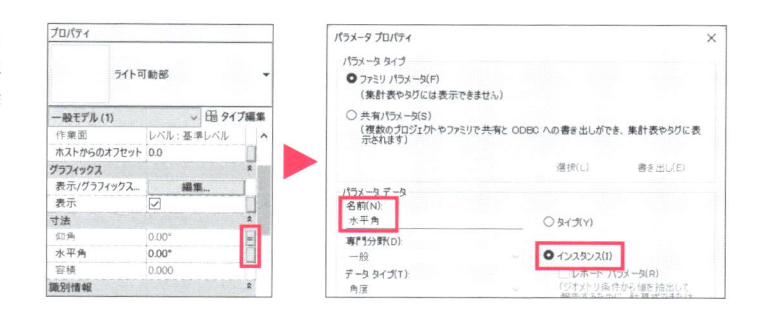

10 [右]ビューに切り替えて、[修正]タブ➡[修正]➡[位置合わせ]をクリックする。

1 高さの参照面と **2** ライト可動部の参照面を位置合わせし、**3** ロックする。

Hint　ライト可動部の参照面は、基準レベルと重なっています。[Tab]キーを押して循環選択し、ツールチップの内容を確認して実行ください。

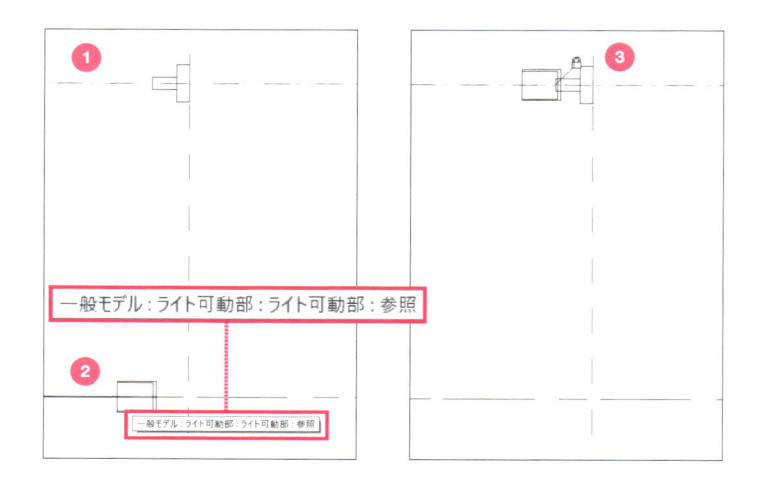

一般モデル：ライト可動部：ライト可動部：参照

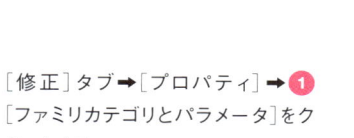

11 [3D]ビューに切り替えて、P.150の**10**を参考に、**1** [仰角（既定値）][水平角（既定値）][高さ（既定値）]の値を図のように変更して動作を確認する。確認後、値を[仰角（既定値）]と[水平角（既定値）]は「0」、[高さ（既定値）]は「1000」にする。

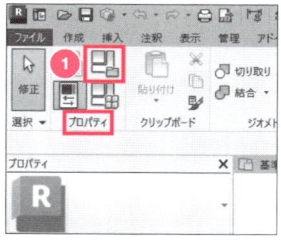

12 [修正]タブ➡[プロパティ]➡**1** [ファミリカテゴリとパラメータ]をクリックする。

[ファミリカテゴリとパラメータ]ダイアログボックスで、[ファミリパラメータ]の **2** [作業面ベース]と[常に垂直]にチェックを入れ、[ファミリカテゴリ]の **3** [照明器具]を選択して[OK]をクリックする。

[ファイル]タブ➡[名前を付けて保存]➡[ファミリ]をクリックし、「壁付ライト.rfa」というファミリ名で保存してファイルを閉じる。

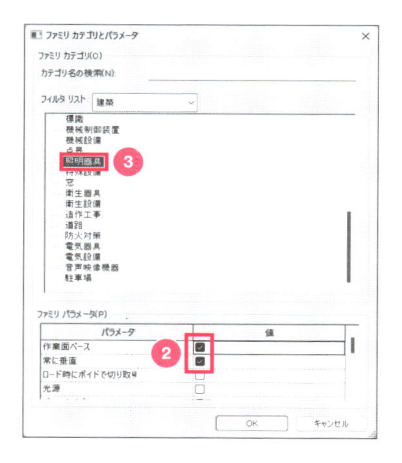

壁に配置して動作を確認する

1 Revitホーム画面で、［プロジェクト］の［新規作成］をクリックし、［建築テンプレート］を選択して開く。

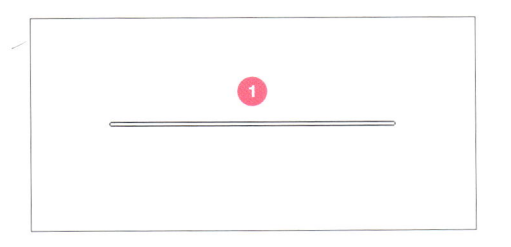

① 適当な長さの壁を作成する。

2 ［建築］タブ➡［構築］➡ ❶［コンポーネント］をクリックする。

［修正｜配置 コンポーネント］タブ➡［モード］➡ ❷［ファミリをロード］をクリックする。

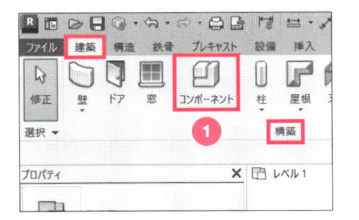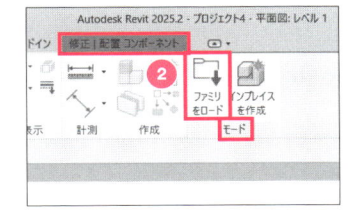

［ファミリロード］ダイアログボックスで、「壁付ライト.rfa」を選択して開く。

3 図のように、壁付ライトを壁南側の適当な位置に配置する。

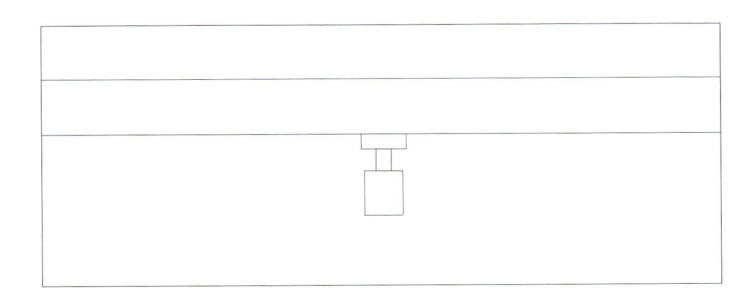

4 ［3D］ビューに切り替えて、「壁付ライト」ファミリを選択する。

［プロパティパレット］の［仰角］［水平角］［高さ］の値を変更して動作を確認する。

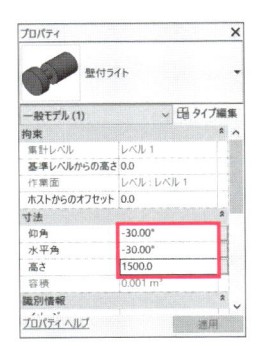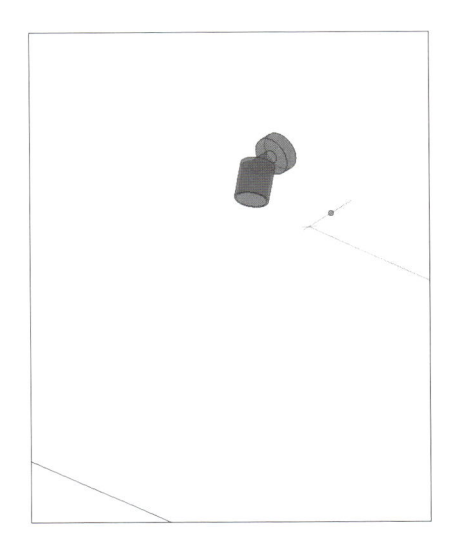

method no.
34 / 作成した照明器具ファミリに光源を設定する

照明器具のファミリには、あらかじめ光源が設定されています。一般モデルで作成したファミリも光源設定を行うことにより、レンダリングした際に発光するようにできます。

光の広がり具合いや配光特性などについては、P.105 で解説しています。

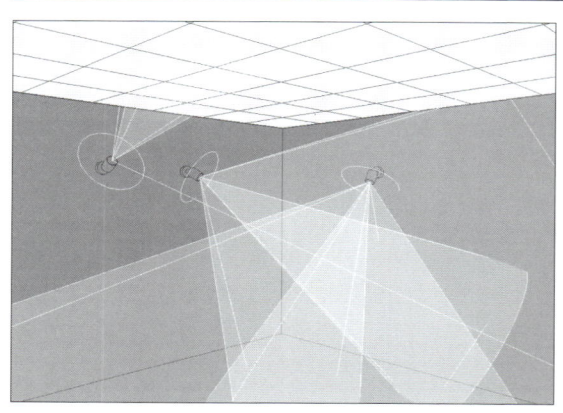

ここでは、作成した照明器具ファミリ（P.105〜の『22 配光特性を設定して照明検討を行う』で作成）に光源を設定します。

操作手順

光源を作成する

1 Revitホーム画面で、［ファミリ］の［新規作成］をクリックする。

［新しいファミリ－テンプレートファイルを選択］ダイアログボックスで、❶「Japanese」フォルダを選択し、「照明器具（メートル単位）.rtf」を選択して［開く］をクリックする。

❷ 参照面の交点にある黄色の円（光源）を選択する。

2 ［修正｜光源］タブ➡［照明］➡❶［光源設定］をクリックする。

［光源設定］ダイアログボックスで、［形状に応じて放射］の❷［円］を選択し、［光の拡散］で❸［スポット］を選択して［OK］をクリックする。

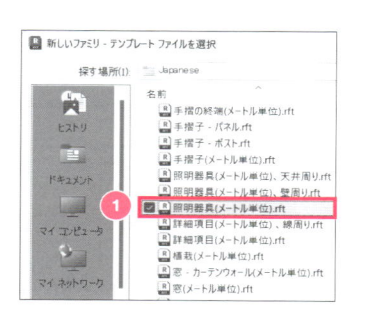
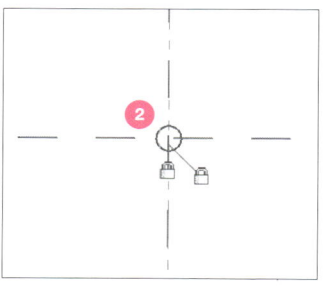
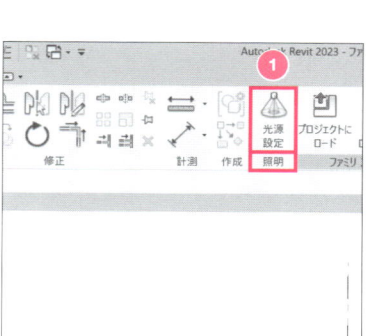
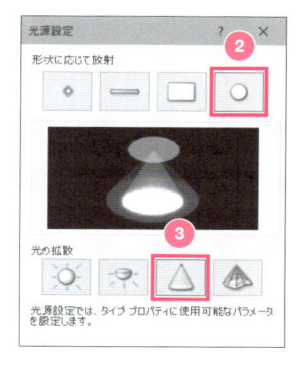

3

[修正|光源]タブ➡[プロパティ]➡
❶[ファミリタイプ]をクリックする。

[ファミリタイプ]ダイアログボックス
で、[フォトメトリック]の❷[傾斜角]
に「90」と入力し、[OK]をクリックす
る。

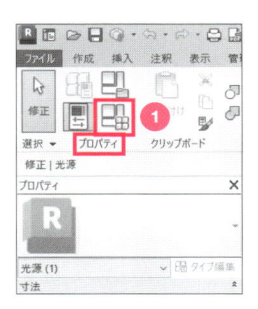
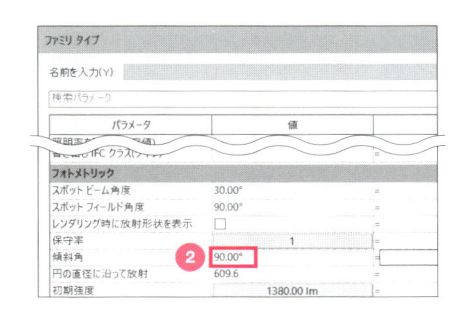

4

[修正|光源]タブ➡[プロパティ]➡
❶[ファミリカテゴリとパラメータ]
をクリックする。

[ファミリカテゴリとパラメータ]ダイ
アログボックスで、[ファミリパラメー
タ]の❷[共有]にチェックを入れて
[OK]をクリックする。

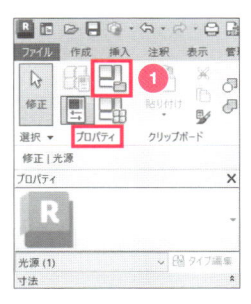
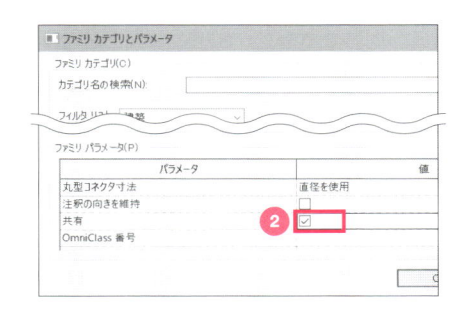

5

[ファイル]タブ➡[名前を付けて保
存]➡[ファミリ]をクリックし、「光源」
というファミリ名で保存する。

[ファイル]タブ➡[新規作成]➡
[ファミリ]をクリックする。[新しい
ファミリーテンプレートファイルを
選択]ダイアログボックスで、❶
「Japanese」フォルダを選択し、「一
般モデル（メートル単位）、面付
き.rtf」を選択して[開く]をクリックす
る。

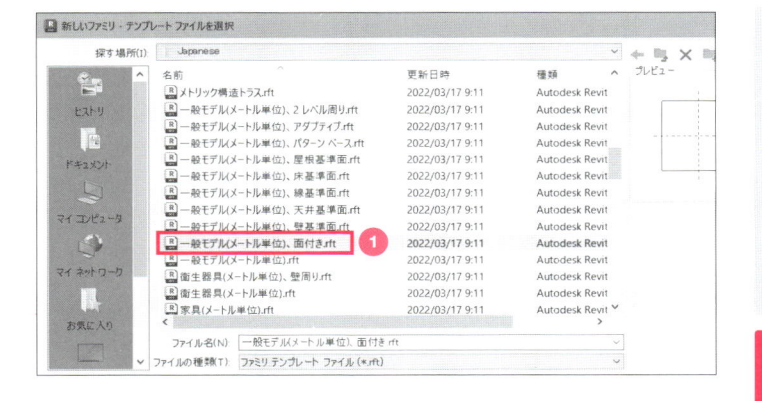

6

❶「光源.rfa」の[基準レベル]ビュー
に切り替える。

リボンの[ファミリエディタ]➡❷[プ
ロジェクトにロード]をクリックする。

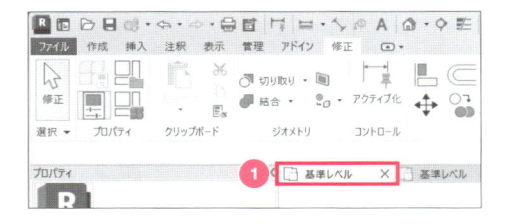

7

❶参照面の交点をクリックし、光源
を配置する。

[プロジェクトブラウザ]で、[立面図]
を展開し、[正面]ビューを開く。

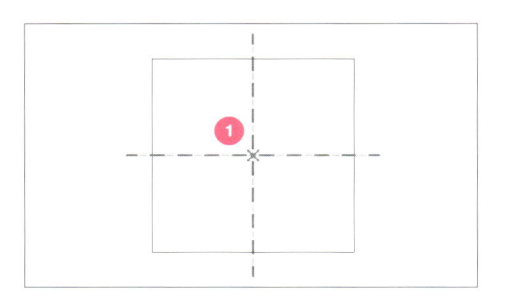

<table>
<tr><td>**8**</td><td>［修正］タブ➡［修正］➡ ❶［位置合わせ］をクリックする。

❷基準レベルと❸光源の中心（高さ）を位置合わせしてロックする。</td><td>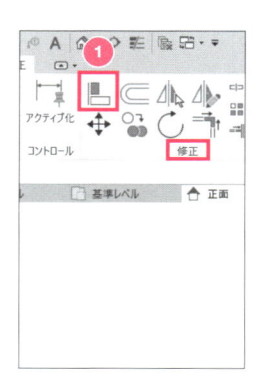</td><td>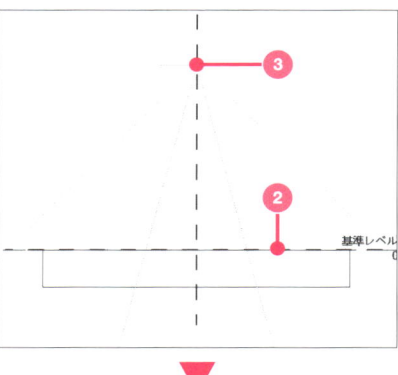</td></tr>
<tr><td>**9**</td><td>P.157の❹と同様に、［修正］タブ➡［プロパティ］➡［ファミリカテゴリとパラメータ］をクリックし、［ファミリカテゴリとパラメータ］ダイアログボックスで、［共有］にチェックを入れて［OK］をクリックする。</td><td colspan="2"></td></tr>
<tr><td>**10**</td><td>［ファイル］タブ➡［名前を付けて保存］➡［ファミリ］をクリックし、「光源（面）」というファミリ名で保存する。</td><td colspan="2">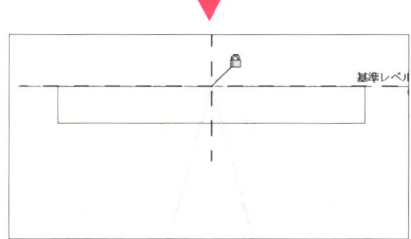</td></tr>
</table>

照明器具ファミリに光源を配置する

<table>
<tr><td>**1**</td><td>ビュータブで❶「光源.rfa」の［基準レベル］の［×］をクリックし、「光源.rfa」ファイルを閉じる。

クイックアクセスツールバーの❷［非アクティブなビューを閉じる］をクリックし、❸［正面］ビューのみ表示にする。</td><td>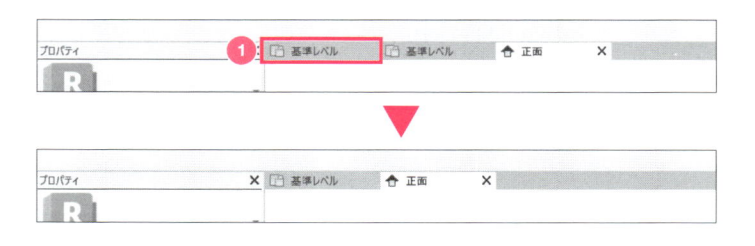

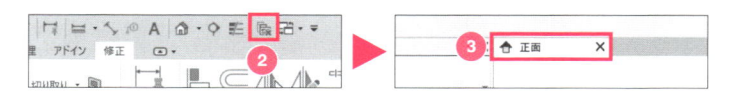

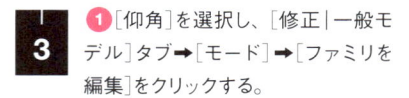</td></tr>
<tr><td>**2**</td><td>［ファイル］タブ➡［開く］➡［ファミリ］をクリックし、P.154の⑫で作成した「壁付ライト.rfa」を選択して開く。

❶［ライト可動部］を選択し、［修正｜一般モデル］タブ➡［モード］➡❷［ファミリを編集］をクリックする。</td><td>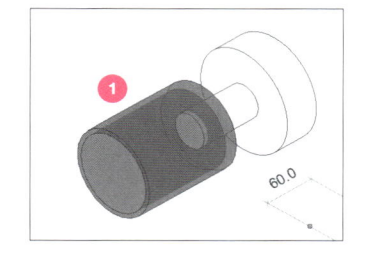</td><td>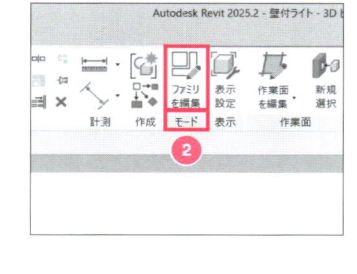</td></tr>
<tr><td>**3**</td><td>❶［仰角］を選択し、［修正｜一般モデル］タブ➡［モード］➡［ファミリを編集］をクリックする。

❷［本体］を選択し、［修正｜一般モデル］タブ➡［モード］➡［ファミリを編集］をクリックする。</td><td>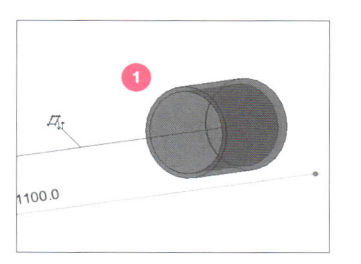</td><td>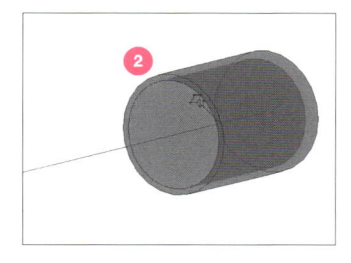</td></tr>
</table>

4

[プロジェクトブラウザ]で、[立面図]を展開し、①[正面]ビューを開く。

[作成]タブ➡[基準面]➡②[参照面]をクリックする。

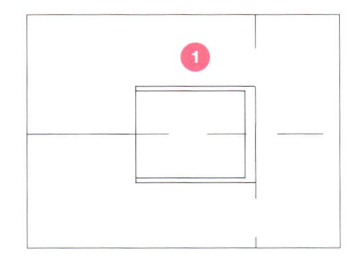

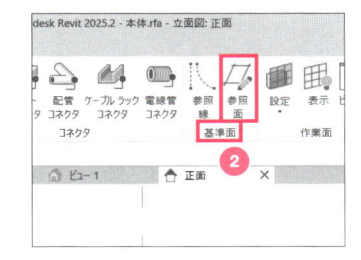

5

①図のように適当な位置に参照面を作成する。

[修正 | 配置 参照面]タブ➡[修正]➡②[位置合わせ]をクリックする。

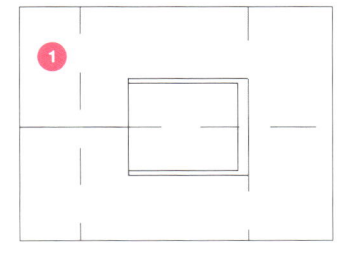

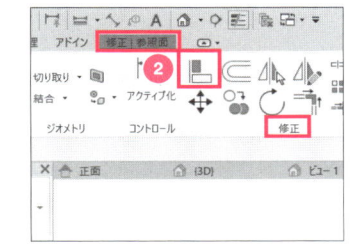

6

①図のように、参照面を壁付きライトの前面に位置合わせしてロックする。

[作成]タブ➡[作業面]➡[設定]➡②[作業面を設定]をクリックする。

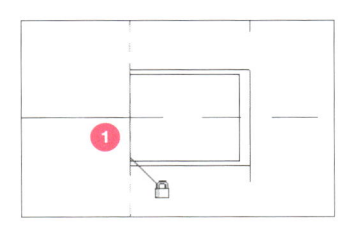

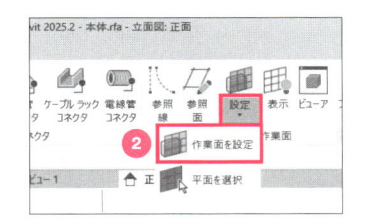

7

[作業面]ダイアログボックスで、①[平面を選択]を選択し、[OK]をクリックする。

5で作成した参照面を選択する。

[ビューに移動]ダイアログボックスで、②[立面図：左]を選択し、[ビューを開く]をクリックする。

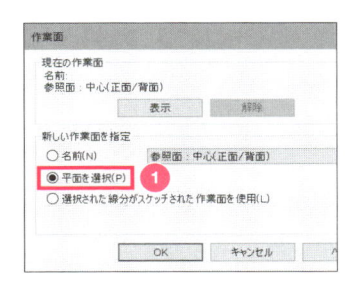

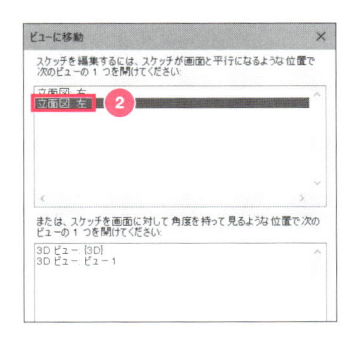

8

[作成]タブ➡[モデル]➡①[コンポーネント]をクリックする。

[ファミリをロードしますか？]というメッセージが表示されるので、[はい]をクリックする。[ファミリロード]ダイアログボックスで、「光源（面）.rfa」を選択して開く。

[修正 | 配置 コンポーネント]タブ➡[配置]➡②[作業面に配置]が選択されていることを確認する。

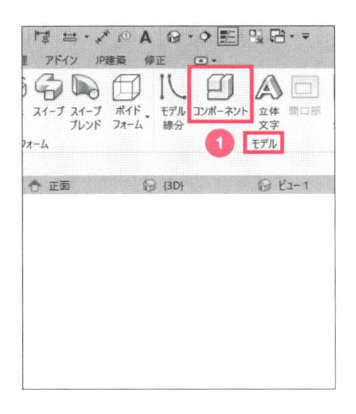

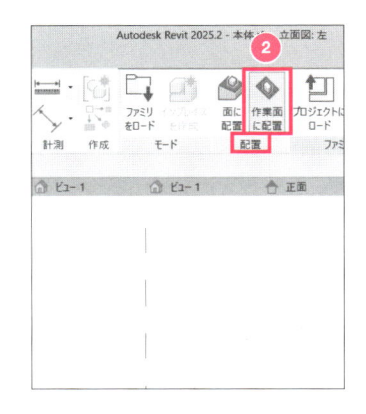

9

① 参照面の交点をクリックし、配置する。

P.157の**4**と同様に、[修正]タブ➡[プロパティ]➡[ファミリカテゴリとパラメータ]をクリックし、[ファミリカテゴリとパラメータ]ダイアログボックスで、**②** [共有]にチェックを入れて[OK]をクリックする。

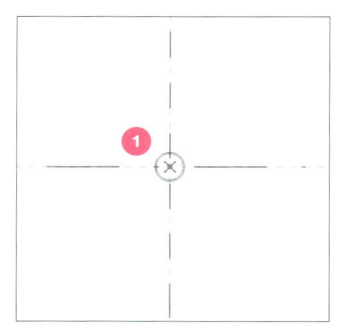
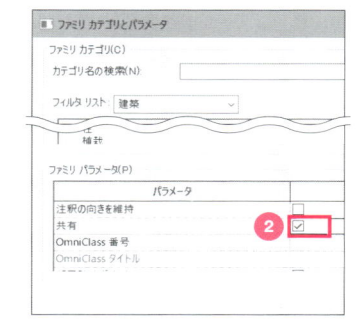

10

[ファイル]タブ➡[名前を付けて保存]➡[ファミリ]をクリックし、「本体（光源付）」のファミリ名で保存する。

リボンの[ファミリエディタ]➡**①** [プロジェクトにロード]をクリックする。

[プロジェクトにロード]ダイアログボックスで、**②** [仰角.rfa]にチェックを入れ、[OK]をクリックする。

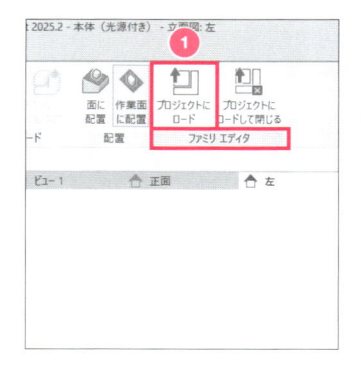
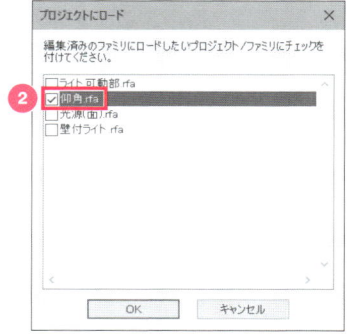

11

① [仰角.rfa]に[本体（光源付）]ファミリがロードされるのを確認する。

リボンの**②** [修正]をクリックする。

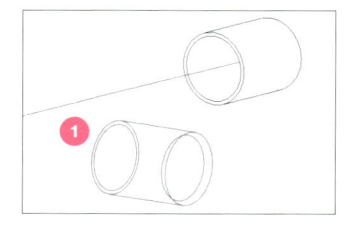
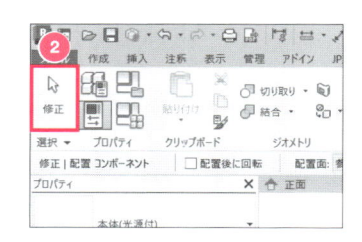

12

① 本体を選択する。

② [タイプセレクタ]で、[本体（光源付）]に変更し、選択を解除する。

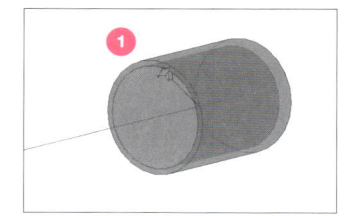
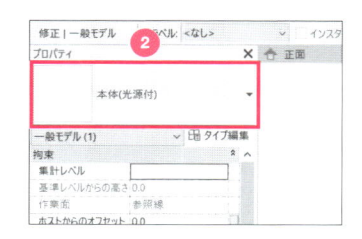

13

[修正]タブ➡[プロパティ]➡**①** [ファミリタイプ]をクリックする。

[ファミリタイプ]ダイアログボックスで、[寸法]の**②** [仰角（既定値）]に適当な数値（ここでは「30」）を入力し、動作を確認する。

確認後、[仰角（既定値）]に「0」と入力し、[OK]をクリックする。

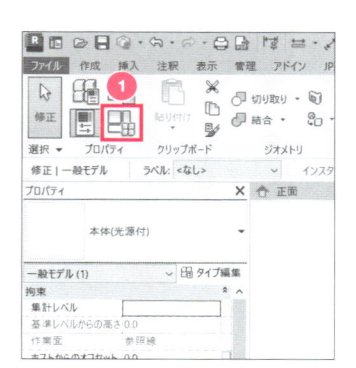
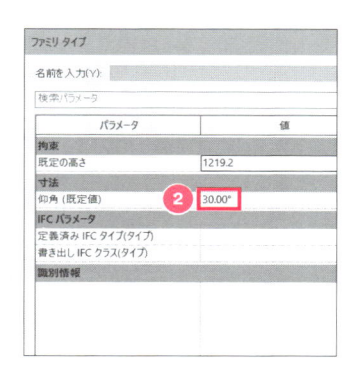

14

P.157の**4**と同様に、［修正］タブ➡
［プロパティ］➡［ファミリカテゴリと
パラメータ］をクリックする。［ファミ
リカテゴリとパラメータ］ダイアログ
ボックスで、❶［共有］にチェックを
入れて［OK］をクリックする。

- -

［ファイル］タブ➡［名前を付けて保存］
➡［ファミリ］をクリックし、「仰角（光
源付）」というファミリ名で保存する。

- -

リボンの［ファミリエディタ］➡❷［プ
ロジェクトにロード］をクリックする。

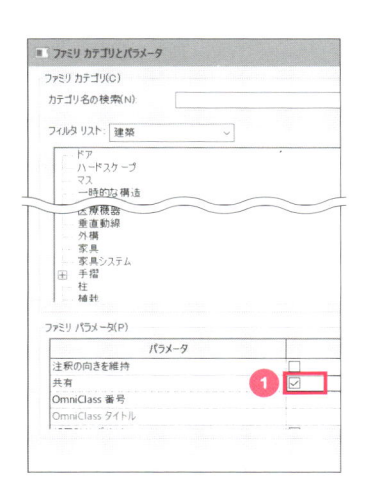

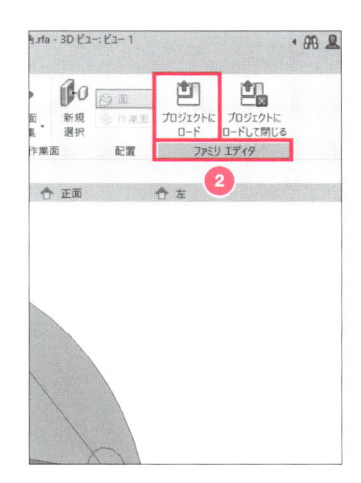

15

［プロジェクトにロード］ダイアログ
ボックスで、❶［ライト可動部.rfa］
にチェックを入れ、［OK］をクリック
する。

- -

❷［ライト可動部.rfa］に［仰角（光
源付）］ファミリがロードされるのを確
認し、リボンの［修正］をクリックする。

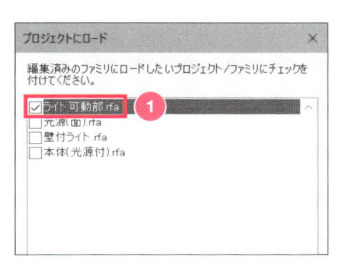

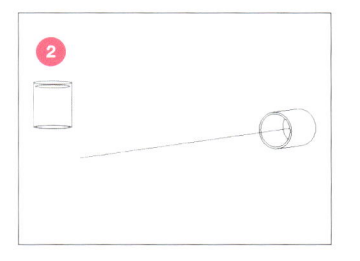

16

❶仰角を選択する。

❷［タイプセレクタ］で、［仰角（光源
付）］に変更し、選択を解除する。

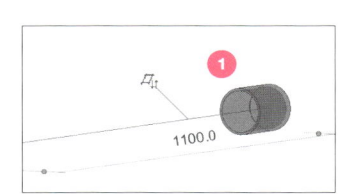

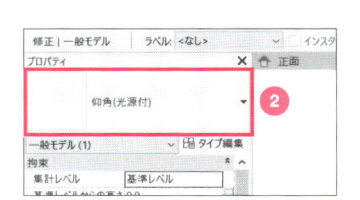

17

P.157の**4**と同様に、［修正］タブ➡
［プロパティ］➡［ファミリカテゴリと
パラメータ］をクリックする。［ファミ
リカテゴリとパラメータ］ダイアログ
ボックスで、❶［共有］にチェックを
入れて［OK］をクリックする。

- -

［ファイル］タブ➡［名前を付けて保
存］➡［ファミリ］をクリックし、「ライ
ト可動部（光源付）」というファミリ名
で保存する。

- -

リボンの［ファミリエディタ］➡❷［プ
ロジェクトにロード］をクリックする。

- -

［プロジェクトにロード］ダイアログ
ボックスで、❸［壁付ライト.rfa］に
チェックを入れ、［OK］をクリックする。

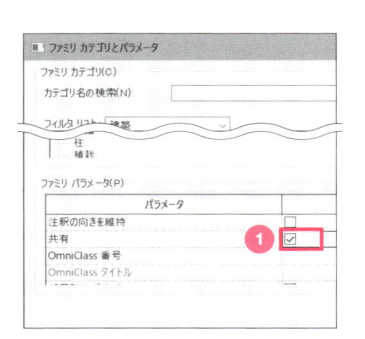

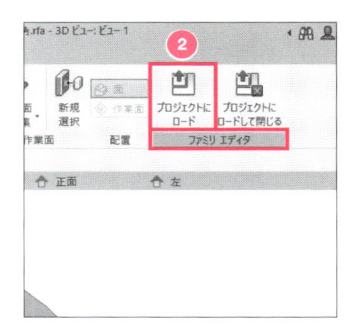

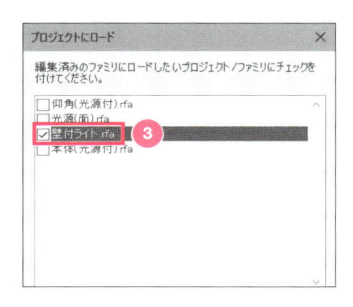

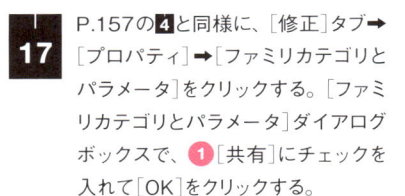

18
［壁付ライト］ファミリに［ライト可動部（光源付）］ファミリがロードされるのを確認し、リボンの［修正］をクリックする。

❶ライト可動部を選択し、❷［タイプセレクタ］で、［ライト可動部（光源付）］に変更し、選択を解除する。

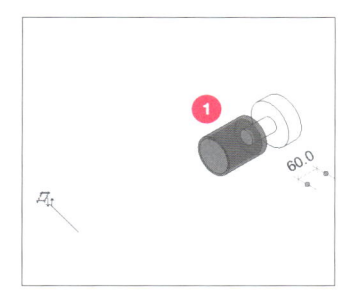
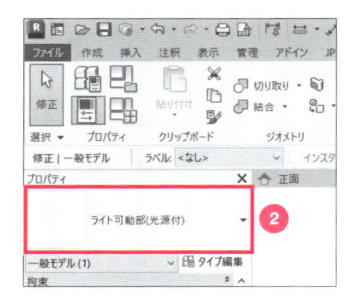

19
［修正］タブ➡［プロパティ］➡❶［ファミリカテゴリとパラメータ］をクリックする。

［ファミリカテゴリとパラメータ］ダイアログボックスで、❷［ファミリパラメータ］の［共有］にチェックを入れ、［ファミリカテゴリ］の❸［照明器具］を選択して［OK］をクリックする。

［ファイル］タブ➡［名前を付けて保存］➡［ファミリ］をクリックし、「**壁付ライト（光源付）**」というファミリ名で保存する。

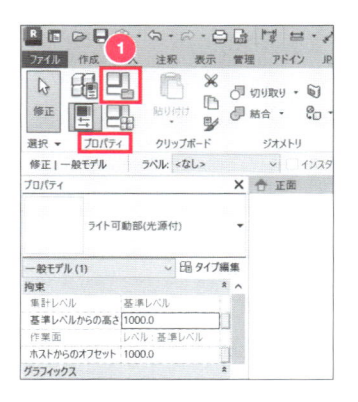
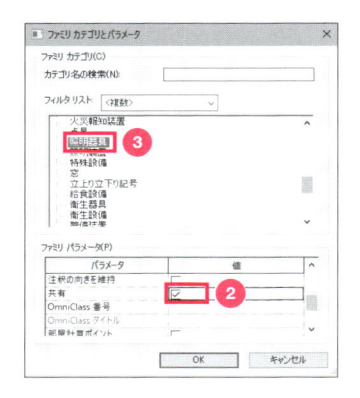

作成した照明を確認する

1
［ファイル］タブ➡［開く］➡［プロジェクト］をクリックし、「**34_照明検討.rvt**」を開く。

❶［**壁付ライト（光源付）.rfa**］のビュー（ここでは［3D］ビュー）に切り替える。

リボンの［ファミリエディタ］➡❷［プロジェクトにロード］をクリックする。

［プロジェクトにロード］ダイアログボックスで、❸［**34_照明検討.rvt**］にチェックを入れ、［OK］をクリックする。

❹図のように、壁付ライト（光源付）を配置する。

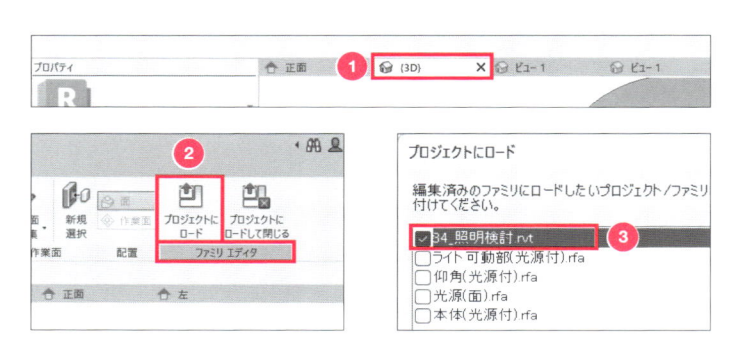
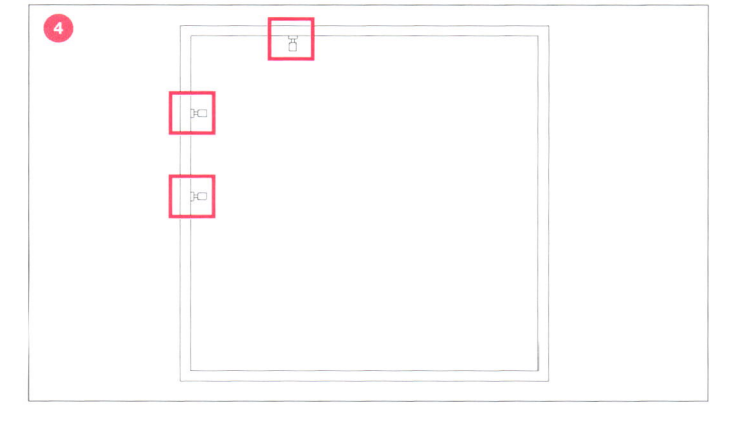

2
［プロジェクトブラウザ］で、［3D］ビューを展開し、［照明検討］ビューを開く。

① 配置した3つの照明を選択し、［プロパティパレット］の ②［高さ］に「2000」と入力し、［適用］をクリックする。

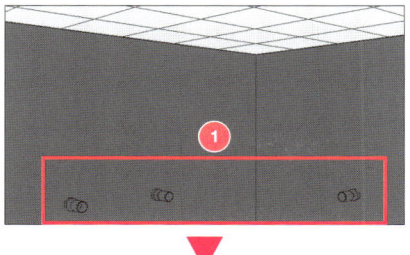

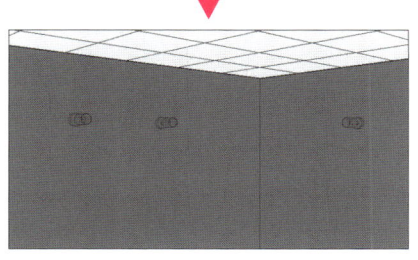

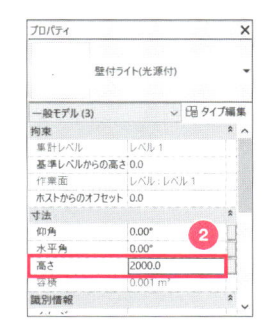

3
［表示］タブ➡［グラフィックス］➡ ①［表示／グラフィックス］をクリックする。

［表示／グラフィックスの上書き：3Dビュー：照明検討］ダイアログボックスで、［モデルカテゴリ］タブの ②［照明器具］を展開し、［光源］にチェックを入れて［OK］をクリックする。

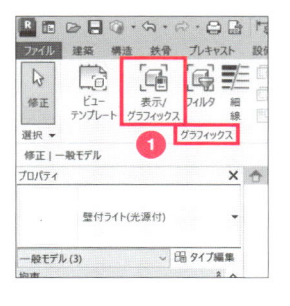

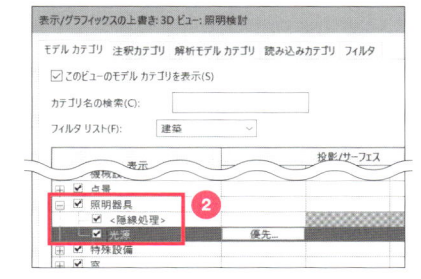

4
① それぞれの照明を選択し、［プロパティパレット］の［仰角］［水平角］に任意の値を入力する。

［表示］タブ➡［プレゼンテーション］➡ ②［レンダリング］をクリックする。

［レンダリング］ダイアログボックスで、［照明］の ③［スキーム］を［内部：人工照明のみ］に設定し、④［レンダリング］をクリックする。

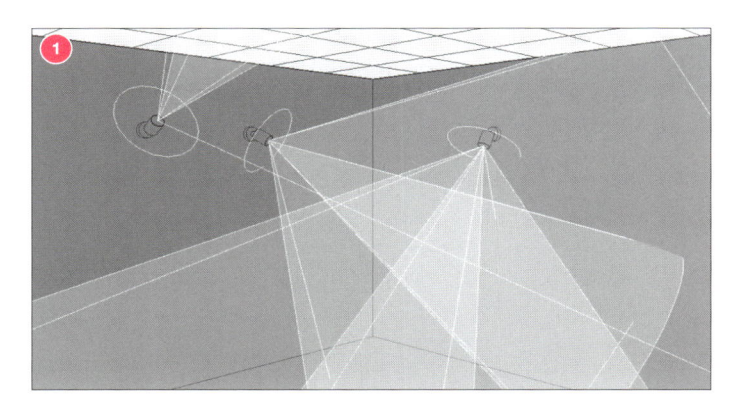

Hint
レンダリングの明るさは、［レンダリング］ダイアログボックスで［露出の調整］をクリックし、［露出コントロール］ダイアログボックスの［露出値］などを変更して調整します。

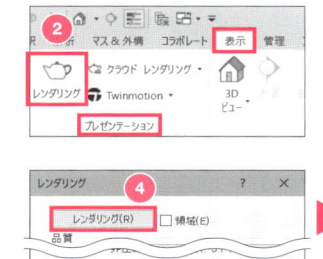

35

プロファイルファミリを作成する❶
折板屋根の断面形状を作成する

折板屋根、折り上げ天井、目地、パラペットのアゴなどは、断面形状を軌跡に沿って移動させ、立体的な形状を作る手法を使います。その断面形状であるプロファイルファミリを作る方法を解説します。ここでは、折板屋根の断面形状のプロファイルファミリを作成します。

作成したプロファイルファミリを使った折板屋根の作成方法は、P.088で解説しています。

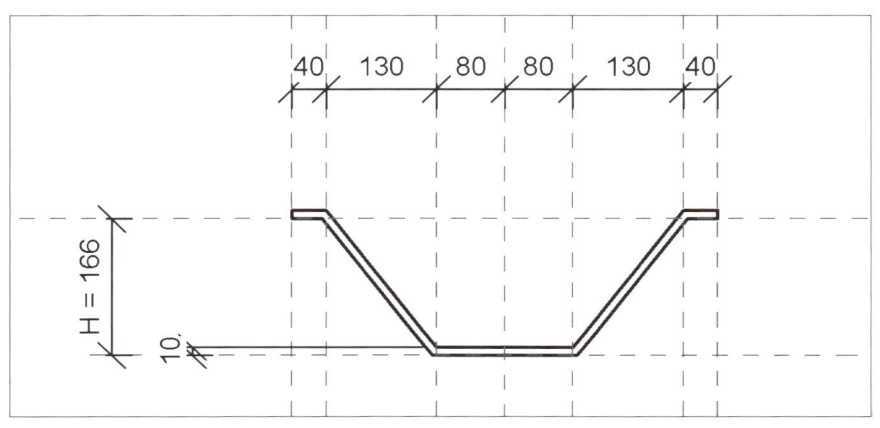

ここでは、折板屋根の断面形状のプロファイルファミリを作成します。

操作手順

1 Revitホーム画面で、[ファミリ]の❶[新規作成]をクリックする。

[新しいファミリーテンプレート ファイルを選択]ダイアログボックスで[Japanese]フォルダを選択し、❷[プロファイル－マリオン（メートル単位）.rft]を選択して[開く]をクリックする。

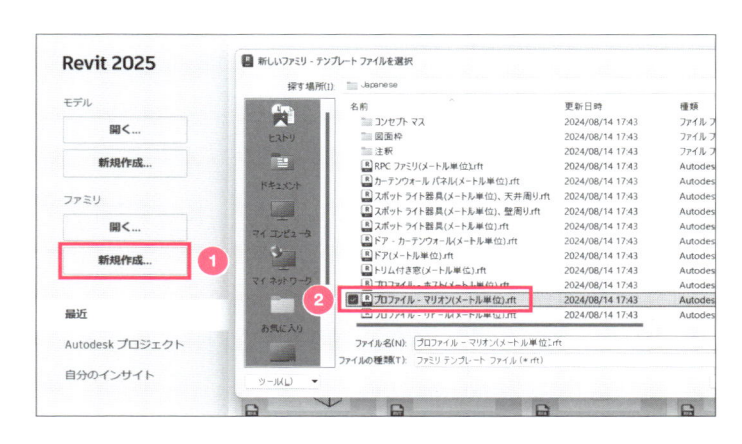

2 [作成]タブ➡[基準面]➡❶[参照面]をクリックする。

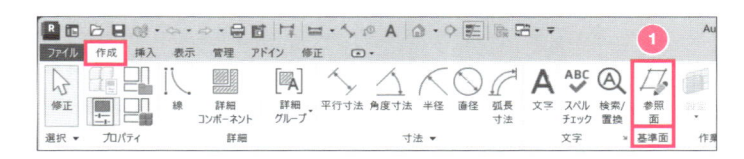

3 図の位置に参照面を作成する。

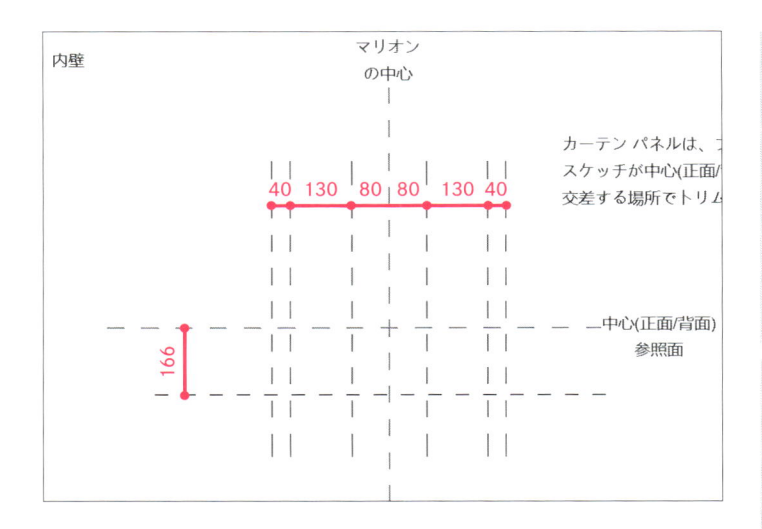

内壁　マリオンの中心

40　130　80　80　130　40

166

カーテン パネルは、
スケッチが中心(正面/
交差する場所でトリム

中心(正面/背面)
参照面

4 ［作成］タブ➡［寸法］➡［平行寸法］を使って、図のように寸法を記入する。

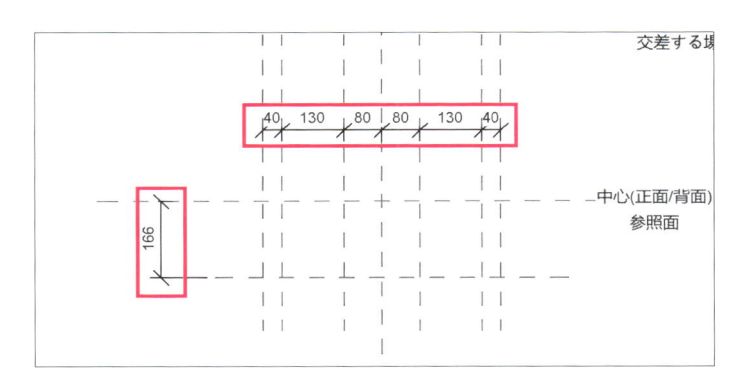

交差する場

40　130　80　80　130　40

166

中心(正面/背面)
参照面

5 ［作成］タブ➡［詳細］➡❶［線］をクリックする。

- -

［修正｜配置 線分］タブ➡［描画］➡❷［線］をクリックする。

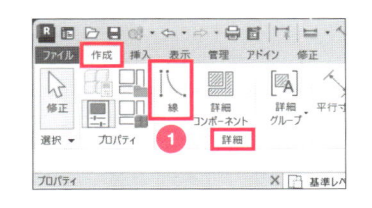
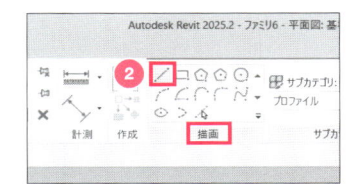

6 図の寸法を参考に、断面形状を作成する（板厚10mm）。断面形状の作成では、図中○印の角に注意する。

Hint

「プロファイルーマリオン（メートル単位）.rft」テンプレートを使用する場合、屋根の上面が外部側に、下面が内壁側になるように作図します。

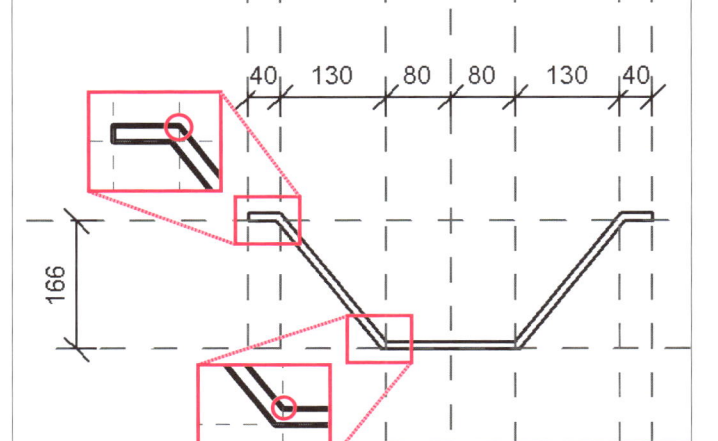

40　130　80　80　130　40

166

7 ［作成］タブ➡［寸法］➡［平行寸法］を使って、図のように「10」mmの寸法を記入する。

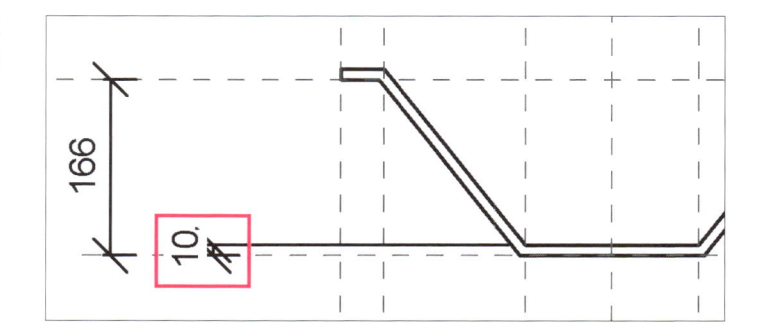

8 「166」の寸法を選択し、［修正|寸法］タブ➡［寸法にラベルを付ける］➡❶［パラメータを作成］をクリックする。

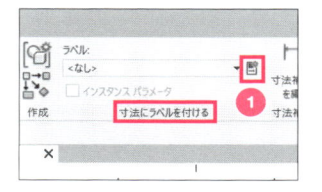

［パラメータプロパティ］ダイアログボックスで、❷［名前］に「H」と入力し、［OK］をクリックする。

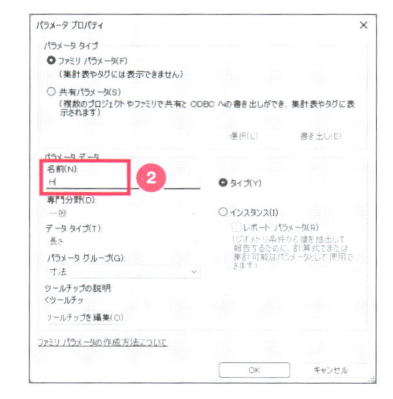

「10」の寸法を選択し、❸ロックする。

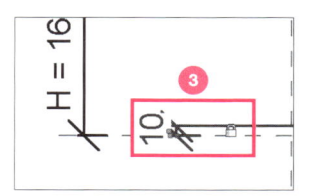

9 ［修正］タブ➡［プロパティ］➡❶［ファミリタイプ］をクリックする。

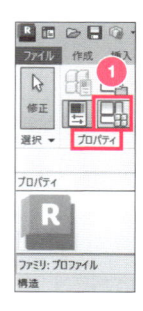

［ファミリタイプ］ダイアログボックスで、❷［H］の値を変更（ここでは「200」に）し、［適用］をクリックする。プロファイル（断面形状）の高さが変更されることを確認する。

［H］の値を「166」mmに戻す。

❸［新しいタイプ］をクリックする。

［名前］ダイアログボックスで、❹［名前］に「H166」と入力し、［OK］をクリックする。

［ファミリタイプ］ダイアログボックスに戻り、❺［名前を入力］が［H166］になっていること、❻［H］の値が「166」mmであることを確認して［適用］をクリックする。

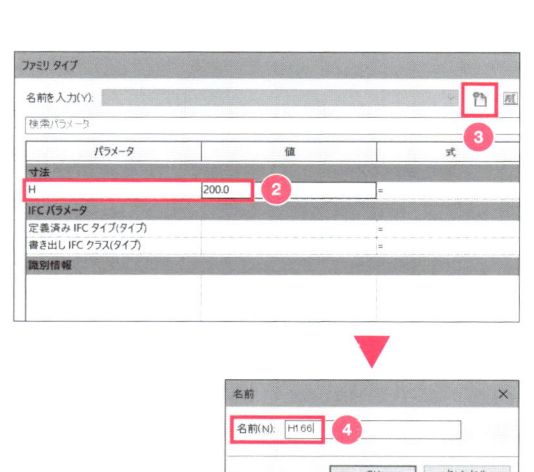

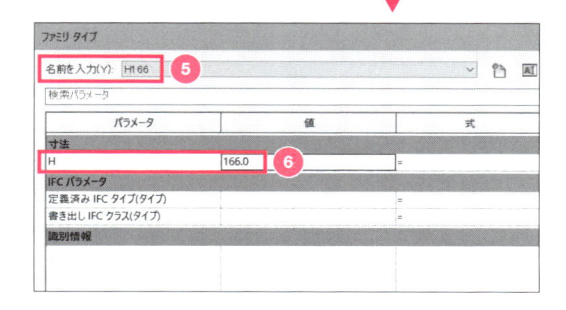

10 ［ファミリタイプ］ダイアログボックスで、再度［新しいタイプ］をクリックし、**1**［名前］に「H120」という名前で新しいタイプを作成する。**2**［H］に「120」と入力して［OK］をクリックする。

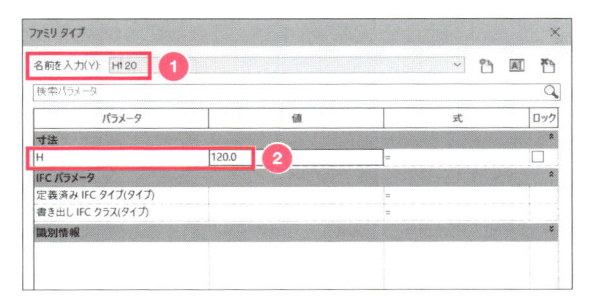

ファミリを保存する

1 ［ファイル］タブ➡［名前を付けて保存］➡**1**［ファミリ］をクリックする。

［名前を付けて保存］ダイアログボックスで、**2**［ファイル名］に「折板」と入力し、［保存］をクリックする。

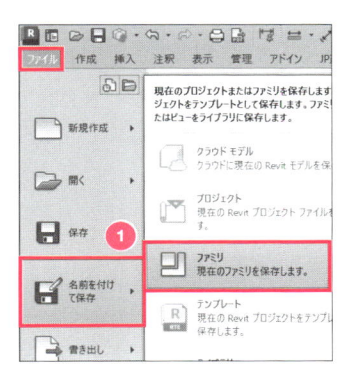 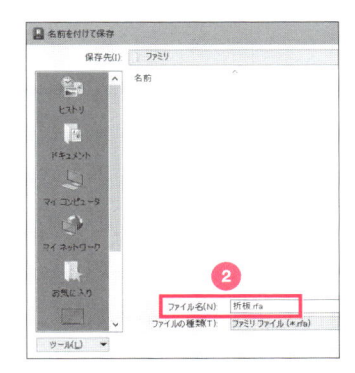

36

プロファイルファミリを作成する❷
既存のプロファイルの用途を変更して利用する

プロファイルファミリで使用したい形状を見つけたが、目的のオブジェクトで利用できない、ということがあります。たとえば、手摺のプロファイルを壁目地のプロファイルとして使いたいという場合もそうです。このようなときは、「プロファイルの用途」を変更します。

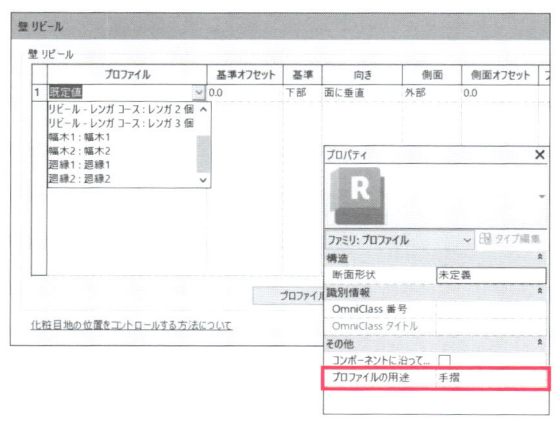 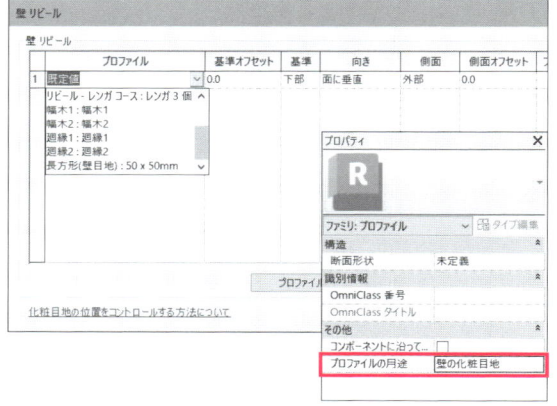

ここでは、手摺の「プロファイルの用途」(左図)を、壁目地(右図)に変更します。

操作手順

1 Revitホーム画面で、[ファミリ]の❶[開く]をクリックする。

[開く]ダイアログボックスで、「Japanese」フォルダ➡「プロファイル」➡「階段」フォルダ➡❷「長方形手摺.rfa」を選択して[開く]をクリックする。

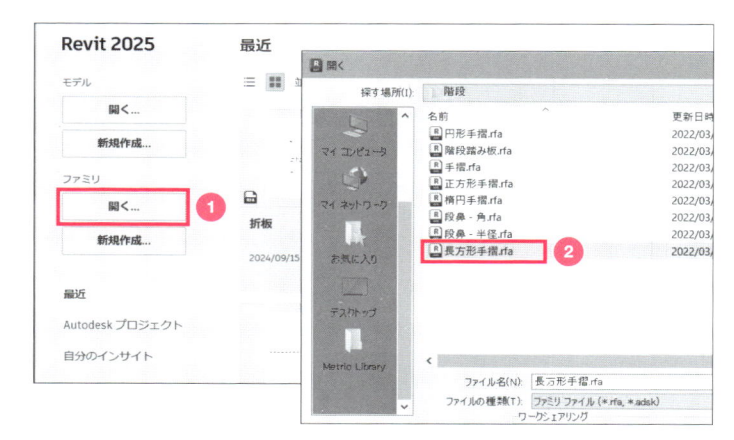

Hint 図のメッセージが表示された場合は[キャンセル]をクリックし、ファイルをコピーして実行してください。

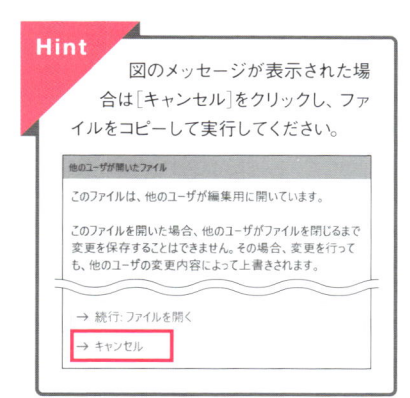

2 [作成]タブ➡[プロパティ]➡❶
[ファミリタイプ]をクリックする。

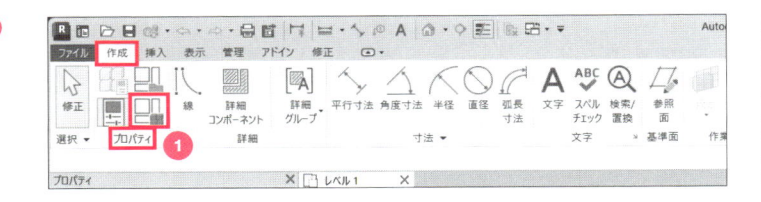

3 [ファミリタイプ]ダイアログボックス
で、❶[高さ]と[幅]に任意の数値
（ここでは[高さ]に「30」、[幅]に「80」
を入力し、変形することを確認する。

❷[高さ]と[幅]の数値を元の「50」
に戻し、[OK]をクリックする。

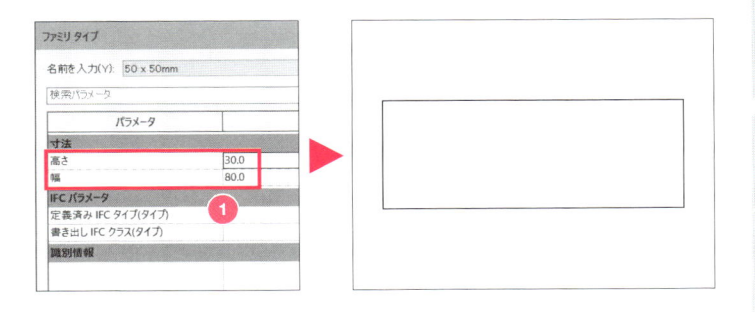

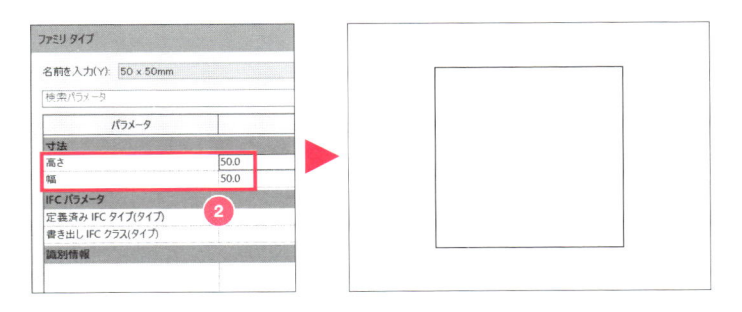

4 [プロパティパレット]で、[プロファ
イルの用途]を[壁の化粧目地]に変
更する。

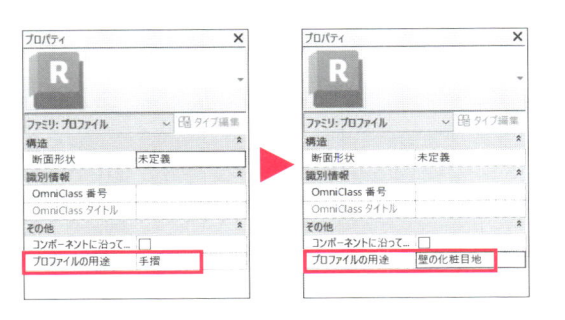

ファミリを保存する

1 [ファイル]タブ➡[名前を付けて保
存]➡❶[ファミリ]をクリックする。

[名前を付けて保存]ダイアログボッ
クスで、❷[ファイル名]に「長方形
（壁目地）.rfa」と入力し、[保存]を
クリックする。

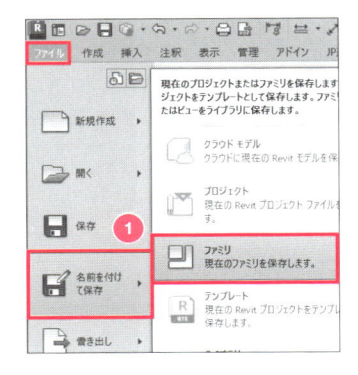

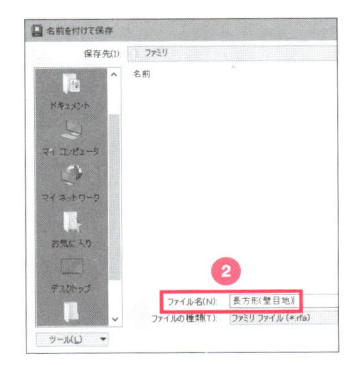

37 ドラッグ操作で数が増減する ファミリを作成する

目地やフェンス、グレーチングなど、長さに合わせて数が増減するファミリは、インスタンスパラメータを設定してパラメータに計算式を入れることで、両矢印マーク（コントロール）のドラッグ操作で一定間隔のまま数を増減できます。

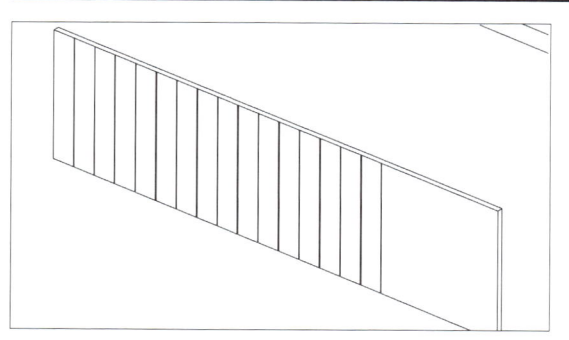

ここでは、目地をボイドファミリで作成し、ドラッグ操作で目地の数を調整できるファミリを作成します。目地は壁両面に同時に配置します。

操作手順

壁外側の目地を1つ作成する

1 Revitホーム画面で、[ファミリ]の[新規作成]をクリックする。[Japanese]フォルダ➡[一般モデル（メートル単位）.rft]を選択して開く。

[作成]タブ➡[フォーム]➡ ❶[ボイドフォーム]➡[押し出し]をクリックする。

[修正|作成 押し出し（ボイド）]タブ➡[描画]➡ ❷[線]をクリックする。

❸ 図のように三角形を作成し、[プロパティパレット]の ❹[押出 終端]に「3000」と入力する。

[修正|作成 押し出し（ボイド）]タブ➡[計測]➡[平行寸法]を使って、❺ 図のように寸法を2つ記入する。

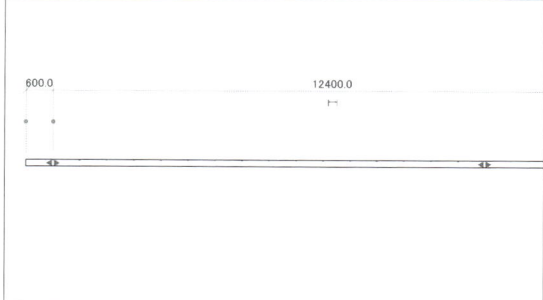

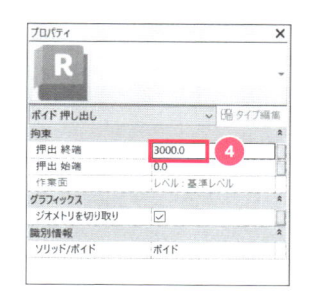

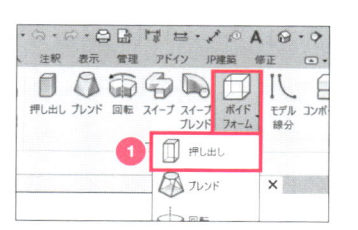

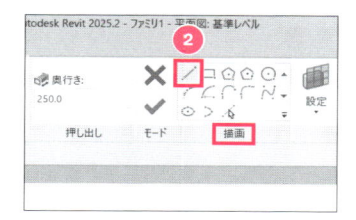

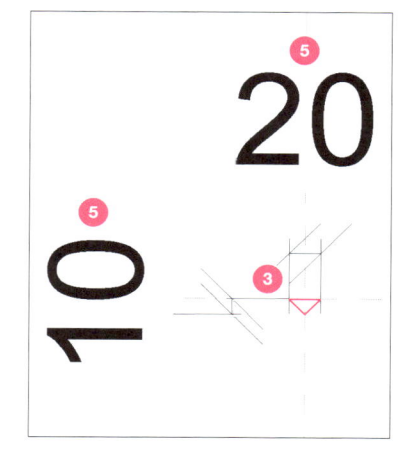

2 ［修正｜作成 押し出し（ボイド）］タブ➡［モード］➡①［編集モードを終了］をクリックする。

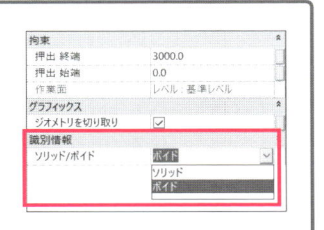

Hint
「ボイド」は空洞（空間）、対して「ソリッド」は固まりです。Revitでは、ソリッド（3D形状）の一部を切り取る（削る）際に、切り取る形状としてボイドを使います。ここでは、壁の表面をボイド形状で削って目地を作成します。
Revitでソリッドを作成するには、［作成］タブ➡［フォーム］➡［押し出し］や［スイープ］などを使います。ボイドを作成するには、［作成］タブ➡［フォーム］➡［ボイドフォーム］を使います。
ソリッドとボイドは、ファミリ作成後でも［プロパティパレット］の［識別情報］の［ソリッド/ボイド］で切り替えることができます（図）。

目地の間隔・本数を指定するための パラメータを作成する

1 ［作成］タブ➡［基準面］➡①［参照面］をクリックする。

② 図のように、P.170の■で作成した三角形の右側に参照面を2つ作成し、コマンドを終了する。

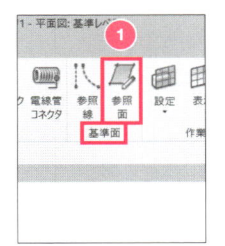

2 ［修正］タブ➡［計測］➡①［平行寸法］をクリックする。

②［参照面：中心（左/右）］と作成した各参照面間に寸法を記入し、コマンドを終了する。

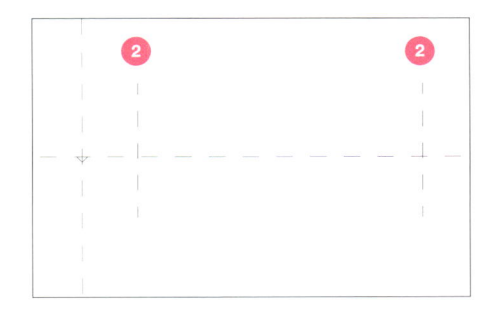

3 長いほうの寸法線を選択し、［修正｜寸法］タブ➡［寸法にラベルを付ける］➡①［パラメータを作成］をクリックする。

［パラメータプロパティ］ダイアログボックスで、②［名前］に「全長」と入力し、③［インスタンス］を選択して［OK］をクリックする。

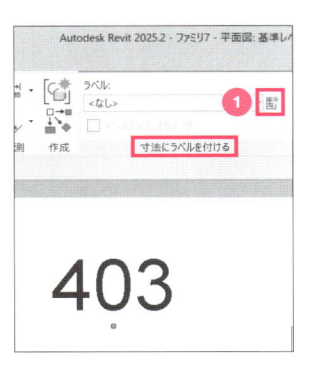

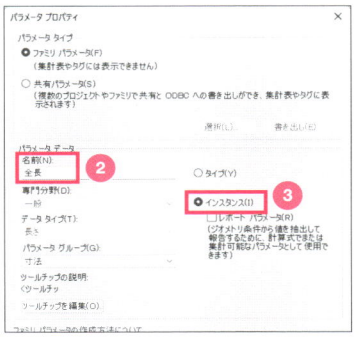

4 同様に、短いほうの寸法線を選択し、パラメータを設定する。[名前]は **1**「目地間隔」とし、**2**[インスタンス]を選択する。

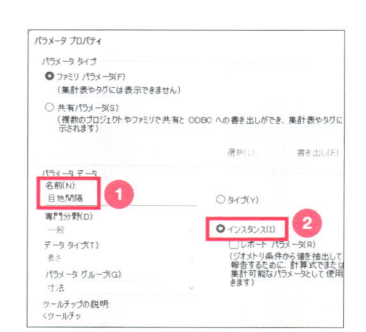

5 三角形ボイドを選択し、[修正|ボイド押し出し]タブ➡[修正]➡**1**[コピー]をクリックする。

2 右隣の参照面に合わせてコピーする。

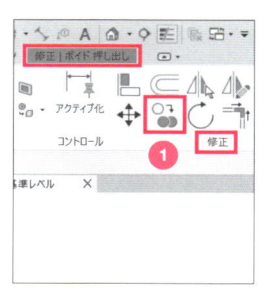
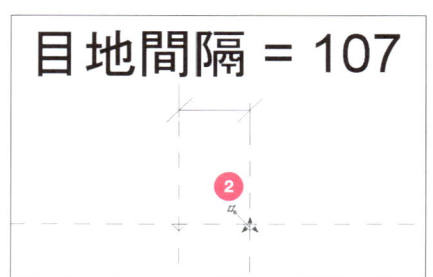

6 **1** コピーした三角形ボイドと **2** 参照面を選択する。

[修正|複数選択]タブ➡[修正]➡**3**[配列]をクリックする。

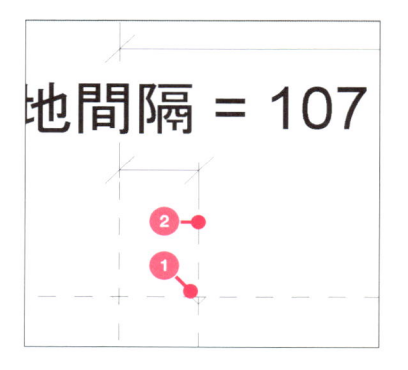
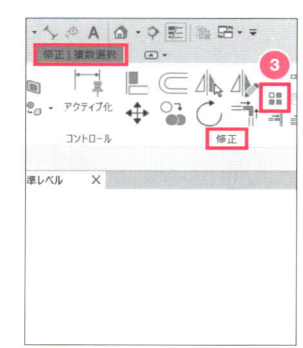

7 オプションバーで、**1**[項目数]が「2」、**2**[指定]が[2点間]になっていることを確認する。

任意の **3** 始点と、水平方向で任意の **4** 目的点をクリックし、コマンドを終了する。

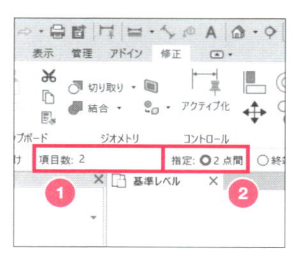
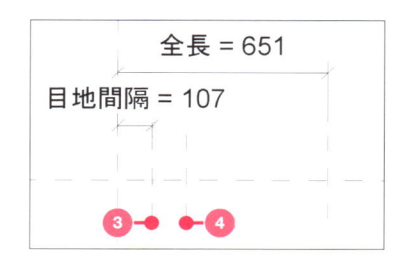

8 [修正]タブ➡[計測]➡**1**[平行寸法]をクリックする。

2 コピーした参照面間に寸法を記入し、コマンドを終了する。

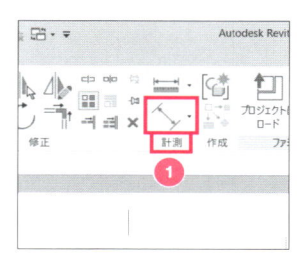
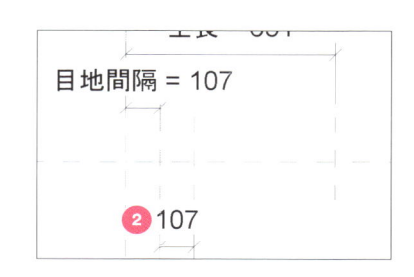

9 ❽で記入した寸法を選択し、[修正｜寸法]タブ➡[寸法にラベルを付ける]➡❶[ラベル]から[目地間隔]を選択する。

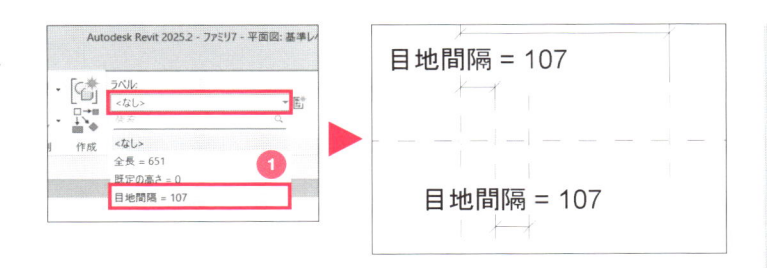

10 [修正]タブ➡[プロパティ]➡❶[ファミリタイプ]をクリックする。

[ファミリタイプ]ダイアログボックスで、❷[新しいパラメータ]をクリックする。

[パラメータプロパティ]ダイアログボックスで、❸[名前]に「本数」と入力する。❹[データタイプ]から[整数]を選択し、❺[インスタンス]を選択して[OK]をクリックする。

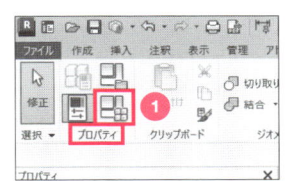

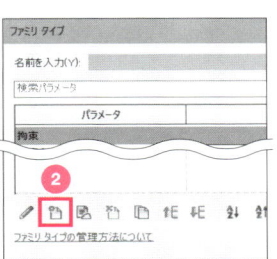

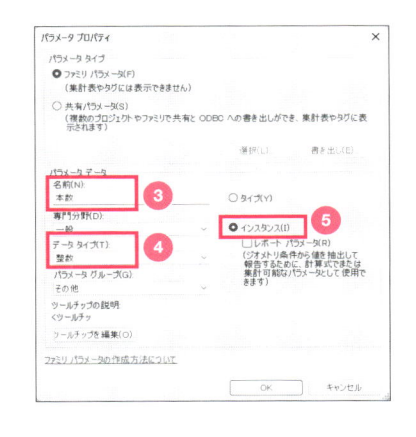

11 [ファミリタイプ]ダイアログボックスに戻り、❶[全長]に「4000」、[目地間隔]に「600」、❷[本数]に「5」と入力し、[OK]をクリックする。

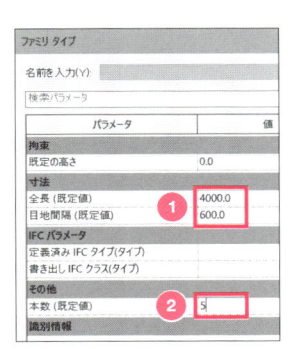

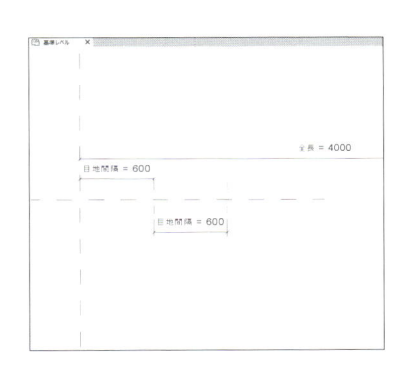

12 ❼で❶配列複写した参照面を選択する。

❷配列の線を選択する。

オプションバーの❸[ラベル]で[本数＝5]を選択する。

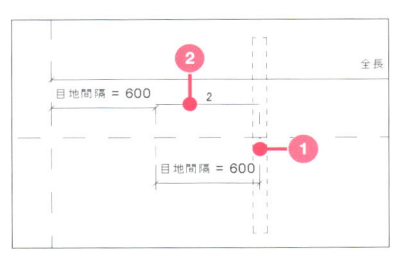

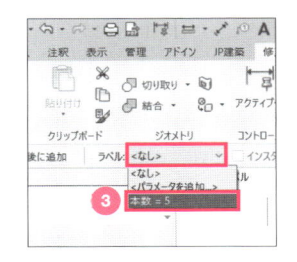

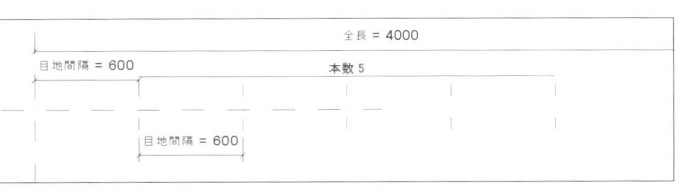

13　［修正］タブ➡［プロパティ］➡  ①
［ファミリタイプ］をクリックする。

［ファミリ タイプ］ダイアログボックス
で、［本数（既定値）］の ②［式］に「＝
全長／目地間隔-1」と入力する。

［適用］をクリックすると、［本数（既
定値）］の［値］に計算結果が表示さ
れ、グレーアウト表示になる。［OK］
をクリックする。

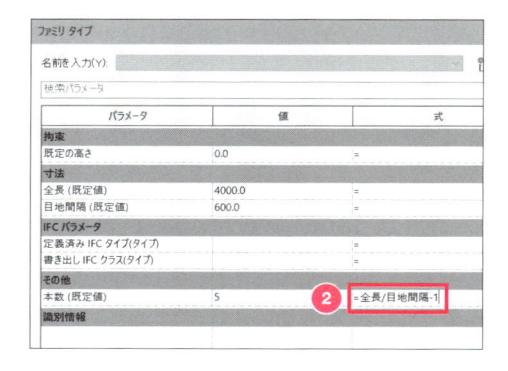

Hint　式に入力するパラメータ名は、
正しい名称である必要があります。
また、演算記号や数値は半角文字で入
力します。

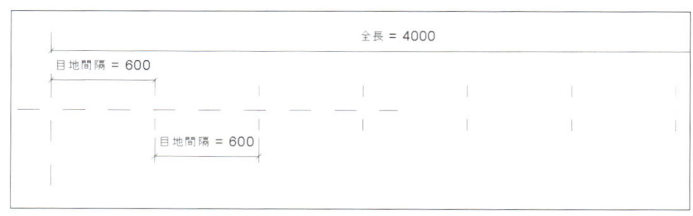

目地高さのパラメータを作成する

1　［3D］ビューに切り替え、P.173の❿
を参考に、新しいパラメータを作成
する。このとき、①［名前］は「高さ」、
②［データタイプ］は［長さ］とし、③
［タイプ］を選択する。

［ファミリタイプ］ダイアログボックス
に戻り、④［高さ］に「4000」と入力
して［OK］をクリックする。

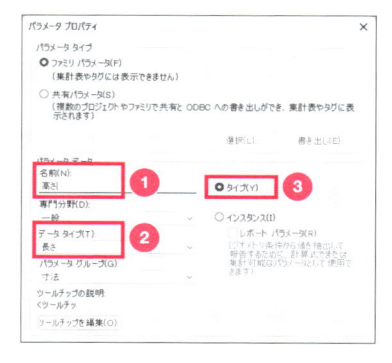

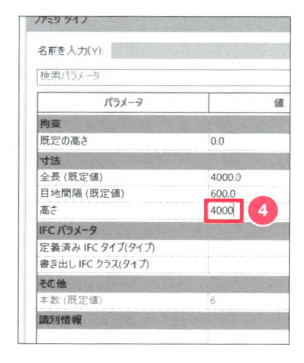

2　①一番左側の三角形ボイドを選択
し、［プロパティパレット］の［押出 終
端］の ②［ファミリパラメータの関連
付け］をクリックする。

［ファミリ パラメータの関連付け］ダ
イアログボックスで、③［高さ］を選
択し、［OK］をクリックする。

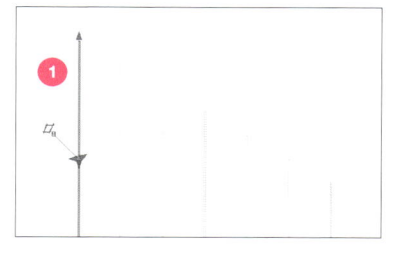

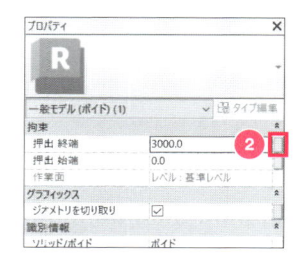

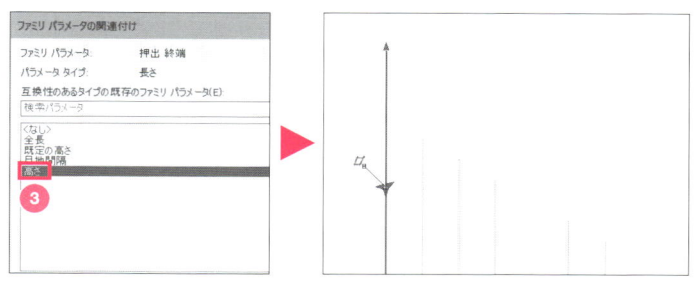

3 ①配列複写した三角形ボイド（どれでもよい）を選択し、②[修正|モデルグループ]タブ➡[グループ]➡[グループを編集]をクリックする。

再度、①の三角形ボイドを選択し、**2**の②～③を繰り返す。

[グループを編集]パネル➡③[終了]をクリックする。

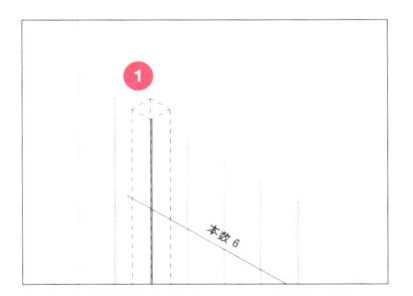
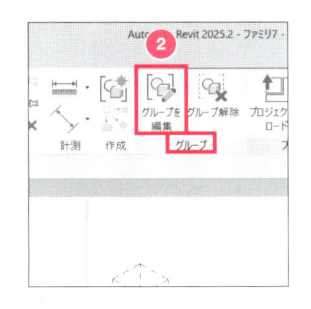

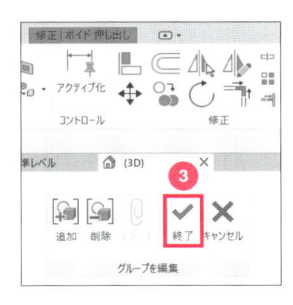
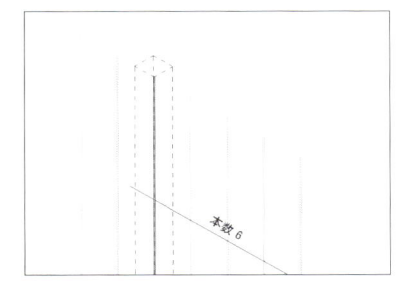

長さと本数の関係を確認する

1 [基準レベル]ビューに切り替え、[修正]タブ➡[プロパティ]➡①[ファミリタイプ]をクリックする。

[ファミリタイプ]ダイアログボックスで、②[全長]に「5000」と入力し、[適用]をクリックする。

[全長]に「5000」と入力すると、③目地をもう1つ配置できる間隔が空いています。そこで計算式を変更します。

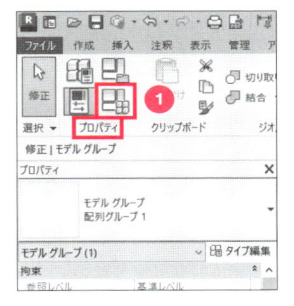
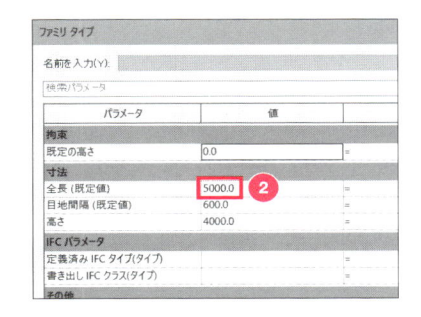

2 [ファミリタイプ]ダイアログボックスで①[本数]の[式]を、次のように変更する。
「=roundup(全長/目地間隔-1)」

②[適用]をクリックして確認する。確認後、[OK]をクリックする。

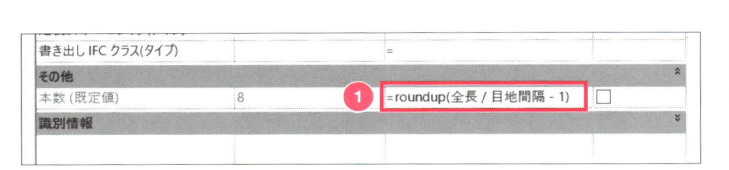

Hint
「roundup」関数により、本数が切り上げられます。

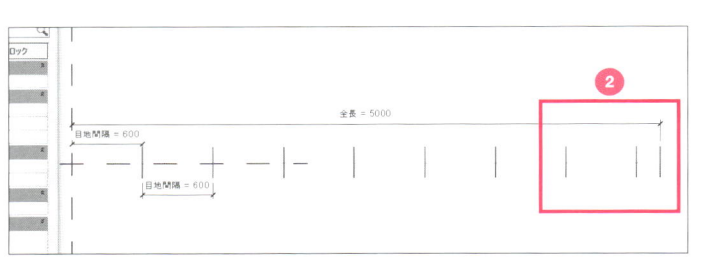

壁から目地を切り取れる設定にする

1 ［修正］タブ➡［プロパティ］➡ ①［ファミリカテゴリとパラメータ］をクリックする。

- - - - - - - - - - - - - - - - - - - -

［ファミリカテゴリとパラメータ］ダイアログボックスで、②［ロード時にボイドで切り取り］にチェックを入れて［OK］をクリックする。

- - - - - - - - - - - - - - - - - - - -

［ファイル］タブ➡［名前を付けて保存］➡［ファミリ］をクリックし、「目地1.rfa」というファミリ名で保存する。

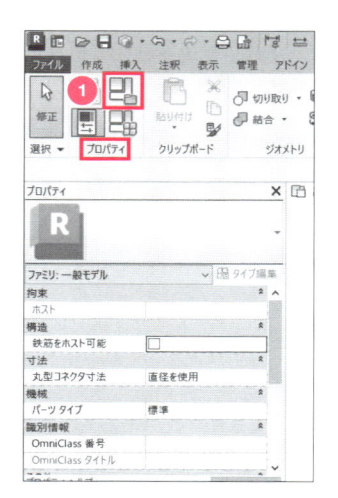
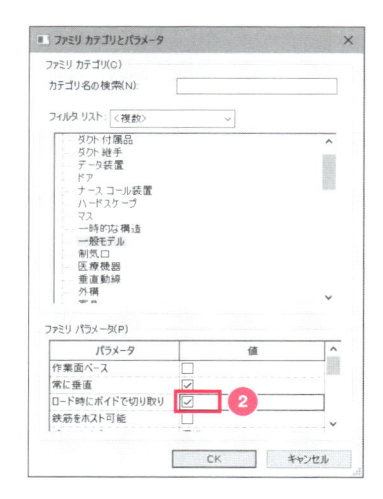

壁内側の目地を作成する

1 「目地1.rfa」ファミリを開いた状態で、［ファイル］タブ➡［名前を付けて保存］➡［ファミリ］をクリックし、「目地2.rfa」というファミリ名で保存する。

- - - - - - - - - - - - - - - - - - - -

①一番左側の三角形ボイドを選択し、［修正｜ボイド押し出し］タブ➡［修正］➡ ②［鏡像化ー軸を選択］をクリックする。

- - - - - - - - - - - - - - - - - - - -

オプションバーの ③［コピー］のチェックを外し、④［参照面：中心（正面／背面）］をクリックする。

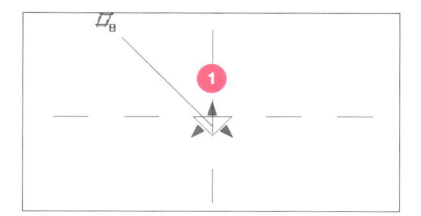
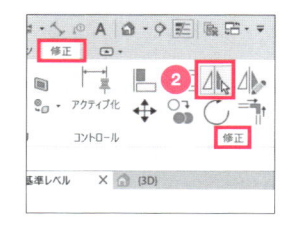

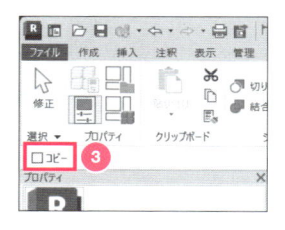
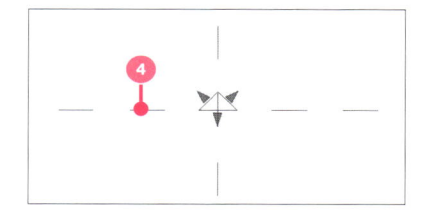

2 ①配列複写した三角形ボイド（どれでもよい）を選択し、②［修正｜モデルグループ］タブ➡［グループ］➡［グループを編集］をクリックする。

- - - - - - - - - - - - - - - - - - - -

再度、①の三角形ボイドを選択し、**1**の ②〜④を繰り返す。

- - - - - - - - - - - - - - - - - - - -

［グループを編集］パネル➡ ③［終了］をクリックする。

- - - - - - - - - - - - - - - - - - - -

［ファイル］タブ➡［上書き保存］をクリックして保存する。

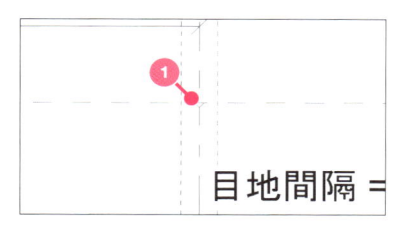
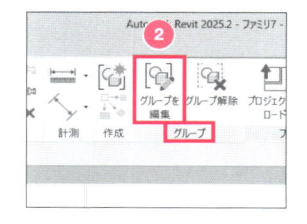

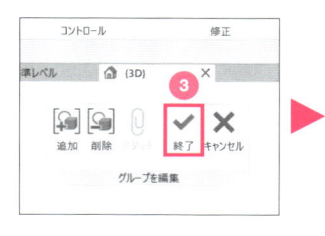

壁の内外側の目地をネストする

1
［ファイル］タブ ➡［新規作成］
➡［ファミリ］をクリックする。
「**Japanese**」フォルダ➡「**一般モデ
ル（メートル単位）、壁基準面.rft**」
を選択して開く。

［作成］タブ➡［モデル］➡ **①**［コン
ポーネント］をクリックする。

［ライブラリからファミリをロードしま
すか］というメッセージが表示される
ので、**②**［はい］をクリックする。

［ファミリをロード］ダイアログボック
スで、「**目地1.rfa**」を選択して開く。

③ 壁の上側の適当な位置に「**目地
1**」を配置し、コマンドを終了する。

2
［修正］タブ➡［修正］➡ **①**［位置合
わせ］をクリックする。

［修正｜位置合わせ］タブ➡［位置合
わせ］➡ **②**［ロック］にチェックを入
れる。

③［参照面：中心（左/右）］と **④** 左
端の三角形の中心を位置合わせす
る。

続けて、**⑤** 壁の上側と **⑥**「**目地1**」
の［参照面：中心（正面/背面）］を位
置合わせし、ロックされていることを
確認してコマンドを終了する。

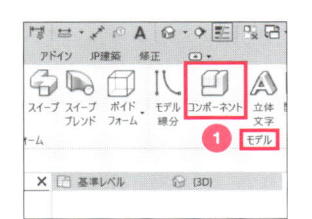
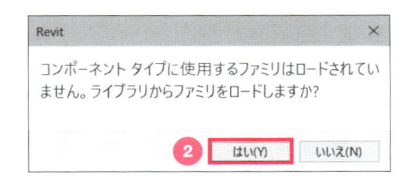
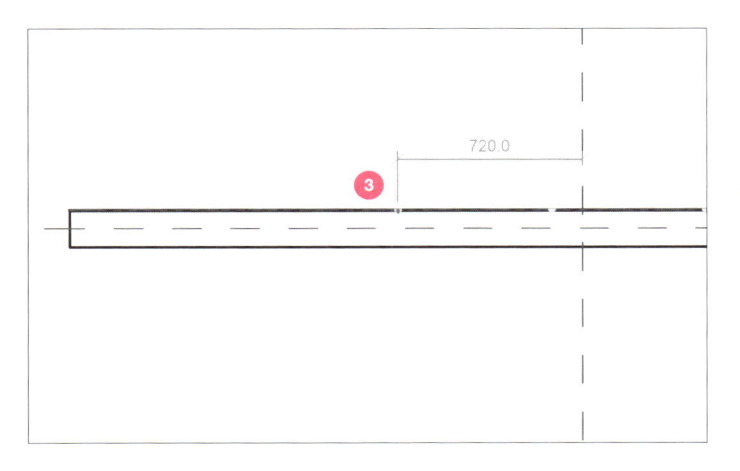
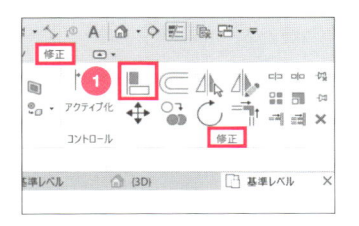
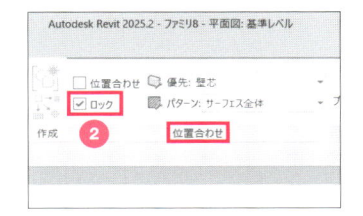
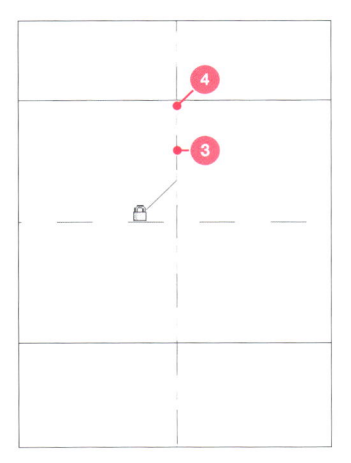
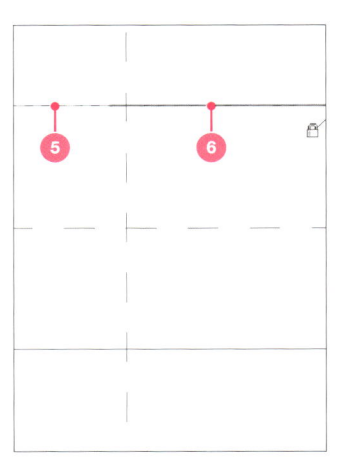

> **Hint**
> 壁の上側や「**目地1**」の［参照
> 面：中心（正面/背面）］は、他の参
> 照面などと重なって選択しにくいです。
> Tab キーを押して循環選択し、ツール
> チップの内容を確認しながら選択操作
> を行ってください。

3 「目地2」ファミリのビューに切り替え、リボンの［ファミリエディタ］➡［プロジェクトにロード］をクリックする。

P.177の**2**の壁基準面ファミリに切り替わるので、P.177の**1**の**3**～**2**と同様にして、**1** 壁下側に「目地2」を配置する。位置合わせは壁下側にする。

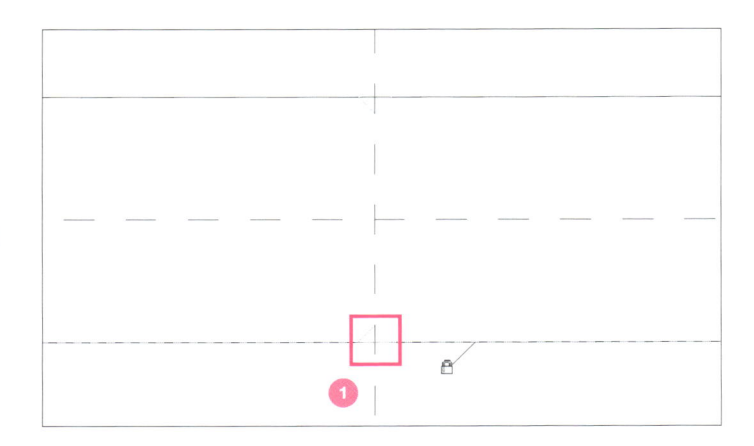

壁厚を変更した時に、壁に合わせて目地が移動するか確認します。

4 目地を配置した壁を選択し、**1**［タイプセレクタ］で、［一般－300mm］に変更する。目地が移動したことを確認後、［一般－150mm］に戻す。

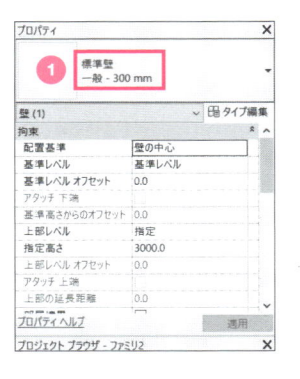 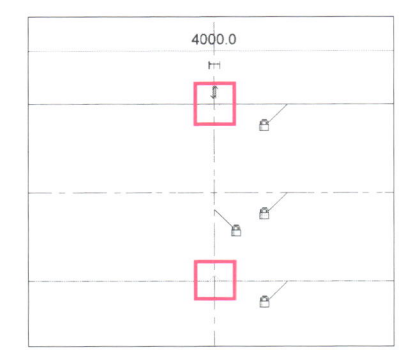

パラメータを関連付ける

1 ［修正］タブ➡［プロパティ］➡**1**［ファミリタイプ］をクリックする。

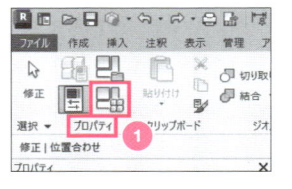 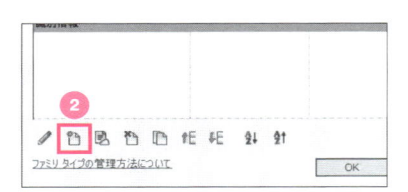

［ファミリタイプ］ダイアログボックスで、**2**［新しいパラメータ］をクリックする。

［パラメータプロパティ］ダイアログボックスで、**3**［名前］に「目地間隔」と入力し、**4**［インスタンス］を選択して［OK］をクリックする。

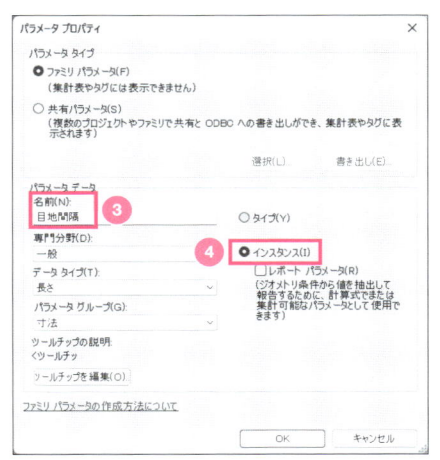

2

［ファミリタイプ］ダイアログボックスに戻るので、**1**の **2**〜**4**と同様にして、次の3つのパラメータを作成する。

1 ［名前］：「長さ」
　　［データタイプ］：［長さ］
　　［インスタンス］を選択

2 ［名前］：「高さ」
　　［データタイプ］：［長さ］
　　［タイプ］を選択

3 ［名前］：「本数」
　　［データタイプ］：［整数］
　　［インスタンス］を選択

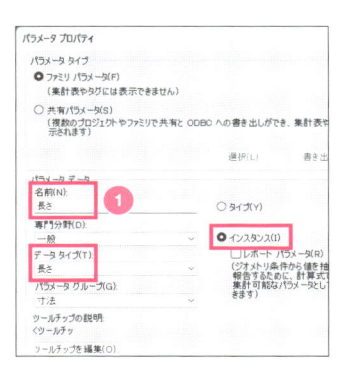
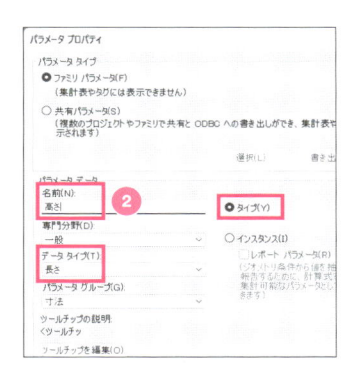
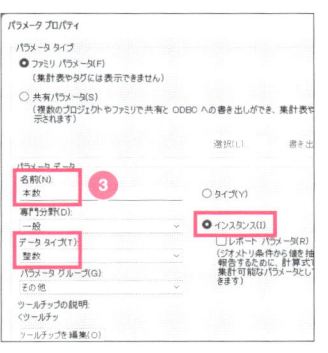

3

［ファミリタイプ］ダイアログボックスに戻り、次のように入力する。

［目地間隔］：「600」
［長さ］：「5000」
［高さ］：「3000」
［本数］の［式］：「=roundup(長さ/
目地間隔-1)」

［OK］をクリックする。

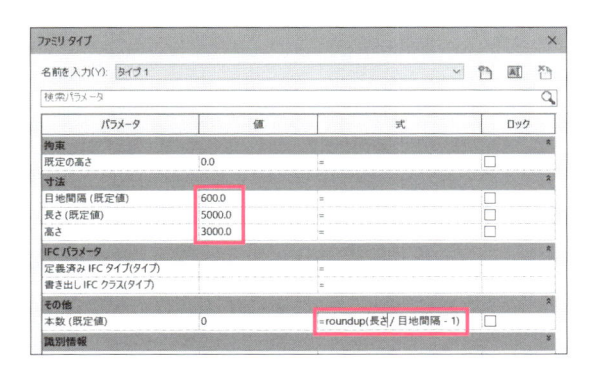

4

1「目地1」を選択し、［プロパティパレット］で、［寸法］の［全長］の **2**［ファミリパラメータの関連付け］をクリックする。

［ファミリパラメータの関連付け］ダイアログボックスで、**3**［長さ］を選択し、［OK］をクリックする。

同様に、［プロパティパレット］の［寸法］の **4**［目地間隔］を、［ファミリパラメータの関連付け］ダイアログボックスで［目地間隔］に関連付ける。

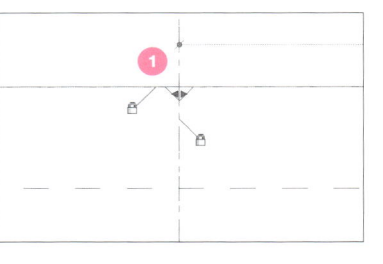
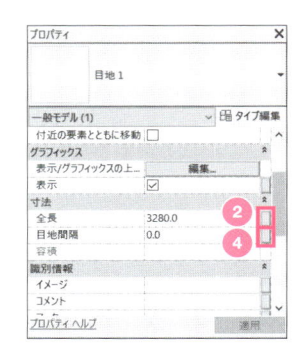
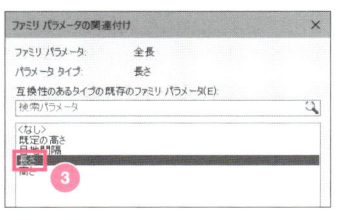

5
「目地1」を選択したまま、［プロパティ
パレット］の［タイプ編集］をクリック
する。

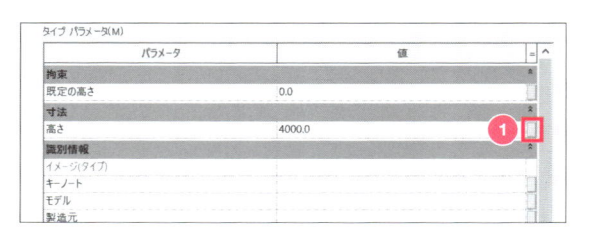

［タイププロパティ］ダイアログボック
スで、［高さ］の①［ファミリパラメー
タの関連付け］をクリックする。

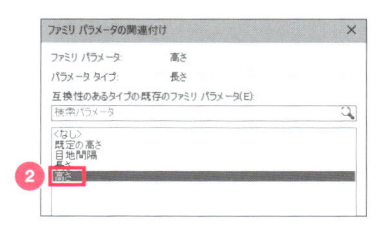

［ファミリパラメータの関連付け］ダ
イアログボックスで②［高さ］を選択
し、すべてのダイアログボックスで
［OK］をクリックして閉じる。

6
「目地2」を選択し、**4**〜**5**と同様に
パラメータと関連付ける。

①［3D］ビューに切り替えて確認す
る。

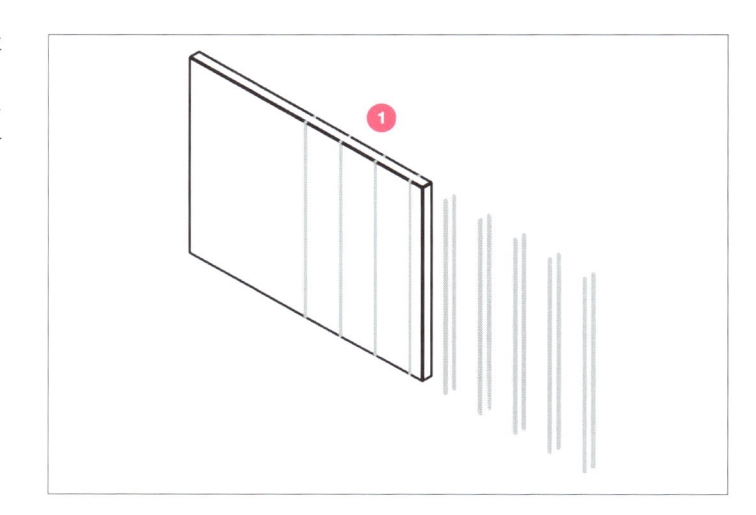

7
［基準レベル］ビューに切り替え、［作
成］タブ➡［基準面］➡①［参照面］
をクリックする。

②図のように、右端の任意の位置
に参照面を作成し、コマンドを終了
する。

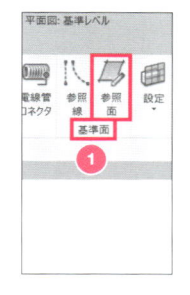
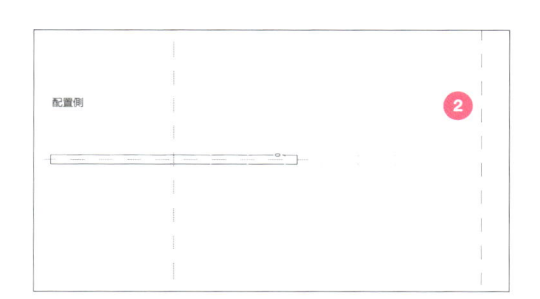

8
［修正］タブ➡［計測］➡①［平行寸
法］をクリックする。

②［参照面：中心（左/右）］と作成
した参照面間に寸法を記入し、コマ
ンドを終了する。

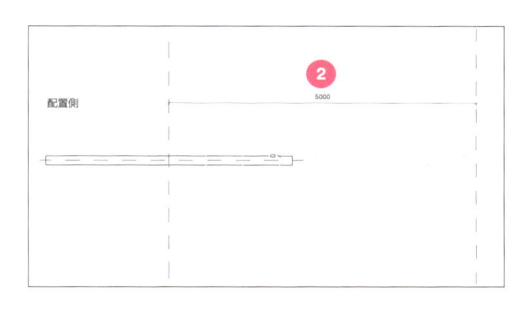

9 記入した寸法線を選択し、［修正｜寸法］タブ➡［寸法にラベルを付ける］➡ ① ［ラベル］から［長さ］を選択する。

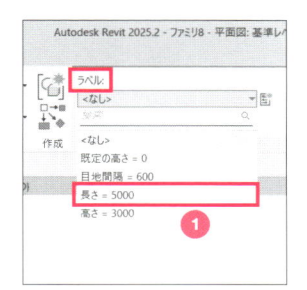
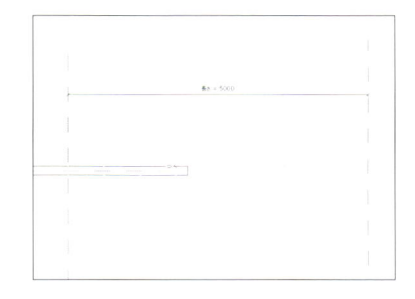

［ファイル］タブ➡［名前を付けて保存］➡［ファミリ］をクリックし、「目地.rfa」というファミリ名で保存する。

プロジェクトにロードして確認する

1 ［ファイル］タブ➡［新規作成］➡［プロジェクト］をクリックし、［建築テンプレート］を選択して開く。

① 適当な長さの壁を作成する。

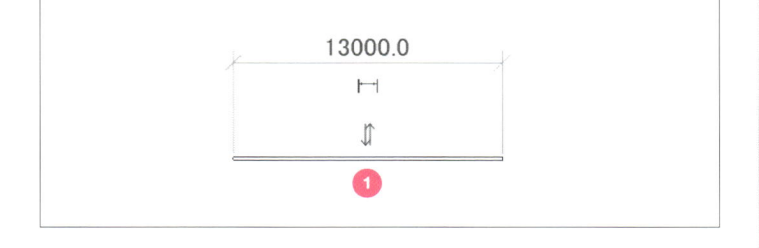

2 目地ファミリのビューに切り替え、リボンの［ファミリエディタ］➡ ① ［プロジェクトにロード］をクリックする。

［プロジェクトにロード］ダイアログボックスで ② ［プロジェクト1］にチェックを入れ、［OK］をクリックする。

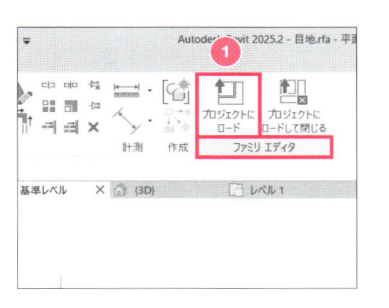
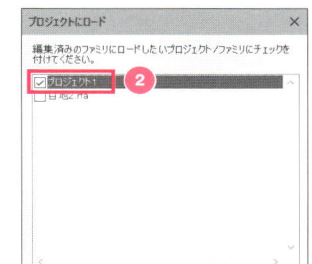

3 プロジェクトのビューに切り替わるので、① 壁の任意の位置をクリックして配置する。

壁の左端からの ② 仮寸法を「600」に変更し、コマンドを終了する。

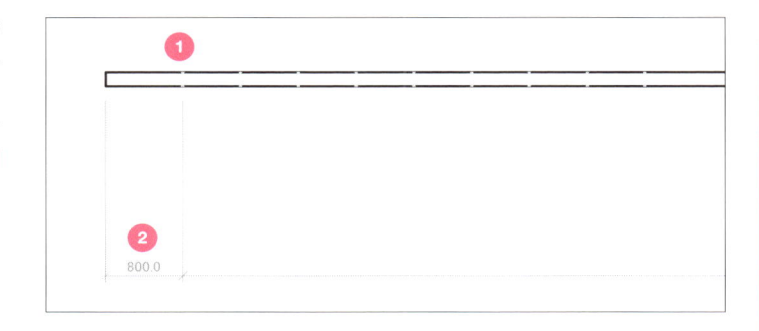

4 ［3D］ビューに切り替えて確認する。

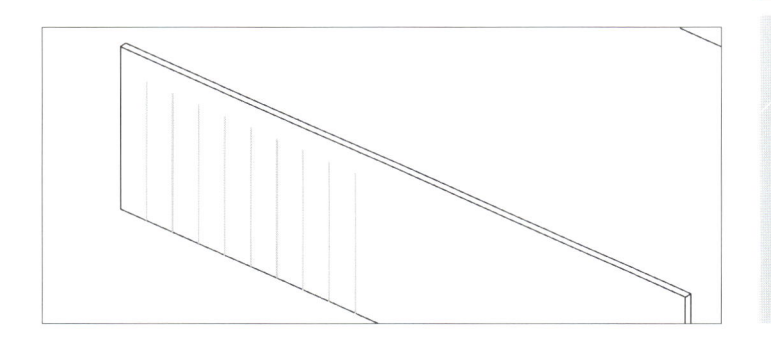

壁から目地を切り取る

1 ［修正］タブ ➡ ［ジオメトリ］➡ ❶ ［ジオメトリを切り取り］をクリックする。

❷壁をクリックした後、❸目地をクリックし、コマンドを終了する。

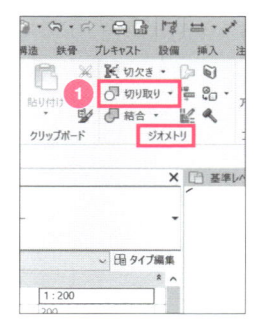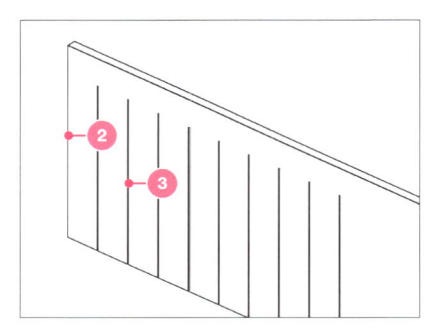

2 目地をクリックして選択し、［プロパティパレット］の［タイプ編集］をクリックする。

［タイププロパティ］ダイアログボックスで、❶［高さ］に「4000」と入力し、［OK］をクリックする。

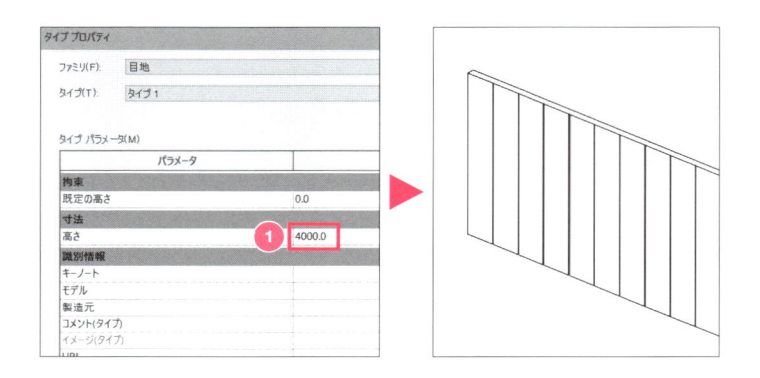

3 ［レベル1］ビューに切り替える。❶ 目地を選択し、右側のコントロールをドラッグする。❷目地の本数が変わることを確認する。

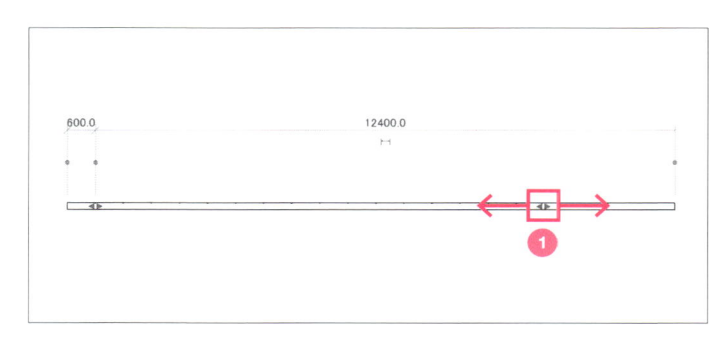

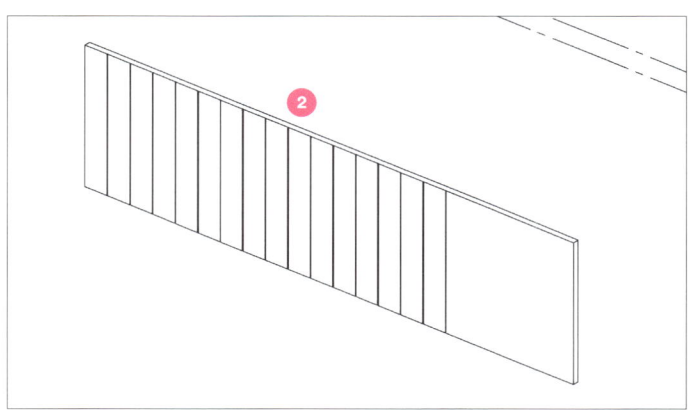

method no.

38 / オブジェクト情報を表示する ラベル（タグ）を作成する

オブジェクトの持っている情報を文字として表示できる「ラベル」のことを「タグ」と呼びます。
オブジェクト（ファミリ）に「共有パラメータ」を設定すると、タグを追加作成できます（タグは注釈ファミリ）。

ここでは、棚ファミリに、「サイズ」「商品仕様」「付属品」のタグを作成する方法を解説します。

1000×450×1200
A4縦ファイル 3段
棚板、錠、ラック

1000×450×1200
A4縦ファイル 3段
棚板、錠、ラック

2000×450×1200
A4縦ファイル 3段
棚板、錠、ラック

棚ファミリに、「サイズ」（棚ファミリに設定したタイプ名）、「商品仕様」「付属品」（タイププロパティに入力している情報）を表示するタグを作成します。

操作手順

棚ファミリにパラメータを作成する

本書の学習用ファイルを使って解説します。
❶「棚.rfa」を開いてからはじめてください。
はじめに棚のサイズ別のタイプを作成し、さらに「商品仕様」と「付属品」のパラメータを作成します。

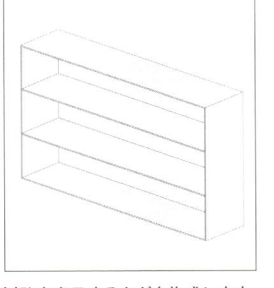

1 ［作成］タブ ➡ ［プロパティ］➡ ❷ ［ファミリタイプ］をクリックする。

パラメータの配置順と種類を変更する。［ファミリ タイプ］ダイアログボックスで、［寸法］の ❸ ［幅（既定値）］を選択し、❹ ［パラメータを上に移動］をクリックする。

❺ ［パラメータを編集］をクリックする。

［パラメータプロパティ］ダイアログボックスで、❻ ［タイプ］を選択し、［OK］をクリックする。

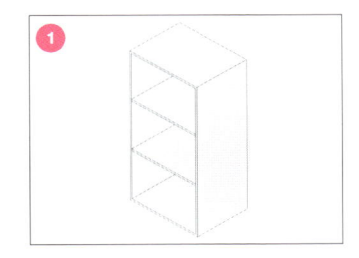

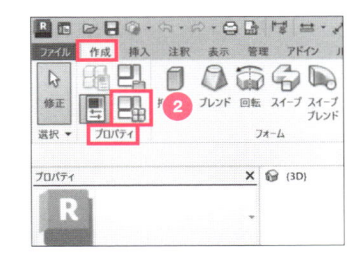

2 ［ファミリタイプ］ダイアログボックスに戻り、**1**［新しいタイプ］をクリックして「1000×450×1200」という名前のタイプを作成する。

［ファミリタイプ］ダイアログボックスに戻り、**2**［幅］に「1000」、［奥行き］に「450」、［高さ］に「1200」と入力し、［適用］をクリックする。

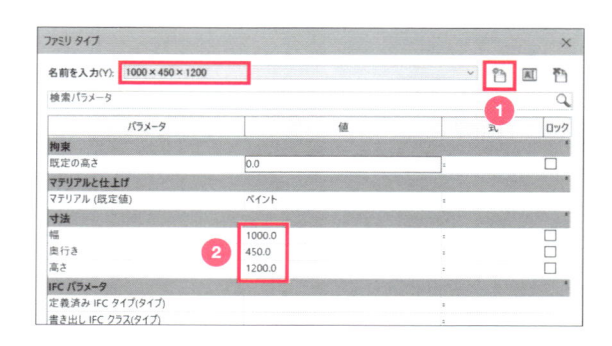

3 **2**と同様の操作で、**1**「2000×450×1200」という名前の新しいタイプを作成し、**2**［幅］に「2000」、［奥行き］に「450」、［高さ］に「1200」と入力して［適用］をクリックする。

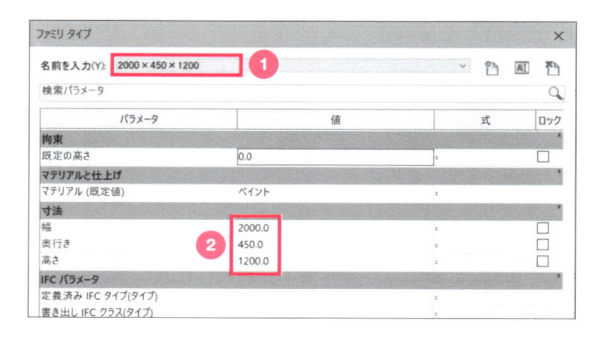

4 パラメータを追加する。［ファミリタイプ］ダイアログボックスで、**1**［新しいパラメータ］をクリックする。

［パラメータプロパティ］ダイアログボックスで、**2**［名前］に「商品仕様」と入力し、**3**［データタイプ］を［文字］、**4**［パラメータグループ］を［識別情報］に設定する。**5**［タイプ］が選択されていることを確認し、［OK］をクリックする。

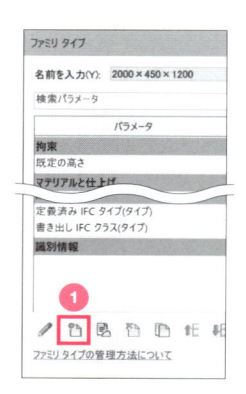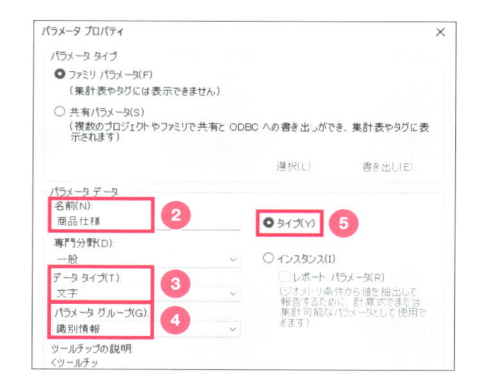

5 **4**と同様の操作で、**1**［名前］を「付属品」、**2**［データタイプ］を［文字］、**3**［パラメータグループ］を［識別情報］とし、**4**［タイプ］を選択して［OK］をクリックする。**5**［ファミリタイプ］ダイアログボックスで、新しいパラメータが作成されていることを確認する。

Hint
［ファミリタイプ］ダイアログボックスで、［識別情報］グループが展開されていない場合は、展開して確認します。

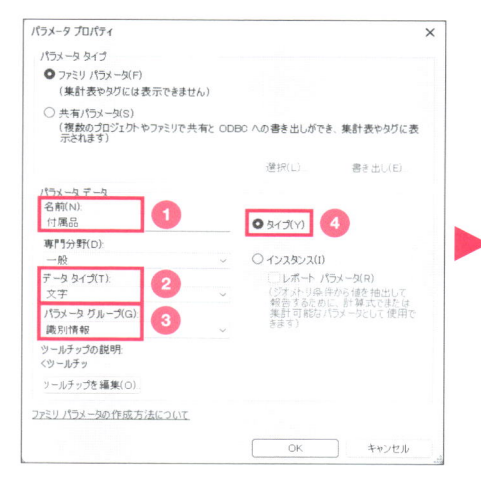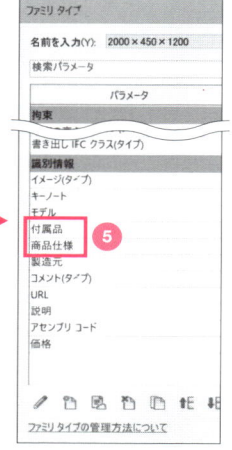

6 ①の③〜④（P.183）と同様の操作で、［商品仕様］と［付属品］のパラメータを上に移動して［OK］をクリックする。

［ファイル］タブ➡［保存］をクリックし、棚ファミリを保存する。

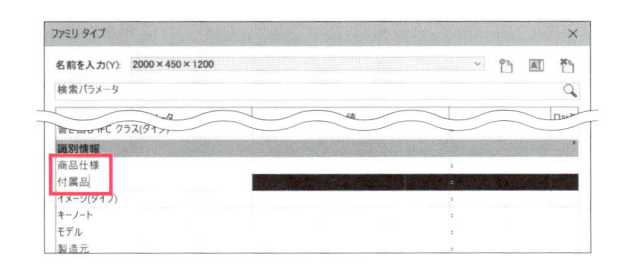

プロジェクトに棚ファミリを配置する

1 ［ファイル］タブ➡［新規作成］➡［プロジェクト］をクリックし、［建築テンプレート］を選択して新規プロジェクトを作成する。

棚ファミリの❶［{3D}］タブに切り替え、リボンの［ファミリエディタ］➡❷［プロジェクトにロード］をクリックする。

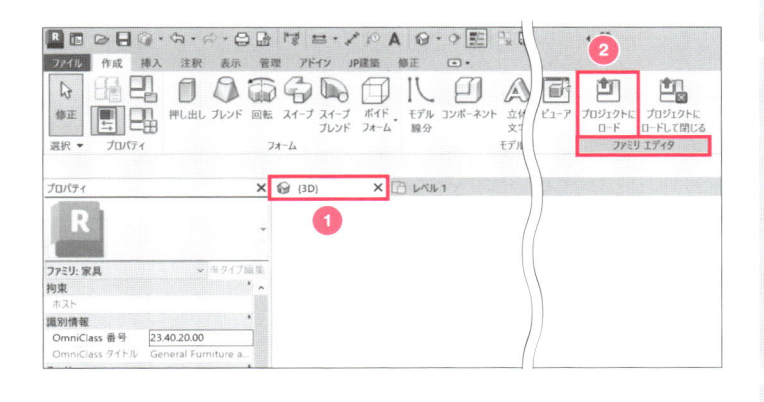

2 プロジェクトのビューに切り替わる。❶図のように棚を3つ配置し、コマンド終了する。

❷一番右側の棚を選択し、［タイプセレクタ］で、［2000×450×1200］に変更する。

タグを作成する

1 ［ファイル］タブ➡［新規作成］➡［注釈記号］をクリックし、「一般タグ（メートル単位）.rft」を選択して開く。

［作成］タブ➡［プロパティ］➡❶［ファミリカテゴリとパラメータ］をクリックする。

［ファミリカテゴリとパラメータ］ダイアログボックスで、❷［家具タグ］を選択し、［OK］をクリックする。

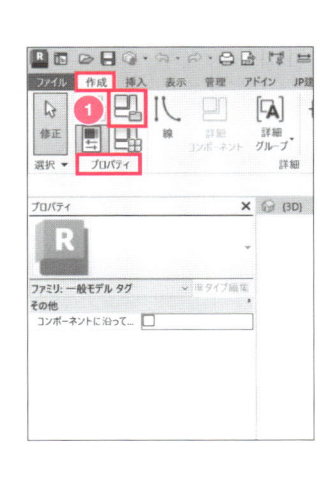

2 ［プロパティパレット］で、［ファミリ：家具タグ］と表示されていることを確認する。

赤い文字の注意書きを削除しておく。

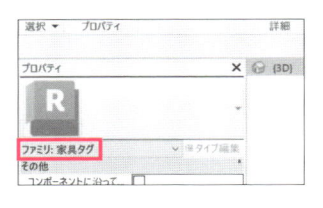

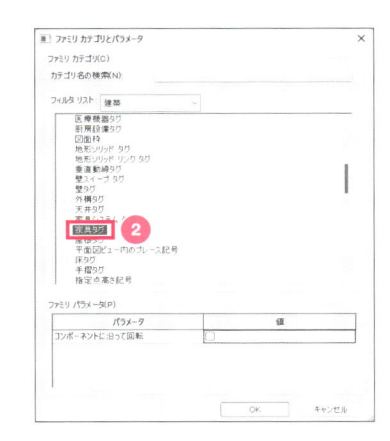

> **Hint**
> 棚は「家具」カテゴリなので、作成するタグのカテゴリを「家具タグ」に変更しておく必要があります。

3 ラベルを作成する。[作成]タブ➡[文字]➡ ❶[ラベル]をクリックする。

❷参照面の交点あたりの任意の位置をクリックする（位置は後で変更可能）。

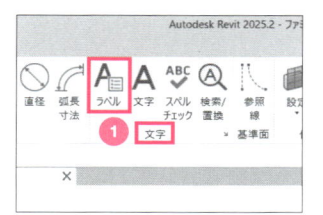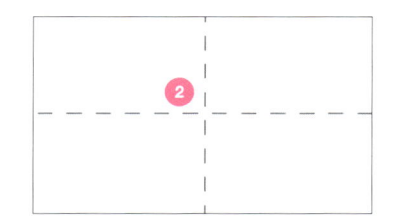

4 [ラベルを編集]ダイアログボックスで、[カテゴリパラメータ]の ❶[タイプ名]を選択し、❷[ラベルにパラメータを追加]をクリックして、[OK]をクリックする。

[ファイル]タブ➡[名前を付けて保存]➡[ファミリ]をクリックし、「棚タグ.rfa」という名前で保存する。

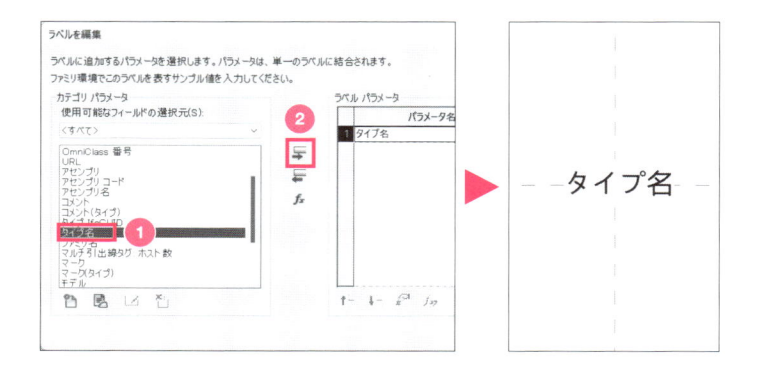

Hint

ここでは、[商品仕様]と[付属品]のラベルは作成しません。

[タイプ名]はプロジェクトパラメータですが、[商品仕様]と[付属品]は独自に作成したファミリパラメータなので、タグに直接使用できません。

このため、[ラベルを編集]ダイアログボックスの[カテゴリパラメータ]で、[商品仕様]と[付属品]を選択できません。

棚にラベルを配置する

1 リボンの[ファミリエディタ]➡[プロジェクトにロード]をクリックする。

[プロジェクトにロード]ダイアログボックスで、[プロジェクト1]を選択し、[OK]をクリックする。

❶3つの棚それぞれをクリックしてタグを配置する。コマンドを終了する。

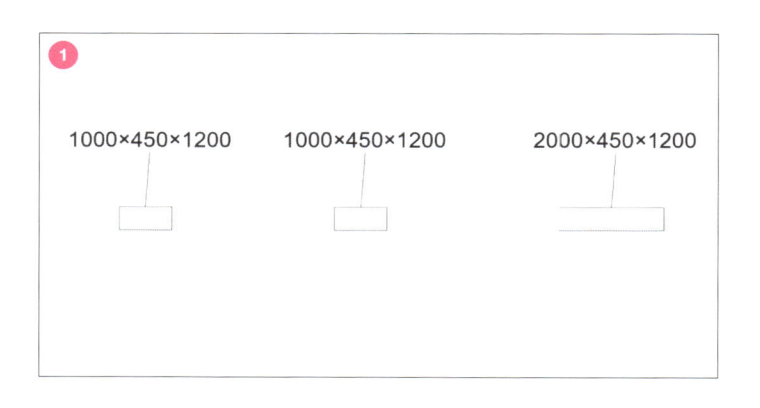

2 いずれかのタグを選択し、プロパティパレットで ❶[引出線]のチェックを外すと、引出線が非表示になる。同様に、他のタグの引出線も非表示にする。

Hint

配置時に[引出線]のチェックを外すこともできます。

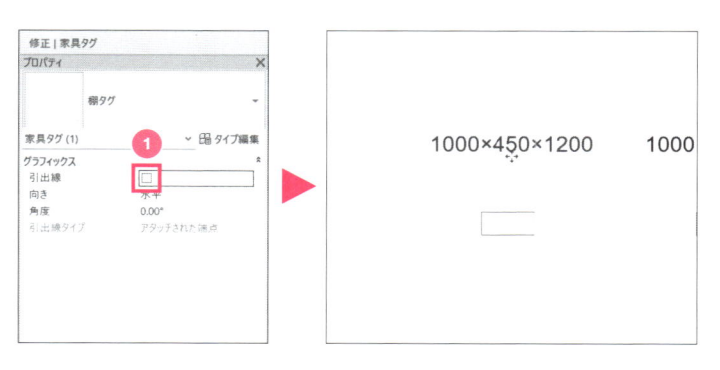

タグの文字サイズを調整する

1 いずれかのタグを選択し、[修正|家具タグ]タブ➡[モード]➡❶[ファミリを編集]をクリックする。

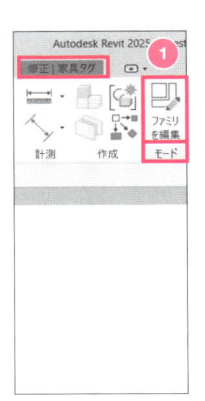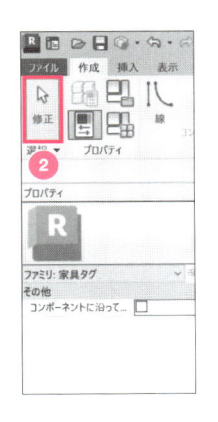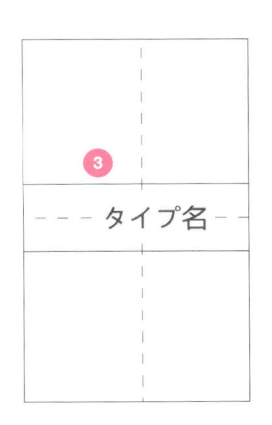

棚タグのビューに切り替わる。リボンの❷[修正]をクリックする。❸[タイプ名]のタグを選択し、[プロパティパレット]の[タイプ編集]をクリックする。

2 [タイププロパティ]ダイアログボックスで、❶[複製]をクリックし、[2mm]という名前のタイプを作成する。

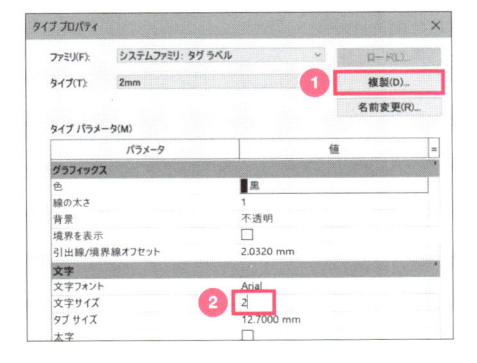

[タイププロパティ]ダイアログボックスで、❷[文字サイズ]に[2]と入力し、[OK]をクリックする。

❸タグの[タイプ名]の文字サイズが小さくなったことを確認する。

リボンの[ファミリエディタ]➡[プロジェクトにロード]をクリックし、[プロジェクトにロード]ダイアログボックスで、[プロジェクト1]を選択する。[ファミリは既に存在します]ダイアログボックスで、[既存のバージョンを上書きする]をクリックする。

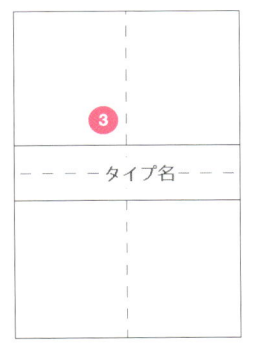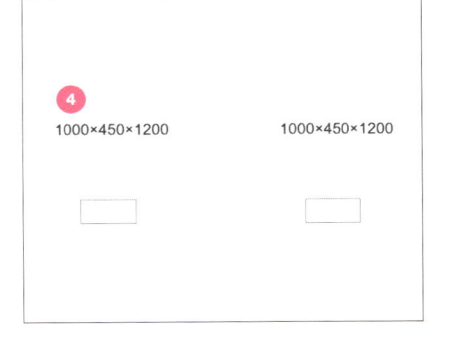

❹各タグの文字サイズが小さくなったことを確認する。

[商品仕様][付属品]パラメータを表示する

1 いずれかの棚ファミリを選択し、[修正|家具]タブ➡[モード]➡[ファミリを編集]をクリックする。

[作成]タブ➡[プロパティ]➡[ファミリタイプ]をクリックする。

[ファミリタイプ]ダイアログボックスで、❶[商品仕様]を選択し、❷[パラメータを編集]をクリックする。

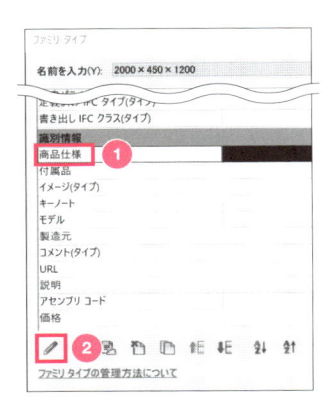

Hint

[商品仕様]と[付属品]のパラメータを[ファミリパラメータ]から[共有パラメータ]に変更することで、ラベルに表示できるようになります。

2

［パラメータプロパティ］ダイアログボックスで、**①**［共有パラメータ］を選択し、**②**［選択］をクリックする。

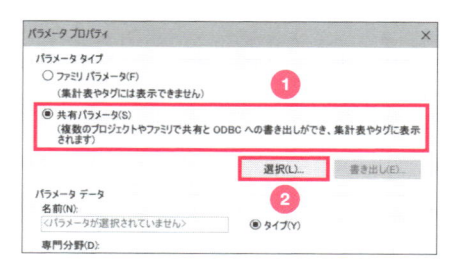

［共有パラメータファイルが指定されていません］ダイアログボックスで、［今すぐ選択しますか］の［はい］をクリックする。

［共有パラメータを編集］ダイアログボックスで、**③**［作成］をクリックする。

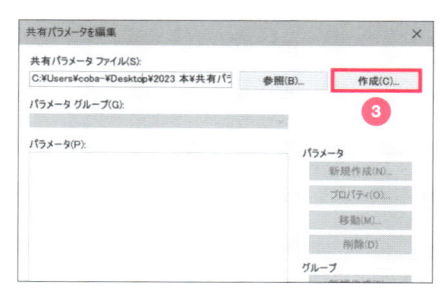

［共有パラメータファイルを作成］ダイアログボックスの［保存先］で任意の場所を選択し、［ファイル名］を「練習」として保存する。

Hint

すでに共有パラメータファイルが保存されている場合、**②**で［パラメータプロパティ］ダイアログボックスの［選択］をクリックすると、［共有パラメータ］ダイアログボックス（**④**の**④**の図）が表示されます。ここで［編集］をクリックすると、［共有パラメータを編集］ダイアログボックスが表示されるので、**③**以降を実行することで共有パラメータファイルを新規保存できます。また、［共有パラメータを編集］ダイアログボックスで［参照］をクリックすると、既存の共有パラメータファイルを参照して利用できます。

3

［共有パラメータを編集］ダイアログボックスで、［グループ］の**①**［新規作成］をクリックし、「家具」という名前のグループを作成する。

［共有パラメータを編集］ダイアログボックスで、［パラメータ］の**②**［新規作成］をクリックする。

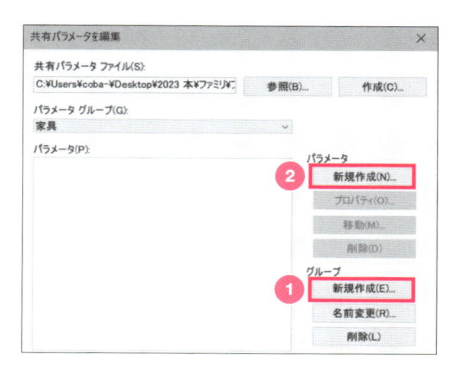

Hint

3の**①**では、共有パラメータを作成する準備として共有パラメータファイル内を整理するためのグループを作成しています。

4

［パラメータプロパティ］ダイアログボックスで、**①**［名前］を「商品仕様」とし、**②**［データタイプ］を［文字］として、［OK］をクリックする。

［共有パラメータを編集］ダイアログボックスに戻り、**③**［パラメータ］に［商品仕様］があることを確認して、［OK］をクリックする。

［共有パラメータ］ダイアログボックスで、**④**［商品仕様］を選択し、［OK］をクリックする。

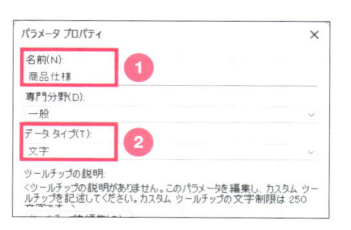

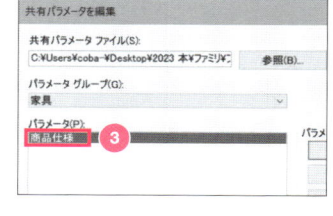

5 ［パラメータプロパティ］ダイアログ
ボックスで、［商品仕様］の設定を確
認し、［OK］をクリックする。

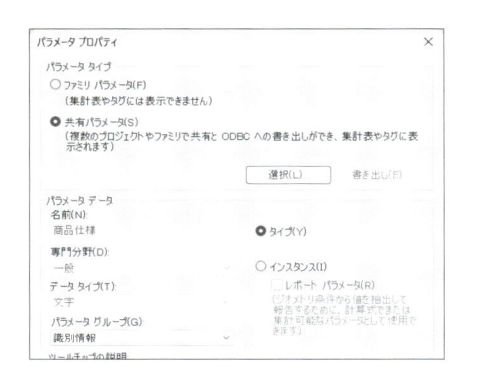

6 ［ファミリタイプ］ダイアログボックス
に戻り、［付属品］を選択して［パラ
メータを編集］をクリックする。

［パラメータプロパティ］ダイアログ
ボックスで、①［共有パラメータ］を
選択し、②［選択］をクリックする。

［共有パラメータ］ダイアログボック
スで、［編集］をクリックする。

3～**5**（P.188～P.189）と同様に、
③［名前］が「付属品」、④［データ
タイプ］が［文字］のパラメータを作成
する。このとき、［共有パラメータ］ダ
イアログボックスでは、［パラメータ］
の⑤［付属品］を選択する。

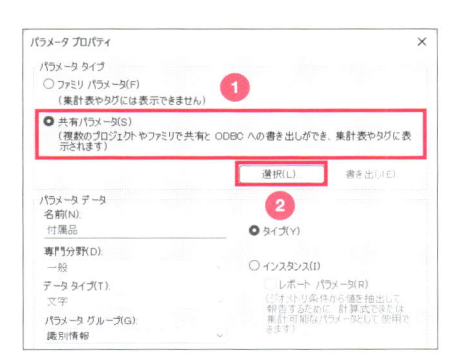

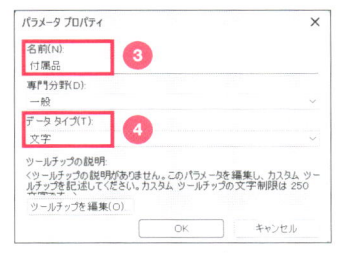

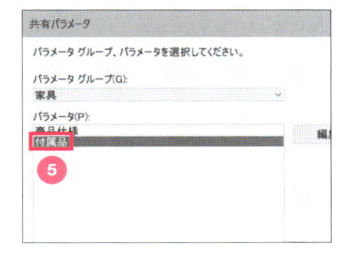

7 ［ファミリタイプ］ダイアログボックス
に戻り、P.183の**1**の③～④と同
様に、［商品仕様］と［付属品］のパラ
メータを上に移動し、［OK］をクリッ
クする。

棚ファミリのファイルを保存する。

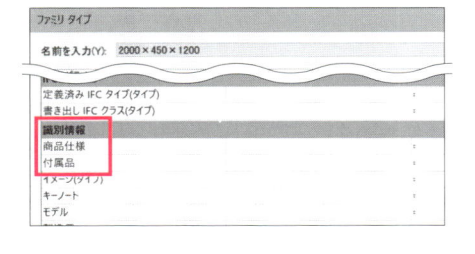

8 ①［－］（棚タグ）タブに切り替える。
［作成］タブ➡［文字］➡②［ラベル］
をクリックする。

［タイプセレクタ］で、③［タグラベル
2mm］を選択する。

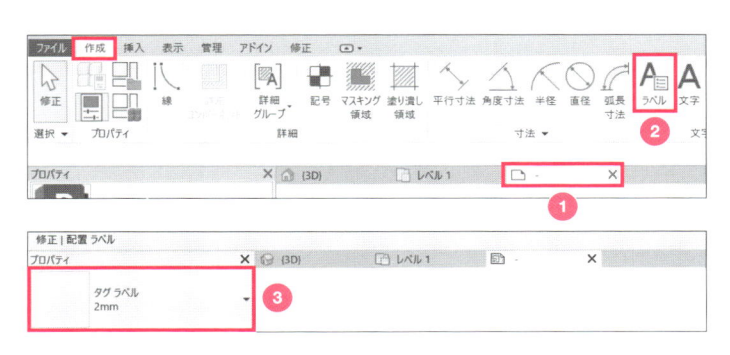

9 ［タイプ名］ラベルの下の ❶ 任意の位置をクリックする。

［ラベルを編集］ダイアログボックスで、❷ ［パラメータを追加］をクリックする。

［パラメータプロパティ］ダイアログボックスで、❸ ［選択］をクリックする。

［共有パラメータ］ダイアログボックスで、❹ ［商品仕様］を選択し、［OK］をクリックする。

［パラメータプロパティ］ダイアログボックスに戻り、❺ ［商品仕様］が設定されていることを確認して、［OK］をクリックする。

［ラベルを編集］ダイアログボックスに戻り、❻ ［カテゴリパラメータ］の［商品仕様］を選択し、❼ ［ラベルにパラメータを追加］をクリックする。❽ ［ラベルパラメータ］に［商品仕様］が追加されていることを確認し、［OK］をクリックする。

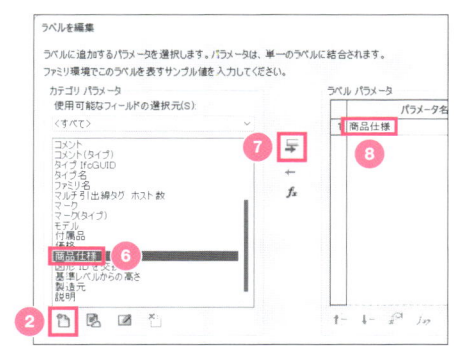

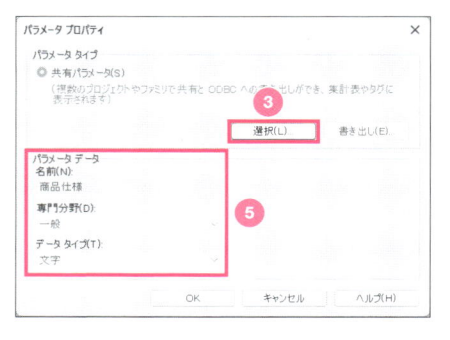

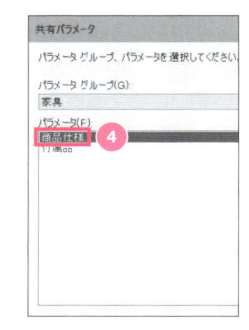

10 🄐と同様に、［付属品］ラベルを作成する。このとき、🄐の ❹ ～ ❻ の［商品仕様］を［付属品］とする。

棚タグファミリのファイルを保存し、リボンの［ファミリエディタ］➡［プロジェクトにロード］をクリックする。

［プロジェクトにロード］ダイアログボックスで、❷ ［プロジェクト1.rvt］にチェックを入れて、［OK］をクリックする。

［ファミリは既に存在します］ダイアログボックスで、［既存のバージョンを上書きする］をクリックする。

❸ ［プロジェクト1］の［レベル1］ビューに切り替わる。

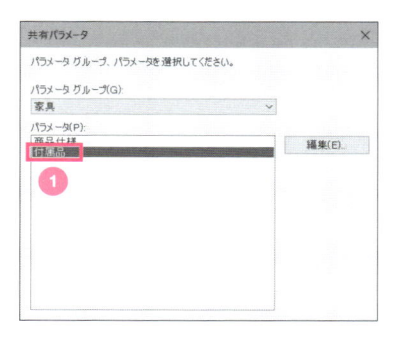

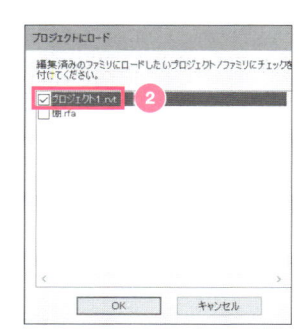

❸
1000×450×1200	1000×450×1200	2000×450×1200
?	?	?
?	?	?

Hint
　　［?］とラベル表示されるのは、［商品仕様］と［付属品］の情報が棚ファミリに入力されていないためです。

11 いずれかの棚ファミリを選択し、［プロパティパレット］の［タイプ編集］をクリックする。

［タイププロパティ］ダイアログボックスで、［商品仕様］に ① A4縦ファイル と入力し、［OK］をクリックする。

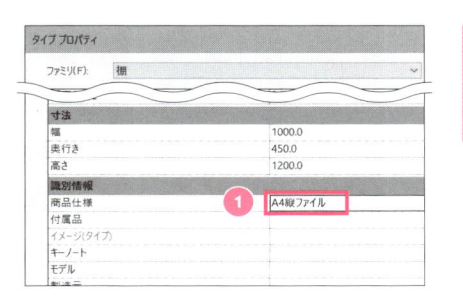

Hint 情報を入力しても、ラベル表示が［?］のままなのは、［共有パラメータ］に変更する前の棚ファミリが、現在のプロジェクトにロードされているからです。

12 ①［3D］（棚ファミリ）タブに切り替え、リボンの［ファミリエディタ］➡［プロジェクトにロード］をクリックする。［プロジェクトにロード］ダイアログボックスで、［プロジェクト1］を選択し、［OK］をクリックする。［ファミリは既に存在します］ダイアログボックスで、［既存のバージョンを上書きする］をクリックする。

②タイプが同じファミリには［A4縦ファイル］とラベル表示される。

③ **11** と同様に、すべての棚のタイプの［商品仕様］に A4縦ファイル3段 、［付属品］に 棚板、錠、ラック と入力する。

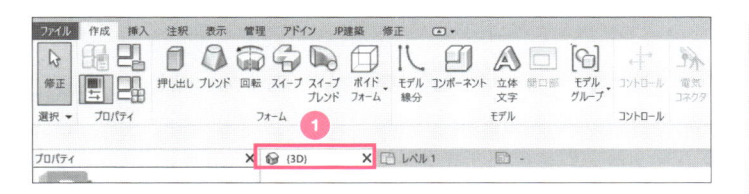

タグの表示／非表示の切り替え
［商品仕様］と［付属品］のタグを、表示／非表示の切り替えができるように設定します。

1 ①［一］（棚タグ）タブに切り替える。
②［商品仕様］のラベルを選択し、［プロパティパレット］で［表示］の ③［ファミリパラメータの関連付け］をクリックする。

［ファミリパラメータの関連付け］ダイアログボックスで、④［新しいパラメータ］をクリックする。

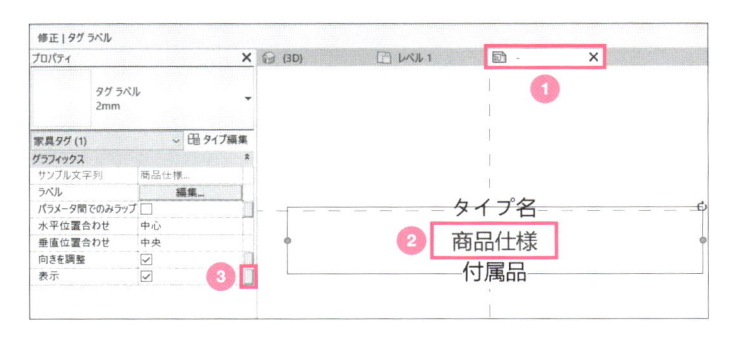

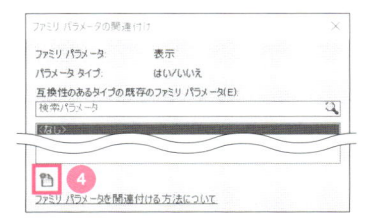

2　［パラメータプロパティ］ダイアログボックスで、❶［名前］に「**商品仕様表示**」と入力する。❷［タイプ］が選択されていることを確認し、すべてのダイアログボックスで、［OK］をクリックする。

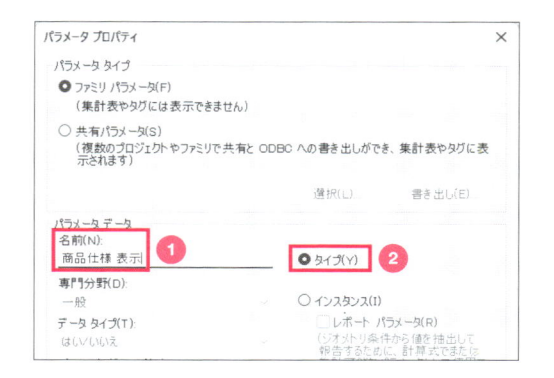

3　❶～❷と同様に、［付属品］のラベルを選択し、［付属品 表示］パラメータを作成する。

リボンの［ファミリエディタ］➡［プロジェクトにロード］をクリックする。［プロジェクトにロード］ダイアログボックスで、［プロジェクト1］を選択し、［OK］をクリックする。［ファミリは既に存在します］ダイアログボックスで、［既存のバージョンを上書きする］をクリックする。

いずれかのタグを選択し、［プロパティパレット］の［タイプ編集］をクリックする。

［タイププロパティ］ダイアログボックスで、❶［付属品 表示］のチェックを外し、［OK］をクリックする。

❷［付属品］タグが非表示になることを確認する。

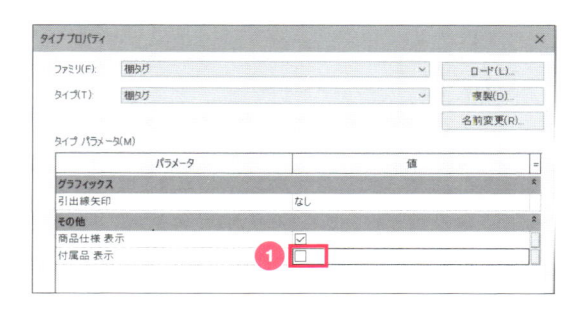

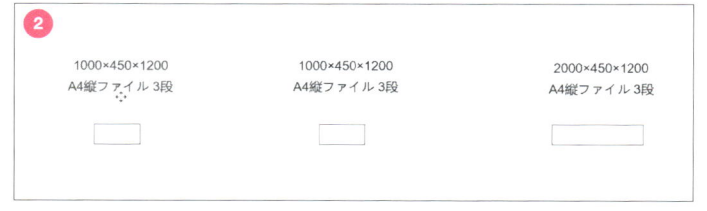

Hint　各タグを個々に表示したり、移動したりする場合は、タグファミリを個別に作成し、配置します。

method no.
39

パラメータの種類による
違いを知る

パラメータにはいろいろな種類があります。

ここでは、「組み込みパラメータ」「インスタンスパラメータ」「タイプパラメータ」「ファミリパラメータ」「共有パラメータ」の違いを解説します。

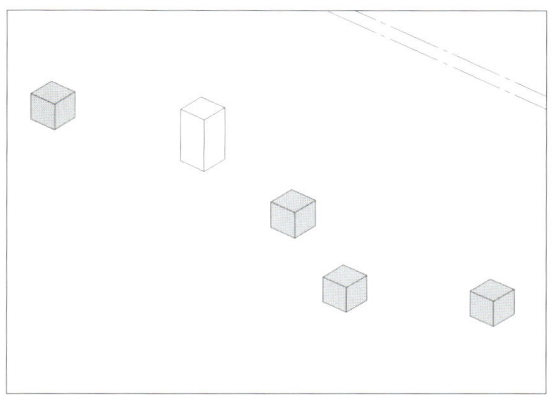

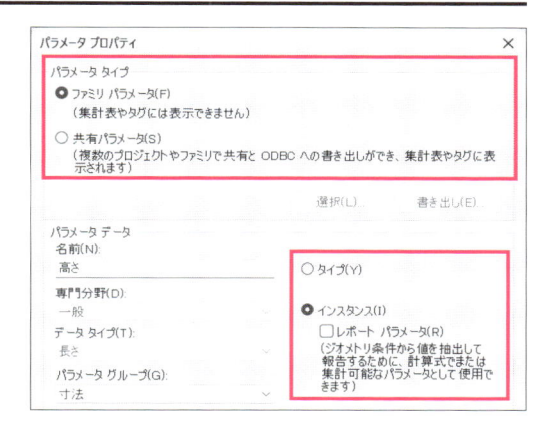

ここでは、箱状の「BOX」ファミリを例に、パラメータの違いを確認します。

操作手順

組み込みパラメータ

「組み込みパラメータ」は、ファミリを作成するとあらかじめ設定されているパラメータです。組み込みパラメータは、編集／削除などは行えません。

本書の学習用ファイルを使って解説します。「BOX.rfa」を開いてからはじめてください。

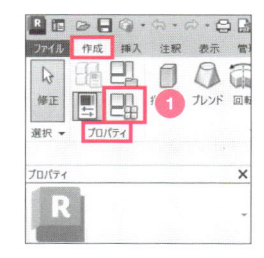

1 ［作成］タブ➡［プロパティ］➡ **①**
［ファミリタイプ］をクリックする。

②［ファミリタイプ］ダイアログボックスで初期設定となっているのが「組み込みパラメータ」である。

③［既定の高さ］を選択し、**④**［パラメータを削除］がクリックできないことを確認する。

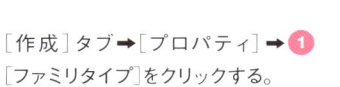

2 ［既定の高さ］を選択したまま、❶［パラメータを編集］をクリックする。

［パラメータプロパティ］ダイアログボックスで、❷［パラメータタイプ］が［組み込みパラメータ］であり、編集できないことを確認する。確認後、すべてのダイアログボックスで、［OK］をクリックする。

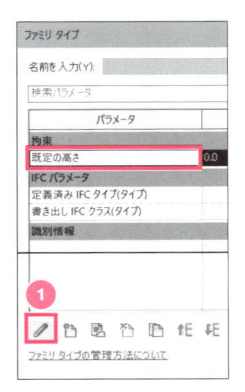 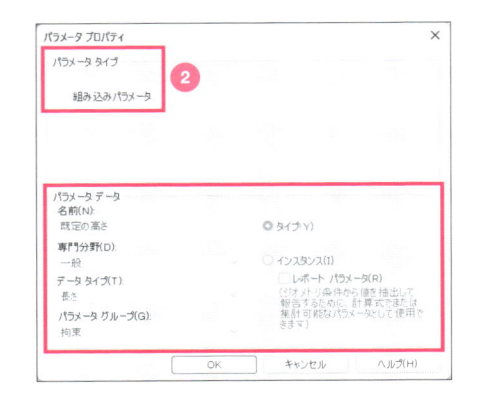

インスタンスパラメータ／タイプパラメータ

1 ［正面］ビューに切り替え、［作成］タブ➡［基準面］➡❶［参照面］をクリックする。

❷図のように、適当な位置に水平の参照面を作成し、コマンドを終了する。

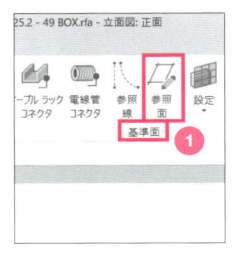 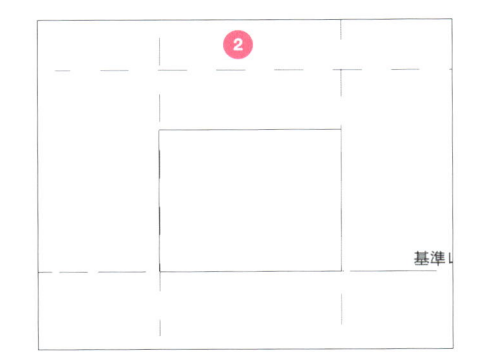

2 ［修正］タブ➡［計測］➡❶［平行寸法］をクリックする。

❷基準レベルと作成した参照面の間に寸法を記入し、コマンドを終了する。

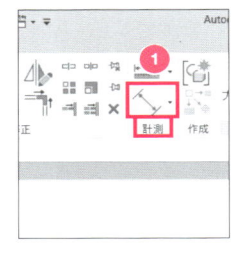 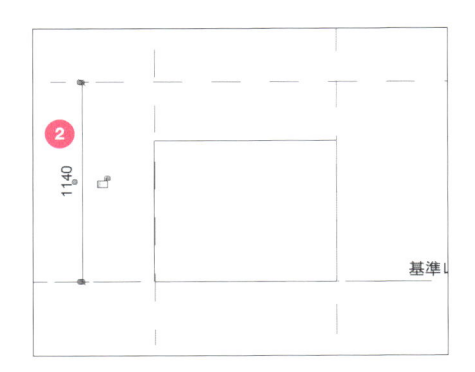

3 ［修正］タブ➡［修正］➡❶［位置合わせ］をクリックする。

❷参照面と直方体の上辺を位置合わせしてロックし、コマンドを終了する。

 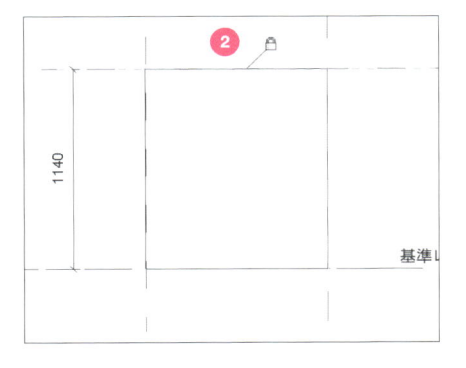

作成した寸法に「インスタンスパラメータ」を設定します。

4 作成した寸法を選択し、[修正|寸法]タブ➡[寸法にラベルを付ける]➡❶[パラメータを作成]をクリックする。

[パラメータプロパティ]ダイアログボックスで、❷[名前]に「高さ」と入力し、❸[インスタンス]を選択して[OK]をクリックする。

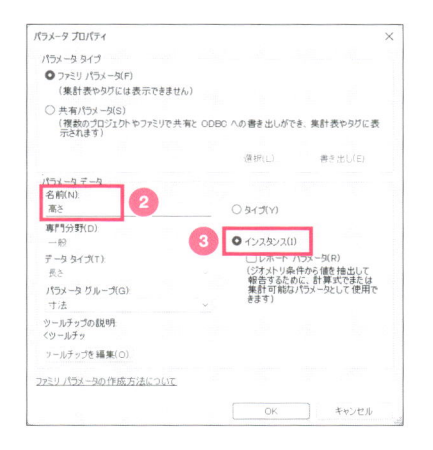

直方体に「タイプパラメータ」を設定します。

5 ❶直方体を選択する。

[プロパティパレット]の[マテリアル]の❷[ファミリパラメータの関連付け]をクリックする。

[ファミリパラメータの関連付け]ダイアログボックスで、❸[新しいパラメータ]をクリックする。

[パラメータプロパティ]ダイアログボックスで、❹[名前]に「マテリアル」と入力し、❺[タイプ]が選択されていることを確認して[OK]をクリックする。

[ファミリパラメータの関連付け]ダイアログボックスに戻り、[マテリアル]が選択されていることを確認し、[OK]をクリックする。

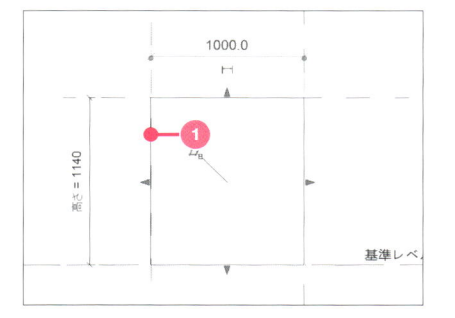
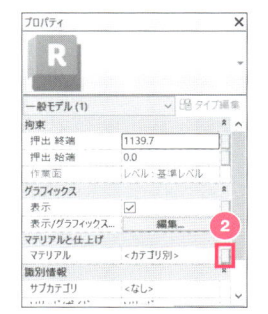
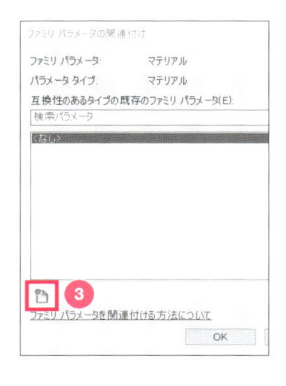
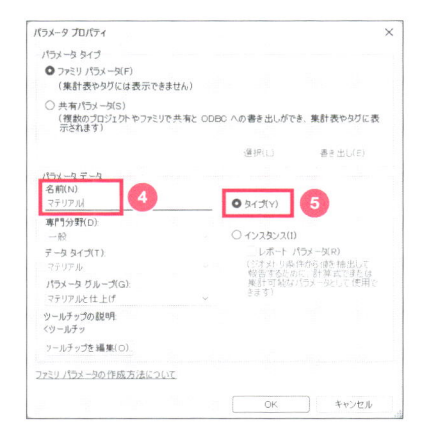

6 [作成]タブ➡[プロパティ]➡❶[ファミリタイプ]をクリックする。

[ファミリタイプ]ダイアログボックスで、❷[高さ]と[マテリアル]が作成されていることを確認する。
❸[高さ（既定値）]に「1000」と入力し、[適用]をクリックする。

直方体の高さが変更されていることを確認し、[OK]をクリックする。

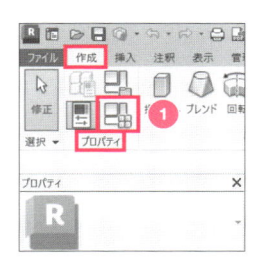
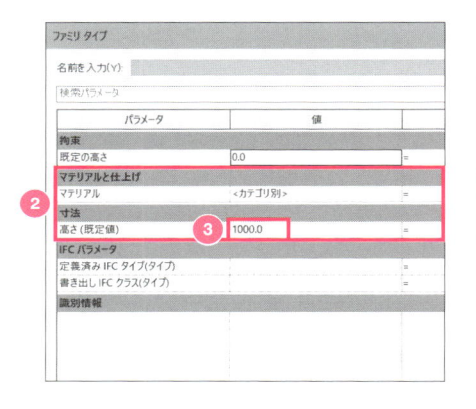

Hint ［ファミリタイプ］ダイアログボックスで［適用］をクリックすると、入力されている値が、直方体に反映されます（直方体がダイアログボックスの下に隠れている場合は、ダイアログボックスを移動して確認します）。

インスタンスパラメータである［高さ］は、［ファミリタイプ］ダイアログボックスで［高さ（既定値）］と表示されます。

また、［ファミリタイプ］ダイアログボックスの［マテリアル］には［カテゴリ別］と表示されています。マテリアルはファミリを配置したプロジェクトで設定するので、ファミリではパラメータだけ作成しておきます。

7 ［ファイル］タブ➡［保存］をクリックして保存する。

プロジェクトにロードして確認する

「BOX」ファミリをプロジェクトにロードして、パラメータを確認します。

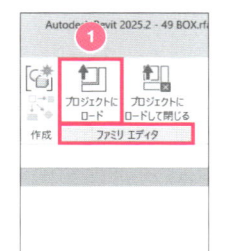
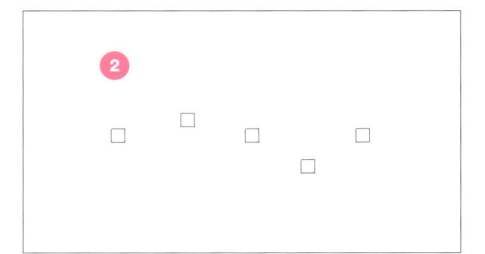

1 ［ファイル］タブ➡［新規作成］➡［プロジェクト］をクリックし、［建築テンプレート］を選択して開く。

「BOX」ファミリのビューに切り替え、リボンの［ファミリエディタ］➡ ❶［プロジェクトにロード］をクリックする。

プロジェクトのビューに切り替わるので、❷図のように適当な位置に「BOX」ファミリを配置し、コマンドを終了する。

［3D］ビューに切り替え、［表示スタイル］で ❸［ベタ塗り］を選択する。

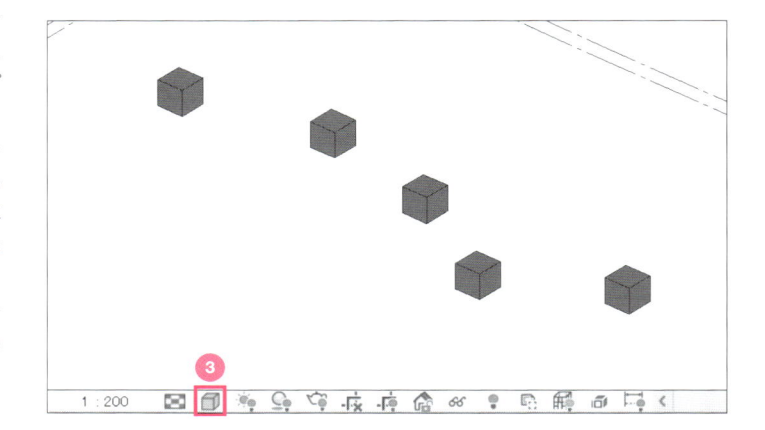

2 ❶いずれか1つの直方体を選択し、［プロパティパレット］の［高さ］に ❷「2000」と入力して［適用］をクリックする。選択した直方体のみ高さが変更される。

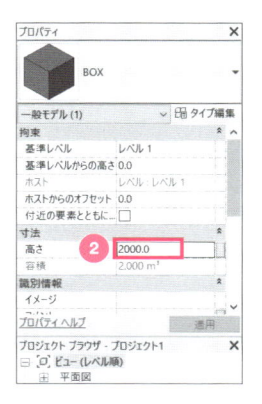

Hint ［高さ］パラメータはインスタンスパラメータで作成しています。インスタンスパラメータは、選択したものだけ個別に設定変更できます。

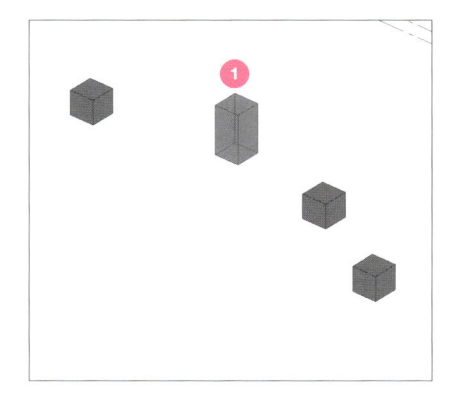

3 高さを変更した直方体とは別の直方体を選択し、［プロパティパレット］の［タイプ編集］をクリックする。

［タイププロパティ］ダイアログボックスで、［マテリアル］の ❶ ［＜カテゴリ別＞］をクリックし、❷ ［…］をクリックする。

［マテリアルブラウザ］ダイアログボックスで ❸ ［塗装－イエロー］を選択し、すべてのダイアログボックスを［OK］で閉じる。

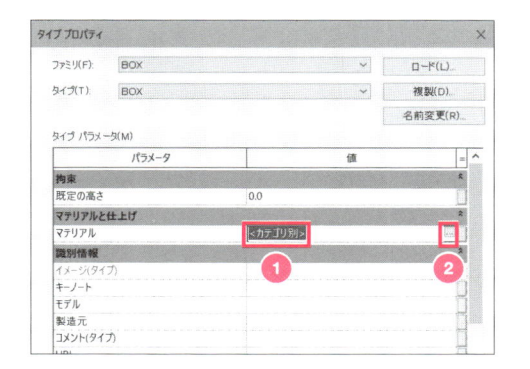
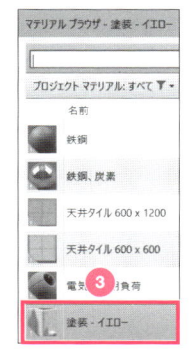

Hint

［マテリアル］パラメータはタイプパラメータで作成しています。タイプパラメータは、選択したファミリと同じタイプの直方体に対して、一括で設定が変更されます。
ここでは、1つの直方体を選択してマテリアルを変更していますが、ほかの直方体も同じタイプのファミリなので、すべてのマテリアルが変更されます。

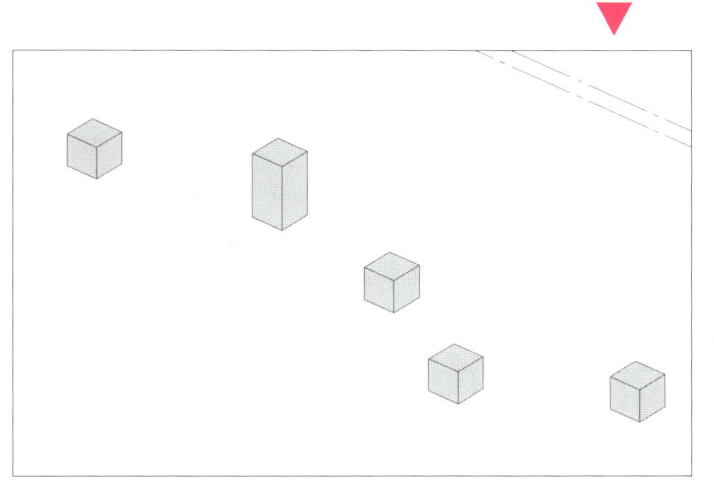

タイプパラメータで個別に設定する場合

タイプパラメータで個別に設定を行う場合は、別のタイプを作成します。ここでは、高さを変更した直方体に異なるマテリアルを設定します。

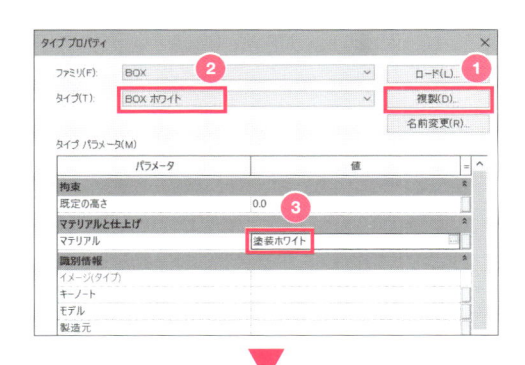

1 高さを変えた直方体を選択し、［プロパティパレット］の［タイプ編集］をクリックする。

［タイププロパティ］ダイアログボックスで、❶ ［複製］をクリックし、［BOX ホワイト］という名前のタイプを作成する。❷ ［タイプ名］が変更されることを確認する。

前項の **3** を参考に、［マテリアル］を ❸ ［塗装ホワイト］に設定し、すべてのダイアログボックスで、［OK］をクリックする。選択した直方体のみマテリアルが変更される。

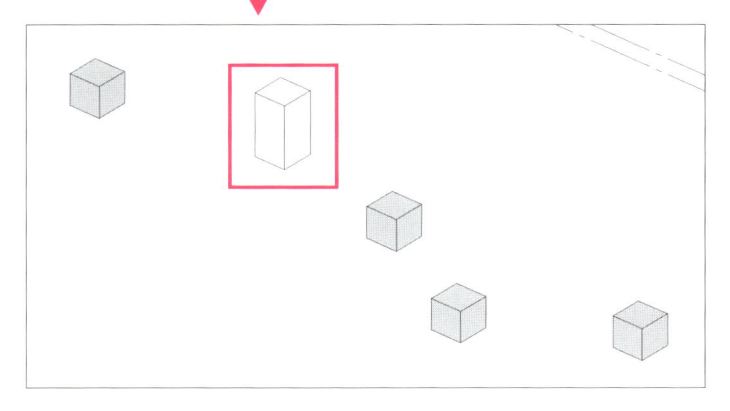

タイプとインスタンスを変更する

パラメータの種類（タイプとインスタンス）を変更する場合は、ファミリのファイルで行います。

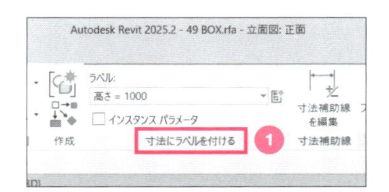

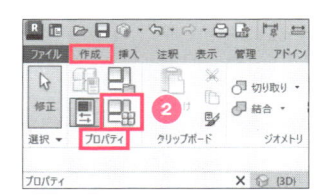

 「BOX」ファミリの［正面］ビューに切り替える。

高さの寸法を選択し、［修正｜寸法］タブ➡［寸法にラベルを付ける］➡ ① ［インスタンスパラメータ］のチェックを外す。

これで寸法がタイプパラメータに変更されます。

［作成］タブ➡［プロパティ］➡ ②［ファミリタイプ］をクリックする。

［ファミリタイプ］ダイアログボックスで ③［マテリアル］を選択し、④［パラメータを編集］をクリックする。

［パラメータプロパティ］ダイアログボックスで ⑤［インスタンス］を選択し、［OK］をクリックする。

これでマテリアルがインスタンスパラメータに変更されます。［ファミリタイプ］ダイアログボックスで［高さ］には（既定値）の表示がなくなり、［マテリアル］に（既定値）と表示されます。

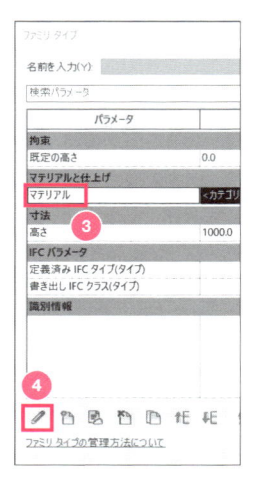

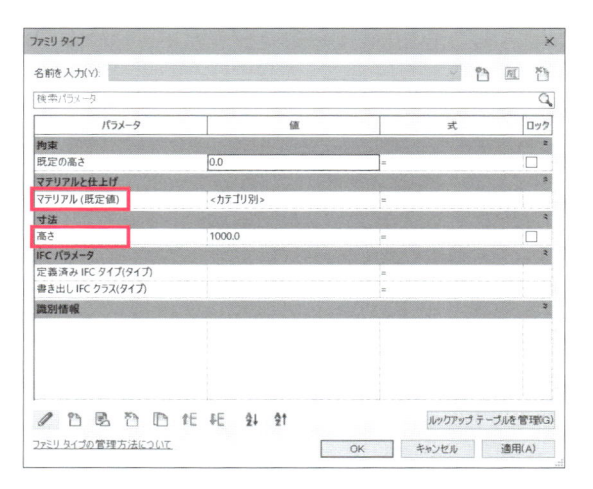

Hint 同様に、寸法のパラメータも［パラメータプロパティ］ダイアログボックスで変更することができます。

ファミリパラメータ／共有パラメータ

追加で作成したパラメータには、「ファミリパラメータ」と「共有パラメータ」があります。ファミリパラメータは、集計表やタグには利用できません。集計表やタグに利用する場合は、共有パラメータにする必要があります。共有パラメータは、複数のプロジェクトやファミリで利用できるパラメータです。

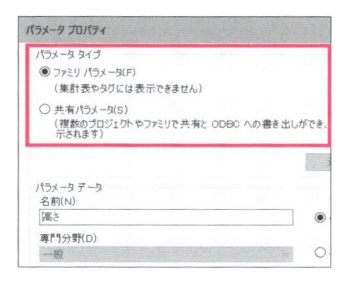

Hint 共有パラメータとタグの作成については、P.183〜の『38 オブジェクト情報を表示するラベル（タグ）を作成する』を参照してください。

共有パラメータを読み込む

P.187〜P.189で作成した［商品仕様］パラメータを、「BOX」ファミリに読み込みます。［商品仕様］パラメータを作成していない場合は、P.183『38 オブジェクト情報を表示するラベル（タグ）を作成する』を参照して先に作成しておきましょう。

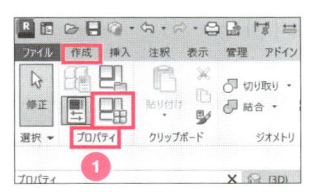

1　［作成］タブ ➡ ［プロパティ］ ➡ ❶ ［ファミリタイプ］をクリックする。

　　　［ファミリタイプ］ダイアログボックスで、❷ ［新しいパラメータ］をクリックする。

　　　［パラメータプロパティ］ダイアログボックスで ❸ ［共有パラメータ］を選択し、❹ ［選択］をクリックする。

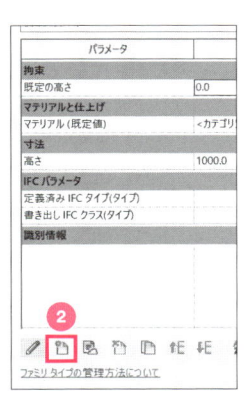
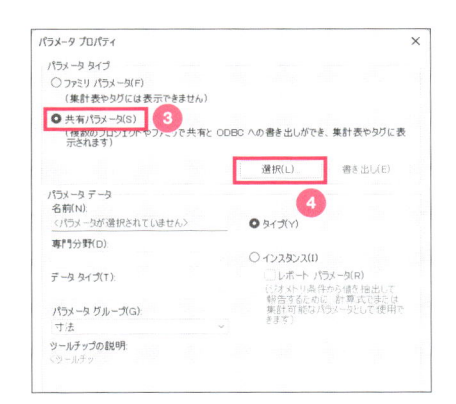

Hint

　1の❹で［共有パラメータが見つかりません］ダイアログボックス（上図）が表示された場合は、［はい］をクリックします。表示される［共有パラメータを編集］ダイアログボックス（下図）で［参照］をクリックし、「練習.txt」を選択して開き、**2**に進みます。

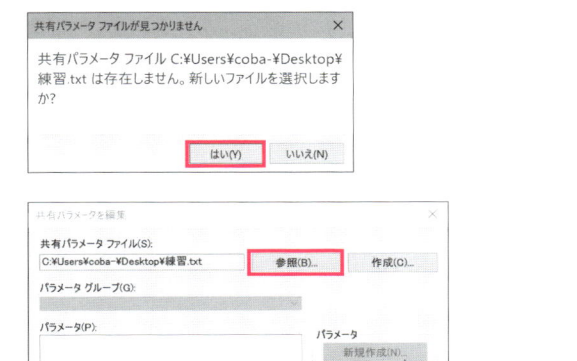

Hint

　すでに他の共有パラメータファイルと紐づいている場合は、［共有パラメータ］ダイアログボックスの❶ ［編集］をクリックします。
［共有パラメータを編集］ダイアログボックスの❷ ［管理パラメータ参照］をクリックし、「練習.txt」を選択します。

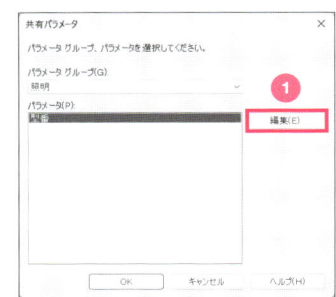
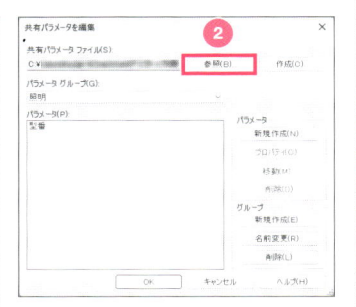

2 ［共有パラメータ］ダイアログボックスで、［商品仕様］と［付属品］パラメータがあることを確認する。❶［商品仕様］を選択して［OK］をクリックする。

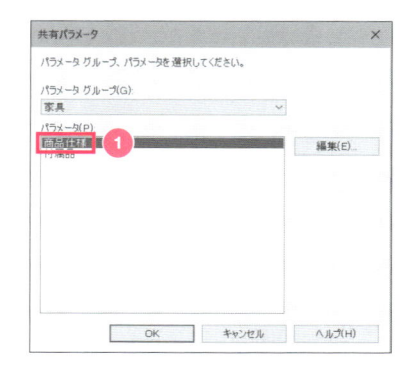

3 ［パラメータプロパティ］ダイアログボックスで、❶［パラメータグループ］の［識別情報］を選択し、［OK］をクリックする。

4 ［ファミリタイプ］ダイアログボックスで、❶［識別情報］グループに［商品仕様］が追加されたことを確認する。

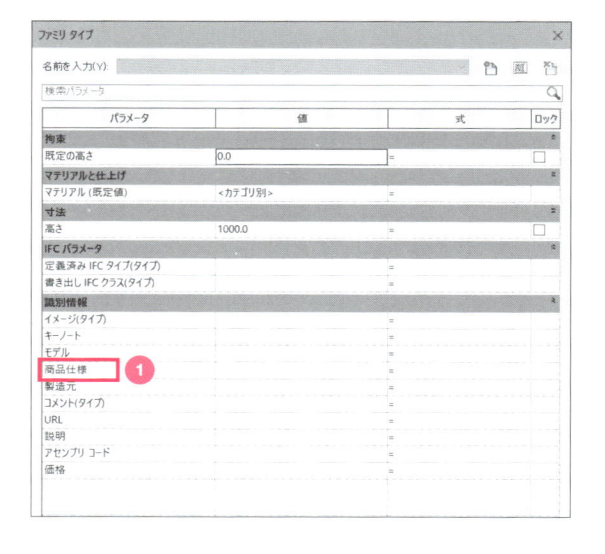

method no.

プロジェクトパラメータを設定する

「プロジェクトパラメータ」は、プロジェクト内で作成できるプロジェクト固有のパラメータで、システムファミリに独自のパラメータを追加することができます。

プロジェクトパラメータを設定すると、ファミリにパラメータを設定していなくても、カテゴリー全体に反映することができます。

プロジェクトパラメータは、テンプレートに設定しておくと便利です。また、プロジェクトパラメータは、集計表に利用することができます。

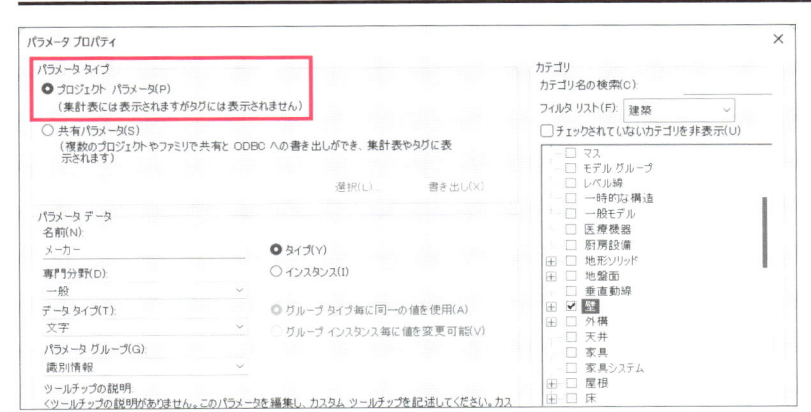
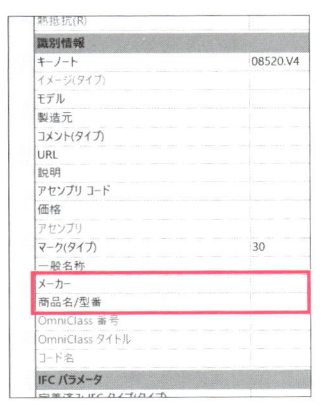

ここでは、部屋、壁、建具にプロジェクトパラメータを設定します。

操 作 手 順

プロジェクトパラメータを削除する

本書の学習用ファイルを使って解説します。「40_プロジェクトパラメータ.rvt」を開いてからはじめてください。

はじめに、プロジェクトに設定されている必要のないプロジェクトパラメータを削除します。

❶部屋を選択し、[プロパティパレット]の[識別情報]グループ❷[仕上幅木]にマウスポインタを重ねる。

❸ツールチップに[組み込みパラメータ]と表示される。

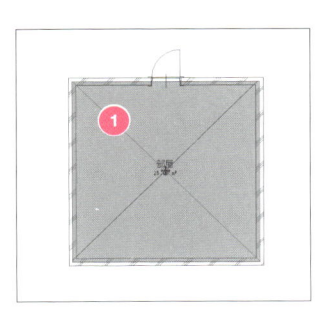

Hint　組み込みパラメータは削除できません。

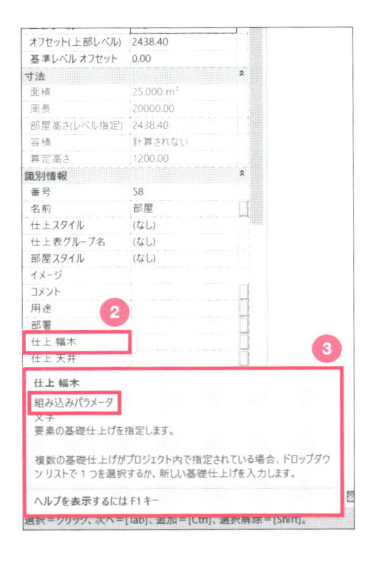

2 ［プロパティパレット］の［識別情報］グループ ① ［k幅木］にマウスポインタを重ねる。

② ツールチップに［プロジェクトパラメータ］と表示される。

［管理］タブ➡［設定］➡ ③ ［プロジェクトパラメータ］をクリックする。

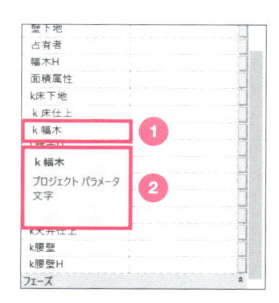
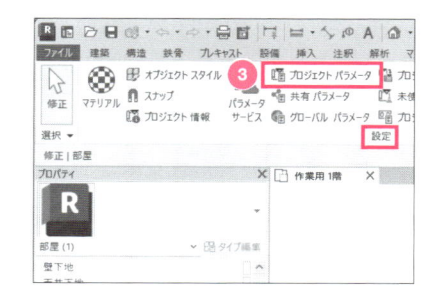

［プロジェクトパラメータ］ダイアログボックスで、④ ［k幅木］を選択し、⑤ ［パラメータを削除］をクリックする。

［k幅木］パラメータに入力されているデータが削除される旨の警告メッセージが表示されるので、⑥ ［はい］をクリックする。

［プロジェクトパラメータ］ダイアログボックスで、⑦ ［k幅木］が削除されたことを確認し、［OK］をクリックする。

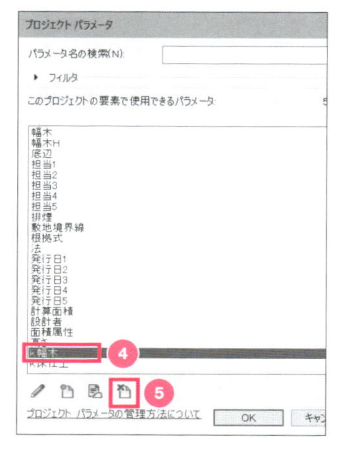
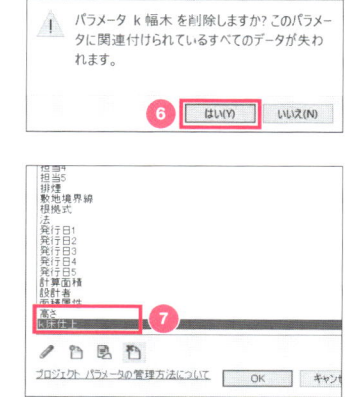

3 部屋を選択し、［プロパティパレット］の［識別情報］グループで、① ［k幅木］が削除されたことを確認する。

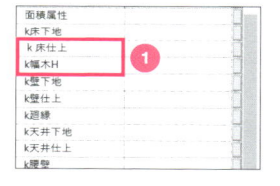

壁にプロジェクトパラメータを追加する

1 ［管理］タブ➡［設定］➡ ① ［プロジェクトパラメータ］をクリックする。

［プロジェクトパラメータ］ダイアログボックスで、② ［新しいパラメータ］をクリックする。

［パラメータプロパティ］ダイアログボックスの［名前］に ③ ［メーカー］と入力し、④ ［データタイプ］で［文字］、⑤ ［パラメータグループ］で［識別情報］を選択する。⑥ ［タイプ］を選択し、［カテゴリ］で ⑦ ［壁］にチェックを入れて［OK］をクリックする。

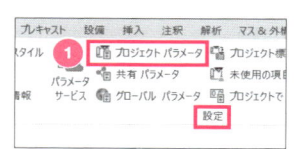
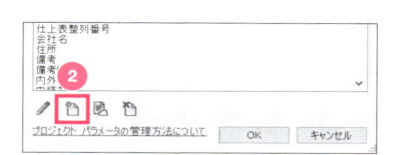
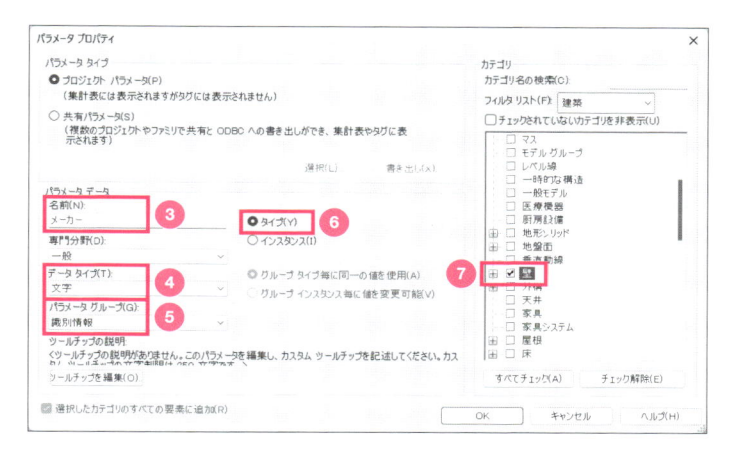

2 ［プロジェクトパラメータ］ダイアログ
ボックスに戻り、①［メーカー］が追
加されたことを確認し、［OK］をクリッ
クする。

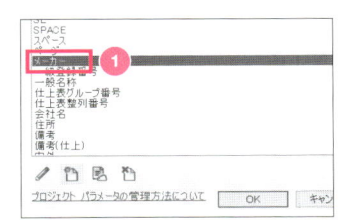

② いずれかの壁を選択し、［プロ
パティパレット］の［タイプ編集］をク
リックする。

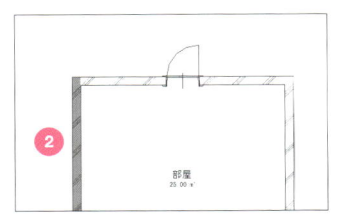

［タイププロパティ］ダイアログボック
スで［識別情報］グループに③［メー
カー］が追加されたことを確認し、
［OK］をクリックする。

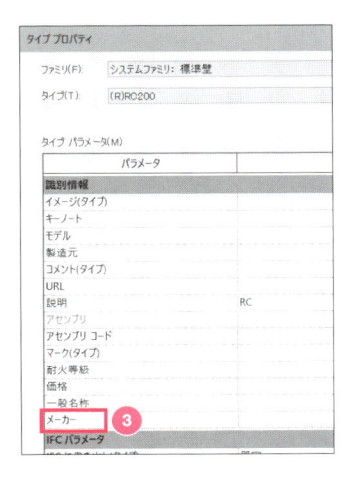

ドアにプロジェクトパラメータを追加する

ドアにプロジェクトパラメータ［メーカー］と
［商品名/型番］を追加します。［メーカー］は、
壁で作成したプロジェクトパラメータをもと
に設定します。

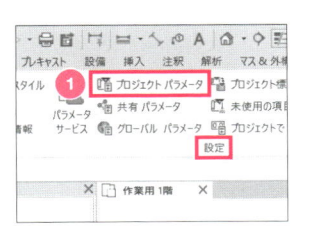
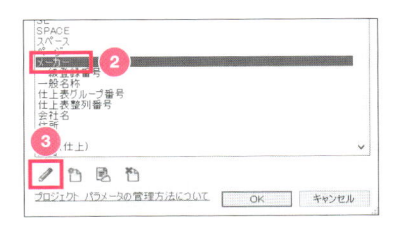

1 ［管理］タブ➡［設定］➡①［プロジェク
トパラメータ］をクリックする。

［プロジェクトパラメータ］ダイアログ
ボックスで②［メーカー］を選択し、
③［パラメータを編集］をクリックす
る。

［パラメータプロパティ］ダイアログ
ボックスで、［カテゴリ］の④［ドア］
にチェックを入れて、［OK］をクリッ
クする。

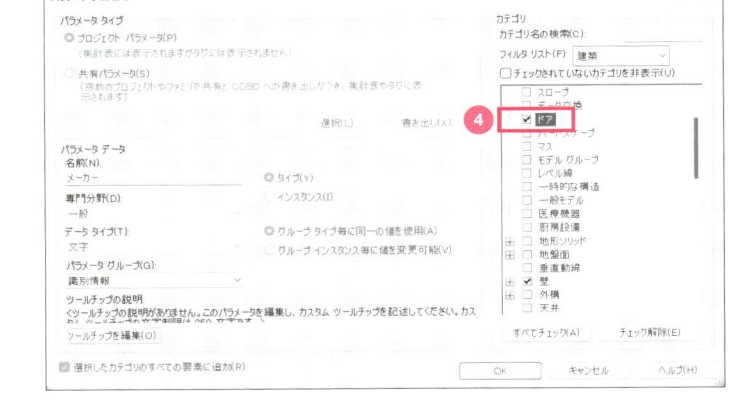

2 ［プロジェクトパラメータ］ダイアログ
ボックスに戻り、［新しいパラメータ］
をクリックする。

［パラメータプロパティ］ダイアログ
ボックスの［名前］に①「商品名/型
番」と入力し、②［データタイプ］で
［文字］、③［パラメータグループ］で
［識別情報］を選択する。④［タイプ］
を選択し、［カテゴリ］で⑤［ドア］に
チェックを入れて［OK］をクリックす
る。

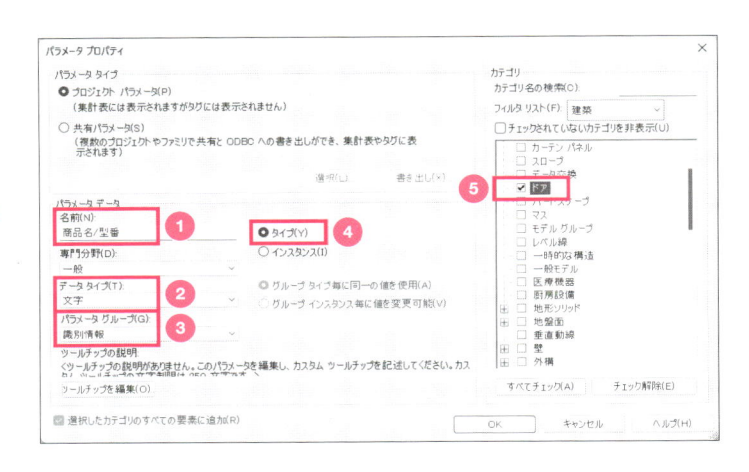

3 ［プロジェクトパラメータ］ダイアログボックスに戻り、❶［商品名／型番］が追加されたことを確認し、［OK］をクリックする。

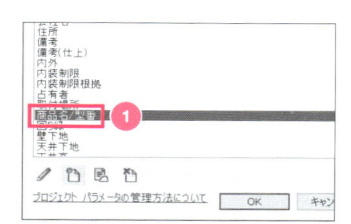

❷ドアを選択し、［プロパティパレット］の［タイプ編集］をクリックする。

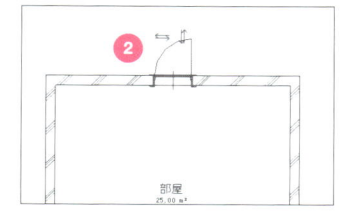

［タイププロパティ］ダイアログボックスの［識別情報］に❸［メーカー］と［商品名／型番］が追加されていることを確認し、［OK］をクリックする。

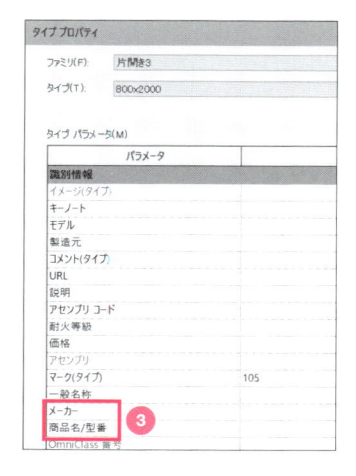

窓にプロジェクトパラメータを追加する

1 ［建築］タブ➡［構築］➡［窓］で、❶任意の位置に窓を配置して選択する。

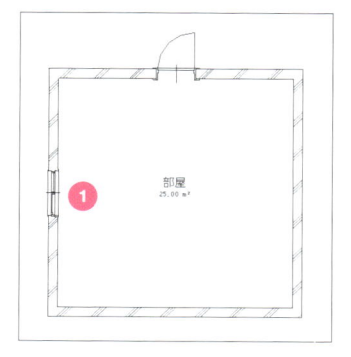

［プロパティパレット］の［タイプ編集］をクリックする。

［タイププロパティ］ダイアログボックスの［識別情報］に❷［メーカー］と［商品名／型番］がないことを確認し、［OK］をクリックする。

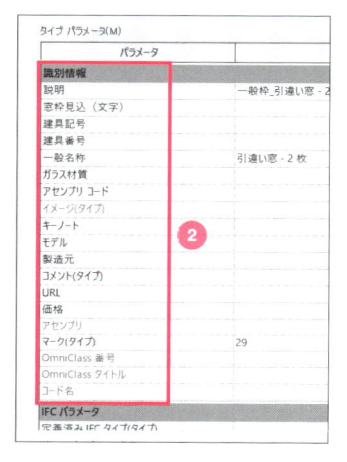

2 ［管理］タブ➡［設定］➡［プロジェクトパラメータ］をクリックする。

［プロジェクトパラメータ］ダイアログボックスで、❶［メーカー］を選択し、❷［パラメータを編集］をクリックする。

［パラメータプロパティ］ダイアログボックスで、［カテゴリ］の❸［窓］にチェックを入れて［OK］をクリックする。

［プロジェクトパラメータ］ダイアログボックスに戻り、❶～❸と同様に［商品名／型番］を選択して［パラメータを編集］をクリックし、［パラメータプロパティ］ダイアログボックスで、［カテゴリ］の［窓］にチェックを入れる。

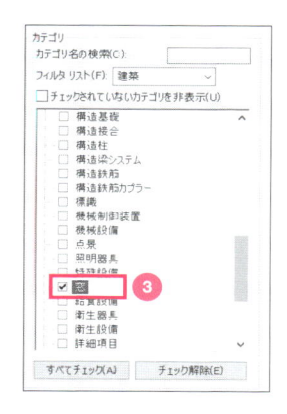

3 すべてのダイアログボックスで、[OK]をクリックする。

窓を選択し、[プロパティパレット]の[タイプ編集]をクリックする。

[タイププロパティ]ダイアログボックスの[識別情報]に **1** [メーカー]と[商品名/型番]が追加されていることを確認し、[OK]をクリックする。

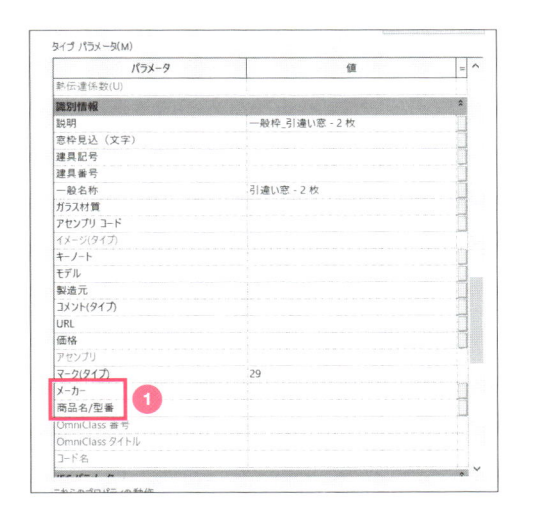

ファミリをロードしてプロジェクトパラメータを確認する

1 [挿入]タブ➡[ライブラリからロード]➡ **1** [Autodeskファミリをロード]をクリックする。

[Autodeskファミリをロード]ダイアログボックスで、**2** [参照]の[窓]を選択し、**3** 検索結果から任意の窓を選択して[ロード]をクリックする。

Hint　[参照]に[ドア]など窓以外のものが表示されている場合は、いったん[すべての結果]をクリックしてから[窓]を探してください。

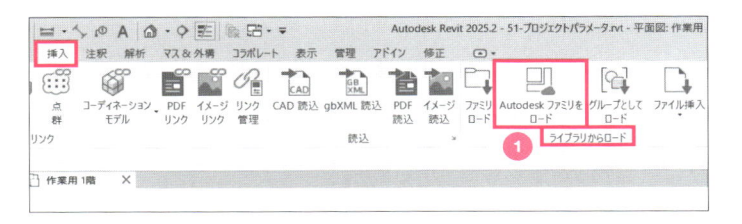

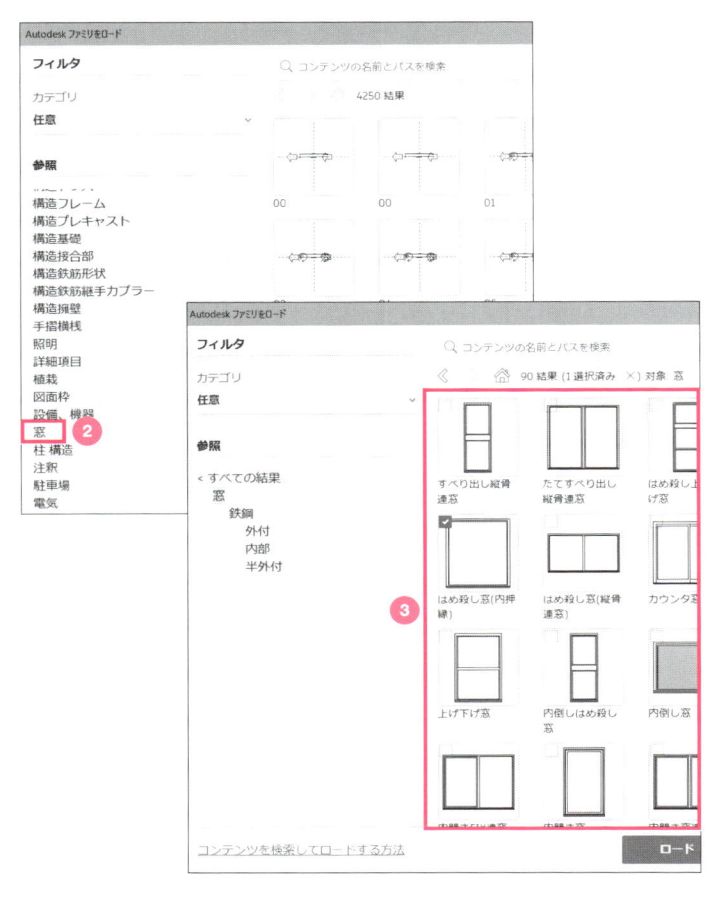

2

［建築］タブ➡［構築］➡［窓］で、**1**
ロードした窓を任意の位置に配置す
る。

挿入した窓を選択し、［プロパティパ
レット］の［タイプ編集］をクリックす
る。

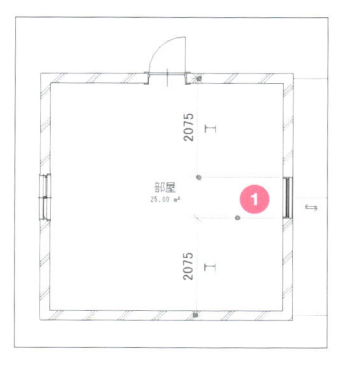

3

［タイププロパティ］ダイアログボック
スで［識別情報］グループの**1**［メー
カー］と［商品名/型番］を確認し、
［OK］をクリックする。

Hint

　　プロジェクトパラメータは集計
表に利用できますが、タグには利用
できません。ただし、プロジェクトパラ
メータを共有パラメータ化すれば、タグ
にも利用できるようになります。

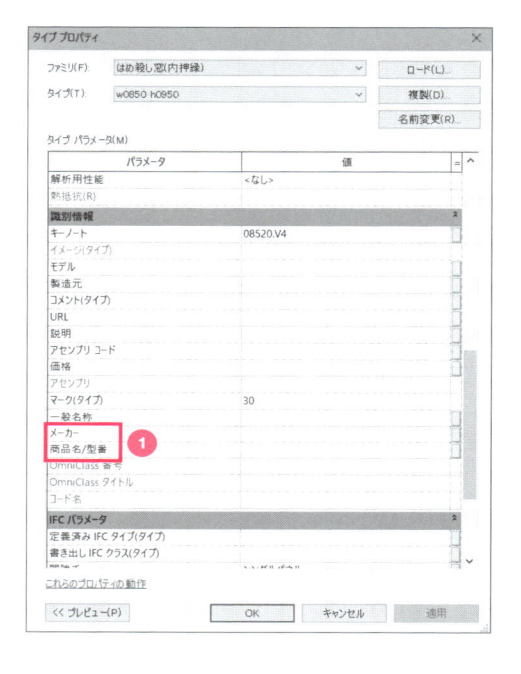

41 グローバルパラメータを
設定する

「グローバルパラメータ」は、プロジェクト内で作成できるプロジェクト固有のパラメータです。
プロジェクト内での配置検討や、一括変更したい個所に設定すると便利です。

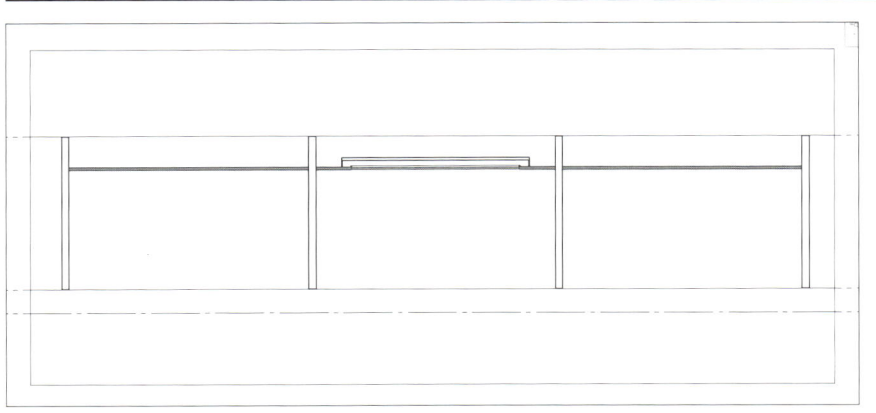

ここでは、天井高の一括変更と、折り上げ高さの変更のためのグローバルパラメータを設定します。

操作手順

**天井高を一括変更するための
グローバルパラメータを設定する**
本書の学習用ファイルを使って解説します。
「41_グローバルパラメータ.rvt」を開いて
からはじめてください。
はじめに、天井高を一括変更するグローバル
パラメータを設定します。

1 ❶ 3部屋の天井（中央の部屋は下
部の天井のみ）を選択し、［プロパティ
パレット］の ❷［オフセット（基準レベ
ル）］の［グローバルパラメータを関連
付け］をクリックする。

［グローバルパラメータを関連付け］
ダイアログボックスで ❸［新しいグ
ローバルパラメータ］をクリックする。

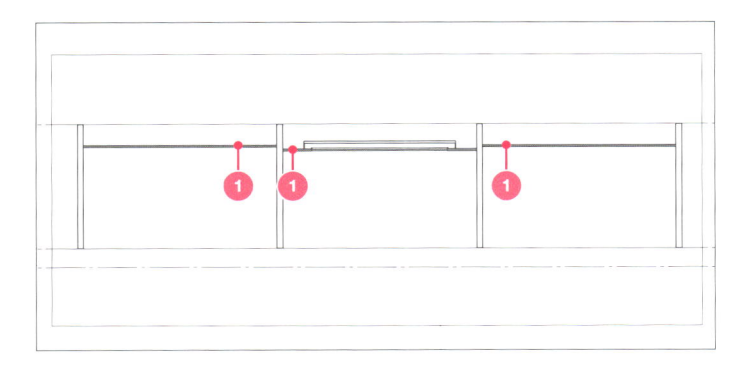

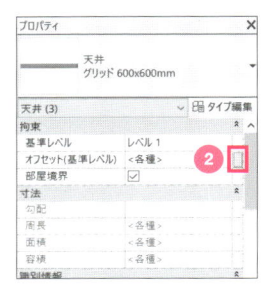

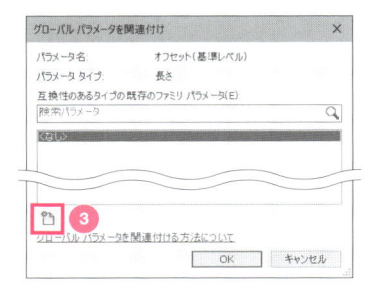

2 ［グローバルパラメータプロパティ］
ダイアログボックスで、❶［名前］に
「天井高」と入力し、［OK］をクリック
する。

［グローバルパラメータを関連付け］
ダイアログボックスで、❷［天井高］
が追加されたことを確認し、［OK］を
クリックする。

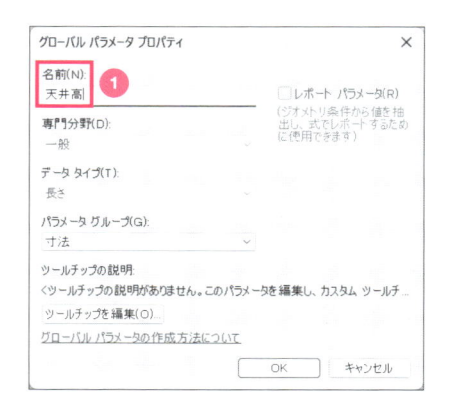

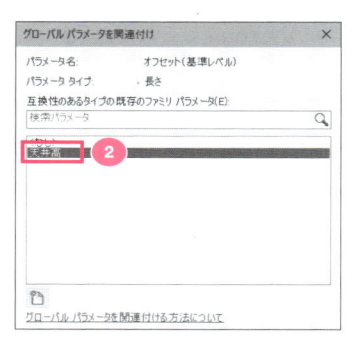

3 グローバルパラメータを関連付けた
天井の天井高が同じになる。

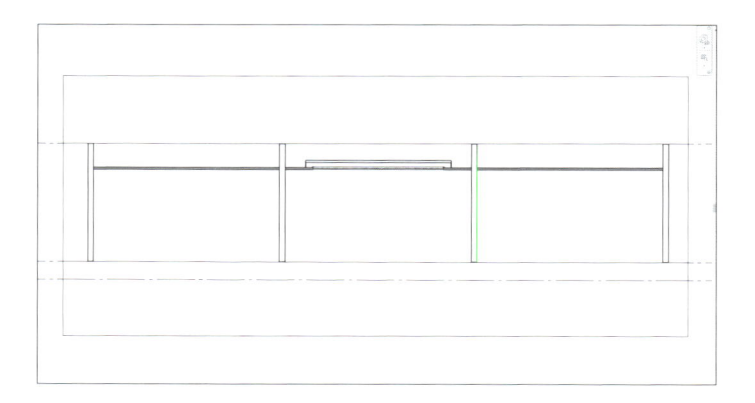

折り上げ部に
グローバルパラメータを設定する

1 ［注釈］タブ➡［寸法］➡［平行寸法］で、天井の天端と折り上げ天井の天端間に寸法を記入する。

記入した寸法を選択し、［修正｜寸法］タブ➡［寸法にラベルを付ける］➡❷［パラメータを作成］をクリックする。

［グローバルパラメータプロパティ］ダイアログボックスで、❸［名前］に「折り上げ高」と入力し、［OK］をクリックする。

グローバルパラメータのマークとして、❹寸法値の横に✐マークが表示される。

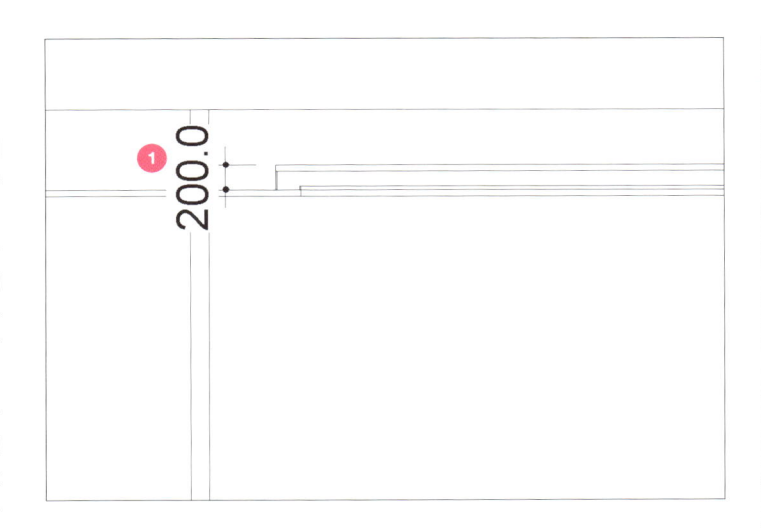

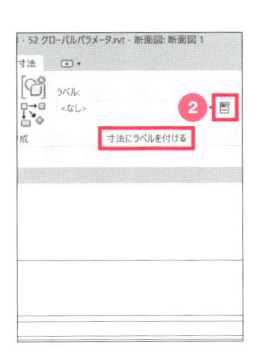

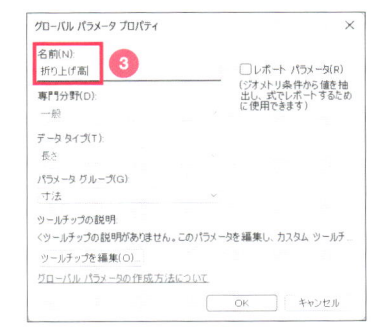

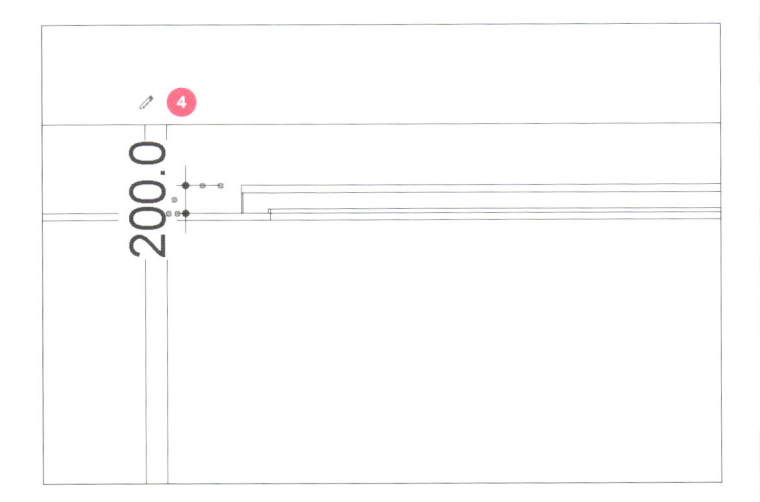

グローバルパラメータで
天井高を変更する

1　［管理］タブ➡［設定］➡ ❶［グローバルパラメータ］をクリックする。

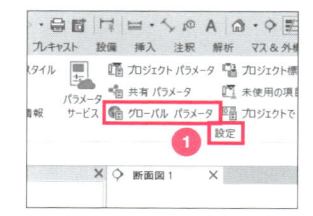
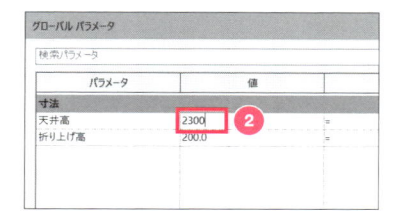

　　［グローバルパラメータ］ダイアログボックスで、❷［天井高］に「2300」と入力し、［OK］をクリックする。

天井高が変更されます。
ただし、インプレイスで作成された折り上げ部は動いていません。この折り上げ部を調整します。

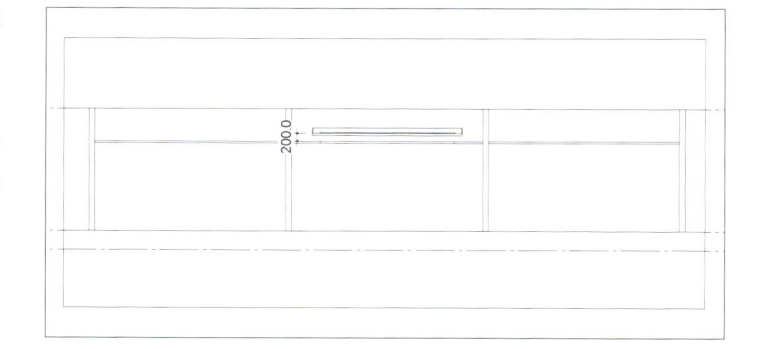

2　❶ 折り上げ部の上部を選択し、［修正 | 壁］タブ➡［モデル］➡ ❷［インプレイス編集］をクリックする。

　　［作成］タブ➡［インプレイスエディタ］➡ ❸［モデルを終了］をクリックする。折り上げ部の上部の位置が変更される。

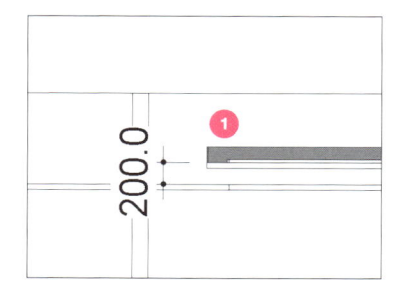
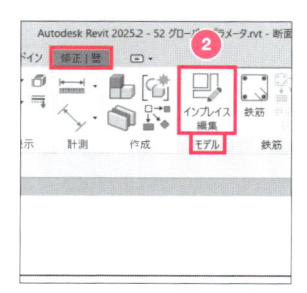

　　❹ 折り上げ部の下部を選択し、同様に、［修正 | 壁］タブ➡［モデル］➡［インプレイス編集］をクリックし、続けて［作成］タブ➡［インプレイスエディタ］➡［モデルを終了］をクリックする。

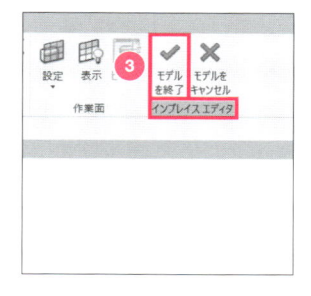
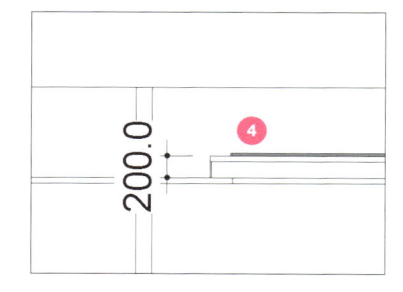

折り上げ部も、天井高に合わせて変更されました。

Hint
　　周辺部材と紐づけて作成されているインプレイスファミリを、周辺部材とともに変更したい場合は、［インプレイス編集］を一度クリックしてから終了することで変更されます。

グローバルパラメータで
折り上げ高を変更する

1 ［管理］タブ➡［設定］➡ ❶［グローバルパラメータ］をクリックする。

［グローバルパラメータ］ダイアログボックスで、❷［折り上げ高］に「400」と入力し、［OK］をクリックする。

折り上げ部の天井高が変更されます。
ただし、インプレイスで作成された折り上げ部は変更されていません。

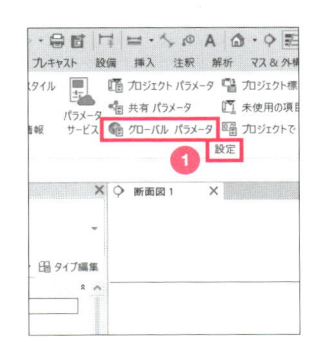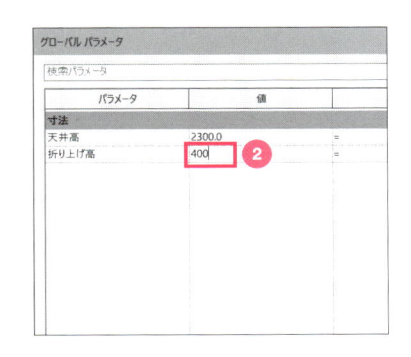

2 P.210の**2**を参考に、折り上げ部をそれぞれ調整する。

P.210の**2**を参考に、

> **Hint**
> 通芯と壁芯間や、建具のマテリアルなどプロジェクト内で変更検討したい個所に、事前にグローバルパラメータを設定しておくと、一括変更ができるので便利です。

エクスナレッジ出版書誌のご案内

「BIM・CIM」の解説書といえば
「エクスナレッジ」です。

お求めの際はお近くの書店にてご注文、またはネット書店でご購入ください。
https://www.xknowledge.co.jp/

はじめての Autodesk Revit & Revit LT
実践！BIM 入門ガイド

小林美砂子＋中川まゆ
＋内田公平 共著
本体 3,700 円（税別）
ISBN978-4-7678-2847-3
B5 判

BIMに対応する建築3次元
CAD「Autodesk Revit」の入
門書。基本操作から始まり、
基本設計→プレゼン→図面
作成といったワークフローに
沿ったチュートリアルで一通
りの使い方をマスターできま
す。ファミリの作成方法も解
説。Revit（LT）2021対応。

BIM をもっと活用したい人のための
Autodesk Revit ファミリ入門

小林美砂子＋中川まゆ
＋内田公平 共著
本体 3,800 円（税別）
ISBN978-4-7678-2585-4
B5 判

実務でRevitを用いる際に必
要となるファミリ（部品）にフ
ォーカスした解説書。ファミ
リの基礎知識に始まり、形状
だけのファミリ、パラメータ
設定できるファミリの作成方
法、集計までをわかりやすく
解説。Revit 2019 対応。

7 日でおぼえる Autodesk Revit

阿部秀之 著
本体 3,400 円（税別）
ISBN978-4-7678-3370-5
B5 判

Revitの基本操作から、柱や
壁、床、屋根などの建築オ
ブジェクトを3次元モデルと
して作成する方法、3次元モ
デルから図面を作り出す方
法、1つの建物を作り上げる
工程までを7日間でマスター
できる入門書。Revit（LT）
2025/2024対応。

これから CIM をはじめる人のための
Autodesk Civil 3D 入門

芳賀百合 著
本体 3,600 円（税別）
ISBN978-4-7678-3079-7
B5 判

「Autodesk Civil 3D」を基礎
から学べる入門書。提供され
る教材データを用い、実務に
即したモデルや図面を作成す
る過程を通して、3次元土木
設計の手法を理解し、一連の
機能や操作を習得できます。
Civil 3D 2020 ～ 2023対応。

Civil 3D を BIM/CIM でフル活用するための 65 の方法

芳賀百合 著
本体 3,800 円（税別）
ISBN978-4-7678-2808-4
B5 判

「Autodesk Civil 3D」の操作を一通りマスターした人を対象にした解説書。BIM/CIM業務に直結する 3D モデルの作成、計画の検討、図面の作成、トラブルシューティングなど実践的なノウハウを一冊に凝縮。Civil 3D 2018 〜 2021 対応。

7 日でおぼえる Archicad

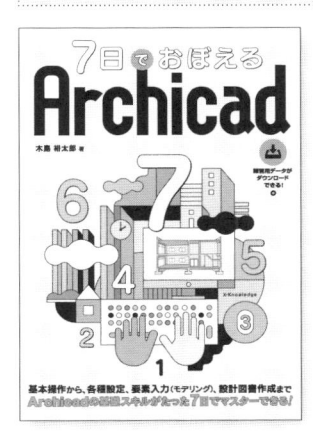

木島裕太郎 著
本体 3,400 円（税別）
ISBN978-4-7678-3317-0
B5 判

BIM アプリケーション「Archicad」の基本操作を、7日間でしっかり学べる入門書です。数多くのコマンドやオプションの中から、基本設計レベルまでに必要な操作を厳選して解説。Archicad 27 対応。

Archicad 26 ではじめる BIM 設計入門 ［企画設計編］

BIM LABO 著
本体 3,600 円（税別）
ISBN978-4-7678-3080-3
B5 判

Archicad 初心者に選ばれる定番の入門書！すべてのモデルのベースとなる、企画設計モデルの作成方法をArchicad BIM ガイドラインを使って解説。Archicad 26対応。

AutoCAD で 3D を使いこなすための 97 の方法

芳賀百合 著
本体 3,600 円（税別）
ISBN978-4-7678-3211-1
B5 判

AutoCAD に標準搭載されている「3D 機能」を使うための解説書。3D 機能の使い方を基本操作から目的別にやさしく解説。初めて 3D 機能を使う人、脱・入門者を目指したい人、より 3D を使いこなしたい人にぴったりの内容です。AutoCAD 2024 対応。

[送付先]／FAX **03-3403-0582**　メールアドレス **info@xknowledge.co.jp**

Web問合せフォーム　**https://www.xknowledge.co.jp/contact/book/9784767832203**

ＦＡＸ質問シート

BIM に取り組む人のための **Autodesk Revit 実践テクニック**

P.2の「必ずお読みください」と以下を必ずお読みになり、ご了承いただいた場合のみご質問をお送りください。

● 「本書の手順通り操作したが記載されているような結果にならない」といった本書記事に直接関係のある質問にのみご回答いたします。「このようなことがしたい」「このようなときはどうすればよいか」など特定のユーザー向けの操作方法や問題解決方法については受け付けておりません。

● メールまたはWeb問合せフォーム、本シートを用いてFAXにてお送りいただいた質問のみ受け付けております。お電話による質問はお受けできません。

● Web問合せフォームや本シートの必要事項に記入漏れがある場合はご回答できない場合がございます(本シートはコピーしてお使いください)。メールの場合は、書名と本シートの項目を必ず記入のうえ、送信してください。

● ご質問の内容によってはご回答できない場合や日数を要する場合がございます。

● パソコンやOSそのもの、ご使用の機器や環境についての操作方法・トラブルなどの質問は受け付けておりません。

ふりがな

氏名　　　　　　　　　　　　　　　　　年齢　　　　歳　　　　性別　**男　・　女**

回答送付先(FAXまたはメールのいずれかに○印を付け、FAX番号またはメールアドレスをご記入ください)

FAX　・　メール

※送付先ははっきりとわかりやすくご記入ください。判読できない場合はご回答いたしかねます。※電話による回答はいたしておりません

ご質問の内容(本書記事のページおよび具体的なご質問の内容)
※例)2-1-3の手順4までは操作できるが、手順5の結果が別紙画面のようになって解決しない。

【本書　　　　　　ページ　～　　　　　　ページ】

ご使用のWindowsのバージョン　※該当するものに○印を付けてください
　　11　　　10　　　その他(　　　　　　　　　　　　　　　　　　　　　　　　)

ご使用のRevitの種類とバージョン　※例)Revit 2025
(　　　　　　　　　　　　　　　　　　　　　　　　　　　　　　　　　　　)

◆ 著者プロフィール

小林 美砂子（こばやし みさこ）
BIMプランニング株式会社　代表取締役

建築設計事務所に所属し、社内および社外にてCADインストラクター、施工図作成、図面トレースなどを行っていたなか、2005年にRevitを導入。2013年にBIMプランニング株式会社を設立。現在はBIMプランナーとしてBIMソフトの導入支援、インストラクター、モデル作成補助などを行っている。主な著書として『はじめてのAutodesk Revit & Revit LT　実践！ BIM入門ガイド』『BIMをもっと活用したい人のためのAutodesk Revitファミリ入門』（いずれもエクスナレッジ刊）がある。

中川 まゆ（なかがわ まゆ）
有限会社アミューズワークス　代表取締役

2000年に有限会社アミューズワークスを設立。企業へのCAD導入支援や外構設計を行う傍ら、CADインストラクターとして活動。2005年にRevitを導入。現在はBIM導入支援やBIMデータからの図面作成、ハウスメーカーでの業務請負、その他3D関連のデータ作成を行っている。主な著書として『はじめてのAutodesk Revit & Revit LT　実践！ BIM入門ガイド』『BIMをもっと活用したい人のためのAutodesk Revitファミリ入門』（いずれもエクスナレッジ刊）がある。

BIM に取り組む人のための
Autodesk
Revit 実践テクニック

2025年4月28日　初版第1刷発行

著　者 ………………… 小林美砂子　中川まゆ

発行者 ………………… 三輪浩之

発行所 ………………… 株式会社エクスナレッジ

〒106-0032　東京都港区六本木7-2-26

https://www.xknowledge.co.jp/

問合せ先

編集 ………………… 214ページのFAX質問シートを参照してください

販売 ………………… TEL 03-3403-1321／FAX 03-3403-1829／info@xknowledge.co.jp

無断転載の禁止

本誌掲載記事（本文、図表、イラスト等）を当社および著作権者の承諾なしに無断で転載（翻訳、複写、データベースへの入力、インターネットでの掲載等）することを禁じます。

©2025 Misako Kobayashi, Mayu Nakagawa